개정

가족상담

● 모델과 사례 ●

정은

창지사

머리말

가족치료를 돌아본다.

우리는 전대미문의 100세 시대를 맞이하고 있다.

가정에서 일어나는 문제는 물론 사회생활에서 겪어야 하는 과제들, 외면할 수 없는 인생의 의미, 일상에서 부딪치는 울림들. 세상의 모든 것들은 새로운 판을 짜야 할 것처럼 보인다.

가족치료는 Gregory Bateson으로부터 시작되어 60년에 걸쳐 다양한 가족치료 모델들이 등장하였다. 인간이 사회적 맥락의 산물이라는 전제 아래 대체적으로 가족치료의 초점은 핵가족에 국한되었다. 우리나라에 제일 먼저 소개된 구조적 가족치료 모델의 창시자인 Salvador Minuchin이 2017년 92세를 일기로 세상을 떠나면서 가족치료의 레전드들은 모두 우리 곁을 떠나갔다. 그러나 그분들은 가족을 만나는 우리 치료사들 안에 항상 살아 지침을 제공하고, 변화의 방향을 제시한다.

앞으로 새로운 가족치료 모델이 등장하게 될 것이라는 기대를 하면서, 이번 개정판에서는 가족치료의 기본을 다지기 위하여 가족치료 중심 모델들로만 구성하였다.

그동안 우리 사회는 상상할 수 없을 만큼 변화하고 있다. 모든 영역에서 인공지능(AI), 사물 인터넷(IoT), 만물 인터넷(IoE)에 익숙해야 할 때라고 부추기고 있다. 하지만 이러한 변화 속에서도 상담 영역은 대체될 수 없을 것이라는 전망이 우세하다.

바람과 햇빛이 들며 날며 돌멩이 틈 비집고 사이사이 얼굴 내미는 봄꽃처럼 화사한 신랑 신부가 주례 앞에서 하나의 부부로 탄생한다.

부부다움.

부모다움.

아들다움.

딸다움.

가족다움.

그렇게 하나씩 챙기며 가정이라는 하나의 '조직'을 이뤄나갈 것이다.

가족이 함께 어우러진 집은 독립 국가다. 가족이 만들어 낸 가족규칙은 헌법이다. 가족성원들이 만들어 내는 독특한 모든 것은 가족의 고유한 문화로 뿌리내릴 것이다.

큰 소리로 웃으며 지낼 수 있는 가정, 가족 간의 덜그럭거림, 아이들의 왁자지껄 소리까지 어울린 그곳에서 느끼는 진정한 사랑이란 보상에 대한 기대 없이 서로에게 유익한 방향으로만 관심을 갖는 것이라 정의할 수 있다.

그러나 문득 가족들 주변에서 삐져나오는 그 많은 생색과 공치사와 위세는 서로를 향한 '개김'과 '갈굼'의 모습으로 드러난다. 무엇인가 채워지지 않은 허전함이 '삐침'으로 올라온다.

기쁨과 사랑, 성장과 변화를 위해 꿈꾸던 시간들이 문득 소외와 외로움과 스트레스로 힘들다고 느끼면 엄마든, 친구든, 동료든, 전문가든 그 누구라도 찾아갈 수 있으면 좋겠다. 세상을 살면서 모든 것을 가질 수는 없는 것이기에 용모와 재력, 학력과 지식, 건강, 수명, 출세와 명예, 건강하고 좋은 자녀 등 우리의 삶을 행복하게 만들어 줄 수 있는 요소들을 모두 챙기려는 욕심스러운 마음 하나 내려놓고, 두 사람의 노력을 통해 오랜 시간 속에서 희망을 만들어 갔으면 좋겠다. 진실한 부부는 살아가면서 만들어지는 것 아니던가.

인생의 행복과 불행은 감정의 문제라는 것을 깨달아 기쁨과 평화가 깃든 아름다운 가정을 지켜나가기 위하여 최선을 다하는 분들에게 이 책이 도움이 되었으면 좋겠다.

禮記의 禮運편 〈飮食男女 人之大欲存焉, 死亡貧苦 人之大惡存焉〉
"음식과 남녀 간의 사랑은 사람들이 크게 바라는 일이고,
사망과 빈고(貧苦)는 사람들이 크게 싫어하는 일이다."

2019년 4월
북아현동 사랑채에서
저자 정은

차 례

Chapter 1

가족치료의 발달과 배경

1. 가족치료의 발달
2. 가족치료의 배경 이론 및 중심 개념

1. 가족치료의 발달

가족이 해체되고 있다. 산업화가 진행되면서 확대가족제도와 친족제도가 파괴되고 핵가족화가 진행되어 간다는 논의(Goode, 1964)를 넘어서서 이혼, 사별, 자살, 알코올중독, 가족폭력, 아동학대의 내용을 담은 많은 보고서들이 쏟아져 나온다. 가족의 형태도 독신가족, 핵가족, 확대가족, 한부모가족, 혼합가족, 이중 핵가족, 공동체가족, 위탁가족, 입양가족, 동성애가족까지 다양하게 등장하고 있다. 다원화된 가치 속에 살고 있는 가족이 지닌 다양한 문제들은 그 시대의 문화적 배경을 반영하기 때문에 가족문제의 해결방안 역시 시대 문화적 배경을 근거로 발전되어 왔다. 오늘날 높은 가족해체율의 원인이 되는 엄청난 사회적 압력 앞에서 우리는 머뭇거리고 있을 수만은 없다. 가족이 삶에 적응하면서 생존하고 번영할 수 있는 방법을 그 어느 때보다 더 잘 이해하고 강화해야 한다.

오늘날 알려져 있는 가족치료는 가족에 관련된 이론과 기법을 개발하고자 했던 사회복지학, 정신의학, 집단역학, 조현병에 관한 연구, 아동상담, 결혼상담 등에서의 임상과 연구의 발달에 의해 형성되었다.

Herbert Goldenberg와 Irene Goldenberg(1983)는 가족치료의 출현 배경을 첫째, 정신분석적 치료로부터 정서적 문제, 더 나아가 단위로서의 가족 전체로의 확대, 둘째, 전체와 부분 간의 관계에 비중을 두는 일반체계이론의 도입, 셋째, 가족 구성원 중 한 명의 조현병 발병 및 가족 구성원들의 역할에 대한 병리학적 연구, 넷째, 아동상담소, 부부상담 분야의 발전, 다섯째, 집단치료와 같은 점증의 관심으로 설명하면서 과학적 및 임상적 단계들을 분류하였다.

가족치료는 1950년대에 태동하여 1960년대에 성장하고 1970년대에 성숙하였다. 1975년부터 1985년 사이는 가족치료 접근법이 꽃피었던 창조적이고 활기차던 가족치료의 황금기였다. 이 시기에는 가족치료 학파들 간에 방법론적 차이는 있었지만 낙관적 태도와 가족을 공동의 목표로 공유하였다. 그러나 그 이후 근대주의적이며 일반체계이론을 기초로 하는 공통점을 가지고 있었던 초기의 주도적인 모델들이 임상적 측면이나 사회문화적 차원에서 도전을 받았으며, 이제 대부분의 가족치료사들은 어느 특정한 학파에 소속되기보다는 절충적이고 통합적인 접근을 시도하고자 한다. 더 나아가 개인치료와 가족치료와의 차이점도 훨씬 불분명하게 되었으며, 많은 경우 두 가지를 모두 행하고 있다.

1990년대 들어서면서 탈근대주의만이 아니라 구성주의, 사회구성주의, 여권주의, 다문화주의를 배경으로 해결중심 치료와 이야기치료 등은 새롭게 주목을 받게 되었다.

그러나 21세기에 접어들면서 가족치료의 패러다임 또한 변화하고 있다. 최근 관심을 끌고 있는 이론에는 강점중심의 개념으로 가족에 접근하는 가족적응 유연성(resilience) 접근법이 있다.

1) 1950년대 : 가족치료의 시작

가족치료운동은 1950년대에 시작되었지만 사회복지를

하는 사람들은 실제로 훈련을 하기 위해서 가족들의 사례를 임상에 많이 활용하였다. 환경 속의 인간을 다루는 사회복지사들은 체계이론이 소개되기 오래 전부터 이미 가족치료의 생태학적 접근을 예견하였다. 사회복지에서 가족의 관점을 강조했던 Mary Richmond는 사례집 『A Real Story of a Real Family』를 1908년에 발간하였다. 가족치료의 역사에서 사회복지사들의 전문성에 대한 평가절하는 강의나 저술활동보다는 현장에서 일을 하고 서비스를 제공하느라 분주함도 있었겠지만, 남성 중심의 문화에서 대부분의 사회복지사들이 여성이었다는 것도 이유가 될 수 있다(Braverman, 1986). 사회복지사들을 훈련시키기 위해서 1940년대에서 1950년대까지 결혼과 가족의 사례들이 임상적으로 사용되었다. 1877년 자선조직협회(Charity Organization Societies, COS) 운동은 미국 전역으로 퍼져 나갔다. COS 운동의 주된 목적은 빈곤가족의 특성을 조사하고 그들을 교육시킴으로써 빈곤을 제거하는 것이었다. 사례회의와 우애방문은 빈곤자의 문제에 대해 조명했고 재활방법을 명확히 했다. 실제 초기 개별 사회복지사(Caseworker)는 가족을 하나의 단위로서 고려하는 가족중심 접근을 지향하고 실천하였다. 정신의학은 이것을 이해하는 데 50년이 걸린 것이다. 조현병 환자가 퇴원해서 가족들과 함께 생활한 집단과, 혼자서 살았던 유사집단을 비교한 결과 가족에게로 돌아갔던 환자들에게서 재발률이 높다는 것이 관찰되었다.

가족치료가 전문영역으로 발전을 할 수 있게 된 직접적 계기는 1950년대 조현병 환자의 가족을 대상으로 연구한 네 가지 프로젝트들이다. Gregory Bateson은 이중구속의 대화형태가 조현병을 유발한다고 발표하였고, Theodore Litz의 연구에서는 부부 간의 균열과 불균형(marital schism and skew)이, Lyman C. Wynne는 부부 간의 거짓친밀성(pseudo-mutuality)과 거짓적대성(pseudo-hostility), 그리고 가족들의 현실을 지배하는 고무 울타리(rubber fence)가, Murray Bowen은 분화(differentiation)의 정도가 가족들의 삼각관계를 유발하여 가족 구성원 중의 한 사람이 희생양이 되어서 조현병을 유발한다고 발표하였다. 이 시기의 가족치료 연구는 조현병에 대한 새로운 개념을 발전시켰으며, 조현병은 가족체계에서 긴장에 대한 반응으로 보았다. 여러 연구팀들이 각기 다른 측면에 초점을 두고 있지만 가족 연구자들은 가족성원들의 관계형성에 관심을 둔 것이 공통점이었다. 1951년에 정신의학증진그룹(the Group for the Advancement of Psychiatry, GAP)은 정신의학에서 간과되었던 가족에 대해 연구하고 그 결과를 보고하도록 John Spiegel을 임명하였고 1954년 GAP위원회 보고서는 가족들의 일차적인 구조적 구성요소로 역할들을 강조하였다. 역할들은 외적인 사회의 영향들뿐만 아니라 내적인 요구나 욕구들의 기능으로 설명하였다. 그래서 역할이론은 인간 내면의 구조들과 대인관계의 구조들 사이의 연결고리가 되었다.

2) 1960년대 : 전문영역으로의 도약

1960년대 초는 가족치료에 대한 관심이 크게 고조되었던 시기였다. 대부분의 가족치료사들은 가족치료를 새로운 정신장애의 원인과 치료방법으로 개념화하여 가족 전체를 대상으로 다루기 시작했다. 그러나 역설적으로 정신보건 분야에서 일하던 사회복지사들은 가족이 아니라 개인을 강조하는 정신분석적 모델에 강한 영향을 받아 확인된 환자(identified patient, IP)를 가족 내의 희생자로 간주하긴 했으나 가족을 IP의 치료를 위한 보조적인 수단으로 활용하면서 단순히 가족의 환경 및 상황에 주로 정신역동적인 기법 및 개념들을 확대했을 뿐이었다. 가족 중심의 치료사들은 가족 맥락에서 역기능적 가족유형에 관심을 갖게 되면서 가족구조와 가족 구성원의 상호작용에 치료의 초점을 두었다. 이 시기 가족치료에서는 조현병으로 입원한 환자와 가족들을 치료하는 것뿐만 아니라 재활시설을 중심으로 빈민가족을 대상으로 하는 가족치료 프로그램이 만들어졌다(Zuk, 1981).

가족치료에 영향력 있던 인물 중의 한 사람으로 정신분석 훈련을 받은 소아정신과 의사였던 Nathan Ackerman은 1955년 미국 정신의학협회의 모임에서 가족진단에 관한 세션을 이끌면서 Don Jackson과 Bowen, Wynne와 만나 목표가 동일하다는 점을 확인한 2년 뒤 뉴욕에 The Family Mental Health Clinic of Jewish Family Services를 개소하고 콜롬비아 대학에서 가르치기 시작했다. 1960년에 그는 Family Institute를 개설하였고 1971년 그가 사망한 뒤 Ackerman Institute로 개명되었다. 1962년 Ackerman은 Jackson과 함께 가족치료의 첫 번째 저널인 『Family Process』를 발간하였다. Jay Haley(1962–1969), Donald Bloch(1969–1982), Carlos Sluzki(1983–1990), Peter Steinglass(1990–)가 편집인을 맡으면서 오랫동안 가족치료사들이 그들의 사상을 나누는 주도적인 학문적 전달수단이 되면서 전국적인 모임이 결성되었다. 1964년에는 역기능적 가족을 이해하기 위하여 체계이론을 적용시키는 문제를 다루었고, 심리학자 Framo에 의해 조직된 1967년 대회는 가족연구자들, 이론가들, 가족치료사들

간에 정보교환을 목적으로 한 것이었다.

전문적 명성을 얻게 된 가족치료는 대부분 정신의학이나 심리학 학술대회의 친숙한 주제가 되었고, 이 시기 동안에는 이론 및 연구를 통한 실천에 비중을 두었다. 이 시기에 주목할 만한 것은 Salvador Minuchin의 도시 빈민가족에 대한 연구였다. 그는 아버지나 아버지 역할을 하는 인물이 없는 불안정한 빈곤가족에 대한 연구를 근거로 구조적 가족치료 모델을 발전시켰다. 이것은 사회환경이나 맥락 속에서 가족문제가 형성되고 유지되어 온 역기능적인 구조들을 재구조화시킴으로써 문제를 해결하는 실제적인 접근방법이었다. Minuchin은 1965년 필라델피아의 아동지도클리닉 소장이 되었고, 이곳에서의 주목할 만한 성취는 흑인공동체의 구성원들을 준전문가적 가족치료사로 훈련시키는 독특한 프로그램이었다. 이처럼 특별한 노력을 기울인 이유는 문화적 차이로 인해 백인 중산층의 치료사들이 도시 흑인들에 대하여 효과적으로 이해하고 관계 맺는 것이 어려웠기 때문이다.

이 시기에 MRI(Mental Research Institute)는 1964년 Virginia Satir의 『Conjoint Family Therapy』 출간과 함께 조현병 환자보다는 비행, 학습부진, 신체화 증상, 부부갈등과 같은 역기능적 행동을 나타내는 가족을 대상으로 가족치료운동을 대중화시키는 데 중요한 역할을 하였다.

3) 1970년대 : 가족치료의 혁신적 기법 및 검증단계

1970년 GAP는 가족치료사들로 하여금 영향을 받은 주요 인물을 순위별로 응답하도록 하였다. 그들이 선호했던 가족치료의 대가들은 Satir, Ackerman, Jackson, Haley, Bowen, Wynne, Bateson, Bell, Boszormenyi-Nagi 순으로 나타났다. GAP의 표본조사 보고서는 비록 실무진에 부부상담자, 목회자, 의사, 소아정신과 의사, 간호사, 사회학자 등이 포함되어 있더라도 가족치료사들은 주로 정신의학, 심리학 그리고 사회복지학을 전공한 전문가들이라는 사실을 발견하였다. 1970년대에는 체계론적 관점이 가족치료에 적용되어 이론과 기술의 발달에 혁신적 변화가 있었다. 체계이론을 기초로 하는 접근법에는 일반체계, 구조적 가족치료, 전략적 가족치료, Bowen의 가족체계이론 등이 있다. 이 시기의 주된 가족치료이론으로는 Bateson이 기초 개념을 발달시킨 의사소통이론과, 조현병 전문의 정신과 의사였던 Bowen의 이론을 들 수 있다.

Philip Guerin(1976)은 가족치료사들의 특징을 다음과 같이 지적하였다. Ackerman의 접근법은 온유함과 유머를 가지고 모든 가족의 규칙을 깰 수 있고, Satir의 접근법은 어떻게 살아야 하는지를 가르쳐 주고, Minuchin의 접근법은 가족에서 역기능적으로 형성된 행동의 유형들을 아주 빨리 변화시킬 수 있다. Bowen은 끝없는 추적을 통하여 자기를 분화시키고 가족을 발달시킨다. Whitaker는 가족에게 적극적으로 접근하며, Nagy와 Framo는 가족의 상호작용 양식을 확인하고 새로이 해석하고 명명한다. Wynne과 Searies는 가족성원들에게 자기 자신에 대한 분노, 혼돈, 무가치한 감정을 솔직하게 표현하게 한다. Haley와 Jackson은 체계이론에 입각한 치료사들로 가족의 세력구조를 다루기 위하여 역설기법을 많이 사용한 예민한 관찰자들이다.

미국 부부 및 가족치료협회(American Association for Marriage and Family Counselors, AAMFT)는 1970년 회원이 1,000명 미만이었으나 1979년에는 7,500명 이상, 1989년에는 16,000명의 회원 증가로 급부상하게 되었다. AAMFT는 부부 및 가족치료 훈련 프로그램을 인가하고, 승인된 지도감독자들로서 자질을 훈련받은 사람들에게 수료증을 발급하기 위한 기준을 발전시키며, 회원들을 위한 윤리강령을 제정하고, 부부 및 가족치료사들을 위한 주별 자격증 및 수료증을 적극적으로 추진하는 권위를 가지고 있다. 이후 대학과 교육기관에는 가족치료 교육과 관련된 프로그램들이 개설되었고, 실제로 가족치료를 실시할 수 있는 자격을 필요로 하게 되면서 기준은 좀더 균일하게 되었다.

1977년 창설된 미국가족치료협회(American Family Therapy Association, AFTA)는 Bowen이 대표자였다. AFTA는 1980년대 말까지 약 1,000명의 회원을 가진 소규모의 조직이었지만 가족치료를 부부상담이나 부부치료와 구분하고, 오직 가족치료의 현안문제에만 관여하는 이익집단으로 자체의 범위를 제한시켰다.

4) 1980년대 : 가족치료의 황금시대

1970년에서 1985년까지의 시기에는 개척자들이 훈련센터들을 설립하고 모델의 의미들을 정립하게 되면서 가족치료의 유명한 학파들이 적극적으로 활동하게 되었다. 주도적인 패러다임들 가운데 세 가지 흐름들인 경험주의적, 정신분석적, 행동주의적 가족치료는 개인을 치료하는 접근법들로부터 파생된 것인 반면에 가족치료의 가장 유명한 접근법들로 다른 세 가지 흐름들인 구조적 가족치료, 전략적 가족치료, Bowen의 가족치료법은 체계적 혁명의 독특한 산물들이다.

1980년대 번성했던 전략적 가족치료는 독특하고 창조적인 세 개의 집단이 중심을 이루었다. John Weakland와 Paul Watzlawick, Richard Fisch가 속했던 MRI의 단기치료집단과 워싱톤 DC 가족치료연구소의 공동 소장인 Jay Haley와 Cole Madanes, 그리고 Mara Selvini Palazzoli와 Milan 학파였다. 그러나 전략적 가족치료에 주도적인 영향을 미친 사람은 Milton Erikson이다. Erikson의 재능은 많은 존경을 받았고 많이 모방되었다. Erikson은 중요한 행동은 상담실 밖의 사람들 삶 속에서 생겨난다고 믿었기 때문에 과제를 많이 사용하였다.

가족치료는 캐나다, 영국, 이스라엘, 이탈리아, 오스트리아, 서독 등지에서 적극적인 훈련 프로그램 및 대회 개최 등과 함께 1980년대에 국제적인 현상으로 부각되고 전문화에 더욱 박차를 가하게 되었다.

그러나 1980년대 말 주류학파의 지도자들이 나이가 들면서 영향력이 약해져갔고 일련의 도전들, 즉 페미니즘과 포스트모더니즘의 비판, 분석적이고 생물학적인 모델들의 재현, 조현병 치료제인 프로작의 출현, AA 프로그램의 성공들은 기존의 모델들에 대한 우리의 확신을 흔들었다.

5) 21세기를 향한 가족치료

지난 20년 동안 가족치료는 모두 체계론적 사고를 공유하고 있었지만 개별 모델 간에는 차이가 있었고, 가족치료의 각 모델들 간의 경계는 경직되어 있었다. 그러나 지속적으로 외부에서 들어오는 사람들을 받아들이고 기존의 심리치료의 반대에 부딪히면서 방향을 잡아 왔던 대부분의 치료사들은 여러 학파들 사이의 경계를 넘어 자유롭게 여러 가지 접근법을 도입해서 사용하고 있다.

1980년대부터 가족치료 분야에 있던 편견들이나 맹점들은 많은 도전을 받게 되었다. 반대의 벽은 페미니스트, 탈근대주의자, 구성주의자, 사회구성주의자, 다문화주의자 그리고 폭력과 학대를 다루는 사람, 동성애자, 만성질환자의 비판으로서 강한 영향력을 갖고 있다. 이러한 비판들의 메시지는 동일하다. 전통적인 가족치료 모델들이 너무 편협하고, 권위적이고, 가부장적이고, 행동주의적이며, 병리적이라는 것이다. 이러한 맥락에서 치료사들은 보다 가족들을 존중하는 태도를 갖추고 가족들과 협동하여 민족성, 인종, 계급, 성, 성적 경향성 등에 관하여 보다 민감해야 한다는 자극을 받았다. 그리고 동시에 행동이나 구조보다 신념이나 가치에 보다 관심을 두어야 한다는 자극도 받았다. 이상적인 치료사상(像)에도 변화가 있었다. 이전에 치료사는 자신감이 넘치고 카리스마가 있으며 모든 것을 알아야 한다고 생각했다면, 이제는 상대방의 어려운 사정을 잘 이해하며, 알고자 하는 자세를 갖추고, 질문을 주로 하는 대화를 지향하여야 한다는 입장을 띠기 시작하였다.

사회구성주의의 주창자인 Kenneth Gergen은 사람들이 의미를 만들어 내는 데 사회적 상호작용이 강력한 영향을 미친다는 것을 강조하였다. 우리들이 객관적인 현실을 지각하는 것이 불가능할 뿐만 아니라 우리가 구성한 현실은 우리가 존재하고 있는 언어체계에 제한을 받기 때문에 우리의 신념은 만들어지고 사회적 맥락에서 발생하는 변화에 따라 급변할 수 있다고 본다. 치료의 초점을 행동변화에서 의미변화로 바꾸고자 하였던 가족치료사들은 사회구성주의를 크게 환영하였다. 가족들에게 지시를 하거나 어떤 조언을 하는 것이 아니라 그들과 함께 새로운 현실을 창조하는 것이 치료사가 할 일이라는 것을 제시함으로써 자신들의 입장을 보다 확고히 했다. 사회구성주의 관점을 기초로 이야기치료와 해결중심 치료가 등장했다.

한편 페미니스트들은 기존의 모든 가족치료 모델에 내재되어 있는 성차별적인 요소들을 지적했다. 페미니스트 관점은 '임상 모델이나 임상기술이 아닌 성역할에 따른 불평등과 그 불평등의 영향에 대한 시각, 태도'(Carter, 1962)로 설명된다. 페미니스트적 관점에서는 사회 내에 팽배하고 있는 가부장제가 치료사의 치료과정에 스며들어 있음을 지적하면서 성별 역시 세대라는 개념과 마찬가지로 중요하게 다루어져야 한다는 것으로, 단지 치료사에게 우리 사회를 지배하고 있는 가치와 구조를 재검토하고 이러한 가치와 구조를 지속시키기 위해서 혹은 변화시키기 위해서 어떤 행동을 취하고 있는지 자신을 바라볼 것을 요구한 것이다.

1990년대에 다문화주의는 가족치료에서 주요한 주제로 떠올랐다. 미국만이 아니라 많은 국가에는 이민, 유학, 방문 등을 통하여 상호교류가 증가하고 있고, 전 세계를 하나로 연결하는 인터넷 매체를 통하여 완전히 개방된 세계 속에 우리들은 서 있다. 마치 웹이 우리가 살고 있는 새로운 세상처럼 느껴진다 하더라도 서로 다른 민족성, 문화의 차이는 가족의 신념에 영향을 끼치는 요인들 중의 하나로서 작용할 것이지만, 치료사들과 내담자들이 상호존중하면서 문화 간의 차이를 탐색하는 협동적인 접근은 하나의 대안적인 방법이 될 것이다.

2. 가족치료의 배경 이론 및 중심 개념

1) 일반체계이론

일반체계이론은 오스트리아 태생의 생물학자 Ludwig Von Bertalanffy가 창시한 이론이다. 그는 생물학에서 유기체론적 생각을 발전시켰고 자연 및 사회에서 일어나는 여러 현상들이 궁극적으로는 유질동상(類質同相, Isomorphism)의 동일한 원리에 의해 움직인다고 믿었다. Bertalanffy는 체계를 부분들 간에 상호작용하는 복잡한 것으로 규정하였으며, 폐쇄체계들과 개방체계와의 차이점을 구별하여 설명하였다. 그는 체계를 상호작용하는 요소들의 합이라고 정의함으로써 체계의 의미에 전체성을 부여하였다. 인간의 신체를 체계로 볼 때 단지 세포라는 요소들을 한꺼번에 모았다는 것만으로는 아무런 의미가 없다. 상호작용이 이루어지지 않는 것은 체계가 아니다. 체계이론에서는 전체가 부분들의 합보다 크다. 부분들의 과정과 관계가 보다 큰 응집력 있는 실체(entity)를 만들기 때문이다. Arthur Koestler(1979)는 하나의 전체를 holon이라 하여 그 안에서 하나의 체계는 보다 큰 상위체계의 부분임과 동시에 다른 하위체계에 대한 상위체계가 된다고 하였다. 관찰하고자 하는 체계를 초점체계라 한다면 그 초점체계는 상위체계와 하위체계로 연결되어 이들이 다 함께 하나의 전체를 이룬다는 것이다.

Bertalanffy는 유기체들은 근본적으로 개방체계임을 밝히고 있다. 살아 있는 체계는 열역학적으로 개방적이어서 그들의 경계를 넘어서 에너지를 교환해야 하며 정보를 전달해야 한다. 이들은 끊임없는 투입과 산출을 통하여 자체를 유지하거나 혹은 구성요소들을 생성 또는 파괴하면서 화학적 및 열역학적 평형상태와는 구별되는 소위 안정상태를 유지한다.

평형상태란 체계의 경계 밖으로부터 에너지의 유입 없이, 체계 유지를 위해 자체의 에너지를 쓰기만 할 때 나타나는 엔트로피(entropy)로 인해 체계의 에너지 교환과정이 정지되어 있는 것을 말한다. 이와 같이 환경으로부터 격리된 체계는 폐쇄체계이다. 체계가 투입을 받고 그것을 처리하며 결과를 산출할 때 변화 대신 기본적인 성격을 유지하려는 노력을 항상성(homeostasis)이라 한다. 항상성은 체계가 안정을 유지하려는 기제이다. 개방체계로서의 인간은 변화와 항상성 사이의 소위 안정상태라고 하는 균형을 발달시킨다. 능동적인 인간 유기체는 안정을 유지하기를 바라는 동시에 변화를 추구한다.

체계는 시너지(synergy)를 소유할 수 있다. 시너지란 체계가 자신을 유지하기 위해 스스로 창조해 내는 에너지를 뜻한다. 체계가 시너지를 만들지 않으면 외부로부터 에너지를 공급받아야 하고 그렇지 못하게 되면 엔트로피가 일어난다. 시너지는 엔트로피를 거부한다는 의미에서 네겐트로피(negentropy)라고도 한다. 인간은 시너지가 있으므로 해서 결혼이나 집단에서 관계를 유지, 강화하고 서로 자극을 주며 유대를 형성할 수 있다. 이러한 유대는 체계 내의 상호작용 없이는 성취되지 않는다(Payne, 1991).

체계의 한 부분이 변화하면 그 변화는 다른 부분들과 상호작용하여 결국 다른 부분들에도 변화를 가져온다. 이러한 상호성의 결과를 동등결과성(equifinality)과 다중결과성(multifinality)이라 한다. 동등결과성은 조건과 방법이 달라도 같은 결과가 나타나는 것을 뜻한다. 반면 다중결과성은 비슷한 환경들이 다른 결과를 가져오는 것을 의미한다. 이러한 현상은 개방체계에서 부분들이 다른 방법으로 상호작용하기 때문에 생기는 것이다. 상호작용이 없는 폐쇄체계라면 최종의 상태는 최초의 조건에 의해 확실히 결정된다. 최초의 조건이나 과정이 변화하면 최종의 결과 역시 변화한다.

2) 가족체계에 대한 주요 가설

가족체계이론은 가족이 사회적 체계라는 사고에 근거한다. 이러한 관점은 개인의 탓으로 돌려져 왔던 문제들을 관계와 사회의 상호작용이라는 측면에서 파악할 수 있게 한다. 체계는 상호작용에 관여하는 기본적 요인들의 복잡한 집합체이다. 하나의 가족을 하나의 체계로 간주할 때 치료사는 가족을 서로 연결된 단위의 집합체로 보게 된다. 개입의 초점은 각 개인의 행동보다는 가족 구성원들이 어떻게 서로 영향을 미치는가에 맞추어진다. 다음의 가족체계 개념의 핵심 요소들을 이해하는 것이 중요하다.

- 전체로서 가족은 각 부분의 합 이상이다.
- 가족은 변화와 안정성의 균형을 맞추려고 노력한다.
- 한 가족 구성원의 변화는 가족성원 전체에게 영향을 미친다.
- 가족 구성원의 행동은 순환인과관계로 가장 잘 설명된다.
- 가족은 보다 큰 사회체계에 속하며 아울러 많은 하위체계로 이루어져 있다.
- 가족은 기존의 규칙에 따라 움직인다.

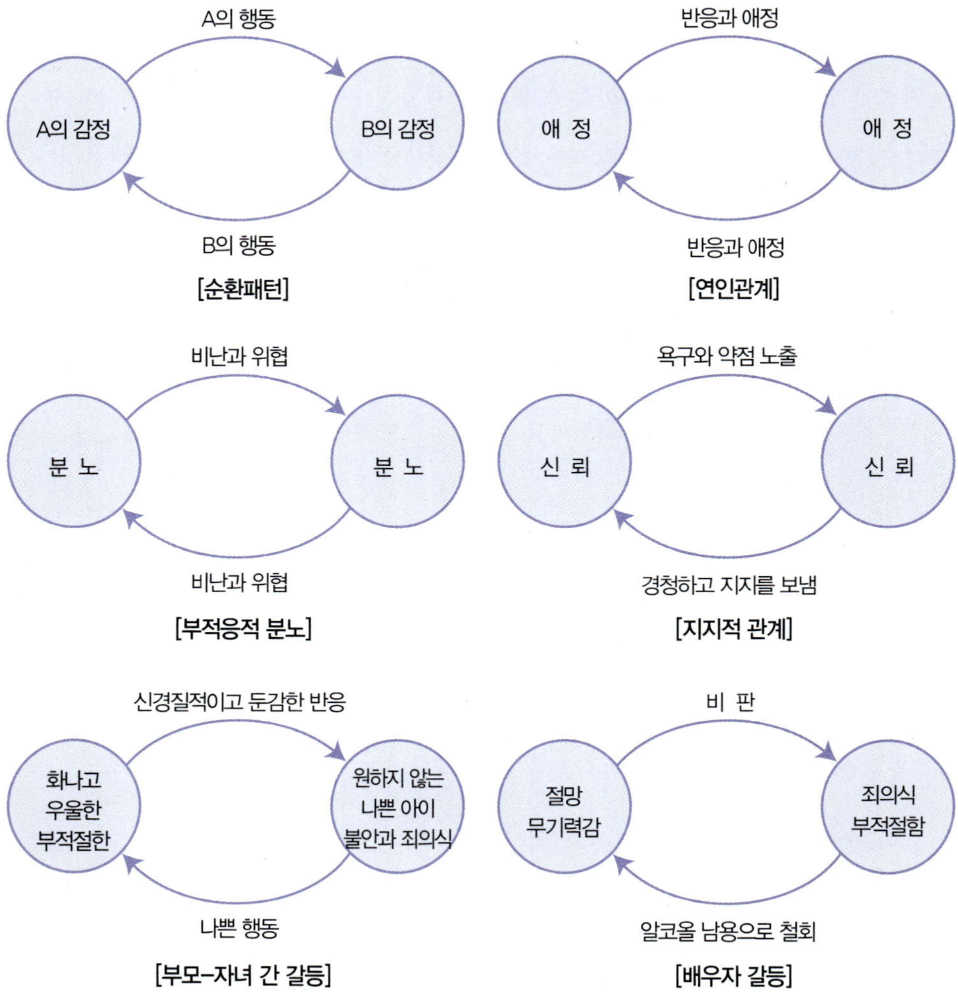

[그림 1-1] 순환인과관계의 예

3) 인공두뇌학(Cybernetics)

인공두뇌학 이론은 MIT의 수학자인 Norbert Weiner에 의해 개발된 이론이다. 인공두뇌이론의 기본 요소는 수신기(receptor), 분석기(analyzer), 실행기(effector), 그리고 환류고리(feedback loops)이다. 자극(또는 정보)이 수신기에 의해 접수되면 분석기로 보내져서 분석기에서는 수신기로부터의 입력을 처리하고 의사를 결정하면 실행기는 센터의 결정을 시행하여 하나의 산출을 방출하는 반응을 보인다. 산출은 환류고리를 통해 수신기에서 점검되어 후속적인 반응의 수정을 가능하게 한다. 정적 환류(positive feedback)는 체계가 새로운 행동을 받아들여 변화를 수용하는 일탈 확장의 역할을 한다. 부적 환류(negative feedback)는 항상성을 특징짓고 관계의 안정을 유지하는 일탈 감소의 역할을 한다. 정적 혹은 부적 환류는 정보가 체계에 들어와 작용을 할 때 체계가 그때까지의 안정을 깨고 일탈을 향해 움직이려는 경향을 증대 또는 감소시키느냐에 따른 구분일 뿐 어떤 것이 더 바람직하다는 의미는 없다. 유기체에 있어서 이와 같은 환류의 과정은 항상성의 규칙을 적용하여 설명할 수 있다. 항상성은 유기체가 지속성과 목표를 향한 방향성을 유지하며, 환류 기제에 의해 수행되는 종합적인 규칙들을 말한다.

가족치료 발달 초기에 가족치료사들은 가족이 문제를 갖고 있으며, 변화를 필요로 하면서도 변화를 수용하기보다는 현재의 상태를 유지하려고 하는 경향이 있는 것을 발견하고, 이와 같은 현상을 인공두뇌학 개념으로 설명하려고 하였으며, 가족 내의 항상성 기제가 작용하고 있는 것으로 보았다. Bateson은 구체적인 예로서 가족구조 내에서 환자가 치료되는 경우 다른 가족 구성원이 문제를 일으키는 사례를 들었고, 이러한 가족구조 내의 역동성을 직접 관찰하고 연구하였다(Hoffman, 1971). 때로는 환자의 상태가 좋아지는 것에 관하여 가족들이 저항하거나 화를 내기도 한다. 이것은 비록 자기가 사랑하는 사람의 상태가 좋아진다고 하더라도 변화에 대해서는 거부하는 것을 의미한다.

4) 경계선

경계라는 개념은 어떤 개체들과 상호작용들이 체계 안에 존재하는가 아니면 체계 밖에 존재하는가를 밝혀 준다. 전체적 체계와 하위체계들 간의 구분도 경계에 의해서 이루어진다. 경계는 체계와 체계 간의 상호작용의 특징을 구분하고 이러한 상호작용이 그 체계 내에 머물도록 하는 역할을 한다. 경계를 통해서 정보가 환경으로부터 들어오며, 경계를 통해서 환경으로 정보가 나간다. 체계와 체계 간의 상호작용도 경계를 통해서 이루어진다. 경계는 환경과 체계 간 또는 체계들 간의 정보의 흐름과 피드백을 조절하거나 통제하는 역할을 한다. 물리적 의미의 경계는 눈에 보이는 것이지만 독특한 규칙에 의해서 다른 가족들과 구분되는 가족규칙은 눈에 보이지 않는 경계선이다. 대부분의 사람들은 가족을 포함하는 몇 개의 사회체계의 구성원이 되고 있으며, 특정한 체계와의 관계를 설명할 수 있는 경계의 속성을 지니고 있다. 사람들은 관계체계에서 정보를 받거나 보낼 때 개방적이거나 경직된 성향을 나타내는데 이것은 체계의 개방성 또는 폐쇄성을 말하는 것이다.

폐쇄체계는 체계 안에서만 상호작용을 하며, 환경 또는 다른 체계와 상호작용을 하지 않는다. 그러므로 체계 구성요소들은 환경에 의해 영향을 받지 않는다. 폐쇄적인 가족은 지역사회, 직장, 이웃, 친척, 친구 등과의 관계에서 정보교환과 상호작용을 최소화하며 어떤 폐쇄체계는 환경으로부터 완전히 고립되고 격리되는 현상을 초래하기도 한다. 반면에 개방체계는 체계 안의 개체들이 환경 또는 다른 체계들과 높은 상호작용을 통해 정보의 유입과 방출이 자유롭다. 경계는 투과 여부에 따라서 완전 투과성, 반투과성, 불투과성으로 구분되는데 체계가 가지고 있는 특성에 따라서 환경과 적절한 상호작용을 통하여 체계를 보호하여야 한다. 대부분의 가족치료사들은 개인, 가족 하위체계, 외부 환경 사이에 경계를 결정하는 과정을 중요한 것으로 간주하였다. 특히 구조적 가족치료에서는 가족구조를 경계 개념으로 설명하였으며 경계를 통하여 부여되는 역할은 가족의 위치와 책임의 선을 긋는다.

Michael P. Nicols와 Richard C. Schwartz(1998)는 건강한 경계는 완전히 개방되어 있는 상태도 아니며, 너무 폐쇄되거나 경직된 상태도 아니며 혼돈스럽지 않은 것으로 보았다. 건강한 경계는 하위체계들이 필요한 자원을 얻을 수 있을 만큼 충분히 개방되어 있으면서 동시에 하나의 전체성을 유지할 수 있을 정도로 폐쇄적인 것을 의미한다.

5) 의사소통

우리들의 모든 행동은 의사소통으로 간주되며 인간이 생존하는 한 어떤 형태이든 의사소통을 한다. 인간행동과 의사소통과의 밀접한 관계에 관심을 두는 과학적 연구는 인류학, 심리학, 사회학, 언어학, 사회복지학, 정신의학, 신문방송학, 경제학 등 수많은 분야에서 관심을 가지고 이루어지고 있다. 가족치료 분야에서는 Palo Alto의 MRI를 중심으로 체계적 개념과 함께 의사소통이론에 많은 관심을 가지고 연구하였고, 의사소통이론을 근거로 이론적, 치료적 접근법을 발전시켰다. Satir의 의사소통이론은 대표적인 예이다.

의사소통이론가들은 다섯 가지 관점에서 정리하고 있다. 첫째, 언어적, 비언어적 의사소통을 포함하여 인간의 모든 행동은 의사소통에 포함된다. 둘째, 의사소통은 정보와 정보를 전달하는 방식을 포함하는데, 정보를 전달하는 방식을 관계라고 한다. 셋째, 인간의 의사소통에는 구두점의 원리가 있다. 모든 사람들은 자신의 입장에서 필요한 부분만큼 구두점을 찍어서 의사소통을 토막낸다. 넷째, 의사소통에는 디지털 방식과 아날로그 방식이 있다. 디지털 의사소통 방식은 논리적으로 정보를 전달한다. 아날로그 의사소통 방식은 감성적이며 느낌을 통해서 정보를 전달하고 지각한다. 다섯 번째, 의사소통은 상보성과 대칭성의 원리를 가지고 있다. 힘의 관점에서 볼 때 의사소통은 힘이 극대화되는 경우에는 상보적으로 이루어지고, 힘이 대등한 경우의 의사소통은 대칭적으로 이루어진다.

의사소통이론은 역기능을 해결하기 위해서 대화를 하는 사람들이 자신들의 대화를 객관적으로 이해할 수 있는 메타대화를 제시한다. 메타대화를 통해서 서로 자신들이 어떤 방식으로 대화를 하고 있으며 어떤 점들이 역기능적으로 나타나는가 하는 점을 객관적으로 보도록 가르치고 분석하여, 자신들의 대화방식을 이해하고 조정해 나가도록 한다.

6) 가족생활주기

사회학자인 Evelyn Duvall과 Ruben Hill은 1940년대에 가족발달에 관한 개념을 적용하면서 각 단계마다 수행해야 하는 과업들을 가족생활주기 개념으로 발전시켰다. Duvall의 가족생활주기 개념은 가족치료사들에게 현재까지 지대한 영향을 끼치고 있다.

Carter와 McGoldrick(1989)은 가족생활주기 개념에 다세대를 포함시키는 관점과 이혼과 재혼에 관한 단계를 포함시켰으며, 문화적 요소가 큰 영향을 미친다는 것을 강조하였다.

가족생활주기는 인간의 생애주기와 마찬가지로 가족생활의 탄생에서 소멸까지 일련의 단계가 있고, 이들 단계마다 과업이 있다는 것을 전제로 한다. 모든 가족이 가족생활주기의 단계를 거치며, 그 적응과정에서 많은 스트레스를 경험하고, 그 스트레스가 심할 경우 가족문제를 일으킬 수 있기 때문에 한 가족이 어떤 생활주기의 단계를 어떻게 거쳐 왔고, 현재는 어떤 단계에 있으며, 그 적응 상태는 어떠한지에 대한 평가가 이루어져야 한다.

[그림 1-2]에서 보는 것처럼 가족체계 내에서 가족이 경험하게 되는 스트레스, '불안의 흐름'(Carter, 1978)은 수평적, 수직적 차원에서 모두 일어난다. 개인의 수직적 축은 생물학적 유전, 선천적 기질, 장애, 유전적 결정에 의해 만들어진다. 수평적 축은 역사적 상황에서 삶에 대한 개인의 감정, 인지, 대인관계 그리고 신체적 발달과 관련된다. 그 밖에 개인의 선천적 기질은 경직된 행동으로 구체화되거나 혹은 광범위하고 융통성 있는 다양성을 갖게 한다.

가족 수준에서 수직적 축에는 가족의 역사와 유형이 있다. 이것은 일차적으로 정서적 삼각관계의 기제를 통해 세대로 전수되는 관계와 기능의 유형이다. 여기에는 모든 가족의 태도, 금기사항, 기대, 명명화, 그리고 성장에 부과되는 문제 등이 있다. 우리 삶의 모든 측면들은 우리가 처리해야 할 것들이고, 그에 대해 무엇을 할 것인지가 문제이다. 가족 수준에서의 수평적 흐름이란 시간에 따른 가족생활주기의 변화와 전환을 극복해 나가는 것을 의미한다. 이러한 수평적 흐름은 예측 가능한 발달상의 스트레스와 예측 불가능한 사건으로 이루어져 있다. 이러한 일상적인 사건의 압력은 서로가 서로에게 영향을 주고받을 뿐만 아니라 가족체계에 혼란을 초래하는 수직적 축과도 영향을 주고받는다.

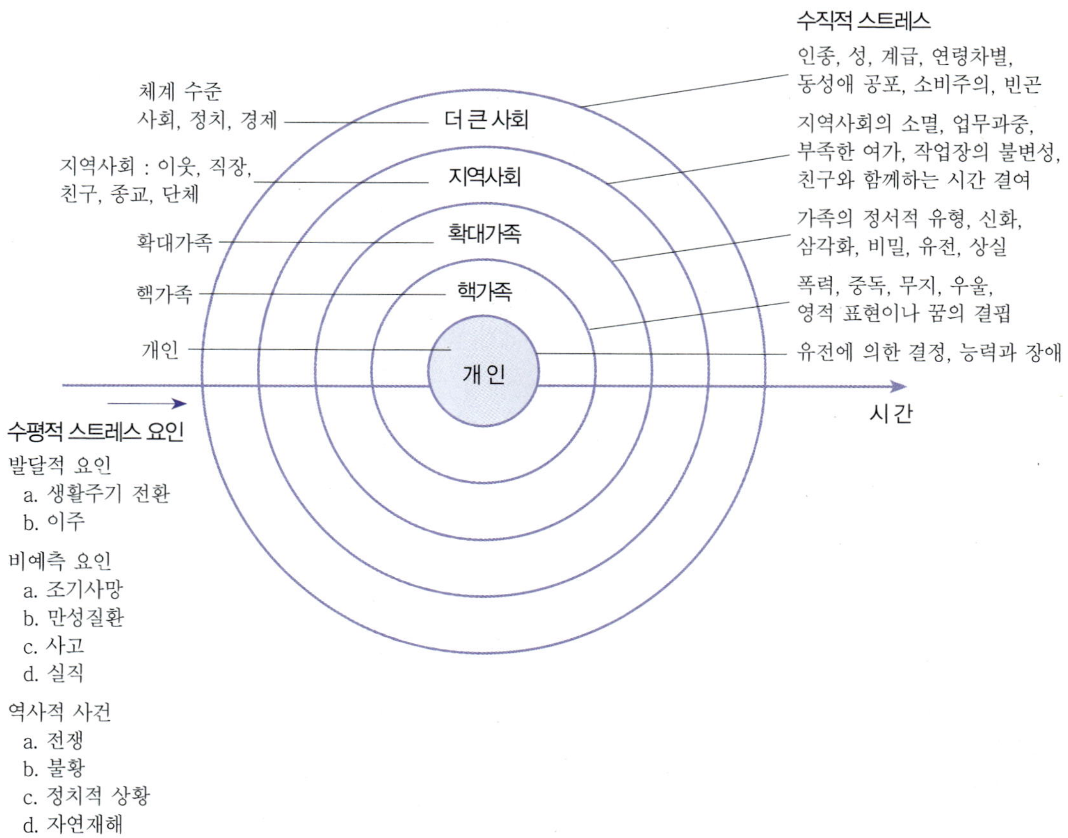

[그림 1-2] 가족의 스트레스 순환

출처: E. A. Carter & M. McGoldrick (1998). The expended family life cycle: Individual, family and social perspectives(3rd ed). Allyn & Bacon.

가족생활주기상의 문제에 있어서 어떤 문제는 가족의 발달상 어느 가족이나 겪는 스트레스도 있고, 어떤 문제는 특정 가족에게서만 일어날 수도 있다(예 가족폭력 문제, 알코올중독 문제 등) 이러한 생활주기의 다양한 상황에서 가족원이 떠나기도 하고 새 가족원이 들어오기도 한다. 예를 들어서 새로 아이가 태어나거나, 조부모나 계부모가 가족에 들어올 때 새 하위체계와 새 연합이 형성되며, 이럴 때 가족 내의 힘과 위계의 배열이 바뀔 수 있다. 또한 가족 조직체가 연속되는 가족생활주기의 단계를 통하여 진보하고 새로운 발달적 과업을 맞아들임에 따라서 개인은 새 역할을 받아들이고 다른 역할을 포기해야 할 수도 있다. 가족생활주기에 영향을 주는 변수들로는 별거와 이혼, 부모의 사망, 한부모의 양육, 혼합가족, 조부모의 양육, 문화적 변인들을 들 수 있다.

가족생활주기에서는 '적응'이 중요한 개념이다. 가족의 적응력이란 가족이 일시적이거나 발달적인 긴장상태에 대처하여 가족의 힘의 구조, 역할, 규칙 등을 변화시킬 수 있는 능력이나 유연성의 정도를 의미한다.

가족발달 과업은 각 가족성원들이 가족생활주기의 단계에서 성장하는 데 직접적인 영향을 미친다. 가족발달 과업을 성공적으로 성취할 경우 만족감과 성취감을 얻을 수 있고, 다음 단계의 과업을 성공적으로 이끌 수 있다. 반면에 가족발달 과업을 성공적으로 성취하지 못하는 상황에서 가족원들은 좌절감, 절망감, 열등감 등을 경험할 수 있고 다음 단계의 발달과업이 어렵게 될 수도 있다. 개인과 가족발달 과업 수행에서 성공이나 실패의 경험이 개인의 성격형성과 성장, 가족의 기능과 성장에 영향을 주게 된다. 대부분의 전통적인 가족치료 모델들에서 가족생활주기는 중요한 개념으로 사용되었다.

[표 1-1] 가족생활주기의 단계

가족생활주기 단계	전환의 정서적 과정 : 주요 원리	발달을 위해 필요한 가족지위의 이차적 변화
1. 결혼 전기	자신에 대한 정서적, 재정적 책임 수용	a. 원가족과의 관계로부터 분화 b. 친밀한 이성관계의 발달 c. 일과 재정적 독립 측면에서 자신을 확립
2. 결혼 적응기	새로운 체계에 대한 수용	a. 부부체계의 형성 b. 배우자가 포함되도록 확대가족, 친구와의 관계 재정비
3. 자녀 아동기	새로운 가족성원 수용	a. 부부체계에 자녀를 위한 공간 만들기 b. 자녀양육, 재정, 가사 일에 공동 참여 c. 부모, 조부모 역할이 포함되도록 확대가족과의 관계 재정비
4. 자녀 청소년기	자녀의 독립과 조부모의 허약함을 고려하여 가족 경계의 융통성 증가	a. 청소년 자녀가 가족체계에서 출입이 자유롭도록 부모-자녀관계를 변화 b. 중년기 부부의 결혼 및 진로문제에 재초점 c. 노인세대를 돌보기 위한 준비 시작
5. 자녀 독립기	가족성원의 증감 수용	a. 부부체계를 2인군 관계로 재조정 b. 성장한 자녀와 부모와의 관계를 성인 대 성인의 관계로 발전 c. 사돈과 며느리, 사위, 손자녀가 포함되도록 관계 재정비 d. 부모 또는 조부모의 무능력과 죽음에 대처
6. 노 년 기	역할 변화 수용	a. 신체적 쇠퇴에 직면하면서 자신과 부부의 기능과 관심사를 유지 b. 다음 세대가 중추적 역할을 하도록 지원 c. 연장자가 할 수 있는 일을 대신하지 않으면서 자신의 지혜와 경험이 활용될 수 있는 여지 마련 d. 배우자, 형제, 친구의 죽음에 대처하면서 자신의 죽음을 대비하며 삶을 되돌아보고 통합

출처: E. A. Carter & M. McGoldrick (1998). The expended family life cycle: Individual, family and social perspectives(3rd ed). Allyn & Bacon.

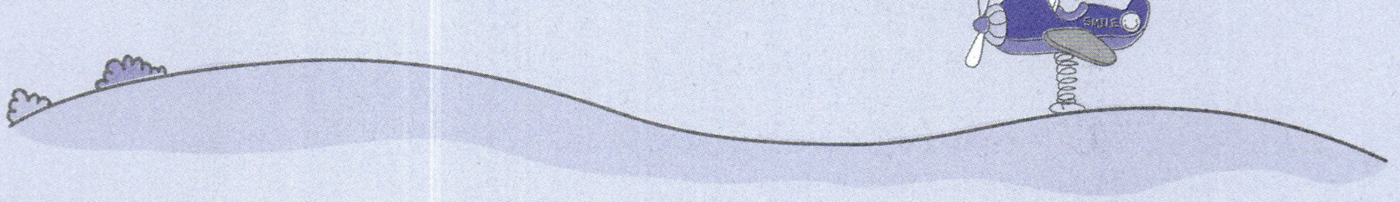

Chapter 2

Murray Bowen의 가족체계적 접근

1. 기원 및 주요 인물
2. 정서체계, 감정체계, 지적 체계와 삼위일체 뇌
3. 중심 개념
4. 정상적인 가족의 발달
5. 가족 행동장애의 발달
6. 치료적 개입
7. 적용사례

1. 기원 및 주요 인물

Murray Bowen(1913–1990)은 미국 테네시 농촌지역에서 결속력이 강하고 화목한 대가족의 장남으로 출생하였다. 의과대학을 졸업하고 인턴생활을 거친 뒤 5년 동안 군에 복무하였다. 군에서 숱한 정신병리적 현상을 목격하면서 진로를 정신의학에서 찾기로 결정하였다. 13년 동안의 개인 분석을 포함하여 철저한 정신분석 훈련을 받은 Bowen은 정신분석의 개념을 사용하여 조현병 환자와 가족들을 치료하였다.

1946년부터 1954년까지 Menninger 연구소에서 일하는 동안 '모자공생'(mother–child symbiosis)에 대한 이해와 연구가 그의 주된 관심사였다. 1954년 국립정신보건원(National Institute of Mental Health, NIMH)의 가족분과의 첫 책임자가 되면서 그의 이론의 기초를 거의 확립하였다. 모자공생에 대한 연구에서 얻은 주요 관찰을 통해 불안한 애착관계라는 개념에 초점을 맞추게 되었다. 불안한 애착관계는 이성과 자기통제가 불가능하다고 여기는 불안에서 발생하는 것으로 분화가 되지 않음으로써 일어난다. 분화(differentiation)는 Bowen 이론의 초석이라고 할 수 있는 개념이다. 이후 아버지까지 치료에 포함시켜 연구의 폭을 넓혀 가면서 관계체계의 주축을 이루는 삼각관계(triangle)라는 개념을 정리하였다. 이론의 기초 개념을 거의 확립한 Bowen은 1959년 NIMH에서 조지타운(Georgetown) 대학으로 옮겨 이후 31년 동안 자신의 포괄적인 가족치료 이론을 발전시켰고, 가족치료를 배우는 전체 세대에 영향을 미쳤으며, 가족치료 운동의 지도자로서 국제적인 명성을 얻었다. Bowen은 1990년 10월 오랜 병고 끝에 생을 마감하였다.

Bowen의 뛰어나고 영향력 있는 제자들로는 Philip Guerin과 Thomas Fogarty, Michael Kerr, Danilel Papero를 들 수 있다. Guerin과 Fogarty는

1973년 뉴욕의 뉴로첼리에 가족훈련소(Center for Family Learning)를 개설하였다. Elizabeth B. Carter는 헌터(Hunter)대학의 MSW로 일할 때 Ackerman 연구소에서 '가족치료'를 공부하다가 Bowen의 이론을 접한 후 그의 열렬한 제자가 되어 가족훈련소에서 함께 연구하였다. 1977년 웨스트체스터에 가족연구소(Family Institute)를 설립하였는데 Monica McGoldrick, Fredda Hertz, Ken Terkelson을 포함한 여러 사람이 합류하였다.

McGoldrick은 가족주기이론을 만들어 냈으며, 각별한 관심을 가지고 있는 분야는 민족성, 가계도, 독신자, 재혼가족 및 맞벌이 부부에 대한 가족치료이다.

Michael Kerr는 Bowen 이론에 가장 정통하고 학구적인 제자이자 동료로서 Bowen 가족치료이론의 근원이 되는 철학적 생각들과 여러 가지 다양한 개념들을 『가족평가(Family Evaluation)』(Kerr & Bowen, 1988)라는 저서를 통해 잘 설명하고 있다.

2. 정서체계, 감정체계, 지적 체계와 삼위일체 뇌

가족체계이론은 인간의 기능과 행동에 중요한 영향을 주는 정서체계, 감정체계, 지적 체계로 개념화한다. 때로 '정서'와 '감정'을 상호 호환적으로 사용하기 때문에 한 개인이 정서와 감정을 구분하지 않는다면 혼동이 일어날 것이나 체계이론에서 정서적이라는 용어는 모든 생물체들에게만 적용된다.

Bowen은 임상 관찰에 크게 기초가 되는 이들 세 가지 체계의 개념을 발달시킨 한편, 뇌 연구자 Paul MacLean(1967)은 신경해부학과 신경생리학 연구에 기초하여 상당히 유사한 모델을 발달시켰다. MacLean의 중심 개념은 삼위일체 뇌(truine brain)이다. MacLean은 인간의 뇌가 굉장한 크기로 확장되어 왔음에도 불구하고, 인간의 뇌는 그것의 조상과 관계 있는 파충류, 초기 포유동물, 최근의 포유동물의 기본적인 뇌의 외형을 계속 유지해 왔다고 결론지었다. 이런 기본적인 외형은 근본적으로 구조와 화학적 성질 면에서 다른 전뇌의 세 가지 형태를 구분 가능하게 했다. 이런 세 가지 형태는 하나의 뇌 안에 세 개의 뇌가 위계적으로 형성되어 있거나 혹은 MacLean이 말한 대로 '삼위일체 뇌'이다.

MacLean은 뇌의 세 가지 형태를 파충류 동물의 뇌(Reptilian brain, R-complex, 뇌 복합체), 원시 포유류의 뇌(Paleo-mammalian brain, Limbic System, 대뇌 변연계), 그리고 신포유류의 뇌(Neo-Mammalian brain, cerebral cortex, 대뇌 신피질)로 설명하였다. 이런 형태들은 가족체계이론에서 설명하는 정서, 감정, 지적 체계와 정확하게 일치하는 것은 아니지만, 파충류의 뇌에서는 모성애, 가족 개념이 없다. 도전자가 나타났을 때 잡아먹거나 잡아먹히거나 하는 생존과 밀접한 관련 양상은 즉각적이고 반사적인 행동을 하는 아메바와 같다. 이러한 상황을 Fritjof Capra는 『전환기』라는 책에서 투쟁-도피(fight-flight) 반응으로 설명하였다. 한 개체가 도전에 대응하는 방법은 싸우거나 도망가는 것으로, 이런 행동을 취하고 나면 편안한 상태가 찾아온다는 것이다. 그러나 실제 도피하려고 하나 그 자리에 얼어붙어 꼼짝 못하는 동결(freeze) 반응을

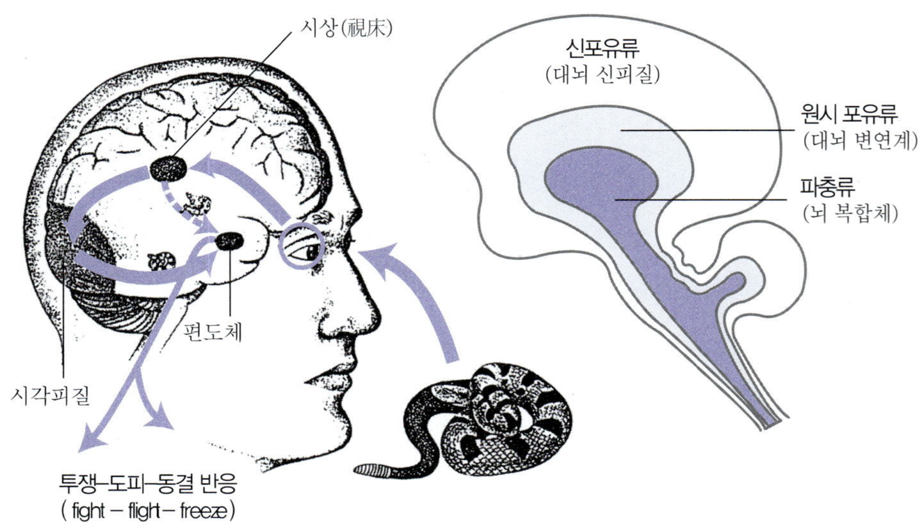

[그림 2-1] 인간의 뇌

Bowen은 추가하였다. 원시 포유류의 뇌에서는 돌고래, 침팬지, 고릴라와 같은 가족의 개념이 등장한다. 모든 생물체는 파충류의 뇌와 원시 포유류의 뇌만으로도 생존이 가능하다. 신포유류의 뇌는 신피질 다발이 되어 인간의 뇌에서 최고의 기능을 담당한다. 대뇌 신피질은 발명의 어머니, 추상적 사고의 아버지로서 사고의 생성과 보존을 촉진시키며, 지혜와 정보를 흡수하여 복잡한 상황을 통제할 수 있으며, 통합된 의사소통능력으로 표현된다.

3. 중심 개념

1) 가족 정서체계

Bowen의 가족체계이론에서 중요한 개념은 각 개인 내부에서 작용하는 정서체계(Emotional system), 감정체계(Feeling system), 지적 체계(Intellectual system)이다. Bowen(1976, 1988)은 가족을 하나의 관계체계(Relationship system)임과 동시에 역동적인 정서체계(emotional system)로 보았다.

정서체계는 Bowen의 가족체계이론에서 가장 중요한 개념 중의 하나로 모든 생물체의 삶을 결정하는 자동적이고 본능적인 자극 반응이라고 본다. 모든 유기체는 생물학적인 조정을 통제하는 내부 정보와 환경으로부터 오는 외부 정보를 통합하는 기능을 하므로 생존하기 위하여 즉각적인 반응을 하게 된다. Bowen이 파악한 정서(emotion)는 우리의 지각 밖에서 작용하는 대부분의 인간 행동에 대한 동인(動因)이다.

감정체계는 정서체계와 지적 체계를 연결하는 체계로서 오직 느낌을 통해서만 알게 된다. 사람들은 죄책감, 수치심, 불안, 분노, 불만, 질투, 기쁨, 동정, 거절감 등을 느낀다. 여타의 다른 동물들은 이러한 감정을 체험할 때 곧 행동으로 연결한다. 동물의 행동을 단순한 정서적 반사반응(react emotionally)으로 보면서 인간도 정서적 반사반응을 하지만 그 위에 감정이라는 또 하나의 층을 가지고 있는 것으로 전제하고 있다.

대뇌 신피질 기능으로서의 지적 체계는 논리적이고, 지적이고, 합리적인 사고능력, 판단능력, 반성능력, 아는 능력, 이해하는 능력, 의사소통하는 능력을 포함하고 있으며 3%에 불과하다. 지적 체계는 정서 및 감정에 의해 영향을 받는 주관적 사고와 그러한 과정의 영향을 벗어나 따로 작용하는 객관적 사고로 나뉜다.

그러나 많은 경우 사람의 사고기능은 정서 및 감정 과정의 영향을 민감하게 받고 있다. 개인의 가치, 신념, 태도 역시 정서적으로 결정된 주관적 사고기능의 반응이라고 볼 수 있다. 인간의 정서적 반사반응이 정서, 감정, 지적 체계에 동시적으로 일어나는 한 예는 어느 개인이 누군가로부터 거부당했을 때 삶 전체에서 관찰되는 기본 정서적인 반응으로 그 대상으로부터 철수하고, 슬픈 감정을 느끼고, 자신이 부적절한 사람이라는 감(sense)에 사로잡혀 주관적으로 자신의 태도를 결정해 버리는 경우이다. 타인으로부터 거부당한 또 다른 예에서 공격적인 얼굴 표정(정서)과 분노(감정), 그리고 자기의 입장을 정당한 것으로 주장하는 독선(주관적), 정서, 감정, 지적 과정이 동시에 작용하는 것으로 이 세 기능이 인간의 행동에 상호 영향을 미치는 것으로 설명한다.

2) 자기분화와 융합

자기분화는 Bowen의 가족체계이론에서 항상 강조되는 핵심 개념으로 치료의 목표이며 성장의 목표이기도 하다. 그러므로 한 인간은 정서적 기능과 지적 기능 사이에서 융합이나 분화의 정도에 의해 이해될 수 있다.

자기분화란 어린이가 어머니와의 융합에서 서서히 벗어나서 자기 자신의 정서적 자주성을 향해 나가는 긴긴 여행의 과정이다. 인간은 태어날 때 개인의 자아가 가족에게 융합되어 있으며, 자녀와 어머니와의 공생관계는 어린이가 어머니에게서 분화되지 못한 정서적 일체감(emotional oneness)을 이룬 상태이다. 어머니뿐만 아니라 가족 전체와의 정서적 일체감을 가지는 것을 미분화된 가족자아 덩어리(undifferentiated family ego mass)라 부른다.

미분화된 가족자아에 융합이 심한 가정일수록 정서적 일체감과 정서적 평형관계 유지에 맞물려 개인자아의 자주성과 개체성이 상실된 채 객관성, 지적 추리, 독립적 목표지향을 할 수 있는 능력을 상실하게 되어 역기능적인 스트레스 상황에서 장애가 만성화되거나 영속화될 수 있다.

이들의 정서체계는 신념이나 의견에 따르기보다는 편하게 느끼는 정서적 과정에 의해 모든 삶을 결정하려고 하는 경향으로, 자신이 속한 기존의 가족관계와 다른 관계유형을 제대로 구축하지 못하고, 불안이나 변화를 경험할 때 정서적 반응의 지배를 받는다. 삶의 에너지가 관계 속에 융합되어 있을수록 개인은 개체로서의 정서, 감정, 사고기능이 약해져 관계갈등 상황에서의 거리를 유지, 과기능 혹은 저기능 행동 표출로 나타나며 역기능적인 삼각관계를 형성하게 된다. Bowen은 이들을 가족 안에서 정서적으로 "서로 고착(stuck togetherness)"된 상태로 설명한다.

자기분화는 각 개인이 그 가족 안에서 자신의 정서체계에 균형을 이루어 나가는 힘인 개체성(individuality)과 연합성(togetherness)의 반영이다. 자기분화가 높을수록 다른 사람과 보다 깊은 정서적 접촉을 나누면서도 개체성을 띠게 되지만 언뜻 보면 냉정하게 보이기도 하고, 거리감이 느껴지기도 하고, 엄격한 듯도 하고, 감정이 없는 사람인양 보이기도 한다. 그러나 항상 정서체계와 지적 체계가 균형을 이루며 기능하고 있어 어떤 외부 압력이나 자극에서도 중립성을 유지하고 자신의 정신건강뿐 아니라 외부 세계에까지 그 건강한 영향을 미치게 된다.

자기분화의 다른 중요한 부분은 진아(眞我 : solid self)와 가아(假我 : pseudo self)로 구성되어 있다. 진아(眞我)는 외부나 타인의 영향에 쉽게 변화되지 않는 생활 원리와 신념으로 구축된 일관된 자기로 융합현상과 무관하다. 진아(眞我)는 주어진 상황 안에서 '나는 누구이며, 내가 무엇을 생각하며, 무엇을 말하고자 하며, 무엇을 해야 하고, 하지 말아야 하는지'를 표현할 수 있으며 항상 자신의 신념, 의견, 확신, 삶의 원칙까지 분명하게 정의한다. 또한 타인과 관계 맺기의 기본 규칙(공격하지 말 것, 방어하지 말 것, 회유하지 말 것, 문을 닫지 말 것(don't attack, don't defend, don't placate, don't shut down))을 지키면서 '내 지위(I position)'를 지켜 나간다.

가아(假我)는 '방어'하는 자기로 외부의 압력이나 타인의 영향에 쉽게 굴복, 변화하는 비일관된 가치나 신념이다. 미분화된 가족자아에 융합이 심한 가정일수록 정서적 일체감과 정서적 평형관계 유지에 맞물려 개인자아의 자주성과 개체성이 상실된 채 객관성, 지적 추리, 독립적 목표지향을 할 수 있는 능력을 상실하게 된다.

가아는 배우이고, 여러 다른 자기가 될 수 있다. 가아는 실제보다 더 중요하거나 덜 중요하거나, 강인하거나 유약하거나, 아주 매력적이거나 덜 매력적인 모습으로 가장한다. 그러므로 다양한 사회적 자극이나 압력에 대한 반응에서 진아는 안정된 모습을 보이며, 가아는 불안정한 반응을 보이게 된다.

Bowen은 한 가족의 기능과 개인의 기능을 자기분화라는 하나의 연속선상에 놓고 평가하고자 했으며 미분화된 가족자아에서 자신을 분리, 독립시켜 정체감을 형성함으로써 충동적, 정서적 사고와 행동에서 벗어나는 것이 가족치료이론의 바탕이며 목적이라고 언급한다.

3) 개별성과 연합성

정서적 체계의 작동은 균형을 이루어 나가는 개별성, 연합성의 두 세력 사이에서 상호작용을 반영한다. 이것은 내면적 역동임과 동시에 가족이라는 정서적 체계가 작동하는 기본 역동으로 개별성과 연합성의 상호작용은 인간행동 이해의 초점을 개인에서 정서적으로 의미 있는 모든 관계로 전환하게 하는 중요한 요인이다. 정서적으로 의미 있다는 것은 생각하고, 느끼고, 말하고, 행하거나 상상하는 것에 의해 정서적, 감정적, 주관적 수준에 영향을 미치는 것을 말한다.

개별성은 자주적이며, 독립적인 유기체가 되려는 단순한 뇌기능을 능가하는 생물학적인 근원을 지닌 세력으로서 자기 내부의 요구에 따른다. 이 세력은 한 개인이 그 스스로의 감정과 사고와 행동의 동기를 가지려는 데서 찾아볼 수 있다.

개인의 개별성은 생물학적 과정의 지배를 받고 있지만 근본적으로 학습에 의해 개발된다. 이 학습은 정서적 반응에서 지적인 지식의 획득에 이르기까지 다면적으로 이루어진다.

연합성은 생물학적 근원을 지닌 세력으로 외부의 요구에 응하려는 경향이 짙으며, 집단에 소속되고, 타인의 인정을 필요로 하는 의존적이며, 외부지향적인 특성을 지닌다. 그러므로 개인은 자신이 필요로 하는 집단에 소속되기 위한 방향으로 움직일 뿐만 아니라 그 자신의 내면에서 끊임없이 다른 사람들과 연결되려는 무언의 신호를 보낸다. 다른 사람들과 함께 느끼고 생각하고자 하는 동기에 연합성의 세력이 반영된다. 이 연합성의 세력 역시 학습에 의해 얻어지는 것으로서 개체성과 달리 가치와 신념이 요구되는 정서적, 감정적 반응들에 의해 이루어진다.

개별성과 연합성은 적절한 평형을 이루기 위해 개인의 내면 차원에서 뿐만 아니라 정서적으로 중요한 상호관계 차원에서 부단히 움직이며 변화한다.

그러므로 집단의 안정성, 응집력, 협동성은 개별성과 연합성의 상호작용의 영향을 받게 된다. 조화로운 상태에서 연합성과 개별성의 균형의 다양성은 한 개인이 관계 속에 부여하는 삶의 에너지와 관계된다. 한 개인이 지니는 삶의 에너지가 그가 맺는 관계 속에 융합될수록 그 개인의 기능은 정서적 상호의존도에 의해 영향을 받게 되며 정서적 기능은 떨어지게 된다. 다시 말해, 삶의 에너지가 관계 속에 융합되어 있을수록 개체로서의 정서적, 감정적, 지적 기능이 약해지며 사고, 감정, 정서, 환상, 언어 표출, 꿈, 행동 등 모든 것들에서 직접적으로 관장하지 못한다. 부정적 사고와 감정은 긍정적인 사고와 감정과 같은 기능으로 관계에 초점을 맞추게 된다. 관계를 형성함에 있어 정서적으로 우리 각자는 똑같은 양의 삶의 에너지를 사용한다. 타인들을 향하는 긍정적·부정적 사고, 감정, 정서, 행동들에 의해 유지되는 삶의 에너지는 [그림 2-2]에서처럼 적절한 평형적인 관계나 조화로운 관계 속에서 사용되는 것으로 나타난다.

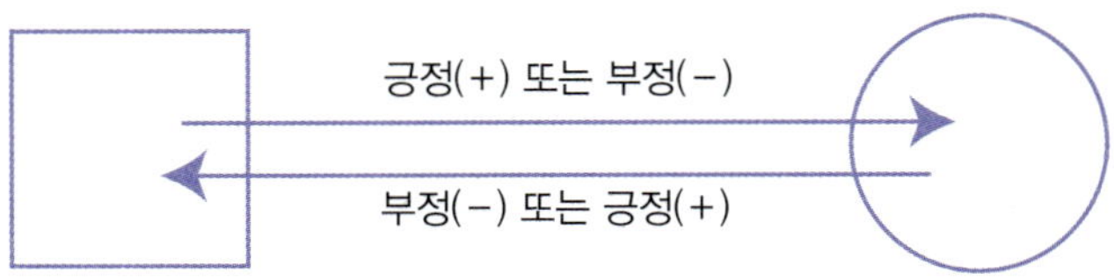

[그림 2-2] 관계균형

개별성과 연합성의 상호작용은 다양하고 복잡한 커뮤니케이션을 내포한다. 복잡한 인간관계에도 불구하고 모든 생명 있는 관계를 규정하는 자연 원칙에 의하여 의미 있게 다스려지는 것을 당연하다고 여긴다. 사람들의 복합적인 상호반응은 [그림 2-3]에서처럼 도표화할 수 있다.

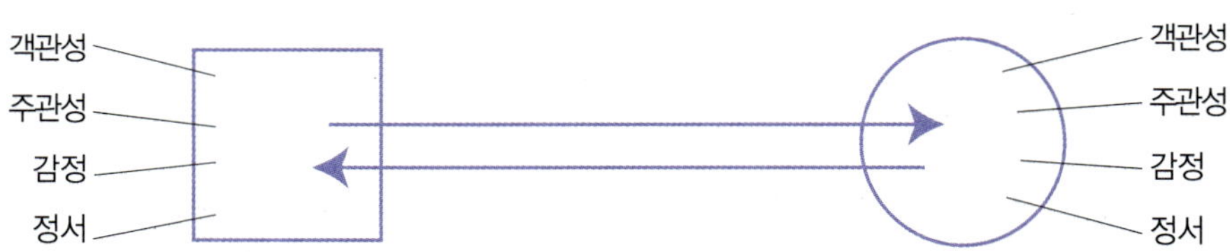

[그림 2-3] 인간 반응의 여러 관계와 상호연합된 복잡성

관계 속에 맺어진 높은 에너지의 배분은 정서적으로 분리되지 않은 미분화된, 융합되어 결합되는 것으로 묘사된다. 한 개인이 높은 개체능력을 지닌다는 것은 융합이 낮고 분화가 잘 되어 있고 결합의 정도가 보통으로 나타난다. 관계에서 분화가 잘 된 두 사람은 정서적 기능과 분리된 채 존재할 수 있다. 융합의 정도나 관계에서의 연합을 [그림 2-4]에서처럼 그려 볼 수 있다.

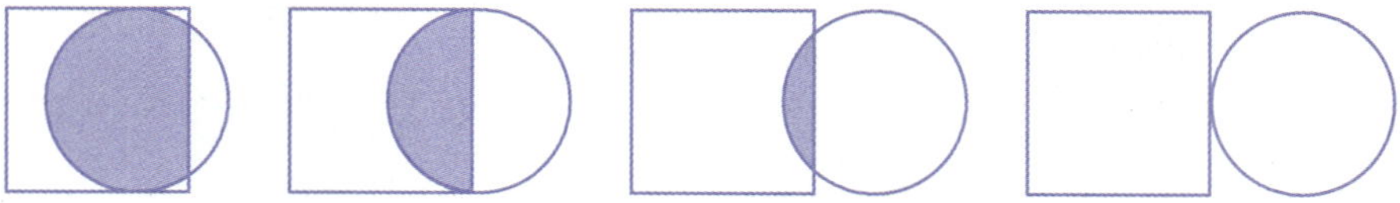

[그림 2-4] 관계연합성의 융합과 밀착

자기분화가 감소하면 개체성은 약해지고 연합성의 욕구가 강해진다. 그의 정서적 반사행동은 쉽게 영향을 받으며, 강렬하지만 유보하게 된다. 연합성에 대한 욕구는 쉽게 영향을 받으며, 사랑하고자, 수용되고자, 삶에 대해 안내를 받고자 하는 강한 열망을 느끼며, 개인이 비록 정서와 감정 차원에서 반응한다 해도 그러한 반응을 객관적 사고기능으로 정리할 수 있는 능력은 자기분화 개념과 연결된다.

한 개인의 정신세계에서도 객관적 사고기능과 정서적 기능이 적절한 개인의 분화 정도와 관계되어 자기분화 정도가 높을수록 다른 사람과 보다 깊은 정서적 접촉을 이루면서도 개별성을 띠게 된다.

4) 기본 개념

Bowen의 이론에서 중요한 두 변수에는 지속되는 강도 높은 정서적 긴장과 관계되는 불안의 정도와 자기통합의 정도가 포함된다.

자기분화는 Bowen의 이론에서 언제나 중심 주제가 된다. 모든 유기체는 폭발할 듯한 급성불안에도 적절하게 적응할 수 있으며 불안을 다루는 기제를 가지고 있다. Bowen은 자기분화 수준을 결정하는 데 가장 중요한 것은 계속적이거나 만성적인 긴장이라고 믿었다.

만성불안이 지속되는 상황에서 불안이 증가할 때 유기체는 긴장으로 발전하고, 긴장은 역기능이나 병이나 증상으로 끝난다. 긴장은 개인적으로는 신체적 증상, 질병, 정서적 역기능, 충동성이나 철수로 특징지어지는 사회적 위약성이나 사회적 비행으로 이어진다.

또한 불안의 전염현상은 가족과 사회 안에서 빠르고 광범위하게 확산되어 간다. 가족 내 평균적 분화 수준은 만성불안을 다루는 데 정상이나 비정상으로 보이는 상태로 나타난다. Bowen의 여덟 개의 개념 중 세 개의 개념은 가족의 전반적인 성격에 적용이 되고 다섯 개의 개념은 가족 내 영역에 세세하게 초점을 맞춘다.

(1) 자기분화

자기분화는 Bowen의 가족치료이론에서 계속 반복되는 핵심적 개념으로 가족관계 과정에 의해 정의할 수 있다. 즉 한 개인의 분화는 그 부모가 원가족으로부터 정서적으로 얼마나 분리, 독립했는가 하는 것이다. 가족 안에서 차지하고 있는 위치와 부모, 형제, 자매들과 어떤 관계를 맺고 있는가에 의해 영향을 받는다.

인간은 태어나면서 어머니와 공생관계나 정서적 융합상태를 이루며 가족들과도 정서적으로 융합된 상태를 이룬다. 융합상태는 어떤 신념체계나 여론에 의한 것보다 '기분 좋게 느끼는 것'에 의해 정서적 과정이 결정되는 것으로, 개인의 분화는 이 융합관계에서 하나의 개체로서 자신의 일관된 가치, 신념, 생활원칙, 객관적, 지적, 독립적 목표를 가지고 행동할 수 있는 상태를 성취하는 것을 뜻한다.

분화 수준은 기초 수준(Basic level)과 기능 수준(Functional level)으로 구분된다. 기초 수준의 분화란 관계과정(Relationship process)에 의존하지 않는 개인의 기능을 뜻하며, 개인이 출생가족으로부터 성취하는 정서적 분리 정도에 많은 영향을 받는다. 개인이 성취하는 기초 수준의 분화는 그 부모의 정서적 분화 정도에 의해 크게 영향을 받으며, 그 부모의 분화 정도는 또 그 부모의 정서적 분화 정도에 의해 영향을 받으므로 기초 수준의 분화는 다세대 정서적 과정에 의해 결정된다. 그러므로 전체체계(생활체계로서의 emotion, body, mind)는 문화, 사회, 가족, 개인, 유기체, 유전인자, 세포조직, 생화학적 신경전달체까지 그 영향을 끼친다.

개인의 기능적 분화는 가장 중요한 관계체계인 가족이 나타내는 만성적인 불안과 관계가 있다. 가족체계의 불안이 낮을수록 정서적 반사반응이 덜 나타나며 보다 사고적이다. 이러한 경향은 개인의 기능을 안정시키고 다른 사람의 기능을 손상시킬 수 있는 상황에서도 압력을 감소시킬 수 있다.

그러나 스트레스 상황에서 활용 가능한 외부자원이 적으면 적을수록 가족체계가 지닌 불안이 높아지고 가족체계의 기능은 약화되며 기초 수준의 분화가 낮은 한 자녀에게 가족의 역기능이 모아짐으로써 쉽게 정서적 반사반응을 나타내며 사고능력이 떨어진다. 불안은 개인을 불안정하게 하고 관계에 초점을 두도록 증대시킨다. 결국 개인의 기초 수준의 분화 정도에 따라 기능의 강, 약의 기복이 결정되므로 기능 수준의 분화가 기초 수준의 분화기능보다 높은 사람을 과기능적인 사람, 낮은 사람을 저기능적인 사람이라고 본다.

기능 수준은 관계, 약물, 신념, 문화적 가치, 종교적 가르침, 심지어 미신적 관습에 의해 강화될 수 있으나 근본적으로 개인의 기초 수준의 분화 정도에 따라 기능의 강, 약이 결정된다. Bowen은 기능적 수준의 분화기능을 임의적인 수치로서 0에서 100이라는 연속선상으로 구분 지어 설명한다.

0~25 정서적으로 도움이 필요한 개인들로서 감정적 세계에서 산다. 외부반응에 민감하고, 의미 있고 지속적인 관계유지능력이 결여되어 있다. 이들의 정서적 융합은 매우 강하며 미분화된 가족자아덩어리 안에서 편안함을 느낀다. 삶의 에너지의 대부분을 'loving or being loved'에 쏟으며 많은 에너지가 사랑의 실패에 따른 정서적 반사반응에 소모된다. 이들은 'think', 'believe'라는 단어 대신에 'feel'을 자주 사용한다. 이들은 사고와 감정을 구분하는 능력이 결핍되어 있어 '나'라는 개념이 약하며 내가 원하고, 내가 아프고, 내가 슬프다는 자애적 측면의 발달과 자아개념이 희박하다. 일상생활에서 자신이 의존할 수 있는 의존관계를 찾는 데 삶의 에너지를 소모한다. 생활적응능력이 미약한 이들은

맺고 있는 관계상황이 스트레스 상황으로 빠지면 역기능 현상을 일으키고, 질병이나 불안이 만성화되거나 영속화될 수 있다.

25~50 자기분화가 정서적, 지적 체계 사이에서 시작되는 집단으로 자신의 대부분을 가아(假我)로 표현한다. 자신들의 정서적 구조를 뒷받침해 주는 기존의 가치관이나 법, 규칙, 사회적 규범, 종교 등에 쉽게 의존한다. 타인에게 좋은 인상을 주는 것과 그들의 인정을 받는 것에 삶의 에너지를 대부분 소모한다. 그러므로 타인의 얼굴 표정, 동작, 목소리에 민감하며 자기 자신이 되지 못하고 타인의 인정이나 비판에 휘말려 쉽게 주눅이 들고 타인의 눈치를 많이 본다. 이들은 그들의 입장을 이야기할 때 항상 가아상태(假我狀態)에서 'I think', 'I believe' 대신에 '규칙이…' 혹은 '과학이 입증했다' 등으로 표현한다. 이들과 0~25 사람들과의 차이점은 스스로가 분화 수준을 높일 수 있는 잠재능력을 지니기 때문에 집단의 영향을 받긴 하지만 이들의 분화 수준은 앞을 향해 나아갈 수 있는 방향이 열려 있다는 점이다.

50~75 어떤 한쪽에 치우침이 없이 정서적, 지적 체계에서의 기초 분화가 충분히 그 역할을 한다. 만성적 불안이 낮으며, 목적지향적이며, 감정 혹은 지적 선택 중 어느 것이든지 자유로운 선택이 가능하고 신체적, 정서적, 사회적 역기능에서 재빨리 회복할 수 있는 능력이 있다. 진아(眞我)가 강하며 어떤 상황에서나 합리적으로 대처하며 신념, 원칙, 확신에 의해서 타인과의 관계를 유지한다. 불안이나 고통스러운 상황까지 통제할 수 있는 능력을 확보하여 심리적 역기능 현상이 좀처럼 일어나지 않으며 지적 체계에서의 기능으로 더 이상 정서적, 감정적 세계에 갇히지 않는다.

75~100 이 수준의 사람들 중 특히 95~100의 수준은 실제보다는 하나의 가상적 아니면 하나의 이론적 상태로서 개인이 이 수준에 도달하기는 거의 어렵다고 지적한다. 사람들은 흔히 분화 수준이 높은 사람과 그 자신의 이익을 위해 타인을 착취하는 '철저한 개인주의자(rugged individualist)'를 같은 선상에 놓

는 실수를 하는데 철저한 개인주의자들은 정서적인 융합을 해결하기 위해 노력하는 듯한 과장된 몸짓을 한다. 그러나 높은 분화 수준의 사람들은 항상 타인과 주위와의 관계체계를 인식함으로써 모든 인간현상에 대해 광범위한 전망을 할 수 있다. 이들은 대체로 유아기부터 그들의 부모로부터 독특한 개체로 그 존재가 인정되고 분리되어 왔기 때문에 그들 자신의 가치관과 신념이 뚜렷하면서도 자유로운 사고능력을 지니고 있다. 이들은 또한 자신의 관점을 확고히 지니고 있으면서 타인의 관점에 귀기울일 줄 알며 타인들의 비난, 혹은 칭찬으로 인해 자신들의 사고에 영향을 받지 않는다. 또한 자신과 타인에게 서로 도움이 되는 성숙한 관계를 맺어 나가며, 객관적 사고가 가능하다. 어떤 상황에서도 정서적으로 반응하지 않고 자신과 타인에 대한 기대 역시 현실적이다. 타인과의 관계에서 자유로우며 적절한 현실감과 이상에 대한 예민한 감각을 지니고 있어 스트레스 상황에서도 불안을 진정시킬 수 있고, 위기상황을 현명하게 처리해 나가며 만성적인 불안 수준이 낮다.

(2) 삼각관계

이자체계(Two person system)는 개인 안에 공존하는 연합성과 개별성이라는 상충된 욕구에서 오는 친밀과 거리 사이의 불안으로 인해 근본적으로 불안하기 마련이므로 두 사람 간에 긴장이 발생하면 제3자와 관계를 맺음으로써 안정을 찾고자 한다. 이 일련의 복합적인 삼각관계가 정서체계에서 가장 안정된 기본단위를 이루게 된다. 이때 지적 체계와 정서적 체계가 융합되기 쉽기 때문에 인간관계에서 오는 갈등과 불안을 객관적으로 평가하지 못하고 의존적 관계(융합)를 통해 불안을 극복하려 한다. 자기분화 수준이 낮고 긴장이 심할수록 삼각관계가 심화되어 친밀한 두 사람은 안정된 상태를 이루나 국외자가 되는 한 사람은 편안하지 못한 상태가 된다.

[표 2-1]의 네 가지 관계 패턴에서처럼 부부 사이의 갈등이 심할수록 자녀 중 한 자녀가 그들의 불안한 정서관계에 말려 들어가 속죄양의 역할을 하게 되는 경우가 그 좋은 예이다. 이렇듯 삼각관계 안에서는 절대 그들의 불안이 해결되

[표 2-1] 네 가지 관계 패턴(Four Relationship Patterns)

안정 수준 (Mild level)	긴장 수준 (Intense level)
1. 거리감 (Distance)	
←□	○→
사고영역 확보 (Provides 'thinking space')	고립, 정서적 단절 (Isolation & cutoff)
2. 갈등 (Conflict)	
□ vvvvvvvvvvvvvv ○	
정보교환과 타협 (Exchange of information negotiation of issues)	제어 불가 (Out of control)
3. 과기능 (Overfunctioning)	저기능 (Underfunctioning)
↑□	○↓
특별한 역할 (Specialized roles mutually-enhancing reciprocity)	경직된 위계질서 (Rigid hierarchy)
4. 삼각관계 (Focus on a child party-triangle)	
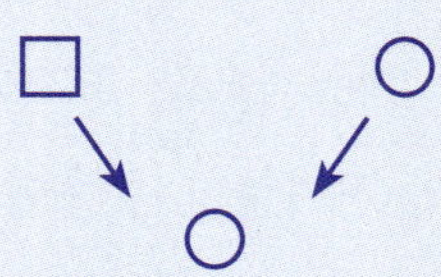	
불안 감소 (Diffuses anxiety)	불안 증가 (Generates greater anxiety)
5. 분화-불안처리 (Differentiation-handling anxiety)	

기 어려우므로 Bowen의 가족치료에서는 탈삼각관계(de-triangulation)를 치료 목표 중의 하나로 설정한다.

(3) 핵가족 정서체계

핵가족 정서체계는 부모와 자녀의 핵가족체계 내에서의 관계유형을 일컬으며, 자아가 세분화된 가족에서 긴장, 불안이 발생했을 때 이것을 처리해 나가는 과정을 설명해 주는 개념이다.

자기분화 수준이 낮은 사람일수록 결혼했을 때 두 사람의 자아융합이 심각하여 공동자기(common self)를 형성하며, 이 공동자기는 연합성과 개별성이라는 상충된 욕구에 의해 지속적인 정서적 균형이 유지될 수 없다. 이때 두 사람은 정서적으로 거리를 두게 되고 결국 이런 갈등에서 벗어나기 위해 배우자 중 한 사람은 지배적 혹은 복종적 입장을 취해 지배-복종이라는 관계를 맺게 된다. 이 관계가 심각한 결혼 갈등에 봉착하게 되면 복종적 배우자가 정서적·신체적·사회적 역기능을 발생시키거나 자녀 중 한 사람에게 투사함으로써 증상을 표출한다.

(4) 가족 투사과정

부모의 미분화를 한 자녀 혹은 여러 자녀에게 투사시키는 과정으로서 자기분화 수준이 낮은 가정일수록 그 경향이 심하게 나타난다.

자기분화 수준이 낮은 부부 중 어느 한쪽이 자신의 불안을 경감하기 위해 어느 특정 자녀를 선택하여 정서적으로 공생적 관계를 맺을 때 다른 한쪽 부모는 그런 관계를 지지 혹은 회피함으로써 그 관계를 강화시킨다.

투사대상으로 선택되는 자녀는 출생순위, 부모의 남녀 선호, 부모의 불안 수준 혹은 임신 또는 출산시의 어머니의 불안 정도에 따라 결정된다. 이들은 외동이나 장남, 장녀들인 경우가 많으며 성을 잘 내고, 복통을 잘 일으키거나 굳어있으며 무책임한 특성을 나타낸다. 불안한 부모는 투사대상이 된 자녀의 현실적인 욕구보다 더 동정하고 걱정하고 과잉보호하며 자신 안에 함입시킨다. 이 투사과정은 선택적으로 한 자녀를 투사대상으로 삼기 때문에 이들은 형제관계에서 자기분화 수준이 낮으며 가족체계의 스트레스나 발달단계에서 증상을 나타낸다.

투사대상이 된 자녀가 자라서 비슷한 분화 수준의 배우자를 만나 동일한 투사과정을 겪을 때 투사대상의 자녀는 자기 부모보다 더 낮은 분화 수준을 가지게 되며 조현증 증상이 더 쉽게 나타나게 된다. 이 투사과정은 여러 세대에 걸쳐 이루어진다.

(5) 다세대 전수과정

다세대 전수과정은 개인적으로 낮은 자기분화 수준의 투사과정이 다세대에 걸쳐 이루어지는 것이다. 투사대상이 되었던 자녀가 비슷한 분화 수준의 사람과 결혼하여 자신들의 미분화된 상태를 그들의 자녀 중 하나에게 투사하고, 그 자녀는 또 동일한 과정을 반복한다. 투사과정이 [그림 2-5]와 같이 여러 대(代)에 걸쳐 지속될 때 3대 혹은 8, 9대에 가서 역기능적 증상이 나타난다고 본다. 즉 자녀의 분화 수준은 부모의 분화 수준을 넘을 수 없게 된다. 만일 핵가족 정서체계의 감정 정도가 강하면 강할수록 자녀의 분화 수준은 떨어지게 된다. 따라서 부모세대가 가지고 있는 핵가족 정서체계의 강도를 알 수 있으면 자녀세대의 분화 수준은 예측이 가능하다.

다세대 전수과정에서 중요한 요인은 자기분화 정도와 만성불안의 정도로, 외부자극에 대해 반응하는 정도에 따라 결정된다. 외부자원을 이용할 수 있는 환경에서 스트레스를 조정할 수 있는 능력이 확보되어 있으면 부모의 자녀에게 미치는 영향이 크지 않지만 외부자원이 적으면 적을수록 한 자녀에게 역기능적인 초점이 모아진다.

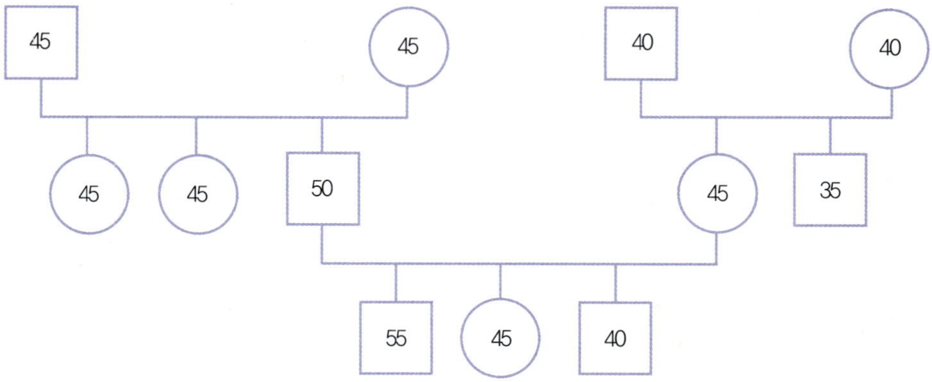

[그림 2-5] 다세대 가족 구성원의 자기분화 수준 예

(6) 출생순위

출생순위가 인간의 성격적 특성을 결정하는 주요 요인이라고 주장한 Walter Toman의 개념에 Bowen은 출생순위가 가족의 투사과정과 관계 있음을 덧붙였다. 즉 출생순위가 인간의 일생을 통하여 성격과 행동의 상호작용에 영향을 준다고 보았으며, 관계 안에서 지배적, 갈등적, 상보적인 특성으로 나타난다고 하였다. 그러나 형제서열의 적용보다는 삶의 이해를 돕는 데 초점을 맞춘다. 외동이의 경우에는 성인과의 상호작용에 길들여져서 성인과의 의사소통이 또래집단보다 훨씬 편하게 이루어지며, 외동아들은 아버지와의 동일시, 외동딸은 어머니와의 동일시가 더 가능하게 된다. 부모의 분화 수준이 매우 낮은 상태에서 투사의 대상이 되는 첫째는 오히려 막내의 특징을 나타내거나, 첫째가 갖는 성격적 특징이 과장 혹은 경직되어 지나친 책임감과 죄의식에 사로잡힐 수 있으며, 성격 결정 요인은 아동기 경험을 어떻게 이해하는가에 따라 결정된다고 보았다.

(7) 정서적 단절

정서적 단절은 부모 혹은 출생 가족에 대해 미해결된 정서적 애착 또는 통합에 대처해 나가는 방법으로 부모와의 과거 관계에서 벗어나려는 첫 단계 노력이다.

정서적 단절을 시도하는 자녀는 자기 자신을 고립시키고 가족과 정서적 접촉을 피하고 출생 가족의 중요성을 부인하면서 자신의 자기를 분화시키지는 않은 채 물리적·정서적으로만 거리를 두고자 하며(physical distance, emotional distance) 위장된 독립(pseudo independent) 형태로 나타나기도 한다.

가출이나 충동적 결혼 등으로 가족을 떠나 보지만 진정한 정서적 독립이 이루어진 것이 아니기 때문에 결혼 후에도 출생 가족의 문제를 그대로 현 가족에서 재현한다. 단절하려는 애착이 심할수록 부모에게 정서적으로 강하게 융합되어 있으며 그 관계 유형을 반복한다.

정서적 단절은 문제의 반영이며 해결의 시도인 동시에 문제의 재현이며, 가족으로부터 욕구가 충족되지 않을 때 사람들은 그 대체 수단으로 교회, 직장, 지역사회 조직 등에서 연합성을 추구하기도 한다. 원가족과의 폐쇄적인 체계를 개방하기 위해서는 원가족으로의 재진입이 필요하다. 방문하는 것이 최상이다. 그러나 정서적 단절을 해결하기 위해서는 현재의 핵가족을 동반하지 아니하고 반드시 혼자서 원가족과 만나야 한다.

(8) 사회적 퇴행

사회 내에서의 정서적 문제도 가정 내에서의 정서적 문제와 동일한 과정을 거친다. 가정의 체계와 동일하게 사회도 증가하는 불안에 놓이면 역기능을 나타내는데, 연합성과 개별성의 균형이 깨어지면서 사회 전체에 대한 관심은 상실되고 하위 집단들끼리 융합되기 시작하여 점증되는 만성적 사회 불안에 의해 사회문제 해결 능력이 위기에 달하는 정서적 과정이다. 사회문제는 가정문제와의 연속선상에서 발전되므로 가정의 책임, 사회의 책임 범주에 대해 정확하게 정의

해야 한다. 사회가 책임져야 할 한계는 얼마만큼이고, 어떤 방식으로 책임져야 하는가를 분명히 하는 것이지만 사회가 어떤 방법으로 개입하든 개인의 분화 수준을 높이는 것이 그 목적이 되며, 개인들이 각자의 위치에서 그 책임을 완수할 때 전체사회에 영향을 미치는 불안의 수준이 낮아진다고 본다.

4. 정상적인 가족의 발달

가족 구성원들의 자기가 비교적 잘 분화되어 있고, 불안 수준이 낮고, 부모가 자신들의 원가족과 정서적으로 좋은 관계를 맺고 있을 때 최상의 가족발달이 이루어질 수 있다. 대부분의 사람들은 청년기에서 성인기로 접어들 때, 즉 부모와의 관계가 변화되기 시작할 때 가정을 떠나서 불안과 갈등을 피하기 위해 부모나 형제들과의 접촉을 줄인다. 자신이 자라난 원가족과의 접촉을 피하면 과거 문제들을 벗어 던질 수 있다고 생각한다. 그러나 과거에 해결되지 못한 문제는 항상 따라다니기 때문에 어디를 가든 다른 사람들과의 관계에서 영향을 받기 마련이다. 따라서 분화가 잘 이루어져 윗세대와 좋은 관계를 맺고 있는 사람은 속박되거나 분열된 가정에서 자란 사람보다 더 안정을 누릴 수 있다. 따라서 Bowen은 자라난 가정에서 이룬 자주적 성격의 분화가 정상적 발달의 특징인 동시에 치료의 목표라고 확신하고 있다. Fogarty는 『Systems Concepts and Dimensions of Self』(1976)에서 잘 적응하고 있는 가족의 특징을 다음과 같이 기술하고 있다.

- 가족은 균형을 이루고 있고 변화에 잘 적응할 수 있다.
- 각 개인 내에서 뿐만 아니라 전체 집단 내에서도 어느 정도의 정서적 문제가 있다.

- 여러 세대에 걸친 전체 가족과 연결을 맺고 있다.
- 문제를 해결할 때 최소한도의 범위 내에서 융합과 심리적 거리를 사용하고 있다.
- 두 사람 간에 발생한 문제를 둘이서 처리할 줄 안다.
- 차이가 있어도 용인하고 때로는 이러한 차이를 지지할 줄 안다.
- 상대방과 사고 및 정서적 수준에서 대처해 나갈 줄 안다.
- 자신과 상대방에게서 얻을 수 있는 것이 무엇인지 안다.
- 각자가 가진 공허함을 허용할 줄 안다.
- 긍정적인 정서적 분위기를 유지하는 것을 그 무엇보다 우선시한다.
- 가족 구성원 각자가 가정을 살기 좋은 곳으로 생각한다.
- 가족들은 다른 사람들을 정서적인 목발로 삼지 않고, 피드백과 학습의 자원으로 활용한다.

5. 가족 행동장애의 발달

Bowen의 체계에서 잘 적응하는 사람의 주요 특징은 합리적인 객관성과 개성이다. 분화를 이룬 사람은 감정과 사고를 분리할 줄 알고, 핵가족 및 확대가족과의 유대를 끊지 않으면서도 독립성을 발달시킨다.

Bowen 체계에서 볼 때, 개인이 감당할 수 없는 스트레스를 받을 때 증상이 발생한다. 스트레스를 조정할 수 있는 능력은 분화에서 나온다. 분화가 잘 이루어진 사람일수록 타인과의 관계에 있어서 더욱 더 탄력적이고 유연하며, 스트레스가 있어도 증상을 나타낼 확률이 낮다. 미성숙한 사람이라도 비교적 건강한 결혼생활을 하고 있는 사람은 혼자 살거나 불행한 결혼생활을 하는 사람보다 증상을 드러낼 가능성이 적다. 증상은 체계가 감당하기 힘들 정도로 불안이 심할 때 발생한다.

그러나 두 사람의 관계만으로 증상의 발생을 설명하기는 어렵다. 왜냐하면 두 사람 간에 불안이 발생하면 자동적으로 제3자를 끌어들이기 때문이다. 제 3자가 개입해서 중립적인 자세를 취하면, 불안이 감소되고 증상이 발생할 가능성이 적어진다. 그러나 제3자가 정서적으로 관여하여 특정 사람의 편을 들거나(이해 당사자끼리 문제를 해결할 길을 막게 됨), 대치된 정서의 초점이 되면(불안이 과중됨) 증상이 발생할 가능성이 높아진다.

가장 상처받기 쉬운 사람(분화가 덜 되고 고립된 사람)은 증상을 드러내거나 관계갈등의 중심이 될 가능성이 높다. 이러한 선택의 기제는 여러 대에 걸친 전수과정에 달려 있다.

성인에게 나타나는 행동장애는 윗세대에서부터 내려오는 '정서적 융합'의 결과이다. 정서가 지성을 마비시켜 합리적인 기능과 유능성을 손상시키는 것이다. 정서적으로 융합될 때에는 불안으로 인해 심한 애착을 나타내거나 배척을 하려고 한다. 고립을 추구하는 사람도 정서적 융합의 또 다른 표현이다. 정서적 융합과 분화는 상반된 것으로, 융합을 이룬 사람은 확고한 신념이나 확신이 없다. 그 어떤 목적보다 타인의 인정과 수용을 추구하고, 합리적인 사고보다 감정을 토대로 결정을 내리고, 좋은 인상을 주는 것을 가장 중요하게 생각한다.

증상은 급성이든 만성이든 정서적 충동에 의한 반응의 산물이다. 증상은 불안에 의한 연합화 압력 때문에 발생하거나 개인의 기능을 지탱해 주던 융합된 관계가 붕괴될 때 발생한다. 미분화된 사람의 경우 다른 사람과 안전한 의존적인 관계를 맺거나, 아니면 거리를 두어 친밀감에서 벗어남으로써 증상이 경감될 수 있다.

6. 치료적 개입

1) 치료의 목표

Bowen 치료의 궁극적인 목표는 불안을 감소시키고 자기분화를 향상시켜 가족체계를 변화시키는 것이다. 분화 수준을 향상시키는 것은 개인들이 스스로 책임을 지도록 하는 치료활동으로 관계 속에서 불안이 생기면 불안이라는 감정을 자신의 것으로 받아들여 감정적 반사행동을 하지 않게 된다. 가족체계가 진정으로 변화하기 위해서는 폐쇄적인 가족관계를 개방하여 삼각관계에서 벗어나야 한다. 그래야 개인의 자주성과 성장이 이루어질 바탕이 마련된다. 그러므로 정신분석에서와 같이 증상에 대해서는 별로 신경 쓰지 않는다. 문제는 증상이 아니라 체계 내에 있다고 가정하기 때문이다. 개인의 변화는 다른 사람과의 관계가 변화될 때 일어난다. 체계를 변화시키고 가족들로 하여금 높은 수준의 분화를 이루게 하기 위해서는 가족 내에서 가장 주요한 삼각관계를 수정해야 한다. 이러한 삼각관계에는 부부가 들어가 있다. 삼각관계를 해결하기 위하여 치료사는 가족 중의 두 사람과 새로운 삼각관계를 형성해야 한다. 치료사가 부부와 삼각관계를 맺으면서도 정서적으로 중립적인 위치를 지키면 부부는 탈삼각화(de-triangulation)와 분화의 과정을 밟기 시작하면서 가족체계에 지속적인 변화를 불러일으킨다.

2) 치료과정

(1) 치료 전 단계

IP와 가족이 경험하고 있는 문제와 증상에 초점을 맞추어 불안의 정도를 파악하며 가계도를 작성한다. IP와 가족이 가지고 온 증상을 이해하고 토해 내는 감정을 들어주면서 작성되는 가계도의 활용은 가족의 역사성 안에서 사실 수집과 증상을 파악하는 동안 IP의 부담을 덜어 줄 수 있으며 감정적인 흥분을 진정시킬 수 있다. IP의 가족과 더불어 작업을 하며 기본 개념에 입각한 치료가설을 세우면서 치료방향을 설정한다.

(2) 치료의 4단계 접근

● 1단계 : 가족패턴을 파악한다.

반복적으로 일어나지만 해결의 방법을 얻을 수 없었던 가족패턴을 파악하는 동안 반복되는 가족 경험이나 가족성원들의 행동패턴 속에서 증상을 예견할 수 있다. 원인-결과 모델이 아닌 경험해 왔던 사실 중심으로의 접근을 통해 가족 내 중요한 이슈를 찾아내면서 부부 간에 누가 승자이고 패자인가, 문제 상황에서 회피, 추적 관계 등을 통하여 다음세대 과정에서 나타나는 패턴을 본다.

● 2단계 : 가족패턴 속에서 IP에 대해 초점을 맞춘다.

가족패턴 속에서 IP에 대해 초점을 맞추는 것은 반복되는 가족행동패턴 속에서 IP가 어떤 부분에 대해 책임을 질 수 있는가에 대한 인식과정이다. IP가 객관적으로 가족 내의 문제를 인식하여 부모나 조부모 등에 대해 비난하는 것을 중단하는 단계이다.

당시 그분들이 할 수 있는 최선의 노력을 다했다는 것을 인정함으로써 누구도 원망함이 없어지면 투사과정이 사라지고 사고체계가 향상된다.

이때 사고체계 향상을 위하여 어떻게 하면 다른 방식으로 할 수 있을까? 또 그것이 어떻게 도움이 될 수 있을까? 어떻게 준비할 수 있을까? 패턴이 반복될 때 어떻게 알 수 있는가? 다른 방법으로 생각할 수 있는가? 과기능(over-function)했다는 것을 어떻게 알 수 있는가? 등의 질문을 할 수 있다.

● 3단계 : 계획을 공식화한다.

IP와 가족을 돕는 과정으로서 변화를 위한 계획의 공식화 단계로, 인생관은 자신의 원칙에 기초하여 신념체계를 강화하도록 한다.

첫째, 가족 안에서의 문제를 분명히 정의한다.

둘째, 개인적인 신념, 행동원칙을 정의한다.

셋째, IP의 새 위치에 대해 정의한다.

넷째, 새로운 신념에 기초하여 책임 있는 행동을 결정한다.

다섯째, 재현될 가능성 있는 행동을 예상해 본다.

여섯째, IP의 새로운 행동에 대한 가족체계의 반응에 대해 어떻게 대처할 것인가를 결정한다.

일곱째, 가족체계에 대해 중립적인 행동을 결정한다.

- 4단계 : 계획을 실천한다.

새로운 계획을 실천하는 단계로서 증상이 감소되고 새롭게 향상된 분화 수준이 형성된다. 모든 IP와 가족들은 각기 다른 변화 리듬을 가지고 있으므로 치료사는 기다릴 수 있어야 한다. 이때 IP와 가족의 문제가 빨리 해결되지 않는다는 느낌이 있을 때 치료사의 저항에서 평상심으로 돌아오기 위해 자기를 분명하게 정의해야 하며(self define) 자신의 가정으로 돌아가 자신의 위치에서 자신을 들여다보아야 한다.

(3) 내담자의 변화를 위한 5단계 접근

- 1단계 : 불안하고 흥분된 감정을 진정하도록 돕는다.
- 2단계 : 가족체계에 대한 이해를 한다.
- 3단계 : 내담자에 초점을 두어
  '변화할 수 있는 유일한 사람은 내담자 자신임'을 주지시킨다.
- 4단계 : 변화 계획을 수립한다.
  –어떻게 다르게 행동하겠는가?(만일 변화하지 않는다면 부정적인 결과를 경험하게 될 것임을 인식시킨다.)
- 5단계 : 계획을 실행한다.

(4) 변화를 위한 과정 질문

질문은 Bowen의 치료에서 중요한 방법 중의 하나이다. 질문을 통하여 치료사는 가족 구성원들로 하여금 생각을 하도록 만든다. 분화 수준은 지적 활동을 통해서 향상된다. 무엇 때문에 불안한가? 라는 질문을 통해서 자신의 분화 수준을 바라보게 한다. 불안한 마음이 들 때 자신의 불안이 어디에서 비롯되는가를 지적으로 이해할 수 있도록 돕는 활동이 질문이다. 질문을 통하여 느낌과 감정을 구분하고, 객관적 관찰자의 입장에서 현상을 볼 수 있도록 하며, 가족들의 관계를 인식하도록 돕는다.

- 원가족에서 어떤 사건이나 행동이 가족 구성원의 불안 증가에 영향을 주었는가?
- 불안이 증가할 때 당신 개인의 기능적 관계 행동은 어떻게 변화되는가?
- 당신이 불안해 할 때 원가족들은 어떻게 반응했는가?
- 당신은 현재의 핵가족 안에서 어떻게 기능적으로 변화되기를 원하는가?
- 원가족에서 어떤 행동을 배웠고, 그 영향이 아직 작용하고 있거나, 그것이 적절하다고 생각되는 행동은 무엇인가?
- 자신이 기능적으로 변화되고 있다고 생각하게 하는 것은 무엇인가?

(5) 가계도 작성

가계도에서는 가족구조를 그리는 기본 절차와 상징 부호를 사용한다. 여기에 소개되는 상징 부호들은 McGoldrick과 Gerson의 『Genograms』을 이영분(2005) 등이 번역한 『가계도〈사정과 개입〉』에 있는 내용들이다. 가계도를 그리는 데 있어서 두 가지 상징들이 있다. 하나는 가족 구성원들과 구조를 위한 상징들이고, 또 하나는 가족 구성원들의 관계를 나타내는 상징들이다. 가족 구성원들과 구조를 위한 상징들은 가족에 대한 기본 정보와 내용을 표현한다. 가계도란 하나의 골격에 지나지 않으므로 관련 정보로 살을 붙여야 한다. 구체적인 내용으로

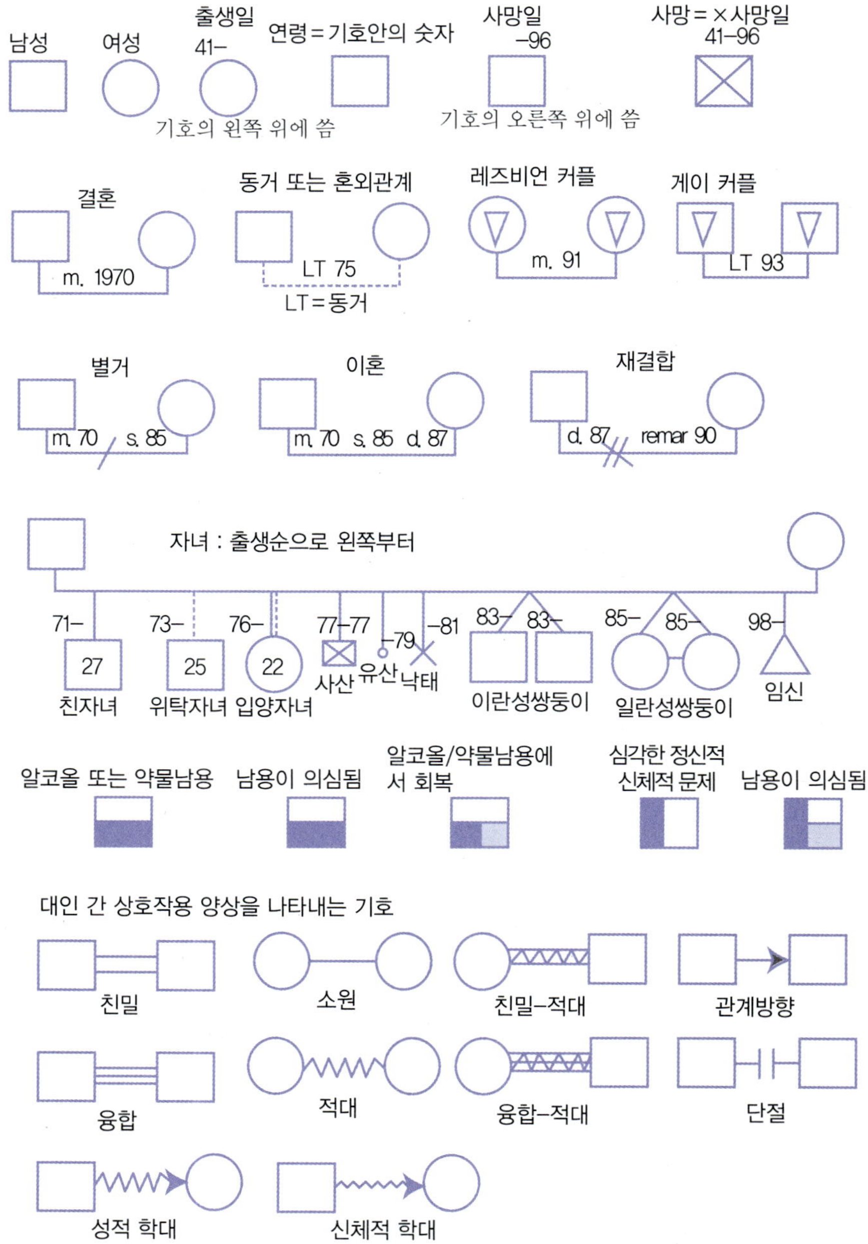

[그림 2-6] 가계도의 표준 기호

출처: 이영분 외 (2005). 가계도(사정과 개입). 학지사.

는 가족 구성원, 이름, 연령, 형제자매 위치, 결혼상태, 종교, 직업, 인종, 지리적인 위치, 사회 경제적인 상태, 중요한 생활사건 등을 적어도 3세대까지 확대하여 작성한다.

또한 가족들의 상호작용을 위한 상징 부호들은 다섯 가지가 있다. 아주 가까운 관계를 나타내는 융합관계, 갈등관계, 소원한 관계, 단절관계, 친밀한 관계 등이다.

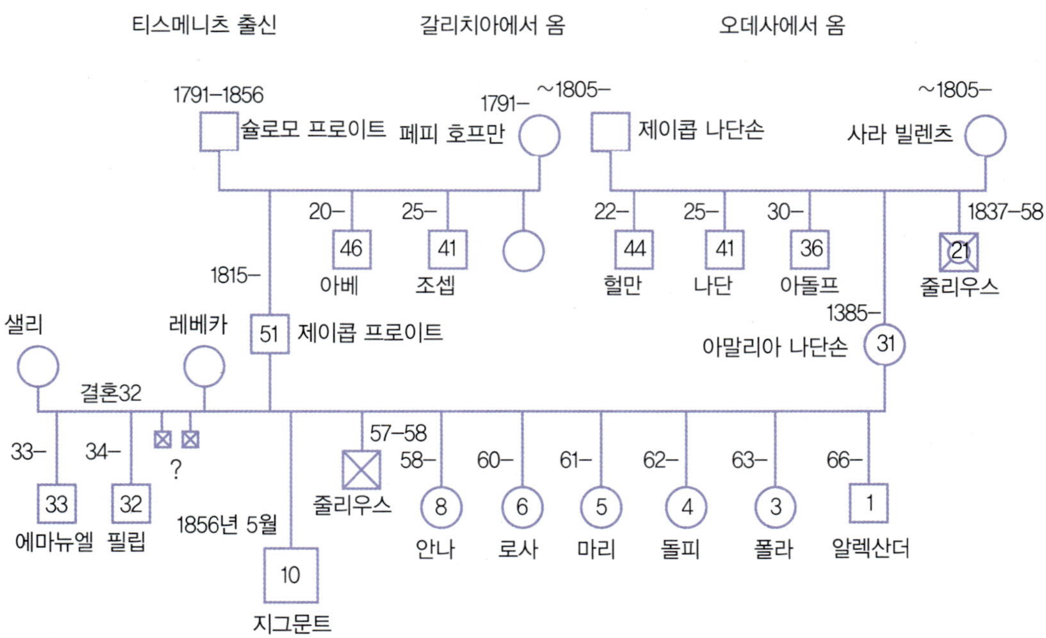

[그림 2-7] Sigmund Freud 가계도

3) 치료사의 역할

Bowen 이론에서 치료사들은 '자기'로부터 출발한다. 또한 Bowen의 치료에서는 내담자 자신을 제외한 가족의 병리적인 부분을 다루지 않는다고 천명하고 있다. Bowen은 객관적인 태도의 필요성을 강조하기 위하여 치료사의 역할을 '코치' 또는 '컨설턴트'에 비유한다. 코치하기는 어떻게 하라고 요구하는 것이 아니다. 코치하기의 목적은 이해를 증진시키고, 자신에게 초점을 맞추고, 주요한 가족 구성원들에게 보다 기능적으로 애착하도록 돕는 것이므로 가족 구성원들이 일일이 행동하는 수칙을 만들어서 행동하도록 하지 않는다. 치료사는 가족들의 행동을 다소 지시하는 역할도 하지만 대부분은 가족들이 자신들의 상호작용을 자율적으로 할 수 있도록 돕는 과정을 진행한다. Bowen이 지향하는 가족치료는 강한 정서적 표현보다는, 사고체계에 기반을 둔 엄격한 중립성(neutrality)을 요구하는 조용하고 직접적인 치료이다.

가족치료를 위해 치료사도 자신의 가족으로부터 분화되는 것이 내담자 부부와의 정서적 삼각화를 예방하는 가장 좋은 방법이다. 치료사 자신의 가족을 철저히 검토하는 과정에서 내담자 가족의 불안 감소를 위한 평상심을 확보할 수 있으며, 자신의 가족에서 문제유형을 어떻게 유지해 왔는지에 대한 이해와 확신은 내담자의 가족체계(핵가족, 확대가족, 다세대가족)를 파악하고, 변화 계획에 대해 내담자에게 충분한 시간을 줄 수 있는 인내심을 갖게 한다.

치료사는 아울러 관계가 단절된 내담자들에게 지속적인 관계에 머물러 주면서, 전인으로서 건강한 측면과 자율적인 기능을 존중해 주고, 내담자들이 사용할 수 있는 정보를 제공해 주며, 가족의 자원이 균형을 이룰 수 있도록 전체 가족을 이해하면서 치료사로서의 한계를 분명히 정의해야 한다.

4) 코칭을 위한 기본 규칙

- 체계는 변화에 저항하므로 변화에 대한 타이밍, 맥락, 전략을 계획한다.
- 변화는 자신을 위해서 한다. 상담을 계속 유지한다.
- 공격하지 말라, 방어하지 말라, 문을 닫지 말라, 회유하지 말라.
- 관계할 수 있는 여유선 이상으로 가족들과 머물지 않는다.
- 절대 거리를 두지 않는다.
- 기대를 0으로 낮추면 즐거운 놀라움을 만날 것이다.
- 침묵이 정서적 체계를 방해하지 않는다. 침묵도 의사소통이다.
- 누군가 제삼자에게 가는 것을 막는다면 먼저 그 방해자와의 관계를 다룬다. 그 주변에 그냥 머물러서는 안 된다.
- 논리를 정서적 체계로 표현할 수는 없다. 정서적 문제가 있을 때에는 체계에서 나-입장(I-Position)을 취할 필요가 없다.
- 체계 내 악당, 희생양, 천사를 보고 있다면 당신이 '갇혀 있다'는 것을 의미한다.
- 갇혀 있다면 맥락을 확장시킨다. 가령 어머니에게 갇혀 있다면 어머니와 할머니의 관계를 생각해 본다.
- 계획된 거리와 반응적 거리를 구분한다.
  전자는 보는 관점을 제공하지만 후자는 당신의 발달을 방해하기 쉽다.
- 관계를 예측할 수 없게 만든다.
  예측할 수 없다는 것은 신뢰롭지 않다는 것과는 다르다.
- 고집스럽게 매어 있던 문제를 내려놓는다.
- 되돌아가는 것에 좌절하지 말자. 스트레스가 많으면 우리는 모두 과거 패턴으로 돌아가지만 다행히 거기에 그렇게 오래 머물지는 않는다.
- 다른 사람과의 관계 작업에서 무엇을 회피하고 있는지 살펴본다.
- 생존한 가족이 없다면 최악의 적과 관계를 시도해 본다.
- 유머는 긴장된 주제를 완화시키기 위한 최상의 방법이다.

- 과기능 인물과 저기능 인물의 상호주기를 주의하고 평소의 입장을 바꾸려는 노력을 한다.
- 기본 규칙을 지나치게 믿지 않도록 주의한다.

7. 적용사례

1) 상담사례의 실제 1

상담 동기

어려서부터 의욕이 없고 드러눕기를 좋아한다. 특별히 좋아하는 것도 없고 잘하는 것도 없고 시험이 다가오면 불안해하고 공부를 하려고 하면 자꾸 졸음이 오고 집중이 안 된다고 하며 야단을 쳐도 TV 시청이나 컴퓨터 게임하는 데 시간을 많이 보낸다.

동생은 지나치게 되바라져 오히려 걱정이다. 형을 무시하고 함부로 대하면 그것도 속상하다. 이제 중학교 2학년 이지만 지능검사, 적성검사를 하여 알맞은 진로를 선택하도록 해주고 싶고 의욕적인 생활을 할 수 있도록 돕고 싶다.

IP의 행동적 특징

신체적 발달은 정상, 말이 느리고 목소리는 어리어리하게 가라앉아 있으며 자신의 감정, 생각을 솔직하게 표현하지 못하며 위축되어 있다.

상담자와 눈이 마주치면 어색하게 웃으며 피한다.

질문에 대해 '잘 몰라요', '생각이 안 나요' 등 피상적인 대답을 한다.

검사 결과

(1) IP의 심리검사

● 지능검사(KEDI-WISC)

지능은 평균 수준을 보이며 전체를 지각하고 개념을 형성하는 능력이 높은 편이다. 그러나 반응표현이 적고, 말끝을 흐리는 습관, 목소리가 작은 점 등의 검사 태도를 볼 때 전반적으로 위축되어 있고 자기표현을 억압하고 있는 것으로 판단된다. 따라서 주의력이 많이 떨어지고 제반 사회적 사태를 이해는 하나 막상 자기가 개입되어 있는 사태에서는 상황 판단을 잘 하지 못하는 경향을 보일 것으로 예측된다.

● 적성검사(김재은 교수 저)

흥미는 기계, 작업 쪽 관심이 높게 나왔고 성격은 정서적으로는 안정되어 있으나 자발성이나 적극성이 현저하게 부족한 상태로 나왔다. 제1 적성 분야는 공학 계열이었고 제2 적성 분야는 자연 계열로 나왔다.

(2) 부부의 심리검사

● 부부의 성격유형(MBTI)

남편은 ESTJ(27/49/37/45)형으로 일을 조직하고 프로젝트를 계획하고 추진하는 능력이 뛰어난 탁월한 지도자로서 현실적이며 사실적이고 체계적이며 논리적이다. 분명한 규칙을 중시하고 그에 따라 행동하고 일을 추진하고 완성하려 한다. 속단 속결하는 경향과 지나치게 업무 위주로 다른 사람들을 대하는 경향이 있을 수 있다. 그러므로 인간 중심의 가치와 타인의 관점과 감정을 고려하여 타인의 말을 경청하는 노력이 필요하다.

부인은 ISTJ(23/29/25/35)형으로 실제 사실에 대하여 정확하고 체계적으로 기억하며 일 처리에 있어서도 신중하며 책임감이 강한 편이다. 집중력이 높으며 강한 현실 감각으로 실질적이고 현실성 있게 조직적으로 일을 처리하며 주위를 잘 정리 정돈한다. 어지간한 위기상태에서도 침착하게 보이며 충동적으로 일을 처리하지 않으며 일관성 있고 관계적이고 보수적인 입장을 취하는 경향이 있다. 때로 일의 세부 사항에 집착하는 경향이 있다. 자신과 타인의 감정과 기분을 배려하며 전체적이고 타협적인 방안을 고려하는 노력이 필요하다.

(3) 자아분화 정도

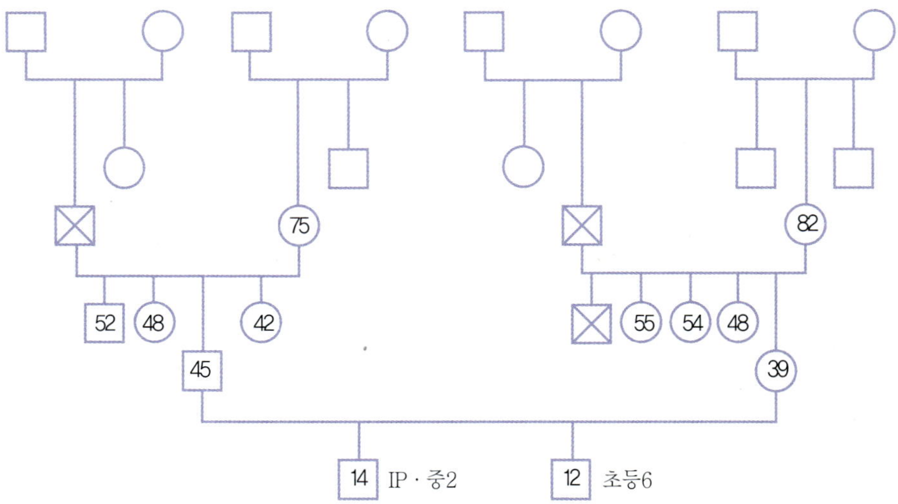

[그림 2-8] IP의 가계도

[표 2-2] 내담자 가족의 자아분화 정도

구 분	아버지	어머니	IP
자아분화	· 자아융합은 분화로 이행 · 신념, 의견 분명 · 독립적, 목표지향적 · 관계 중시, 완벽주의	· 연합성(togetherness)이 사고활동 지배 · 가아(pseudo-self) 발달 · 남편의 인정과 상황이 주는 압력과 긴장에 쉽게 영향 받음	· 의존적 · 친구에게 밀착 접근
핵가족 정서체계	공동자아(common-self)를 위해 지배적임	· 정서적 융합 강함 · 복종 → 심각한 긴장상황 및 스트레스 · 임신초기부터 결혼 후회 이혼 망설임	trauma : 무기력증, 무의욕증, 무능력증, 무반응, 제고집 강함, 무책임, 자기세계 구축, 공부 기피, 운동 열중, 사랑에 굶주림
부부갈등	역기능, 부부 간의 유대 약함 IP에게 투사, 불안 수준 높음		· 정서적 고립 · 단절, 정서적 상처
가족 투사과정	· 가부장적 의식 강함 (형에게 절대 복종) · 기대충족 갈등으로 부인 심리적 유기(neglect, rejection) · 외부세계 스트레스 → 아내와 IP에게 성 잘냄, 경직	· 불안, 분노를 IP에게 무시하는 것으로 투사 · 역기능 영향으로 인한 증상 : 소화불량, 두통, 불면, 신경통, 시리고 아픔, 활기 없음	· 동생을 화풀이로 때림 · 역기능 영향 증상 : 예정보다 늦은 분만 · 다리 깁스 3개월(5세) 편도선, 축농증 수술(초등 3년)
다세대 전수	· 父 사망(9세 때)으로 형에게 절대복종 · 남존여비의식 철저함 아들선호 · 과기능(over-function)	· 가족의 보살핌 못 받음 · 일하면서 야간 고 졸업 · 형제관계 지지 없음 · 외로움, 고립감, 기비하의식 · 저기능(under-function)	· 여자 무시 · 외로움 · 고립감 · 자기비하의식 · IP에게 초점을 둠
정서적 단절	· 불안정 · 형님네 가족과 we-feeling · IP에게 수수방관적 · 수동적 · 세대간의 문제로 받아들임 · 직장 충실, 일중독	· 불안정 · 정서적 이혼 상태 · 정서적 의존감 높으면서 동시에 거리감 있음 · 아동기감정양식: 서러움, 억울함 · 교회에 충실	· 물리적, 정서적 거리감 · 부모 심한 싸움 보며 '나는 밥 먹고 자야 겠다.' · 철수, 도피
삼각관계	· IP에게 집중 · 공격적, 지배적, 제거적	· IP에게 집중 · 수동적, 거리감, 약함	· 갈등 · 거리감
형제관계	· 상보적인 막내 · 지배당함	· 지배당함 · 가족 간의 거리감 강함 · 우울경향 · 남자에 대해 어려움 있음	· 맏이면서 속죄양의 위치
사회적 퇴행	· 만성불안 표출 · 폭음, 폭행, 폭언 · 무관심, 다툼	· 충동적 행동화 : 전화기 던짐 · 불신, 언어폭력, 도피	· 작은 비행 : 훔침, 무단결석 · 전자게임, 거리 배회 · TV로 몰입, 냉담

상담 내용

상담자: 어떻게 상담실에 오게 되었다고 생각하니?

IP: 몰라요. 엄마가 어디 가야 한다고 해서 그냥 왔어요.

상: 일요일 날 이런 낯선 곳에 오게 되어 어리둥절하기도 하고 짜증도 나나봐.

IP: 뭐, 잘, 그냥 그래요. 괜찮아요.

상: 엄마는 IP를 도와주고 싶은 마음이라고 하셨는데, 그래 네 생각에 부모님께서 무엇을 걱정하신다고 생각하니?

IP: 공부 못하니까, 공부가 하기 싫은데 엄마는 매일 잔소리만 하고, '공부해라', 그냥 좀 앉아 있으면 '뭐라도 해라 제발'…….

상: 그때 네 마음은?

IP: 몰라요.

상: 모른다고…… 화가 날 것 같은데……. (IP는 어색한 표정으로 침묵)

어머니: 니가 대답도 안 하니까 그렇잖아. 숙제도 잘 안 하고 엄마가 속상한 건 말도 못해.

아버지: 아, 가만있어요. IP가 이야기해봐 네 생각을.

IP: 저도 공부 잘하고 싶어요. 칭찬 받으면 좋으니까. 그렇지만 머리 아픈데 뭐.

상: 아, 머리가 아프다고. 언제 어떻게 아픈지 이야기해 볼래.

IP: 가만히 내버려두면 좋은데, 설명도 잘 안 해주는 선생님 과목 공부하려면 생각도 안 나고 머리만 아파요.

상: 수업 시간에 설명을 자세히 안 해주는 과목은 어떤 과목인데?

IP: 생물, 수학, 영어…….

상: 어떤 과목을 좋아해?

IP: 사회, 체육…….

어: 맨 뛰어 노는 것만 좋아하고.

아: 학교에서 유도시키면 어떻겠느냐고 했는데 그것은 마음이 안 내켜서 거절했습니다.

상: 아, 그런데 왜 거절하셨나요?

아: 제 원하는 대로 시키고 싶지만 저도 별로 생각 없는 것 같고, 그냥 어슷비슷 살아가기를 바라니까요.

옛날에 우리 자랄 때는 이런 거 없었지 않습니까. 요즘은 얘들 키우기도 참 힘드네요.

상: 가족 안에서 생각을 해보기로 하지요. 어떤 점이 힘들다고 생각하십니까?

아: 첫아들이어서 참 좋았는데, 바쁘다 보니까 특별히 해준 것은 없지만 가족들 먹여 살리느라 저도 애쓰고 있습니다.

어: (눈을 흘기며) 누구는 그런 애 안 쓰나요.

상: 무슨 의미인가요?

어: 이날 이때까지 아빠 눈치 보느라고……. 참 힘들었어요.

상: 그래 어떤 점이 부인을 힘들게 했나요.

아: (어색하게 웃으며) 제가 뭐 성격이 철저하니까 저 사람은 대충대충하는 게 많으니까……. 그럴 때 좀 힘들었나 봅니다. (아내에게) 이젠 안 그러잖아.

어: (남편을 보며) 뭐 얼마나 됐어요. 얘가 저리 된 것도 다 아빠 때문인지도 몰라요.
하도 애 우는 것을 싫어하고 애가 부스럭거리는 것도 듣기 싫어하니까.
아침에 싱크대 위에 애를 올려놓고 식사 준비하다가 떨어진 적이 있어요.
그때가 5개월 됐을까.

상: 굉장히 놀랐겠군요. 그런데 남편께서는 아셨나요?

어: 알기는요. 애 울음소리 때문에 또 화낼까봐 애 입 막으며 달랬어요.

상: 원망이 많이 있는 것 같군요.

아: 제 이야기부터 좀 하겠습니다. 집사람 이야기 들으며 제가 뭐 그리 아기자기하게 자상한 남편이 못된 것은 압니다만, 뭐 집에서 할 게 있습니까. 집도 깨끗이 하고 애들 잘 키우고 다 그러는 거 아닙니까.

그런데 맨 이웃집 여자들하고 어울려 내 불평이나 했었나 봅니다.

상: 부인께서는 남편에게 어려움을 느끼고 있었나요? 힘들다는 이야기하기가 어려웠나요?

어: 어림도 없었어요. 이제 조금 나아졌지만 집에는 별 관심 없고 언제나 회사, 회사…….
퇴근 후에도 늘 술 먹고 들어오고 집에 들어서자마자 밥상이 대령되어야 하고
언젠가 조금 꾸물거렸더니 목을 잡아 누르고 불같이 화를 낸 적도 있어요.
한치의 오차도 허용 안 하고 빈틈 없기를 바라니까 모든 게 깨끗이 정돈돼 있어야 하고 흐트러져 있으며 큰일 나요.
매일 뒷집 아주머니한테 하소연하고 위로도 받고 그랬지요 뭐.

아: 사실 내 마음에 안 들면 힘을 행사하기도 했습니다.
뒤 돌아서서 미안하기도 했지만 사과하고 싶은 마음 표현하기가 좀 어색했습니다. 저 사람하고 네 번 만나고 결혼했는데 가풍이 서로 달라서 그런지 이해가 안

되는 것도 많고, 그래도 여자가 시집왔으면 남편을 따라 주어야 하지 않습니까.
9살 때 아버지가 돌아가셨기 때문에 큰형이 아버지 역할을 했습니다.
사실 저는 형님 앞에서는 담배도 안 피우는데 집사람이 형님 댁에 소홀히 하면 화가 납니다. 저도 성미가 급하니까, "법은 멀고 주먹은 가깝다."는 말도 있지 않습니까.

상: 그래요. 두 분 다 성격유형 검사에서 나타난 것처럼 마음속에서 느낀 감정을 표현하기가 어려우신 편이지요. 그러면서도 내 마음 나와 같이 알아주지 않는다는 섭섭함도 있고 왜 저럴까 하는 불만이 쌓여 있다가 어느 날 한꺼번에 폭발하게 되면 서로 상처 입기도 하고 막상 전달하고자 하는 메시지는 놓치게 되고 그랬겠어요.
부인께서는 불만이 있으면서도 그 감정을 숨기고 화를 못 내니까 더 힘들었겠어요.
어: 몸이 많이 안 좋았어요. 소화도 안 되고 등도 시리고 아프고, 잠도 못 자고.

상: 화를 내 버리면 괜찮은데 남편이 겁나니까 자꾸 아픈 것으로 화를 막는 거지요.
아: 아, 그렇습니까. 매일 아프다고 신경질을 내곤 했었는데 그게 그렇습니까.
어: 근데 이젠 안 아파요. 밖에서 일이 잘 안 풀리면 저를 화풀이 대상으로 삼았는데 내가 언제까지 당해야 하나 하는 생각이 들어서 전화기 집어 던지며 안 살면 그만 아니냐고 그때 처음 대들었는데 그 뒤로는 잘 안 싸워요.
아: 그때 되게 놀랐습니다. 말도 잘 안 하고 꼭 빈정거리듯이 이야기하고 그랬었는데 갑자기 그래서.
어: 당신처럼 독불장군이 어디 있어요. 꼼짝이나 하게 했어요. 내가 빈정거렸다고요.
어림없는 소리 하지도 마세요. 언제 내 생각 해준 적이라도 있어야 말이지.
지나간 사람 잊지 말라고 당부하면서 정작 내 생일 한번 챙겨 준 적 있었어요.
아: 우리는 문제를 벗어나고 있는 것 같은데요.
어: 아니에요. 우리 문제를 이야기하고 있잖아요. 아이 문제도 다 결국 엄마가 안 편하니까 그렇게 된 것 같아요.
상: 그래요. 우리는 문제에서 벗어난 것이 아니라 문제에 접근해 가고 있어요. 0~6세 동안 아이가 어떤 정서적인 환경에서 성장했는가 살펴보는 것이 중요하지요.
본인이 어느 정도 충족과 안정감을 느끼며 사랑 받았다고 생각하는가 하는 것도…….
아: 그 조그마한 애가 무엇을 압니까.
상: 걱정이 되시는군요.

아 : 어떻게 하면 되겠습니까. 저도 이제 40대 중반인데 안정되고 싶고 그렇습니다. (아내에게) 당신한테도 정작 어찌해야 좋을지.

상 : 그래요. 서로 걸리지 않고 감정 소통이 될 수 있으면 모든 문제는 훨씬 줄어들 수 있지요. 우리 살아가는 고통의 근원이 사랑과 미움, 애증의 갈등 아니겠어요. 그것은 마치 동전의 양면과 같아서 항상 함께 갈 수밖에 없는 것이고…….

상 : 어떻게 지냈는지 이야기해 줄래?

IP : 그냥 뭐.

아 : 우리가 새로 시작한 걸 말씀드리면 좋겠다.

IP : 가족회의요? 일주일에 한 번씩 가족회의 하기로 했어요. 상담 끝나고 집에 가서 하자고 아버지가 그러셨는데 엄마도 좋다고 하시고…….

상 : 네 기분을 이야기해 봐.

IP : 잘 모르겠어요.

아 : 선생님이 하고 싶은 이야기 가리지 말고 해보라고 하셔서 우리 각자 불만이나 서운한 점을 이야기하기로 했습니다. 막내가 가족회의 기록을 맡기로 했구요.

상 : 어떤 이야기들이 나왔습니까?

어 : 애들이 원하는 것은 저에게 잔소리를 안 했으면 좋겠다고 했구요. 아빠에게는 2주일에 한 번 다 함께 외식을 시켜 주었으면 좋겠다, 일찍 들어오셔서 그냥 계시기만 해도 좋다.

아 : 계기가 좋았습니다. 애들하고 대화를 해보니까 의외의 발견을 하게 되었습니다. 애들의 객관적인 면을 발견했습니다.
스포츠 뉴스 보면서도 정확하게 선수마다 분석하는 걸 보면서 놀랐습니다. 우리 클 때는 진짜 '보릿고개' 시절이었으니까 쇠풀 뜯으러 다니고, 그때 생각하고 애들은 저절로 크는 줄 알았는데 그게 아니구나 하는 걸 발견했습니다.
우리 IP한테도 단계적으로 성장해 나갈 수 있도록 목표설정을 돕기로 했습니다. 지금 35등 하니까 다음 시험 목표는 30등 정도로 잡아서 해나가는 게 좋겠다고 약속했습니다.

어 : 우리 집에 여자가 저 혼자고 아빠는 워낙 보수적인 집안 사람이라 여자를 좀 무시하는 경향이 애들한테까지 나타났었는데 저는 아빠에게 부탁했어요. 집안 일 도와줄 수 있느냐고, 이불 정리하는 것이나 일요일 날 진공청소기로 청소하는 것 정도.

별로 기대는 안 했는데 왜 안 해줄 거라고 생각했느냐며 도와주니까 미안하기도 하고 고맙기도 하고, 어색하기도 하고.

아 : 제가 좀 부지런해지기로 했더니 다들 좋아하네요.
내내 눈 뜬 장님이었구나 하는 생각도 들더군요. 우선 애들 나쁜 점이 고쳐졌습니다. 늦게 자는 습관, 전자 게임 지나치게 하는 것.
숙제도 먼저 해놓고, 예습, 복습도 하고. 공부 열심히 하라고 채근하고 잔소리하지 않아도 되니까 이제 집사람 표정이 피었습니다. 저도 기분 좋습니다. 주신 책 읽고, 아예 회사에 갖고 가서 시간 날 때마다 계속 읽었더니 다른 직원이 묻더군요.
그래서 자네 집도 가서 상담 받으라고 권했습니다.
어 : 요즘 우리 집 캐치 프레이즈는 "대화하자"예요.

상 : 서로 감정이 꽉 차 있을 때는 아무도, 아무 것도 들어올 틈이 없지요.
어머니, 아버지 안으로 들어가고 싶어도 꽉 막혀 있으니까.
그동안 IP가 참 힘들었던 건데, 그래 IP의 느낌을 이야기해 봐.
IP : 좋아요. 아버지가 일찍 들어오시니까 특별히 더 바랄 것은 없어요…….
그래도 걱정도 있어요. 아버지가 약속을 어기면 어떻게 하나.
동생 : 만일 아버지가 약속을 어기게 되면 미리 이야기한다고 그랬잖아.

IP의 가족들은 각자가 정서적으로 가족자아에서 분화되지 못하고 융합되어 있었다. IP는 어머니의, IP의 어머니는 그 남편의 압력이나 영향에 쉽게 굴복, 변화하는 비일관된 가치나 신념으로 가정의 정서적 일체감과 정서적 평형관계 유지에 맞물려 개인자아의 자주성과 개체성이 상실된 채 객관적, 독립적인 목표지향을 할 수 있는 능력을 상실하였던 것으로 보인다.

IP의 오락실 사건이나, IP 어머니가 전화기를 던졌다는 사건 등과 같은 충동적 행동화(Acting Out)가 일어나기도 했으나 개인의 변화를 시도하는 능력은 결여되어 있었다. 이렇듯 미분화된 가족자아에서 가족성원들을 분리, 독립시켜 정체감을 형성토록 함으로써 정서적 사고와 행동에서 벗어나도록 돕고자 하였다.

결국 가족들과의 관계에 있어서 힘이 있는 타인에게서 듣는 말에 자기상(Self-Image)을 종속시키는 것은 정서적 고립을 면하기 위하여 연합화를 추구하는 것이기 때문이다. 그것은 또한 한 개인의 내적 과정뿐만 아니라 가족관계의 역동성과도 관련이 있다.

특히 부부 사이의 갈등이 심할수록 자녀 중 한 자녀가 그들의 불안한 정서관계에 말려 들어가 속죄양의 역할을 하게 되는 경우 만성적인 행동장애를 일으키는 바탕이 되기도 한다. IP의 동생은 전 과목에 '수'를 받으며 지나치게 영악하다는 것 말고는 부모의 귀여움과 사랑을 독차지하고 있다. 가끔 부모의 기대에 어긋나는 행동을 해도 대수롭지 않게 생각하여 지나쳐 버리기도 하였다. 속죄양이 된 IP를 통해 그 어머니는 남편에 대한 분노를 표현하고 있었으며 그것은 부부 간에 적대적으로 맞닥뜨릴 위험에서 비껴 나게 할 수 있었다.

IP의 가족에게는 의사소통의 여러 가지 기술을 중심으로 가족 각자에게 말을 하도록 하여 개인차가 있음을 깨닫게 하고 같은 상황에서도 서로의 생각이 다르고 느낌이 다르다는 사실을 받아들이게 하고 의견의 불일치에 대처하는 방법들이 제시되었다. 특히 반영적 경청법과 나-전달법을 중심으로 일차적인 감정을 느끼고 표현하도록 강화해 나가는 과정에서 IP 스스로 할 수 있는 일은 본인에게 맡기고 부모가 차차 뒤로 물러서서 IP가 설 땅의 영역을 넓혀 주도록 하였다.

IP의 부모가 IP에게 실천할 수 있는 진정한 보살핌은 IP가 할 수 있는 것뿐만 아니라 약간 의문시되는 것까지 IP의 힘을 시험해 보는 의미에서 실패의 가능성이 있다 하더라도 믿고 맡기어 모험도 시킬 수 있는 신뢰의 관계에서 출발한다. 그리하여 IP 스스로 무언가 성취해 낸 맛을 느끼고 한 구석이나마 자부심을 느끼게 된다면 건강하게 성장해 나갈 수 있는 통로가 열림과 같으니…….

IP의 가족은 정기적인 가족회의를 거듭하면서 가족 전체가 변화를 시도하고 성취하고 이를 확실히 뿌리내려 가고 있다.

2) 상담사례의 실제 2

의뢰과정과 상담전개

본 사례는 아동·청소년상담소에서 친구들의 놀림 때문에 수시로 등교를 기피하는 초등학교 3년생의 어머니를 의뢰하면서 시작되었다. 아동은 심한 아토피 증상 때문에 피부과에서 4년째 치료를 받고 있다. 집에서는 늘 눈총 받을 짓만 하면서도 주눅들어 있고, 눈치 보면서도 짜증이 심하고, 주의가 산만한 아동의 행동수정을 위하여 2년간 놀이치료를 집중적으로 받았다. 아동·청소년상담소의 정신과의사에 의한 슈퍼비전 과정에서는 〈소아조현증〉으로 진단을 받았다. 이후 상담소에서는 기질적인 문제로 아동의 증상을 이해하게 되었고, 가족의 경제적인 이유 때문에 지금은 부정기적으로 상담소에 다니고 있다. 그러나 더 정확히 언급한다면 아동의 주 상담자는 〈소아조현증〉이라는 진단을 받은 뒤 이 사례를 종결하고 싶었다고 했다. 주 상담자가 어머니에게 아동의 진단명을 밝히지는 않은 상태였고 어머니와의 관계에서 정서적인 부담을 덜고 싶다고 밝혔다.

부모까지 치료하느냐며 불만을 토로했다는 아버지는 치료과정 끝까지 참석하지 않았다. 치료는 매주 1회씩 치료 시간은 50분으로 실시하였으며, 매 세션 녹음된 테이프를 다음 세션에 오기 전까지 2회 이상 청취하는 것이 과제로 주어졌다. 아동 상담자의 동의 하에 아동이 합류한 3회 치료가 이루어졌으며, 어머니의 개별 세션은 6회에 걸쳐 진행되었다. 아동의 증상이 어머니 원가족에 대한 탐색과정을 통하여 친정어머니와의 미해결된 문제에서 비롯되어졌다는 통찰이 이루어지면서 종결되었고, 이후 일년 동안 한 달에 한번씩 follow up 세션이 진행되었다. follow up 세션의 종결 후 1년이 지난 시점에서 사례게재에 대한 동의를 얻기 위해 연락을 취했을 때 그동안 아동의 아토피 증상은 재현되지 않았으며, 학교생활에 잘 적응하면서 food stylist가 되겠다는 꿈을 키워가고 있다고 했다.

제시된 문제

양수가 먼저 터져 제왕절개로 딸을 낳았다. 어린 시절 잠투정이 심한 것 외에 특별한 잔병치레는 없었으나 출생 당시 태열이 심했었다. 태열기가 오래 가는구나 했었는데 자꾸만 가렵다 하여 피부과에서 아토피 치료를 받고 있다. 진물이 날 정도로 너무 심해서 그런지 잠시도 집중을 못하고, 학교에 가면 애들이 같이 어울리지 못 한다. 담임선생님께 특별히 부탁하지 않았다. 성적도 좋지 않고, 딸아이가 집에서 하는 짓마다 마음에 안 들고 짜증만 난다. 어머니는 이웃과 어울림 없이 주로 혼자 집에서 지낸다. 아이를 생각하면 안쓰러우면서도 화가 난다. 방송에서 소개하는 사례의 이야기와 딸아이의 행동이 비슷하다는 생각으로 아동·청소년상담소에서 2년간 치료를 받았다. 아동·청소년상담소 선생님이 가족치료를 권해서 오게 되었다. 남편은 몇 년간 상담 받았어도 변화 없는데 거기에 무슨 가족상담까지 받아야 하냐며 화를 내면서 참석하지 않겠다고 한다.

가족구성 및 가계도

IP의 가족은 자신과 남편, 초등학교 3년생인 딸 한명으로 구성되어 있다.

남편은 경제학을 전공했으며 현재 대기업 홍보실에 근무하고 있다. 업무 때문에 주중에 3~4일은 술을 마시고 늦게 들어온다. 시부모님은 결혼 전에 돌아가셨다. 시댁식구들과는 제사나 명절에만 모인다. 막내라는 자신의 형제서열을 강조하며 가정 내의 모든 것을 IP에게 전가하고 싶어한다.

IP는 수학과를 졸업하고 교사생활을 할 수 있었으나 자신의 이름(영자)에 대한 열등감으로 직장생활을 포기하고 중매 결혼했다. 위로 오빠가 세 명 있고 막내는 여동생이다. 친정아버지는 결혼 이후 돌아가셨다. 어머니는 막내 여동생과 밀착되어 있다. IP의 이름만 집안의 항렬을 따르지 않았으며 어머니가 마음대로 지었다는 서운함을 가지고 있다. 할머니 생존 시에는 귀여움을 받았으나 할머니가 초등학교 2학년 때 돌아가신 이후 완전히 집안에서 찬 밥된 기분이었다. 막내 여동생과의 경쟁에서 밀려났던 것이 싫어 자녀를 한명만 갖겠다고 결심했다. 남편은 아이에게 별로 관심이 없는지 알아서 하라고 했다.

딸은 감각적인 아이이다. 그러나 아무도 관심을 갖지 않는다. 외가 친척들이 모여도 이모네 어린 동생만 예뻐하니까 속상하다. 화를 내면 심술부리지 말라며 핀잔만 듣게 되고 언제나 외톨이 같다. 그래서 주로 혼자서 인형놀이하고 논다. 학교 선생님도 존재자체를 모를 때가 있다. 애들이 진물이 난다고 더럽다고 놀려서 수업 중간에 집으로 와버렸어도 모르는 경우가 있다. 집에 들어가면 혼날까봐 아파트 옥상에 가서 학교에서 애들이 돌아올 때까지 울고 있었던 적도 있다. 놀이치료 선생님 두 분 중에 작은 선생님이 마음을 더 잘 알아주었는데 결혼하고 나서 잊어버린 것 같다. 아무도 믿을 수가 없다.

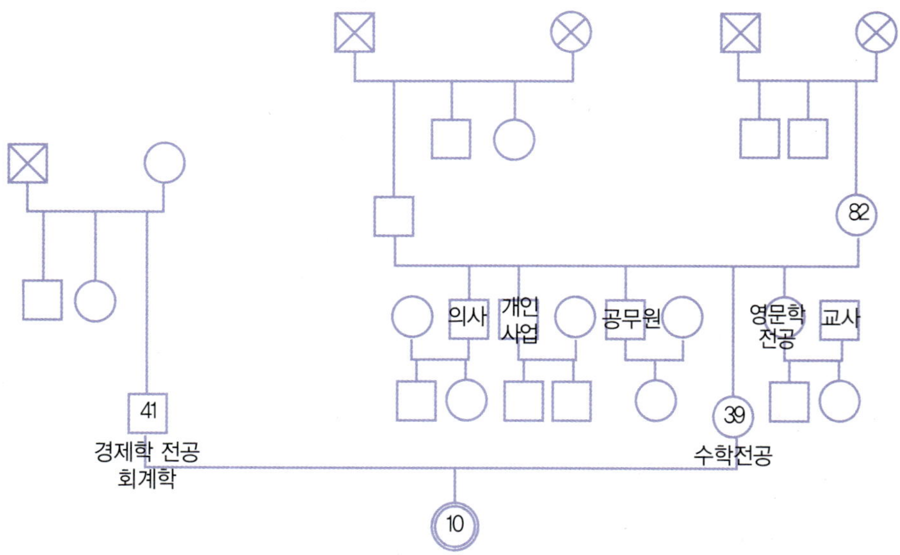

[그림 2-9] 가족가계도

가족진단

본 사례는 주의가 산만한 자녀의 행동수정을 위한 상담과정에서 어머니를 보조수단 혹은 활용수단 영역으로 보았던 입장에서 의뢰된 것이다. 이 부부는 중매로 결혼하였다. 두 사람 다 결혼에 대한 교육이나 심리적, 정신적 준비 없이 결혼생활을 시작했으며, 막내였던 남편은 부모가 돌아가신 이후 갑자기 고아 같은 느낌이 싫어 결혼을 서두르게 되었다. 원가족 내에서 여동생에게 늘 좋은 것을 양보해야 했던 내담자는 빨리 결혼을 해야 벗어날 수 있겠다는 생각에 친척에게 소개받은 남편과 3번 만나고 결혼을 결정하였다. 부부 간의 응집력이나 신뢰감, 친밀감을 쌓을 수 있는 기초는 약했지만 두 사람 모두 선하다는 평판을 들어왔으며, 결혼에 대해 특별한 기대를 서로 하지 않았다. 내담자의 표현을 빌리면 '그저 밥해 먹고, 빨래하고, 청소하고, 애 낳아서 키우면 되겠지...'였다. 자신의 내부에 걸림이 없다면 최고의 환경이었을 것이다. 이에 따라 자녀의 양육 책임은 전업주부인 내담자가 전담하고 있었고 남편은 Bread-winner역할만 담당하고 있다. 아내로서 남편에게 가족을 위한 시간을 특별히 요구하지 않는 편이다. 원가족에서 친정어머니와 미해결된 문제가 외동딸에게 투사되고 있는 가족상황을 다음과 같이 정리하였다.

[표 2-3] 내담자 가족의 자아분화 정도

기본 개념	아버지	어머니	딸
자기분화	· 가아(pseudo-self)발달 · 철저한 개인주의	· 가아(pseudo-self)발달 · 어린 시절 억울함 미해결 · 외부압력, 긴장 차단	· 고립되어 있음 · 의존적 욕구 좌절됨
핵가족 정서체계	· 개별성 추구함	· 정서적 분리 · 심각한 긴장상황 · 딸에 대한 스트레스 높음	· 무기력, 무능력, 주의산만 · 공부기피, 사랑의 굶주림 · 주장 강하고 요구 많음 →거절경험→자기세계 구축
부부관계	· 상호작용 없음, 부부 간의 연대의식 약함.		
가족 투사과정	· 외부세계에 충실, 동조 · 가족은 하숙집 같음	· 딸에 대한 심리적 유기 · 소화불량, 두통, 무기력 · 시리고 아픔, 활기 없음	· 역기능 영향 증상 :아토피 4년째 치료 중

기본 개념	아버지	어머니	딸
다세대 전수	· 부모 사망 후 · 형제 친밀감 떨어짐 · 저기능 (under-function)	· 가족의 보살핌 못 받음 →엄마 연상 : 아이구! · 형제관계 지지 없음 · 외로움, 고립감, 자기비하 · 저기능(under-function)	· 외로움, 단절 · 고립감, 정서적 상처 · 자기비하의식 · 과기능(over-function)
정서적 단절	· 술로 도피 · 딸에게 수수방관, · 수동적, 직장충실	· 불안정 · 원가족과 정서적 거리감 · 자기세계에 갇힘 · 아동기 감정양식 : 서러움, 억울함	· 물리적, 정서적 거리감 · 늘 외부세계에서 지지자 찾으려 함
삼각관계	· 딸에게 무심	· 딸에게 무심 · 수동적, 거리감, 약함	· 갈등, 거리감
형제관계	· 상보적인 막내 · 지배당함	· 지배당함, 갈등, 우울경향 · 가족간의 정서적 거리감 · 외부세계에 대한 두려움 · 이름에 대한 열등감	· 외동이면서 속죄양의 위치
사회적 퇴행	· 무관심 · 투쟁	· 단절 · 도피	· 무단결석, 거리 배회 · TV로 몰입→혼자 말하기 · 억압

상담방향

(1) 개인적 차원의 목표

① 친정어머니와 정서적 단절에서 비롯된 만성적 긴장과 불안을 해결하기 위한 1:1 만남을 갖는다.

② 다세대 정서적 과정에 의해 영향을 받는 기초수준의 분화를 높인다.

③ 사회로 진입하기 위한 준비단계에서 이름을 개명한다.

(2) 관계적 차원의 목표

① 양육담당자로서의 역할에 대해 검토한다.
② 관계체계임과 동시에 역동적인 정서체계로서의 가족기능을 강화한다.
③ 가족의 중심축을 이루는 부부하위체계를 공고히 하기 위하여 의사소통 기술을 향상시킨다.

상담과정

(1) 제1회 : 치료 전 단계에서 1단계까지

아토피치료 받으면서 놀이치료를 다녔지만 변화가 없다. 다만 딸이 상담소에 가는 것을 좋아해서 그 시간만이라도 기분 풀어주고 싶었다. 어떻게 해야 할지도 모르니까 한편으로 어머니로서 할 도리는 한다는 마음으로 다닌 것 같다. 상담소 선생님이 어머니치료를 권해서 오게 되었다. 딸의 치료를 위한 도구수단으로 어머니상담이 진행된다 하더라도 우선 주 내담자인 어머니의 아동기 감정양식을 탐색하였다.

● 첫 기억

별로 기억나는 것이 없다. 어린 시절 어머니와 안 좋았던 기억밖에 없다. 빨리 벗어나고 싶어서 아버지를 졸라 중학교 때부터 오빠들 밥해 준다고 서울로 올라왔다. 초등학교 저학년 때 많이 아팠다고 한다. 늘 비실비실하고 봄에 나물 캐러 가고 싶은데 바람에 날아가겠다! 하면서 못 가게 했다. 워낙 깡마른 편이었는데 홍역을 늦게 치루고 나서 좀 나아졌다. 몸이 아프면 할머니가 돌보아 주셨는데 2학년 때 돌아가셨다.

● 꿈

마귀가 괴롭히는 꿈, 웅덩이에 떨어지는 꿈을 서울 올라올 때까지 꾸었다.
중학교 때부터 자유로움을 느꼈다. 어린 시절 생각하면 어두움뿐이다.

● 기억나는 사건(traumatic event)

아버지는 농사 전반을 관리하시고, 어머니는 밭일을 담당하셨는데 일하는 언니들이 모두들 서울로 가버리니까 어머니가 힘들어하셨다. 밭일 끝나고 돌아와서 저녁을 지어 먹으면 늘 늦어지곤 했는데 4학년 어느 날 가마솥에 불을 때서 저녁을 지었다. 밥이 아주 잘 되어서 어머니가 돌아오시면 칭찬해 주시겠지...하고 생각했다. 그리고 '밥은 엄마가 할 테니까 너는 공부만 열심히 하면 된다!' 하실 줄 알았다. 그런데 밥솥 뚜껑을 열어보시고 밥을 맛보시더니 '아이구! 밥 잘 했네... 앞으로 저녁은 이제부터 네가 맡으면 되겠다!' 그 후 꼼짝없이 〈내 일〉이 되어버렸다. 〈나 밥하기 싫어!〉 하고 싶었는데 아무 말도 할 수가 없었다. 학교 공부도 잘 하는 편이었는데 그 이후 학교에서나 친구들하고 어울릴 수가 없었다. '같이 놀자!' 했다가도 '아! 참 너는 밥해야지!' 하면서 자기들끼리 어울리곤 했다. 밥하느라고 어린 시절이 다 가버린 것 같다. 너무 창피하고 속상해서 혼자 울기도 많이 울었다.

6학년 때였는데 그날도 저녁을 짓다가 4학년짜리 동생이 놀고 있기에 불러서 '파 다듬으라!'고 시켰다. 엄마가 예뻐하니까 동생도 언니를 우습게 여기는 것 같아 하기 싫어하는 동생을 야단치며 시키고 있는데 그때 엄마가 돌아오셔서 '아이구 저 쬐끄만 게 뭘 할 줄 안다고 시키냐'며 내 등짝을 때렸다. 억울해서 눈물만 뚝뚝 흘렸다. 속으로만 '나는 4학년 때부터 밥도 했는데 파 하나도 못 다듬을까!'하면서 중얼거렸다.

치료사 : 눈물이 핑 도는데 지금 마음이 어떠세요?

내담자 : 그 사건 때문에 나는 결혼하면 아이는 하나만 낳겠다고 결심했었던 것 같아요.
다행히 남편도 별로 애에 대한 욕심이 없어서... 어쩌면 막내라서 그런지 책임지는 것을 싫어하거든요. 집이 아니라 하숙집 같은 느낌이 들 때가 있어요. 해주는 대로 받아들이고 불평이 없으니까...

치 : 할머니 돌아가시고 예뻐해 주셨던 분이 있나요?

내 : 엄마 친구가 한 분 있는데 예뻐해 주셨어요. 할머니 돌아가시고 평상에 앉아서

수박을 먹고 있었는데 그 분이 들어오시는 거예요. 너무 반가워서 끌어안았더니 엄마가 '그래도 반갑다고 매달리네!' 하셨지만 엄마 말은 들은 척도 않고 '보고 싶었는데 그동안 왜 안 왔어요?'하면서 좋아했었지요. 그 아줌마가 '엄마였으면..' 하고 바라는 마음이 있었으니까요.
따뜻하고 편안함으로 기억되는 분인데 정작 돌아가셨을 때 못 가봐서 마음이 무거웠었어요..

● 치료사의 느낌

: 마음 속 억울함, 노여움이 녹아야 가정과 아이 돌봄이 가능할 것 같다.

(2) 제2회 : 2단계

치 : 생각나는 대로 이야기해 보세요.

내 : 가계도 작업을 통하여 많은 것을 느꼈어요. 집에 가서 테이프 들으면서 또 많이 울었어요.
감정이 뭐라고 할 수 없을 만큼 올라와서 잠시 아이를 할머니 집에 보냈어요.
그런데 편한 것 있죠.

치 : '편해요'하면서 얼굴이 빨개졌는데 무슨 뜻일까요.

내 : ... 엄마역할을 못하고 있구나! 같은 것. 애는 오히려 자유로울 거예요. 마냥 내버려 둘 수 없다고 생각이 들면 잔소리하고 억압하고 스트레스 주었으니까요.

치 : 어머니 마음에 아이가 어떻게 보이는지요?

내 : 주눅이 들어 있고, 눈치보고, 수줍어하고, 부끄러움이 많고, 나서서 이야기 못하고. 빼어나지 않아도 좋아요. 평범하게 커주었으면 좋겠는데..

치 : 혹시 어렸을 때 비슷한 기억이 있나요?

내 : 무심히 노래 부르고 있는데 식구들이 모두들 '음이 안 맞는다.'며 웃었어요. 너무 창피하고 무안했고.. 그 이후 노래를 안 불렀어요. 왁자하게 노는 자리에 가면 불안해지고.. 어디 놀러간다 해도 흥이 따라야 하는데 숫기도 없고.. 잘 하는게 하나도 없다 싶어요. 감정이 보여진다는 것 자체가 창피하고..

치 : 어머니에 대한 감정은?

내 : 묻고 싶어요. 몸도 약했는데 거의 방치한 것 같고. 왜 그렇게 미워했는지..
왜 그렇게 나에게만 모질게 굴었는지.. 형제들 이름은 다 항렬 따라 지었는데..
요즈음 이런 이름이 어디 있어요? 저는 운전면허증도 없어요. 컴퓨터도 못해요.
이름 드러나는 게 싫어서 이름 때문에 학교 교사로도 갈 수 있었는데 포기했어요.

치 : 이름 때문만이라면 개명하면 되죠 뭐.

내: 네~ <너무나 놀라운 반응> 이름을 바꿀 수 있어요?

치: 일본 이름과 같은 <子>는 사유 첨부해서 신청하면 개명허가가 쉽게 나온답니다.
한 3주 소요될 거예요. 이번 주 과제는 어머니와 직면하기. 요구하고 싶은 게 있나요.

내: 엄마를 보고 싶은 마음이 정말 없어요. '엄마'하면 아이구! 하는 기분이거든요.
그렇지만 내 문제가 해결되지 않아 애한테 뒤집어 씌우지 않나.. 하는 마음도 있으니까 해봐야죠. 오빠들하고 여동생은 한약 지어먹이면서도 한 번도 나는 해준 적 없어요.
한약 값 받아내고 싶어요.

● 치료사의 느낌

: 버팀목이 되주었던 할머니의 힘이 희미하게나마 살아난다. 개명을 통하여 일상의 변화가 가능할 것이라는 희망의 불씨를 찾은 듯하다.

(3) 제3회 : 2~3단계 (딸을 동반하고 싶다는 전화, 아동·청소년상담실 동의 구함)

치: 어서 오너라. 엄마 상담하는 선생님을 만나고 싶었다고 하던데 왜 그런 마음이 들었어? <딸의 옷차림 : 깡뚱한 바지에 무언가 부조화한 모습>

딸: 엄마가 좀 변했어요. 옛날 같았으면 야단쳤을 텐데 야단도 안 치고 혼자 음악만 듣고..

치: 아하! 그랬구나. 하고 싶은 이야기가 있어?

딸: 제가 무엇을 해달라고 해도 들은 척을 안 해요. 소리 지르고 떼를 써야 뭔가 되요. 차라리 주어 온 아이였으면 좋겠다 생각했어요. 편안하고 다정한 엄마 찾아가려고. 시름시름 앓다가 죽었으면... 한번도 칭찬받은 적이 없으니까...

치: 마음이 많이 슬펐구나. 엄마가 어떻게 해주었으면 좋겠어?

어머니: 애답고 편했으면 좋겠어요. 정말 열 받는 건 애가 늘 자신 없고 주눅이 들어 있으니까.

딸: 엄마가 사달라고 해도 안 사주니까 창피하잖아!

어: 플라스틱 슬립퍼 처음 나왔을 때 엄마가 여동생은 분홍색 사주고 나는 빨강색 사 주었는데 분홍색이 이뻤죠. 다른 사람들이 '분홍색이 이쁜데 넌 뭐 그런 걸 샀냐'며 놀렸던 기억이 나요.

딸: 엄마도 내가 사달라고 하는 것 안 사주고 엄마 마음대로 사잖아!

치: 그런데 옷이 꼭 끼는 것 같다!

어: 얘가 옷을 새로 사주면 장롱 안에 넣어 놓고 안 입어요.
한참 있다가 꺼내 입더라구요

딸: 아니야, 사달라고 해도 안 사주니까 언제 사줄지 모르잖아. 그러니까 아끼는 거지..

치: 아! 이 시점에서 엄마에게 과제를 드립니다. 앞으로 4학년 진급할 때까지 3개월 정도 남았는데.. 그 동안에 100만 원만 얘를 위해서 쓰기로 하죠. 머리핀 하나 사달라고 하면 10개 사주고, 연필 한 자루 사달라고 하면 10자루 사주고 말이죠.

어: 네! <놀람>

치: 모험이라고 해도 좋겠으나 얘는 제 나이에 알맞은 경험이 없네요.

딸: 정말! 아이 좋아요. 바지도 엄마가 원하는 것 사도 좋으니까 내가 사고 싶은 것도 사달란 말예요.
침대 시트도 두 개 있으면 좋잖아요. 그리고 난 프랑스 식당에 가서 밥을 먹어 보고 싶어..

● 치료사의 입장

: 또래에서 소외되었던 딸의 결핍에 대하여 포화의 원리를 적용하기로 했다. 어린아이들은 사랑과 보호를 통하여 비로소 남을 사랑하는 것을 배우는 것이라고 생각하기 때문이다.
다음 상담약속은 63빌딩 59층 프랑스식 양식당에서 상담자가 점심을 사는 것으로 정했다.

(4) 제4회: 2단계

식당에서 흥분한 꼬마의 표정만으로도 상담자는 변화를 기대할 수 있었다.
어머니 또한 이러한 분위기를 처음 경험해 본다고 했다.
그동안 100만 원 통장을 따로 개설해서 딸을 위한 소비를 진행하고 있는데 엄마도 즐거워지는 경험을 했다. 자신이 마치 딸아이가 된 것 같았다. 처음에는 100만 원이라는 액수가 굉장히 크고 부담된다고 생각했는데 이것으로 우리 딸이 평화로워질 수 있다면 무엇이 아까우랴! 하는 생각이 들었다. 사실 100만 원은 친정어머니에게 받아온 것이다. 한약 값 내놓으라고 했더니 물끄러미 쳐다보시더니 주셨다. 한편으로 내가 너무 했나 하는 생각도 들었다. 이미 연세가 드셨는데 무슨 말씀드린다는 것이 한편으로 철없다는 생각도 들어서 자신을 달래기로 했다. 상담 받으며 깨달으면 그것도 다행이지 뭐! 하는 생각이 든다. 친정어머니가 막내였다는데 종가집 며느리로 힘들었을 것이다. 만만한 게 내가 아니었을까 싶었다. 그리고 개명 신청했다.

사법서사에게 문의했더니 30만 원이라고 해서 의뢰했다. 정말 꿈만 같다. 3주일 후에 새 이름으로 허가가 나오면 모든 명의를 다 바꿀 것이다. 남편이 '당신에게 이름이 그렇게 중요한지 몰랐다'고 하는데도 섭섭하지 않았다.

(5) 제5회 : 2단계

치 : 지난 한 주 어떻게 지내셨나요?

내 : 우리 애가 선생님이 날 언니 대접해 주었어! 그러더라구요.

치 : 무슨 뜻이지요?

내 : 자기를 존중해 주었다는 거예요. 사실은 그날 저녁 설사도 했지만 식사경험이 너무 좋았나 봐요. 아빠한테 자랑하고 우리 함께 가자! 그러면서 아빠한테 애교도 부리고 분위기가 좋았어요.
애가 나서서 우리 집도 예쁜 접시에 밥 먹자며 분위기를 만들어요. 그날 저녁부터 식탁 꾸미는 것에 관심을 갖네요. 워낙 감각적이긴 하지만, '너무 설치지 마라!' 했더니, 삐지지도 않고 '깨끗하고 좋잖아!' 하면서 '엄마 노래 한 소절씩 하면 잘 할 수 있어. 액센트 넣어서 경쾌하게 시작하면 되!' 이러는 거예요. 외가집에 갔을 때 누군가가 '네 엄마는 노래 못 부른단다!' 했다는 거예요.

치 : 떠오르는 게 있나요?

내 : 어렸을 때 '내가 망가져서 부모 마음 아픈 꼴 보게 할까.' 그런 생각한적 있어요. 오빠 이름 불렀을 때 맞았는데 왜 맞는지를 몰랐어요. 큰 오빠가 둘째 오빠 이름 부르기에 따라 불렀을 뿐인데 말예요. 아무도 가르쳐주지 않았거든요.

치 : 그런데 아이가 엄마를 가르친다.

내 : 엄마 뭐가 불편해? 내가 도와줄까? 하지를 않나.. 애가 TV 보기에 자려고 하는데 '왜 딸보다 먼저 자!' 이러는 거예요. 그러면서 '이제 상담소 그만 갈래요. 지하철 타고 가는 거 힘들어.' 한편으로 애가 제 멋대로 하지나 않을까 걱정도 되고 그러네요.

치 : 남편께서는 어떤 반응을 보이시던가요.

내 : 선생님이 무던하다고 하신 말씀이 좋았나 봐요. 나도 한번 갈까? 그러더라구요. 그러다가 녹음테이프 듣는다고 말씀드리라 하네요.

과제 : 의사소통 기법에 대한 교육을 실시하고 남편과 연습해 보기.
산책이나 영화감상 등 부부만의 시간 보내기.

(6) 제6회 : 3단계

내 : 외가집에서 5세짜리 동생만 예뻐한다고 어른들께 화를 내네요. 엄마가 예뻐해 줄께! 했더니 '아빠도!' 하더라구요. 남편이 '아빠도 우리 딸 예뻐하지!' 하니까 '그러면 다른 사람들은 사랑 안 해줘도 괜찮아!' 이러는 거예요. 어른들이 반성했어요.
옛날에 우리 집이 부자였다는데 왜 유난히 나한테만 인색했는지 모르겠어요. 배운 대로 애를 키운다고 받아본 것이 없어서 애를 방치했구나.. 하는 생각이 들었어요.
아토피 때문에 음식을 삼가했었는데 요즈음 확실히 나아졌어요. 정말 사랑 못 받아서 증상을 만든 것인가.. 처음에는 선생님 말씀 반신반의했는데, 지난 일요일 애가 '이제 유치원 졸업했다!'이러는 거예요. 깜짝 놀랐어요.
애가 학교친구도 집에 데려와서 이것저것 자랑하면서 보여 주더라구요.
제 학년까지 올라오려면 얼마나 걸릴지 모르지만 마음이 이제 풀리는구나.. 하는 느낌이 드네요. 정말 돈은 하나도 아깝지 않아요.
그리고 쑥쓰럽지만 새 이름으로 주민등록증 받았어요. 통장이랑 모두 바꿨어요.. 웃으실지 모르지만 대학교까지 가서 바꾸어 달라고 했어요. 완전히 지울 수는 없어도 선으로 긋고 새 이름을 써넣었어요. 컴퓨터학원이랑 운전학원에도 등록했어요.

치 : 누구나 모두 대화를 못 해서 병이 되는 거랍니다. 어린애가 말을 해도 아무도 안 들어주면 병이 된다 이 말이죠. 대화만 이루어지면 아무 문제가 없어요. 대화를 할 때 상대방이 공격적으로 나온다 해도 방어하지 말고 수용하면 아! 받아들여지는구나.. 긴장이 풀어지고 불안이 사라지죠. 뭐든지 받아들일 용기. 진짜 하고 싶은 마음을 주고받는 것.

(7) 제7회 : 2~3단계

치 : 하고 싶은 이야기는?

내 : 지나간 세월들이 막 떠올라요. 중학교 때 선생님이 촌지 바라며 괴롭혔었는데 학교에서 당한 이야기했더니 어머니가 '그 지경까지 가면서 왜 이야기 안 했니?' 그러시잖아요. 쌓였던 감정 풀면서 울었어요. '왜 말 안 했니?'가 아니라, '왜 말 못 했니?' 인데 말이죠. 중학교 때 친구들은 만나고 싶지도 않아요. 고등학교는 천국이었어요. 오빠가 그때 수련의였는데 나도 열심히 공부해서 의과대학 가면 대접 받겠다……싶다가도 이름 때문에 항상 손해보는 느낌으로 뭐가 되겠니? 혼자 중얼거리고.. 그래도 학교에서는 공부 잘 한다고 대접받았던 때였으니까..

어렸을 때 친구들은 엄마에게 대접받지 못하는 내 실체는 모르고 부자 집이라고 부러워들 했지만 내가 꽝! 이라는 게 드러날까 봐 얼마나 전전긍긍했는지 몰라요. 이제 조금씩 내 응어리가 풀린다 싶으니까 아이가 보이는 거예요. 학교선생님을 찾아가서 이런저런 말씀드렸더니 '학교생활 태도가 변화해서 무슨 일이 있었나 싶었어요. 너무 놀라운 아이예요. 수업시간에 칭찬해 주었더니 더 집중하는 거예요.

그동안 내가 무심했구나 싶어서 사죄하고 싶었어요.' 하시는 거예요.

방학 끝나면 수학이랑 한자경시대회가 있는데 상 받고 싶다고 그러네요.

상담선생님이 과외선생님 소개해 주시면 좋겠다고 엄마가 가서 알아오라고..

(8) 제8회 : 4단계(모녀가 함께 한 마지막 세션)

딸 : 선생님. 저 예뻐졌죠. 핀도 많이 샀고요. 엄마랑 동대문시장도 갔고..

백화점에도 갔고.. 막 돌아다녀도 엄마가 신경질 안 냈어요. 그전에는 뭘 돌아다니냐며 구박했거든요. 그리고 공부 가르쳐 주시는 선생님 좋아요. 선생님 제자라고 하던데요. 방학 끝날 때까지만 공부하면 되요. 이제 내 마음도 2학년까지는 왔으니까.. 개학하면 3학년 마음이 되가지고 4학년 올라가면 되니까요.

직접 말씀드리려고 왔어요. 상 받을 만큼 시험 잘 볼 거예요.

어 : 애에게 덜 휘둘린다 싶어요. 짜증내고 갈구고.. 그러면 부글부글 끓어서 매사가 미워보였는데 밥 먹으면서 부드럽게 이런저런 이야기하게 되고.. 아토피가 좋아지니까 음식 가리는 것도 조금 덜 해도 될 것 같고.. 큰 올케가 '아가씨는 남편 업어줘야 해요.' 했던 말도 맞는 것 같고.. 그동안 '애가 아가씨 닮았어요.' 했을 때 '내 성격이 더럽단 말이야 뭐야!' 싶었는데 예민함이 닮았다고 그러는 거예요. 이것저것 살아난다는 느낌이 들어서 아이랑 봉사 차 <천사원>에도 갔었어

요. 결혼기념일도 근사하게 보냈어요. 엄마아빠 같이 결혼했는데 왜 아빠만 챙겨! 그러면서 애가 축하 파티해야 된다고..

지금까지 누가 내 생일 하나 챙겨주는 일도 없고.. 안 챙겨준다고 서운할 것도 없고 그랬는데.. 애도 얼굴에 꽃이 피었어요. 우리 집이 새로 탄생한 것 같아요.

치: 방심하지 말고.. 모두들 생각하는 것을 눈치 보지 않고 털어놓으면 된다.

(9) 제9회 : 추후상담

내: 선생님 우리 애가 한자경시대회에서 금상을 받았어요. 100점 만점을 받은 애가 학년에서 20명이 나왔거든요. 홍대 앞에 가서 예쁜 액자 사다가 거실 한 가운데에 걸어놓았더니 애가 너무 좋아하는 거예요. 오는 사람마다 자랑하고 싶은가 봐요. 애 아빠도 과외해서 효과 있겠나 하더니 6개월 더 해서 기초를 확실히 다져주라고 그러는데 이제 내가 시켜도 될것 같고..

그동안 쓴 돈을 계산해봤더니 148만원 썼더라구요. 정말 하나도 안 아까와요. 처음에 선생님께 그 말씀 들었을 때는 굉장히 놀랬거든요.

이만큼 효과가 극대화되었던 경험은 아마 처음일거예요. 그리고 저도 운전면허증 땄어요. 올케가 소나타 갖다 쓰라고 해서 연습하고 있어요. 컴퓨터도 이제 웬만큼 할 수 있게 되었구요.

그래서 애 아토피 때문에 이런저런 환경단체 기웃거렸던 곳에서 일할 수 있겠느냐는 제의가 와서 주 3일 나가기로 했어요. 이름을 바꾸니까 가슴이 펴지는 것 같아요.

치: 부부관계는 어떠신지요.

내: 어머니가 네 남편은 하늘로 모셔야 한다.. 너무들 그러니까 약이 오르기도 하고 그렇지만 정말 좋은 사람예요. 그동안 견디어 준 것만 해도 그게 어디냐.. 싶고. 요즈음은 주말에 같이 미술관에도 가고.. 음악회도 가고 많이 발전했어요. 그동안은 티켓이 있어도 다른 사람 다 줘버렸다는 거예요. 하긴 세상을 둘러볼 여지가 없었으니까요.

치: 가족관계를 리모델링하고 있네요.

내: 사진을 보니까 애 입 꼬리가 쳐져 있었는데 이제 올라가 있더라구요.

애가 이제 마음 졸업했어! 그러는데 웃음도 나오고.. 어떻게 저런 표현을 할 수 있을까.. 신기하기도 하고 그랬는데.. 일요일 저녁 갈비 먹다가 교정기가 떨어졌는데 순간 화가 나서 '다 떼버려라' 했더니 훌쩍훌쩍 울면서 '나는 왜 그리 포기하는 사람이 많은지 몰라.' 하면서 우는 거예요.

3학년 담임도 날 포기했었어. 포기한거나 마찬가지였지. 하는데 정신이 번쩍 들었어요.

말짱 도로아미타불되는 것 아닌가 싶어가지고, 그래서 '엄마가 얼마나 애쓰고 있는지 알아!' 했더니 곧바로 애가 '엄마는 어른이고 난 애잖아! 그러니까 엄마가 참아주면 좋잖아.' 그러는데 말은 맞는데 내가 무안하기도 하고 그랬어요.

치: 넘나들이 사이가 되었네요. 마음을 표현하는 것은 무엇이든 나눌 수 있게 되었다는 것이니까.. 때때로 힘이 딸리고 의식하지 않는 동안에는 과거가 되살아날 수도 있지만 솔직히 사과도 하고, 또 따끔하게 교육도 시키고 부모역할은 분명히 한다! 하는 자세만 견지하면 좋겠어요.

부모의 염원은 자녀의 올바른 성장과 발달이다. 자녀의 생활에 가장 직접적인 영향을 미치는 요인 또한 가족이다. Bowen은 일생을 통하여 꼭 세 번〈결혼 전, 청소년기 자녀를 둔 가족, 노년기 부부〉의 가족치료 경험을 권하고 있다. 가족체계 내에서 경험하게 되는 스트레스, '불안의 흐름'은 수평적, 수직적 차원에서 모두 일어나는 것이지만, 가족의 역사와 관련이 있는 수직적 축에 대한 이해를 통하여 수평적 흐름에 따른 가족생활주기의 변화와 전환을 극복해 나가기 위하여 반드시 필요하다는 것이다.

아동의 심한 아토피 증상을 비롯하여 복합적인 문제를 지닌 가족임에도 자녀의 행동문제에만 초점을 두었던 어머니가 상담에 참여하여 자신이 자라난 원가족과의 관계에서 해결되지 못한 문제가 현재의 핵가족, 특히 딸의 증상에 영향을 주고 있다는 인식과정을 통하여 가족구성원의 자주성과 성장이 이루어질 수 있는 바탕을 마련하였다. 즉 가족체계가 변화하고 분화수준이 향상되면서 서로를 공격하지 않으며 있는 그대로를 수용할 수 있게 되면서 스스로를 책임지며 감정적 반사활동을 하지 않게 되었다.

본 사례에서 치료사는 전통적인 치료사의 자세에서 벗어나 다소 자유롭고 다양한(파격적이라고도 표현할 수 있겠음) 접근을 시도하였다. 결과적으로 치료는 효과적이었지만 충분히 논란의 여지가 있을 것이다. 그러나 사고기능의 변화를 경험함으로써 문제를 문제로 규정하지 않고 문제의 맥락을 바꾸어 역기능에 처해 있던 유리된 가족체계가 긍정적으로 변화 적응해 가는 가족기능을 관찰할 수 있었다.

Chapter 3

Virginia Satir의 경험적 성장 모델

1. 기원 및 주요 인물
2. 이론적 배경과 주요 관점
3. 중심 개념
4. 치료의 목표
5. 가족 재구성의 과정
6. 치료적 개입
7. 치료계획
8. 대처방식에 대한 질문
9. 적용사례

1. 기원 및 주요 인물

경험적 가족치료 분야는 1960년대의 인본주의적 개인심리치료와 같이 즉시적이고 지금-여기의 경험을 중시하는 인본주의 심리학의 영향으로 태어났다. 경험적 가족치료사들은 감정표현을 공유된 경험의 매개이며 개인적이고 가족적인 충족의 방법이라고 보았다.

경험적 가족치료의 두 대가는 Carl Whitaker와 Virginia Satir라 할 수 있다. Whitaker는 경험적 가족치료의 거장이며, 무책임과 위장을 걷어내고 가족 구성원이 그 자신이 되도록 자유롭게 하는 직관적 접근을 이끈 대표자이다.

Satir는 위스콘신 대학에서 교육학을 전공하고 초등학교 교사로 일한 후 시카고대학원에서 정신의료와 사회사업을 전공하였으며, 시카고 심리분석연구소에서 많은 임상경험을 하였다. 임상사회사업가(LCSW)인 Satir(1916~1988)는 Palo Alto의 초기 MRI(mental research institute)의 구성멤버로 정서적 경험과 함께 의사소통을 강조하였다. 1966년 California Big Sur의 Esalen Institute의 지도자가 되기 위해 MRI를 떠날 때까지 가족치료 프로그램을 고안하고 지도하였다. 1977년 Avanta Network를 설립하였고, 1981년 Process Community라고도 부르는 International Summer Institute를 설립하여 현재 미국 외 홍콩, 베네수웰라, 캐나다, 대만, 중국, 한국(한국 사티어 부부·가족상담연구소) 등지에 Satir 지부가 설치되어 훈련 프로그램이 실시되고 있다.

1970년대에 다소 Satir의 영향력이 약해지던 중 1974년 베네수엘라에서 열린 Family Process 학술위원회에서 Minuchin과 Satir는 가족치료의 본질에 대해 논쟁을 하게 되었다. Minuchin은 가족치료는 온정과 신념을 넘어선 기술이 요구되는 과학이며, 가족치료의 주요 과업은 깨어진 가족을 고치는 것이라 주장하였다. Satir는 사랑의 치료력에 대한 신념으로 가족치료를 통한 인간구원에 대해 이야기했다. 당시에는 Minuchin의 주장이 옳다고 지지받게 되면서 Satir

는 1988년 췌장암으로 사망할 때까지 가족치료 조직을 떠나서 세계를 여행하며 그녀의 복음적인 접근에 대해 연설했다. 후에 미국부부가족치료학회 연차대회에서 Minuchin은 "Satir가 가장 훌륭한 치료사였다."고 과거의 부정적인 평가에 대해 미안함을 표현하였다. Satir의 가족치료 경험을 담은 주요 저서로는 『Conjoint Family Therapy』(1964), 『People Making』(1972), 『Helping Families to Change』(1977), 『Satir Step by Step』(1983), 『The Satir Model』(1991)이 있다.

우리나라에서는 한국 사티어 부부·가족상담연구소에서 Satir의 제자 중 한 사람인 John Banmen과 지속적인 워크숍을 진행하면서 인간적인 따뜻함과 온정, 신뢰감으로 가족들에게 희망과 용기를 주었던 그녀의 독특한 치료매체를 통한 성장과 변화의 모델이 가족치료 현장에서 활용되고 있다.

2. 이론적 배경과 주요 관점

Satir는 인간속성에 관한 가장 기본적인 신념을 근거로 하는 가치체계를 가지고 있다. 인간은 성취하기 위하여 적절하게 적응할 수 있으며, 기본적으로 선하다는 철학적 신념 하에 수많은 내담자들을 관찰하고, 치료를 위한 가설을 검증하고, 접근법을 개발하면서 가족치료 모델을 발전시켰다. 그 결과 인간은 내면의 자원을 갖고 있으며, 아무리 조건이 나쁘더라도 선택을 하고 변화할 수 있다는 확신을 갖게 되었고, 이와 같은 신념을 가족치료에 반영하였다.

Satir는 사람들의 성장을 돕고 건강해지도록 돕는 새로운 두 개의 개념을 발전시켰다. 첫째 개념은 Aristoteles 사상에 바탕을 둔 단선적 인과론으로부터 벗어나서 Alfred Korzybski, Ludwig Von Bertalanffy, Bateson의 체계론적 개념으로의 전환이다. 두 번째 개념은 Soren Kierkegaard, Martin Buber, Johann Heidegger 등의 실증주의적 실존주의자들의 사상에 근거한 인간관이다. 이 개념은 인간은 긍정적 생명력의 현현체(manifestation)이며, 이 생명력은 사람들의 역기능적인 대처방식을 높은 자존감과 연결된 자기-돌봄의 수준으로 전환시킬 수 있다고 본다(Satir, 1991). Satir의 치료 모델을 위한 가치체계를 나타내는 신념을 요약 정리하면 다음과 같다.

1) 인간에 대한 신념

- 인간은 모두 동일한 생명력의 현현체이며, 이 생명력을 통하여 서로 연결되어 있다.
- 인간이 겪는 삶의 과정들은 상황, 환경, 문화에 관계없이 보편적이다.
- 인간은 동일함을 바탕으로 관계를 형성하고, 차이점을 바탕으로 성장한다.
- 부모들은 역기능적임에도 불구하고 흔히 자신들이 자랄 때에 배운 익숙한 행동유형을 반복한다.
- 대부분의 사람들은 그 시점에서 가장 최선이라고 여기는 행동을 한다.
- 인간은 근본적으로 선하다. 자기 자신에 대한 가치감을 깨닫고 인정하기 위해서는 먼저 자신의 내적 보물을 찾아야 한다.
- 건강한 인간관계는 평등한 가치 위에 세워진다.
- 감정은 자신의 것이다.

  우리 모두는 감정을 가지고 있으며, 감정에 대한 책임을 져야 한다.

2) 대처방식에 대한 신념

- 우리는 모두 성공적으로 대처하고 성장하는 데 필요한 내적 자원을 지니고 있다.
- 사람들의 대처방식은 고통스런 경험에 대처하던 방식이기 때문에 그 방식을 인정해 주어야 한다.
- 문제 그 자체는 문제가 아니다. 대처하는 방법이 문제이다.

  자신의 문제를 심각하게 다루는 정도만큼 그 사람은 성장할 수 있다.

- 대처방식은 자존감의 수준을 드러낸다.
  자존감이 높은 사람은 상황에 전인적으로, 일치적인 방식으로 대처한다.

3) 변화에 대한 신념

- 변화는 가능하다: 비록 외부환경의 변화가 제한되어도 내적 변화는 가능하다.
- 우리는 과거를 변화시킬 수 없다.
  단지 그것이 우리에게 끼치는 영향만을 변화시킬 수 있다.
- 희망은 변화의 매우 중요한 구성요소이다.
- 과정은 변화의 통로이다. 내용은 변화가 일어날 수 있는 맥락을 형성한다.
- 대부분의 사람들은 스트레스를 받으면 좋고 바람직한 것보다는 자신에게 익숙한 방법을 선택한다.
- 과거를 감사히 여기고 받아들일 때 미래를 다룰 수 있는 능력이 향상된다.
- 전인성을 이루기 위해서는 부모를 하나의 인간으로 받아들이고, 부모를 부모역할을 해야 하는 사람으로서가 아니라 보통사람의 수준으로 놓고 만나야 한다.
- 치료는 병적인 것보다 건강함과 가능성에 초점을 맞추어야 한다.
- 치료는 긍정적인 방향의 목표들을 향해 나가야 한다.
- 증상은 그 문제에 대한 무의식적인 해결이다. 현재의 문제를 내담자가 어떻게 문제 삼고 있는지 검토한다. 문제를 진지하게 받아들이되, 문제를 반드시 모두 다 치료해야만 하는 것으로 받아들이지 않는다.
- 치료사 자신(self)이 가장 큰 치료 도구임을 강조한다.

이상과 같은 Satir의 신념에 근거한 접근법은 희망을 주고 가능성을 준다. 인간은 누구나 넓든 좁든 간에 자기만의 공간이 필요하며, 자기를 인정해 주는 것들을 필요로 한다고 강조하였다. 무엇보다 사람들이 성공적으로 살고 기능하기 위해서는 높은 수준의 자존감(self–esteem)이 필요하다는 것을 발견하였다. Satir가 한 작업은 사람들의 내면에 숨어있는 지혜의 상자들을 찾도록 도와주는 것이었다. 그녀는 내담자들에게 아침마다 일어나서 거울을 보고 '내가 존재하기 때문에 이 세상이 좀더 좋은 세상이 되는 거야'라고 세 번씩 말하게 하였다. Satir의 이러한 생각은 다음의 글에 잘 그려지고 있다.

나는 나다.
나와 똑같은 사람은 이 세상 아무데도 없다.
나로 인한 모든 것은 나만의 것이다. 왜냐하면 내가 선택했기 때문에…….
나는 나의 모든 것–나의 몸, 나의 감정, 나의 입, 나의 목소리–의 주인이다.
나에게 또는 다른 사람에게 하는 모든 행동도 나의 것이다.
나는 나의 환상, 나의 꿈, 나의 희망, 나의 두려움을 지니고 있다.
나의 모든 승리와 성공, 나의 모든 실패와 실수까지 모두 나의 것이다.
나는 나의 모든 것들에 대한 주인으로 나 자신을 아주 잘 알고 친해질 수 있다.
나를 잘 알게 됨으로써 나는 나를 사랑할 수 있고 나의 모든 부분들과 친구가 될 수 있다.
물론 나는 나 자신에 대해 당황해 하기도 하고, 내가 알지 못하는 것들이 나에게 있다는 것도 안다.
그러나 내가 나를 친숙하게 느끼고 사랑하는 한 나는 나를 격려하고 나에게 용기를 줄 수 있다.
나에게는 어려움에 대한 해결방법과 나에 대하여 더 많은 것들을 발견할 수 있다는 희망이 있다.
내가 어떤 순간에 보고, 듣고, 말하고, 행동하고, 생각하고, 느끼는 모든 것들이 비록 부분적으로는 잘 안 맞는 것이 있더라도 진정한 나의 것이다.
나는 잘 안 맞는 그 부분만 던져버리고 나머지는 지킬 것이다.
그리고 던져버린 것에 대해서는 새로운 것을 만들어 낼 수 있다.
나는 보고, 듣고, 느끼고, 생각하고, 말할 수 있다.
나는 생존할 수 있는 방법을 가지고 있고, 다른 사람과 가까이 지낼 수 있고, 생산적이 될 수 있다.
나는 내 밖에 있는 것들, 사람들, 세상에 존재하는 질서를 찾을 수 있다.
나는 나 자신의 주인이기 때문에 나는 나를 움직이게 할 수 있다.
나는 나이고 괜찮다.

출처: 한국 버지니아 사티어 연구회 (2000). 사티어모델. 김영애가족치료연구소. 재인용.

3. 중심 개념

1) 자존감

자존감은 다른 사람들이 자기를 보는 것과는 별개의 것으로 자신에게 갖는 애착, 사랑, 신뢰, 존중과 같은 것이다. Satir는 감정 측면을 중요시하여 높은 수준의 자존감을 재형성하는 것을 가족치료의 목표로 한다. 우리는 모든 상황에 반응하고, 대처하고, 존재하는 방법에 대한 선택권을 가지고 있다. 선택하

[표 3-1] 자존감 정도에 따른 비교

낮은 자존감	높은 자존감
나는 사랑받기를 원한다.	나는 나 자신과 다른 사람들로부터 사랑을 받는다.
대처자세 : 불일치 –나는 무엇이든 할 것이다.(회유) –당신으로 하여금 죄책감을 갖게 하겠다.(비난) –나는 현실에 구애받지 않는다.(초이성) –나는 현실을 부정한다.(산만)	대처자세 : 일치 –나는 적합한 것을 한다. –우리의 차이점을 존중한다. –나는 너와 나를 모두 포용한다. –나는 상황을 받아들인다.
태도 : 경직됨, 심판적임.	태도 : 적절함, 자신감, 능력 소유
반동적(reactive)	반응적(responsive)
가족의 규칙과 의무감에 따라 행동한다.	선택과 책임에 관해 분명히 알고 있다.
외부로부터 규정된다. 방어적 감정을 억압한다. 안전하고 익숙한 것을 선택한다.	자신과 다른 사람을 수용한다. 신뢰, 정직 감정, 전인성, 인간성을 수용한다. 새로운 것을 시도 혹은 모험한다.
과거지향적 : 현재 상태 유지를 원한다.	현재지향적 : 변화를 시도한다.

출처: 한국 버지니아 사티어 연구회 (2000). 사티어모델. 김영애가족치료연구소.

는 방법은 자존감의 수준과 밀접한 관계를 가지고 있다. 낮은 자존감을 가지고 있는 사람은 자신의 반응을 결정짓는 원인이 외부에 있다고 생각하는 경향이 있다.

2) 의사소통 유형과 빙산(Ice-berg)

의사소통이란 사람들이 서로 정보를 주고받으며, 의미를 부여하고, 내적·외적 반응을 하는 방식이라 정의할 수 있다. 대부분의 사람들은 정보가 충분하지 않음에도 불구하고, 보고 들은 것을 자신의 방식으로 이해하고 해석하려 한다.

사람들은 말을 하면서 동시에 얼굴표정, 목소리의 높낮이, 손짓, 몸짓 등으로 비언어적 메시지를 보낸다. 이러한 비언어적 표현들은 사람의 내면상태를 반영한다. 언어적 메시지와 비언어적 메시지가 차이가 날 때 이를 불일치한 의사소통이라고 한다. 정보를 전달하는 방법으로 불일치된 말과 일치된 정서, 일치된 말과 불일치된 정서, 일치된 말과 일치된 정서를 사용하는 3개의 선택권을 갖는다.

Satir는 사람들이 일반적으로 스트레스가 있는 상황에서나 대인관계에서 거절당할 가능성이 있다고 느낄 때 자신을 보호하려는 역기능적인 의사소통 유형을 회유형, 비난형, 초이성형, 산만형으로 분류하고 개념을 발전시켰다.

(1) 회유형(placating) : 감정

회유형은 대부분의 사람들로부터 붙임성 있고 적절한 행동을 하는 것처럼 보인다. 그러나 내면에서는 자신의 진정한 감정을 존중하지 못하고, 다른 사람들의 비위를 맞추려 한다. 곁에 누가 없다면 죽은 목숨과 같다고 느낀다. 다른 사람이 조금이라도 불편한 것처럼 보이면 시간, 돈, 생명까지도 주어 가면서 비위를 맞추어 상대방의 고통을 가볍게 해주려고 노력한다. 정작 자신은 무엇을 요청한다는 엄두도 못 내며, 자신을 힘이 없고 가치 없는 존재라 생각하여 변명하고 아부하며 다른 사람과 상호작용하는 상황을 존중한다.

회유란 우리 자신에게 '내가 살기 위해서는 어떠한 느낌이 들더라도 예! 라고 말해서 평화를 유지해야 돼.'라고 말함으로써 스트레스를 다루는 것을 의미한다.

[표 3-2] 회유형의 반응

단 어	동의하는 단어 사용 "내 잘못이다.", "네가 없으면 난 아무것도 아니다." "나는 너를 행복하게 하기 위해 존재한다."
정 서	구걸하는 마음 "나는 힘이 없다.", 변명하는 표현과 목소리, 약한 신체적 자세
행 동	순교적. '너무 좋게' 처리함 사죄하고, 변명하고, 우는 소리하며 모든 것을 제공한다.
내적 경험	"나는 아무것도 아닌 것처럼 느낀다.", "나는 아무 가치가 없다."
심리적 영향	신경과민, 우울증, 자살할 수 있는 성향, 자멸적인 성향
신체적 영향	소화기관의 고통, 위장장애, 당뇨, 편두통, 변비
자기를 무가치화 자원 : 돌보는 것, 예민성	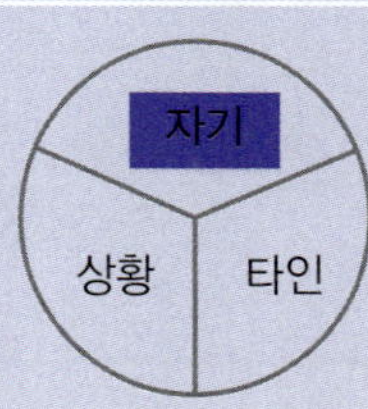 

(2) 비난형(blaming) : 기대

비난형은 자신을 보호하기 위해서 다른 사람을 괴롭히거나 비난하고 환경을 탓한다. 비난할 때 사람들은 자기주장이 강하고, 독선적이고, 명령적이고, 지시적이다. 잘못을 남의 탓으로 돌리고 참을성이 없으며, 다른 사람들에게 자신을 힘이 있고 강한 사람처럼 보이려고 한다. 다른 사람들을 비난할 때 마치 다른 사람들이 자신의 통제 하에 있다고 느끼지만 이것은 환상에 지나지 않는다. 내적인 힘을 지닌 사람이 비난형에게 도전하면 이들은 쉽게 흔들리고 무너져 내린다. 우리 모두는 생존하기 위한 방법으로 행동하고 말한다. 날카롭게 비난하는 것도 실은 도움을 간청하는 표현이다.

[표 3-3] 비난형의 반응

단 어	반대하는 단어 사용 "너는 아무것도 제대로 하지 못한다.", "문제가 무엇이냐?", "모든 것은 네 잘못이다."
정 서	비난적임 "나는 여기서 우두머리다.", 힘이 있어 보이는 입장, 융통성이 없다.
행 동	공격적, 심판, 명령, 약점 발견
내적 경험	소외됨, "나는 외로운 실패자다."
심리적 영향	과대망상, 일탈행동, 살인할 수 있는 성향
신체적 영향	근육긴장, 등의 동통, 혈액순환의 문제, 고혈압, 관절염, 변비, 천식
다른 사람을 무시 자원 : 강한 주장	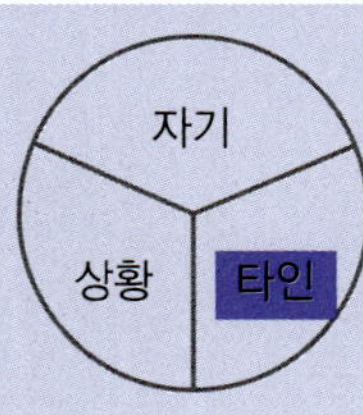 

(3) 초이성형(computing, super-reasonable) : 지각

초이성형은 자기와 다른 사람을 무시한다. 지나치게 이성적이고, 단지 상황만을 존중하면서 정보와 논리의 수준에서 기능하고자 한다. 주로 부정적인 측면에 대해 언급하고, 어떤 감정 표출도 없으며, 정확하고, 실수하지 않으려는 경직된 자세로 마치 현명하고 품위 있는 것처럼 언제나 장황하게 이야기하는 경향이 있다. 그렇게 해서 항상 자신이 옳다는 것을 증명하고자 한다. 초이성형의 모습은 조용하고 냉정하며 침착하여 얼핏 지성으로 오인되기도 한다. 그러나 이들도 내면에서는 외로움으로 고통을 당한다.

[표 3-4] 초이성형의 반응

단 어	극히 객관적임 규칙과 '옳은' 것에 관한 자료 사용, 추상적인 단어와 긴 설명, 모든 것들이 학구적임, 사람은 지적이어야 한다고 생각
정 서	완고, 냉담 "사람은 어떤 희생이 있어도 냉정하고, 조용하고, 침착해야 한다.", 경직된 굳은 자세, 고자세
행 동	권위적임 강직, 원칙론적 행위, 행동을 합리화, 조작적, 의도적, 강제적
내적 경험	"나는 상처받기 쉽고 고립된 느낌이다." "어떤 감정도 표현할 수 없다."
심리적 영향	강박적-강제적, 반사회적, 사회적으로 위축, 지나치게 긴장
신체적 영향	건조성 질병, 점액, 임파 조직에 문제, 암, 심장마비, 등에 동통
자신과 타인을 무시 자원 : 지식	

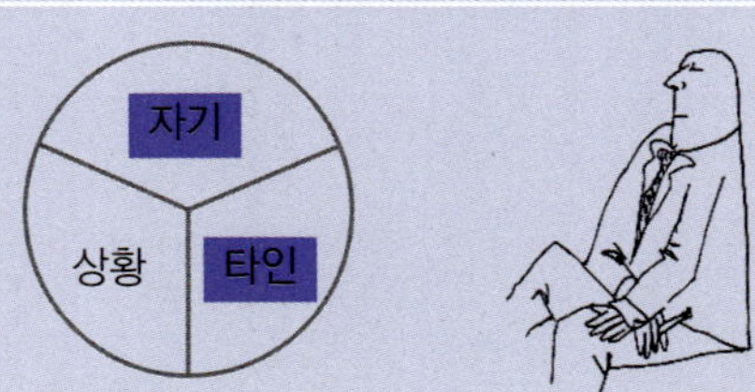

(4) 산만형(irrelevant) : 상황

산만형은 재미있거나 익살스러운 모습과 혼동된다. 늘 쉬지 않고 계속 움직이는 태도를 통하여 사람들의 관심을 분산시키고자 한다. 이들은 생각을 자주 바꾸고 한꺼번에 많은 행동들을 하려고 한다.

일반적으로 산만형들의 사람들이 나타나면 지루하고 침체된 분위기를 재미있게 바꾸어 주기 때문에 이들의 행동을 자연스럽고 쾌활하다고 여기기도 한다.

그러나 내면적으로는 아무도 상관하지 않고 현재 있는 곳이 자기가 있기에 적절하지 않다고 생각한다. 말하거나 생각하는 것이 다른 사람의 것과 일치하지 않는다. 상황에 맞지 않는 말을 하며 비합리적이며 주제에 초점을 잘 맞추지 못한다. 신체적으로도 몸을 계속 움직이거나 눈을 깜빡거리거나 노래를 하거나 다른 사람의 머리카락을 건드리거나 하면서 안절부절한다.

한국 사티어 본부에서는 산만형, 회피·철회형을 부적절형으로 분류하여 설명하고 있다.

[표 3-5] 산만형의 반응

단 어	관계없는 단어 사용. 뜻이 통하지 않고, 요점이 없다. 계속해서 "그대로 놔둬."라고 말한다.
정 서	혼돈스러움. "나는 실제로 여기에 있는 것이 아니다.", 계속해서 움직임, 비스듬히 앉음
행 동	산란함, 부적절하게 조정, 지나치게 활동적임, 중단시킴
내적 경험	"아무도 상관 않는다.", "거기는 내게 적절한 곳이 아니다.", 균형이 없다, 끼어들며 주의를 끌려 함
심리적 영향	혼돈됨, 부적절함, 정신병
신체적 영향	신경계통의 장애, 변비, 위장장애, 메스꺼움, 당뇨병, 편두통

자신과 타인, 상황 모두를 무시
자원 : 즐거움, 자발적, 창의적

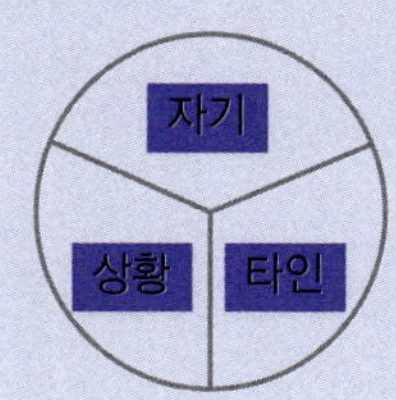

(5) 일치형(congruence)

일치형은 대처방식이라기보다 충만한 인간이 되어 전인성을 이루고자 하는 선택이다. 일치형은 Satir 모델의 중요한 개념 중 하나이다. 이것은 존재의 한 상태이기도 하며, 우리 자신을 포함해서 다른 사람들과 의사소통하는 방식이기도 하다. 높은 자존감과 일치성은 보다 충분히 기능하는 인간을 나타내는 두 가지 중요한 지표이다. 일치적 의사소통을 위하여 자기 자신, 타인, 상황을 자각하고, 다른 사람과 대화할 때 충분한 관심을 가지고, 신체적 메시지를 지각하면서 자신의 방어와 가족규칙들을 자각해야 한다.

대체적으로 일치형의 의사소통 유형을 사용하는 사람들은 자신의 독특성을 인정하고, 대인관계에서 상호작용적인 에너지가 자연스럽게 순환되며, 개성이 뚜렷하고 자신과 타인 모두를 신뢰하며, 모험을 하고 자신의 상처를 감수할 수 있으며, 자신의 내적·외적 자원들을 충분히 활용하면서 친밀한 관계를 맺고, 자신과 다른 사람들을 사랑하고 수용하며, 변화에 유연하게 대처하고 개방적이다. Satir는 의사소통을 구성하는 3대 요소로 자신과 타인, 상황을 중요시하였다.

[표 3-6] 일치형의 반응

단 어	말은 신체 위치, 목소리 음조, 내면의 느낌과 일치함 말은 느낌을 자각하는 것으로 나타냄
정 서	모순 없는 말. 표현을 자연스럽게 함
행 동	활발함, 창조적임, 독특함, 적절함
내적 경험	조화로움, 균형, 높은 자기존중
심리적 영향	건전함
신체적 영향	건강이 좋음

자신과 타인, 상황을 중요시
자원 : 관계성, 교제, 높은 자기존중

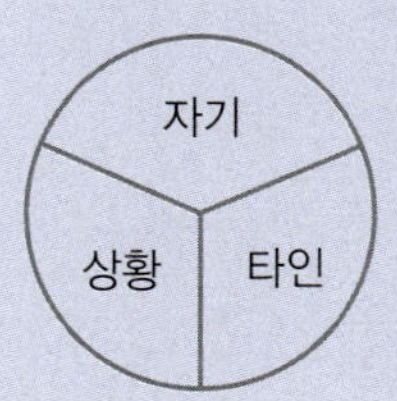

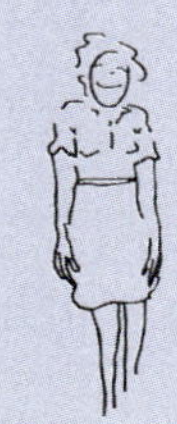

예시 : 생존유형의 대화

기대 이하의 성적표를 받고 허탈해 하는 아들에게 어머니가 보인 반응
〈각 유형의 신체적 자세, 신체적 언어와 내면의 감정〉

- 회유형 : (손으로 가슴을 치며 다른 한 손을 들어 애원하듯..)
  모든 게 엄마 잘못이다. 좋은 학원에 보냈어야 하는데..
- 비난형 : (고개를 빳빳이 들고 아들에게 성적표를 팽개치면서..)
  도대체 뭐가 문제니? 제대로 하는 게 하나라도 있냐 말야!
- 초이성형 : (무미건조한 표정으로..)
  무조건 다음에 잘 할께요.. 그럴 일만은 아니다.
  어디에 문제가 있는지 분석을 해봐야 하지 않겠니?
- 산만형 : (성적표를 외면하며..)
  우리 아들이 왜 이렇게 시무룩하나! 피자 한 판 시켜줄까.
- 일치형 : (아들의 마음을 어루만지려는 몸짓으로..)
  기대했던 성적에 미치지 못해서 몹시 섭섭한 것 같네. 우리 아들!
  이번 시험은 내려놓고 자 기운내자! 엄마가 어떻게 도와주면 좋겠어?

(6) Ice-berg 활용 : 개인, 가족을 이해할 수 있는 지도

감정, 기대, 열망에 대한 탐색을 위하여 다음과 같은 질문을 활용할 수 있다.

-내면 깊숙한 곳의 느낌은 무엇인가요?

-마음의 평화와 접해 본 적이 있나요?
 어떻게 느끼나요? 나누어 본 적이 있나요?

-자기라는 공간 안에 자존감의 자리가 있나요?

-진정한 당신의 열망은 무엇인가요?

-인생에서 부족하다고 느끼는 것은 무엇인가요?

-원하는 기대가 충족되면 인생이 어떻게 달라질까요?

-스스로를 사랑하시나요?
 부모님은 당신을 사랑하셨나요? 어떻게 느끼셨나요?

-당신의 열망에 귀기울이시나요? 잘 들리나요? 어떻게 하시나요?

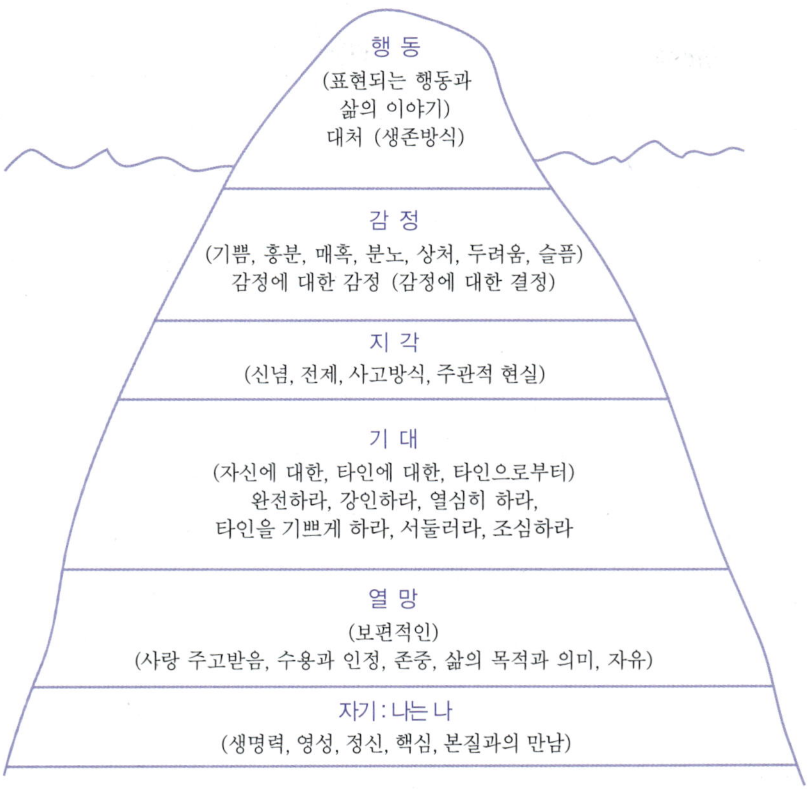

[그림 3-1] The Personal Iceberg of the Satir Model

3) 가족규칙

Satir는 누가 무엇을 근거로 가족규칙(family rules)을 만들었으며, 그 규칙들이 어떠한 영향력을 행사하며, 규칙을 어길 때 어떻게 반응하는가? 등을 중요시하며 진단과 치료에 활용했다. 가족은 경제, 가사, 개인욕구와 관련된 계획, 권리침해 등과 같은 집에서 함께 생활하는 데 필요한 규칙을 가지고 있지만, 대부분 처음부터 명확하게 만들어진 것이 아니라 반복적이고 상호작용적인 일상의 경험을 통하여 만들어져 어려움에 대처하거나 극복하는 행동유형의 일부분이 된다. 가족규칙은 명시적이거나 또는 암시적일 수 있지만 힘이 강하고 우리의 성장경험과 학습에 지대한 영향력을 미친다.

가족규칙들은 생활상의 지혜나 행동지침으로서의 기능을 할 수 있기 이전에 분명하여야 하고, 모든 가족성원들이 알아야 하고, 융통성이 있어야 한다. 사람들이 경험하는 고통의 원인을 융통성 없는 가족규칙이라고 간주한 Satir는 분명한 가족규칙도 중요시하지만 관심의 초점을 감정규칙에 두고 있다. 가족 내에 존재하는 감정규칙은 무엇인가? 금지된 화제는 무엇인가? 이러한 규칙들은 가족성원들의 행동에 영향을 주는 보이지 않는 힘으로 작용한다.

Satir는 다음과 같은 작업을 통하여 가족규칙을 진단할 수 있다고 보았다.

- 가족규칙 목록을 작성한다.
  초기 아동기의 가족규칙을 적어도 12개 이상 적는다.
- 이러한 규칙을 통해 성취한 것은 무엇인가?
- 이 규칙을 지침으로 만든다면 어떻게 되겠는가?
- 가족규칙이 아직도 적합한가?
- 가족규칙 중 지금 다른 사람들에게 지키도록 강요하는 것은 어떤 것들인가?

4) 상호작용의 구성요소들

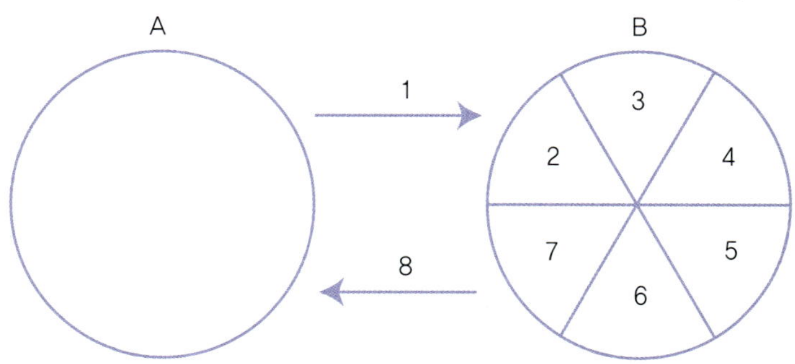

[그림 3-2] 상호작용의 구성요소들

1. 발신자의 메시지	
2. 수신자의 감각기관 사용	해석이 가해지지 않은 사실적이고 객관적인 관찰
↓	정서 ↔ 선별(단어, 억양, 손짓, 몸짓, 얼굴표정, 호흡)
3. 의미 부여	개인의 원가족이나 자존감의 수준과 관련됨
↓ 창조	
4. 의미에 대한 감정	객관적으로 무엇을 보고 들었는가의 결과가 아니라 무슨 의미를 부여하겠는가에 따른 결과
↓ 촉진	
5. 감정에 대한 감정(생존규칙 작용)	
↓ 환기	
6. 대처(생존양식)	↗ 투사 (비난형) → 부인 (회유형) → 무시 (초이성형) ↘ 왜곡 (산만형)
7. 의사소통 규칙들	역할, 감정 등에 관한 규칙 보고 말하고 느끼는 것, 안전함 선택
8. 관찰할 수 있는 결과	A에 대한 B의 반응 A는 다시 2에서 8까지의 단계들을 거침
9. 친밀감 수준을 파악할 수 있는 8영역	성적(Sexual), 신체적(Physical), 사회적(Social), 정서적(Emotional), 지적(Intellectual), 여가(Recreational), 심미적(Aesthetic), 영적(Spiritual)

4. 치료의 목표

1) 상위목표(개인에 대한 메타목표)

● 좀 더 높은 자존감을 갖도록 한다.

자존감은 자기 자신의 가치에 대한 자신의 판단이나 믿음 또는 감정이다. 내담자들이 좀 더 높은 자존감을 형성할 수 있도록 돕는다. 이를 위해 내담자들이 많은 긍정적인 경험을 하도록 돕는다.

● 좀 더 나은 존재의 선택을 할 수 있게 한다.

내담자들에게 최소한 3가지 이상의 차선책을 제시하여 선택할 수 있도록 돕는다. 선택이 하나밖에 없다면 선택이 없는 것이고, 둘이 있다면 이것 아니면 저것이기 때문에 딜레마에 빠지게 된다. 따라서 3개 혹은 그 이상의 차선책을 가지고 선택을 할 수 있을 때 진정한 선택이 될 수 있다.

● 자신의 선택과 생명성에 대해 책임질 수 있도록 한다.

내담자들이 외적인 행동뿐만 아니라 내적인 경험에도 좀 더 책임감을 갖도록 격려한다. 감정, 사고와 기대는 자신의 것이므로 스스로 책임을 져야 하며, 그러한 선택을 통해 기쁨을 맛볼 수 있어야 한다.

● 좀 더 일치적이 되도록 한다.

자기 자신과 만나 감정, 생각, 기대, 열망이 긍정적 생명의 에너지와 조화를 이룬 상태를 말하며, 자기, 타인, 상황을 수용하여 진정한 주인이 되는 상태를 말한다.

● 평화와 기쁨의 삶을 살아간다.

2) 세션 내의 작은 목표들

- 가족에게 새로운 희망을 가질 수 있도록 해준다.
- 가족성원들에게 새로운 대처방법으로 상황을 보고 다루도록 가르침으로써 어려움에 대처하는 극복기술을 강화하고 발전시킨다.
- 가족성원들로 하여금 일상생활에서의 작은 결정에서부터 삶의 방향과 같은 큰 것을 결정하는 능력까지 가지고 있다는 것을 인식하도록 해준다.
- 가족성원들 간에 적절한 의사소통능력과 조화능력을 향상시킨다.
- 가족규칙을 분명히 한다.
- 성장가족에서 학습한 역기능적 극복행위로부터 벗어나게 한다.
- 자신과 다른 사람의 유일성, 차이점, 유사점을 인정하는 의사소통을 함으로써 본인의 탐색과 협상을 통하여 의사결정을 하도록 한다.
- 의식적으로 의사결정하고 선택하게 함으로써 행동에 책임을 지도록 한다.
- 기존의 내적, 외적 자원을 새로운 차원에서 형성하고 활용하도록 한다.

5. 가족 재구성의 과정

1) 가족지도(family map)

보편적인 가족지도는 부모와 자녀 삼인군이다. 내담자를 IP(identified patient)대신 Star라는 용어로 사용한다. 가족지도는 스타의 생애 초기에 영향을 미친 살아 있지 않은 사람까지 포함한다. 가족지도 작성의 1단계에서는 스타 부모의 결혼시기, 부모의 이름, 생일과 출생지, 나이, 종교, 직업, 출신배경, 교육정도, 취미 등이 요구되며, 2단계에서는 스타에게 부모를 묘사하는 세 가지 형용사, 스트레스 상황에서 부모들이 보였던 일차적 대처방식과 이차적 대처방식을 첨가하며, 3단계에서는 모든 자녀들에 대해 1, 2단계의 정보들을 적고, 4단계에서는 친조부모, 외조부모, 스타의 원가족을 세 개의 분리된 가계도로 3단계에 걸쳐 만든다.

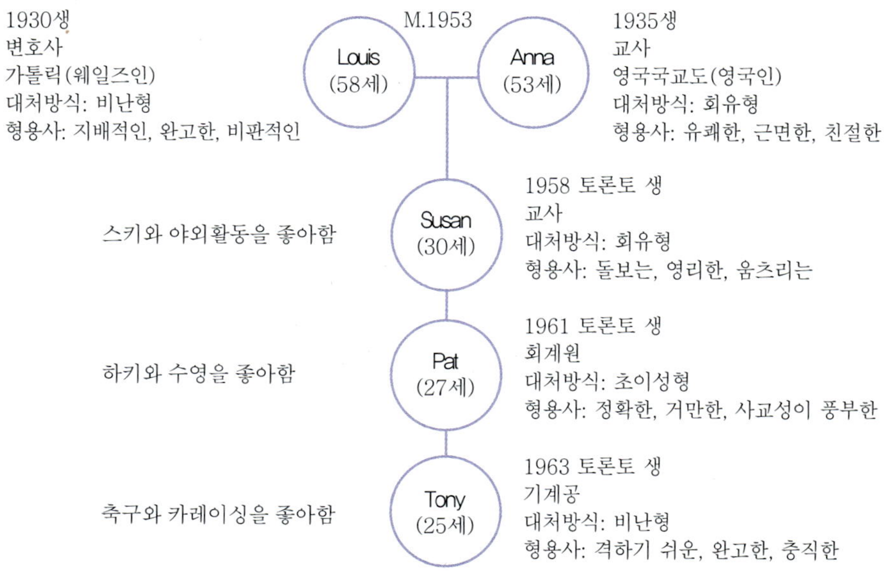

[그림 3-3] 가족지도의 예

2) 영향력의 수레바퀴

스타의 가족관계와 인간관계의 영향력을 알 수 있는 수레바퀴 모양의 도표를 그린다. 스타는 중앙에 적고 아동기와 청소년기에 지적, 정서적, 신체적으로 스타에게 영향을 미친 모든 사람들을 마치 가지가 달려있는 수레바퀴처럼 원 주위에 표시한다. 관계를 표시하는 선들은 두께가 다양할 수 있는데 친밀할수록 두껍게 표시한다. 스타는 각 이름 아래 그 사람을 묘사하는 세 가지 형용사를 쓴다.

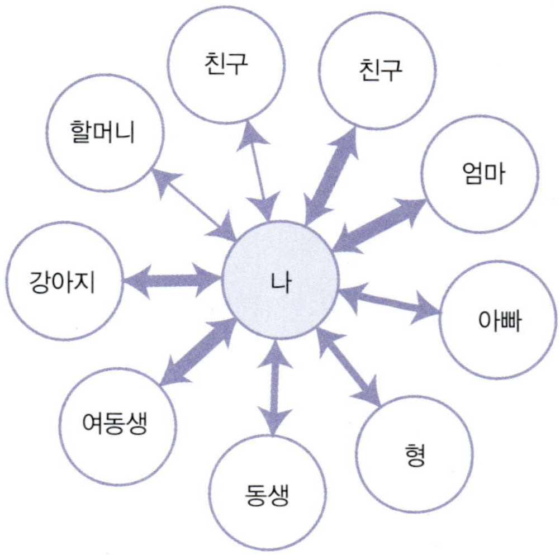

[그림 3-4] 영향력의 수레바퀴

3) 변화의 과정

● 제1단계 : 정체상태-폐쇄체계

사람들은 친숙한 사람들과 함께 지내면서 예측 가능한 방식으로 행동한다.

보통 체계를 닫힌 채로 유지하는 데에는 많은 노력이 들며 그 역기능은 증상으로 드러난다. 흔한 예는 계속 술을 마시는 알코올중독 아버지로서 가족 내 모든 사람이 희생된다. 가족 구성원들은 변화를 두려워하면서 상당 기간 동안 그 문제를 숨긴 채 계속 살아가며 변화하려 하지 않는다. 변화에 대한 욕구가 생기는 경우는 일종의 공포나 위협감을 느꼈을 때이다. 감정적 고통도 변화하고자 하는 의지를 자극할 수 있다. 많은 체계들은 불편함이 참기 어렵게 되면 변화과정을 자극한다. 어떤 경우에는 사람들이 새로운 가능성을 발견하여 희망을 경험하게 되면서 성장하기 위한 노력을 하기 때문에 변화한다.

● 제2단계 : 외부요인 개입

일단 동기유발이 이루어지면 한 체계 또는 그 구성원이 도움을 청할 것이다. 외부의 요인은 대개 치료사이기 쉽지만 친구, 동료, 또는 친척이 될 수 있으며 부드러움과 인내심을 가지고 폐쇄체계 속으로 들어오게 될 것이다. 소위 이 단계에서의 저항은 생존과 대처의 한 형태라고 이해할 수 있다. 치료사는 내담자 혹은 내담자 가족과 접촉을 잘 하고, 안전하고 신뢰를 주는 장소에서 공감과 이해심으로 관계를 맺어야 한다. 이 단계에서 문제가 탐색되고 긍정적 방향의 목표를 수립해야 한다.

개인의 부분들 중에서 어떤 부분이, 또 가족 구성원들 중 어떤 구성원이 다른 부분 또는 다른 사람들보다 더 쉽게 기꺼이 변화하려 할지 모른다.

● 제3단계 : 혼돈–개방체계

이 단계에서는 체계가 개방되고 상처받기 쉬운 상태가 되며 종종 혼란스러운 상태로 돌아간다. 이러한 상태는 초심자에게는 어려운 단계이다. 변화과정을 예측하기는 어렵지만 감정은 더 개방적이 되며, 충족되지 않았던 기대가 입 밖으로 표현되면서 진정한 의미의 의사소통이 시작된다. 이 단계는 실제로 사람들을 불안하게 하고 새로운 방식의 표현을 시작하게 한다. 과거의 행동방식들은 더 이상 적합하지 않게 되었지만 새로운 방식의 대처양식은 아직 진행되지 않았다. 상처, 분노와 공포의 감정들이 분출될 수도 있고, 낮은 자존감의 메시지들은 표면 위로 떠오를 길을 찾을지도 모른다. 이때가 치료사의 개입이 아주 적합할 때로서 신체적 접촉, 눈 마주치기, 긍정적 감정적 지지(보살핌), 확실한 유효성, 수용과 공감을 통해 지원을 해주어야 할 때이다. 내담자로 하여금 숨을 내쉬고, 휴식을 취하게 하고 다시 집중하게 하는 것이 도움이 된다.

● 제4단계 : 변형–변화체계 → 목표

혼돈의 상태에서, 심리내적으로 또는 가족체계 내에서 변화가 이제 일어날 수 있다. 변화는 충족되지 않은 기대를 해결하고, 부정적 충격을 완화시키며,

부정적 경험을 힘과 자원으로 전환시키기 위한 변화를 시작하면서 긍정적 방향의 목표를 향한다.

내담자는 이전과는 다른 존재가 되도록 도움을 받는데 이러한 상태는 다르게 느끼는 것이나 또는 다르게 행동하는 것만을 의미하지는 않는다. 상담시간의 대부분이 대개 이 단계에 사용된다. 이 단계가 상담의 초기 목표들 즉, 내담자가 더 책임감을 갖도록, 더 높은 자존감을 얻도록, 더 나은 선택자가 되고, 더 상황에 적절한 사람이 되도록 도와주고자 하는 목표들이 실현되는 단계이다.

● 제5단계 : 새로운 선택과 통합

이 단계에서는 변화가 자기와 조화를 이루도록 하는 데에 집중한다.

목표는 변화들을 더 큰 전체로 통합시켜 변화를 뿌리내리게 하는 것이다.

이 단계에서 내담자는 보통 그들 자신이 변화했다는 것을 경험하며, 변화들을 새로운 존재의 일부분으로 통합하는 데에 관심을 기울일 필요가 있다. 내담자는 내적으로 그리고 외적으로(다른 사람들과의 관계) 새로운 형태, 새로운 자신의 이미지, 새로운 희망, 새로운 지각, 새로운 피드백의 통합을 위해 시간과 지지가 필요하다.

● 제6단계 : 연습–변화를 보완하기

각 세션의 끝에 가서 내담자는 새로운 변화를 연습해 보고, 새로운 자기에 대한 존재의식을 갖고 살아 보라는 과제물이 주어진다. 과제는 내담자의 역량과 의지에 따라 조절되며 한 세션에서 다음 세션으로 이어진다. 연습은 내담자가 매주 단위로 상담이 이루어질 경우에 일주일 동안 할 수 있는 것으로 부여된다.

● 제7단계 : 새로운 상태–건강과 일치성의 단계

친숙함 대신에 편안함이 건강의 척도가 될 것이다. 새로운 유형의 자신에 대한 신념, 감정과 행동이 내적으로 그리고 관계 속에서 드러나게 된다.

4) 생존유형의 변형

치료사는 발견, 자각, 이해 그리고 새로운 방식을 적용하는 과정을 통해 내담자들의 생존방식이 좀더 일치적 의사소통의 형태로 변화되도록 도울 수 있다. 그러나 소멸, 제거라는 의미보다는 변화를 강조하기 위해 변형(transform)이라는 단어를 사용한다. 궁극적으로 과거에 충족되지 못한 기대를 놓아버림으로써 감정에 대한 감정들은 변화한다.

(1) 회유형의 변형

자신이 회유형이라는 자각을 통하여 다른 사람을 돌보듯이 자신을 돌보도록 한다. 과거의 대처방식에 자기 가치감과 동등성에 대한 지각을 포함시키도록 변형시킨다.

(2) 비난형의 변형

비난하고 있는 바로 그 상황을 직시하게 함으로써 손가락질하고 있는 사람에게는 아무도 다가서지 않는다는 사실을 이해하도록 돕는다. “기분이 어때요?”라는 질문을 통하여 내담자가 자신의 외로움에 대한 감정을 자각하도록 돕는다.

(3) 초이성형의 변형

초이성형에게 자신과 다른 사람들에 대한 자각을 첨가하면 이미 가지고 있는 지적 능력에 다양한 종류의 애정, 감정, 신체 자각을 통합할 수 있게 된다. 감정과 지적인 능력에 동등한 가치를 부여하는 것은 조화와 전인성으로 나아가는 데 커다란 기회를 제공해 준다.

(4) 산만형의 변형

산만형에게 자신, 타인, 상황에 대한 자각을 첨가하면 융통성, 창조성, 변화에 대한 개방성을 갖게 하여 자기 자신에 뿌리를 내리고 현재에 초점을 맞출 수 있게 해준다.

6. 치료적 개입

1) 가족조각

조각은 알고, 지각하고, 느끼고, 생각한 내면의 그림을 안전하게 보여주는 은유적 과정이다. 가족조각(family sculpting)기법을 개발한 사람은 Kantor Duhl(1973)이지만 특히 Satir는 치료과정에서 언어로는 잘 풀리지 않을 때 가족조각기법을 즐겨 사용하였는데 가족성원들에게 역기능적인 의사소통 4개 유형을 설명하고 각 유형의 특징들을 신체적으로 표현하도록 하였다.

가족조각의 한 유형은 가족성원 간의 거리감(친근감, 거리감, 상하관계, 소외감, 결속감 등)을 표현하기 위하여 공간을 주로 사용한다. 다른 하나는 좀더 치료적인 것으로 긴장시에 나타나는 행동적인 특성을 비언어적인 자세로 표현하도록 함으로써 가족성원 간의 관계 역동성에 대한 인식을 표현하도록 한다. 가족조각의 구체적인 목적은 다음과 같다.

- 가족들이 문제에 대한 개인의 존중성을 인정하고 배우는 과정이다.
- 의사표현이 부족하고 소극적이고 희생자 역할을 하는 사람도 자기 입장을 자연스럽게 표현하면서 치료에 관여하도록 한다.
- 가족조각을 만들고 설명하는 과정에서 치료사의 적절한 개입을 통하여 가족성원들은 새로운 경험을 하면서 스스로 변화를 만들어 낸다.
- 가족 개개인들이 바라보고 이해하는 가족문제나 구조에 대한 지각을 파악할 수 있고 변화에 대한 통찰을 키울 수 있다.

- 가족조각은 인지과정을 돕는다. 즉 인지, 감정, 사고, 반응에서의 변화는 자신이 조각한 것을 관찰하고, 다른 가족원이 만든 것을 관찰하는 과정에서 경험하게 된다.

2) 만다라 활용

만다라(Mandala)는 종교적 상징이다. Satir는 종교적 만다라를 모든 사람들에게 보편적으로 있는 자원에 대한 자기 만다라(Self Mandala)라고 명명하였다. Satir의 만다라를 도식화한 그림은 8개의 동심원으로 구성되어 있다. 그 중심에 나를 두고 8개의 동심원은 나를 구성하는 보편적인 자원을 나타낸다.

- 육체적인 부분: 인종, 성, 종교, 문화에 관계없이 신성하고 고귀한 '자아'는 육체 안에 자리 잡고 있다.
- 지적인 부분: 지적인 부분을 관장하는 자아는 뇌를 갖고 있으며, 뇌는 사고와 조직, 논리를 관장하는 좌뇌와 정서, 창조, 감각을 맡는 우뇌로 구성된다.
- 감정적 부분: 감정(feelings)과 정서(emotions)를 가지고 있다.
- 감각적 부분: 눈, 코, 입, 귀 등 감각을 느끼게 하는 많은 신체부위와 피부의 땀구멍은 흡수하고 발산하는 역할을 한다.
- 상호작용 부분: '나와 너'의 차원으로 모든 관계는 나와 너의 상호작용의 결과이다.
- 영양에 관한 부분: 인간이 섭취하는 모든 양식을 말한다.
- 환경적 부분: 현존하는 빛, 소리, 공간, 시간, 움직임, 색깔, 온도, 공기 등으로 현재 직접 경험하게 되는 유일한 단위이다. 그 외의 것은 기억이나 환상일 뿐이다. 환경과 인간은 서로 영향을 주고받는다.
- 영적 부분: 일종의 생명력으로 우리를 서로에게 우주의 에너지로 연결시켜 준다.

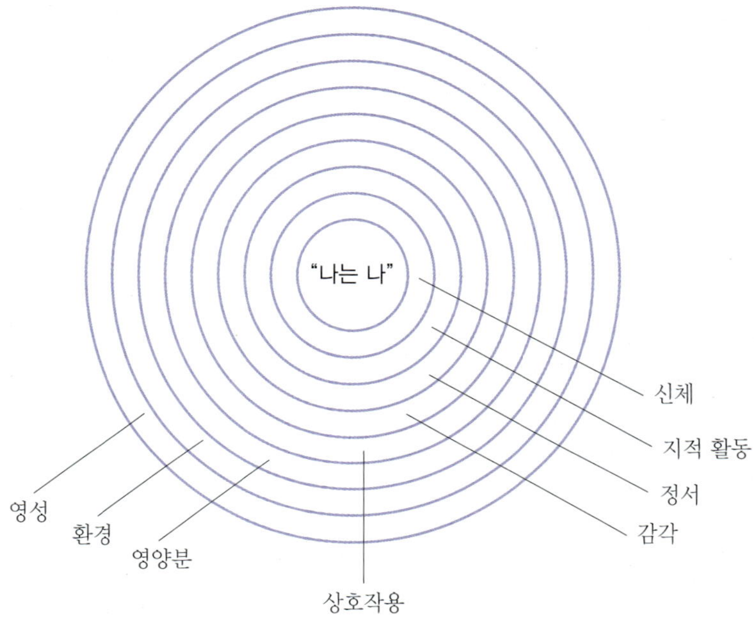

[그림 3-5] 만다라

3) 일치적인 치료사의 자세

- 어떤 식으로 반응할 것인지에 관한 선택권은 바로 내가 가지고 있음을 자각하고 수용한다.
- 현재 나의 내부에서 일어나고 있는 것들과 모든 차원(기대, 지각, 감정)에서 접촉한다.
- 나에게서 나온 말, 신체 메시지, 행동들을 자신의 것으로 소유한다.
- '나'메시지로 반응한다.
- 말한 것과 행동에 대한 책임을 분명히 한다.
- 다른 사람의 말이나 행동을 보고 들은 것뿐만 아니라 나의 내부에서 무엇이 일어나고 있는지를 나누되, 비판적이기 보다는 서술적인 언어를 사용한다.

- 다른 사람과 접촉할 때 당신이 선택하게 되는 신체적 거리에 주의를 기울인다. 눈높이를 맞출 수 있도록 하고 그 사람과 편안한 거리에 있도록 한다.
- 내담자 가족에게 모델과 변화의 촉매자 역할을 담당한다.
- 내담자를 긍정적 방향으로 움직이도록 할 수 있는 자신만의 기술을 만들어낸다.

7. 치료계획

사정 (Assessment)

내담자가 아직 해결하지 못한 문제가 무엇인지, 내담자가 갖고 있는 자원이 무엇인지를 심리내적, 상호작용 패턴 등을 탐색하면서 찾아내는 과정이다. 상호작용 패턴을 알기 위해 대처방식을 파악하고, 해결되지 않은 문제를 파악하기 위해서는 빙산 탐색을 하고, 이러한 문제들이 가족과 연관되어 있기 때문에 원가족 문제가 무엇인지 파악한다.

1 생존대처방식

내담자의 내적 역동과 자존감의 수준에 대한 정보를 찾기 위해 내담자가 자신, 타인, 상황을 어떻게 경험하는지, 어떻게 관계를 맺는지 살펴본다. 이러한 정보는 치료사로 하여금 내담자의 심리세계로 들어갈 수 있는 단서를 제공한다. 회유 → 감정 / 비난 → 기대 / 초이성 → 지각/ 내담자가 산만형의 대처방식을 취하면, 무엇보다 내담자와 접촉을 시도하고, 내담자를 인정하여 줌으로써 신뢰와 안정감을 쌓아 편안하게 치료에 임할 수 있도록 많은 시간을 보내야 한다.

② 내담자의 내적 심리세계(빙산 은유) 탐색

내담자들의 내적 경험을 탐색하고, 외적 경험이 어떻게 영향을 주었는지 탐색한다. 그러나 사건이나 이야기의 외적인 경험보다는 외적 경험으로 인한 충격이나 영향에 대한 내적 경험에 초점을 맞출 필요가 있다. 이러한 탐색은 상황으로 인한 경험이 내담자의 내면의 역동과 어떻게 얽혀져 문제를 발생하는 지를 보여준다.

③ 원가족

내담자가 경험하는(주관적인 현실) 내면화된 가족과, 그 가족이 이제까지 미쳐왔던, 그리고 오늘날에도 끼치고 있는 영향을 알아본다. 가족으로부터 전달된 긍정적인 자원과 가족으로부터 충족시키기를 바랐지만 그렇게 하지 못했던 부분 둘 다를 찾아본다.

8. 대처방식에 대한 질문

사건(현재, 과거), 상황에 대한 대처 질문

지금은 그 문제를 어떻게 다루고 계시나요?
어렸을 때 그 사건을 어떻게 다루셨나요?
부모님이 돌아가셨을 때 부모님의 죽음을 어떻게 다루셨나요?
그런 여러 힘든 상황에 어떻게 대처했나요?
스트레스를 받으면 당신은 그 스트레스를 어떻게 다루시나요?
상대방이 비난할 때 당신은 어떻게 하는가요?
당신 자신에게 벌주고 싶을 때 어떻게 하세요?

행동에 대한 대처 질문

그럴 때 어떻게 하셨나요?
그러면 어떻게 하시나요? 두려워하시나요? 그 다음은 어떻게 하셨나요?

다음에는 무엇을 하시나요?
그 사건에 대한 반응으로 어떤 행동을 하는가요?
지금은 어떤 행동을 하고 있나요?
건강을 위하여 좋은 음식을 먹고 꾸준히 운동을 하시나요?
잠은 잘 주무시나요?
내면은 어떻게 돌보시나요?
스트레스를 받으면 당신은 어떤 행동을 하시나요?

감정에 대한 대처 질문

감정을 어떻게 다루시나요? 표현을 잘 하시나요, 아니면 표현을 하지 않으시나요?
그 당시 그 감정을 어떻게 다루었나요?
어떤 때 그런 감정을 느끼시고, 그럴 땐 그 감정을 어떻게 다루는가요?
누구와 그 감정을 나눌 수 있었나요?
감정을 마음속에 간직하고만 있었나요?
분노, 상처, 두려움, 흥분, 기쁨을 어떻게 다루고 있는가요?
상처에 대해서는 어떻게 하나요? 옆으로 밀쳐버리려고 애쓰나요?
상처를 어떻게 다루었나요?
당신 자신에게 화가 났을 때 자신을 어떻게 다루세요?
어렸을 적 ㅇㅇ를 느낄 때 누구한테 말했나요?
과거에 그 감정으로부터 어떻게 벗어났나요?
그때에는 그런 감정에서 어떻게 벗어날 수 있었나요?
지금은 그런 감정에서 벗어나기 위해 무엇을 하시나요?
그 사람이 그리울 때 당신은 어떻게 하는가요?
그 사람이 보고 싶어서 울었던 것을 다른 사람들에게 말한 적이 있었나요?

원가족에 대한 대처 질문

당신이 화가 났을 때 가족들이 어떻게 당신이 화났는지를 아는지 궁금합니다.
그런 감정을 느꼈을 때 식구들과 나눌 수 있나요?
식구들은 그 상황을 어떻게 대처 했나요?
어떻게 제대로 못했나요? 어떻게 하는 것이 제대로 하는 것일까요?
당신의 부모님은 스트레스를 어떻게 다루셨나요?
당신의 부모님은 분노를 어떻게 다루셨나요?
갈등이 생기면 가족들은 그 갈등을 어떻게 해결했나요?
서로에게 책임을 묻는가요 아니면 누군가가 책임을 지고 해결했나요?

감정에 대한 질문

접촉할 때의 감정 질문

지금 기분이 어떠신가요?
오시느라고 힘이 들었을텐데, 지금 기분은 어떠세요?
감정에 대해서 뭔가 해야 할 필요가 있으신가요?
지금 느끼는 감정을 먼저 다루기를 원하시나요?
어떻게 하면 편한 마음으로 상담을 진행할 수 있을 것 같은가요?
마음을 안정시키기 위해 할 수 있는 것이 무엇인가 있나요?
지난 회기에 다룬 내용 때문에 마음이 힘들지는 않으셨나요?

현재 감정을 탐색하는 질문/ 현재의 감정에 머무르도록 돕는 질문

내면으로 들어가세요 / 마음속을 들여다보세요
내면에서 무엇이 일어나는가요? 내면에서 어떻게 느끼셨나요?
지금까지 억눌려 왔던 그것을 그냥 경험하도록 해주세요.
감정을 한번 들여다볼까요?
가슴이 말하는 것이 무엇인지 들어 봅시다.
지금 그 감정을 열어 보면 어떨까요?
가슴속에 무엇이 있습니까, 그곳에 들어가 보면 어떨까요?
지금 마음에서 일어나는 건 뭔가요?
지금은 마음이(감정이) 어떠세요?
지금 마음의 상태가 어떠세요?
지금 그 감정을 내가 느끼는 감정이라고 인정할 수 있을까요?
지금 이 순간 느끼는 감정을 받아들일 수 있으세요?
지금 느끼시는 감정을 인정하고 그 감정을 계속 느끼시길 바랍니다.
그 감정이 느껴지나요? 지금 그 감정과 같이 있나요?
좀더 그 감정에 잘 머물러 있을 수 있겠어요?
슬픔, 또 다른 감정은 무엇이 있나요?
그 슬픔과 머물면서 또 다른 감정이 있나 느껴 보세요.

감정을 구체화하는 질문

당신이 지금 느끼는 감정이 무엇인가요? 두려운 감정을 느끼시나요?
두려운 감정을 어떻게 느끼시나요? 두려움이 당신을 삼켜버릴 것 같은가요?
비참한 느낌에 대해 좀더 설명해 주시겠어요?

화나는 감정에 대해 좀더 자세히 설명해 주시겠어요?
희망이 없다고 경험하나요? 이런 감정을 자주 느끼시나요?
실패하였다고 느끼나요?
지금 느끼시는 감정이 슬픔인가요?
지금 설명하신 느낌이 그러니까 우울한 감정인가요?
슬픔과 외로움 중 어느 감정이 더 크게 느껴지나요? (더 힘드신가요?)
분노가 얼마나 크게 느껴지시나요?
그 외의 다른 감정은 없나요? 그 밖에 무엇을 느끼나요? 또 다른 감정은?

신체자각을 통한 감정 질문

자기 몸이 무엇을 경험하고 있는지 그대로 한번 가만히 느껴 보세요
몸이 뭐라고 말하는지 한번 볼까요?
가슴속에서는 무엇이 일어나나요?
지금 몸에서 무엇이 일어나고 있나요?
신체가(몸이) 반응하는 것을 느낄 수 있나요?
지금 그 감정을 신체의 어느 부분에서 느끼나요?
그런 감정이 몸의 어느 부분에 반응하고 있다고 느끼나요?
지금 신체적 반응에 대해 말했는데, 그럴 때 내면(마음)에서 무엇을 느끼세요?
지금 목소리가 긴장됐는데 만약 목소리가 말을 한다면 무슨 말을 할까요?
지금 당신의 어깨가 긴장되어 있는데, 그것은 어떤 느낌인가요?
지금 힘든 내용을 말하면서 웃고 있는데, 당신은 어떤 감정을 느끼세요?
자신의 몸을 잘 돌봐줄 수 있나요?
언제부터 그런 감정을 몸에 지니고 있었나요?
그것이(신체의 고통, 반응) 무엇을 말하려고 하나요?
그런 식으로 생각할 때에 신체에 어떤 반응이 일어나나요?

감정에 대한 감정 질문

실패해서 좌절감을 느끼시나요?
실패해서 실망감을 느끼시나요?
받은 상처 때문에 화가 나셨나요?
실패 때문에 받은 상처가 건드려지면 당신은 어떻게 느끼나요?
옛날에 받은 상처에 대해 지금은 어떻게 느끼나요?
상처받았다고 느껴질 때 자신에 대해 어떻게 느끼나요?
(상처받은 자신을 보면서 어떻게 느끼나요?)
당신이 죄의식을 느낄 때, 그것에 대해 어떻게 느끼나요?

그렇게 마음이 답답할 때 내면은 어떠세요?
자신이 안전하다고 느낄 때 마음이 어떠세요?
그 감정에 대해 (지금) 어떻게 느끼나요?
사랑을 받아들인다고 하였을 때 기분이 어떠세요?
당신이 인정받고 수용받는다고 느낄 때 자신을 어떻게 느끼나요?
당신이 분노를 느끼는 것이 괜찮은가요?
화가 날 때 당신의 내면에서 무슨 일이 일어나나요?
무시당한다고 느낄 때 어떤 감정이 일어나나요?
부모를 원망하는 자신에 대해 어떻게 느끼나요?

사건(상황), 원가족, 부부, 가족 탐색 시 감정 질문

그 사건에 대해 어떻게 느끼시나요?
그렇게 말할 때 어떻게 느껴지나요?
그런 생각이 날 때 어떻게 느끼세요?
그때 어떻게 느꼈나요?
상황이 벌어지면 무엇을 느끼나요?
이러한 일이 일어날 때 당신의 마음은 어떠한가요? 그것에 대해 어떻게 느끼나요?
만일 ~이 일어난다면 당신은 그것에 대해 어떻게 느낄 것 같은가요?
지금 어떤 기분인가요? (이 사건에 대해? 자신에 대해? 배우자에 대해?)
부모님이 싸우실 때 당신은 어떻게 느끼나요?
큰소리가 날 때 소리치는 사람이 두려운가요 아니면 반응할 것 같은 자신이 두려운가요?
○○를 보면서 마음에 안 든다고 느껴질 때, 내면에서 일어나는 것은 무엇인가요?
○○의 새로운 그림을 알게 된 지금 어떻게 느끼나요?
○○가 그 사건을 그렇게 보는 것에 대해 어떻게 느끼나요?
아내와 딸 두 사람만 친한 걸 보면 어떻게 느끼나요?
아내가 자신의 상처를 얘기하는 것을 들으면서 어떤 감정을 느끼나요?
딸과 가깝지 않기 때문에 상처받은 것을 알게 되었는데, 이 상처받은 감정에 대해 어떻게 느끼는가요?
지금 누구를 향하여 원망을 하고 계시나요?
형에게 화를 내는(죄책감을 느끼는) 자신의 모습을 보면서 어떻게 느끼세요?
그때 당신의 행동을 보면서 상대방의 마음은 어땠을 거 같아요?
결혼에 대해 당신이 갖는 기대를 알게 된 순간에 어떤 감정을 경험했나요?
내면에서 아직도 불안을 느끼세요?
지금 그때의 심정을 느끼실 수 있겠어요?
지금 그 기억으로 돌아갈 수 있으시겠어요?

아직도 그 감정이 남아 있나요?
아직도 그 감정을 마음속에 간직하고 있나요?
그 감정을 지금도 느낄 수 있나요?
그 시점으로 돌아가서 그 당시의 감정을 느낀다면 어떤 감정이 있을까요?
그 사건이 지난 지 ㅇㅇ년이 되었는데 지금의 감정은 어떠세요? 그때 마음은 어땠나요?
지금 다 커서 이 나이가 됐는데 지금은 그 감정을 어떻게 느끼고 있나요?
지금 느끼시는 감정은 오래된 (익숙한) 감정인가요? 무엇에 대한 감정인가요?
그 전에도 이런 비슷한 슬픔을 느낀 적 있었나요?
지금 그 슬픈 감정을 느낄 수 있나요? 그 감정에 편안하게 더 머물러도 됩니다.
지금 그 슬픔이 어느 부분에서 가장 크게 느껴지는가요?
어렸을 때 이런 감정을 자주 느끼셨나요?
지금 그 얘기를 하면서 어떤 감정을 느끼시나요?

뿌리내리기, 종결할 때 가능한 감정 질문

감정이 어디에 있나요? 감정이 없어졌나요?
감정을 모르겠다는 것은 감정이 없다는 것인가요? 아니면 사라졌다는 것인가요?
지금 마음속에서부터 사랑을 받아들일 수 있나요?
만약 당신이 배우자에 대해 (새로이) 친밀감을 느낀다면 마음이 어떨 것 같아요?
아직도 충분히 표현하지 못한 감정이 있나요?
표현하지 못하던 감정을 내보낸 후의 지금 마음은 어떠세요?
자신에 대한 이런 좋은 감정을 누구와 어떻게 나누고 싶으세요?
자신에 대한 이런 좋은 감정을 앞으로 어떻게 하면 계속 느끼면서 살 수 있을까요?

지각에 대한 질문

상황, 사건에 대한 지각 질문 (과거, 현재, 미래)

아직까지 해결되지 않은 과거의 일이 생각나는 것이 있나요?
그때 어떤 생각이 들었나요?
무엇 때문에 그것을 그렇게 믿게 되었나요?
이 일이 일어났을 때 이 일에 대해 어떻게 생각하셨나요?
그 사건에 대해 어떤 생각을 하세요?
가장 힘들다고 생각되는 것은 무엇인가요?
지금 무슨 생각이 드시나요?
지적인 분인 ㅇㅇ께서는 이것을 어떻게 설명하시겠어요?
무엇을 해야 된다는 생각이 떠오르나요?

그것을 어떻게 이해하는가요?
당신에게 이것은 어떤 의미를 갖나요?
당신이 통제할 수 없는 부분에 대해 어떻게 생각하세요?
걸림돌이 무엇이라고 생각하세요?
당신에게 시간이 충분치 않을 때 무슨 일이 벌어지는가요?
당신이 완벽하고자 애쓸 때 무슨 일이 일어나는가요?
당신은 자신의 미래에 대한 그림을 갖고 있나요?
당신의 결혼(사랑, 행복 등)에 대한 그림에서 무엇이 가장 중요한가요?
앞으로 어떤 그림을 스스로 그릴 수 있으시겠어요?
당신이 목표에 도달했음을 어떻게 아는가요?
그러한 일이 생기면 자신에 대해 어떻게 생각할 것 같은가요?

행동에 대한 지각 질문

당신이 ~한 것에 대해 어떻게 생각하세요?
그런 행동이 당신에게 어떤 의미를 갖나요?
당신의 그런 행동이 자신에게 어떤 영향을 주고 있다고 생각하세요?
그런 행동이 자신에게 도움이 된다고 생각하세요?
그렇게 행동을 했을 때 자신을 어떻게 다르게 볼 수 있을까요?
그런 행동을 할 수 있다는 것은 무엇을 의미하는가요?
당신의 행동이 다른 사람에게 어떤 영향을 주는가요?
당신이 하는 것을 보고 다른 사람들이 뭐라고 하는가요?
당신이 말하지 않으면(말하면) 무슨 일이 벌어질 거 같은 생각이 드시나요??
그들에게 주지 않을 때 무슨 일이 일어날 것이라고 생각하세요?

감정에 대한 지각 질문

당신의 감정에 대해 의식적으로 어떤 결정을 하셨나요?
당신 자신이 감정을 표현하는 것에 대해 어떻게 생각하나요?
무엇이 당신을 슬프게 하나요?
무엇이 당신의 슬픔을 만들었나요?
그것은(갈등, 슬픔 등) 당신에게 어떤 것이었나요?
눈물의 의미는 무엇인가요?
당신을 슬프게 하는 갈등은 어디에서 오나요?
두려움은 무엇에 대한 것이라고 생각하나요?
당신을 계속 두렵게 하고 있는 것이 당신에게 무엇을 말하고 있는지 궁금합니다.
두려움은 당신에게 어떤 생각을 하게 하나요?

두려워하는 상태를 당신은 어떻게 지각하고 있나요?
당신이 하는 일 중에서 무엇이 당신을 그렇게 아프게 한다고 말할 수 있나요?
당신은 당신의 분노에 대해 어떻게 인식하고 있나요?
무엇이 당신을 침울함 속에 빠뜨리는지 알고 있나요?
무엇이 내면으로 들어가는 것을 막고 있나요?
자기 자신에게 그렇게 하지 못하도록 막는 것이 무엇인가요?
용서하지 못하게 하는 것이 무엇인가요?
완벽하지 않았던 자신을 용서하는 것은 당신에게 어떤 의미인가요?
지금 목소리가 변하셨는데 무엇을 의미하는 것인가요?
당신이 상처에 대해 얘기할 때 당신의 목소리가 어떻게 변하는지 자각하셨나요?
자신에게 실망(분노)한다는 것은 무엇을 의미하는가요?

관계에 대한 지각 질문(자신, 타인 ,세상/ 원가족)

지금 현재 자신을 어떻게 보는가요?
당신 자신을 바로 지금 어떻게 이해하고 있나요?
거울을 볼 때 당신은 자신에 대해 어떻게 생각하나요?
당신에게 내면에 대한 그림은 무엇인가요?
당신이 이제껏 어떻게 살아왔다고 생각하세요?
ㅇㅇ에 대한 당신의 그림은 무엇인가요?
다른 사람은 당신을 어떻게 보나요?
당신이 ㅇㅇ에 대해서 그런 인상을 갖고 있다는 것을 알고 있는가요?
당신은 그 사람을 어떻게 이해하고 있나요?
당신이 보는 세상은 어떤가요?
ㅇㅇ의 그때 심정이 어땠을 거라고 생각하세요?
그 말을 들은 ㅇㅇ은 어떨 것 같아요?
ㅇㅇ은 죄책감을 느끼고 있다고(있어야 한다고) 믿고 있나요?
새 배우자와 당신의 아이와의 관계를 어떻게 보는가요?
가족들의 관계를 어떻게 보는가요?
당신의 부모님이 갈등을 다루는 방법에 대해 어떤 생각을 하셨나요?
당신의 어머니가 말씀하실 때 무엇을 파악했나요?
당신과 당신 어머니가 그것에 대해 똑같이 느끼면 무슨 일이 일어날 거라고 믿고 있나요?
어머니가 차갑게 대했을 때 당신에게 그것은 어떤 것이었나요?
차가움에 대한 메시지는 무엇인가요? 어떤 메시지를 얻나요?
가족이 서로 좀더 친해졌으면 한다는 당신의 말은 무엇을 의미하나요?
아이들이 서로 다툴 때 당신은 무슨 생각이 드나요?

그녀/ 그가 ~라고 말할 때 그것은 당신에게 무엇을 의미하나요?
가족들이 서로 자기주장만 할 때 무슨 일이 일어날 것이라고 생각하나요?
가족들의 비난이나 칭찬이 당신에게 어떤 영향을 미쳤나요?
그것은 당신의 내면에 무엇을 일으키는가요?
가족과 함께 사는 것은 당신에게 어떤 의미를 갖나요?
아버지와 형과의 관계를 어떻게 생각하나요?
형제자매와의 갈등이 어떻게 당신의 문제가 되는가요?
딸이 말한 것에 대해 당신은 어떤 의미를 부여하고 있나요?
당신의 남편이 당신과 더 많은 시간을 보내야 한다는 말은 무엇을 의미하나요?
당신의 배우자의 얼굴 표정은 당신에게 무엇을 의미하나요?
부인의 목소리를 들을 때 무슨 생각이 드나요?
당신은 아내가 당신을 사랑하지 않는다고 믿을 때 당신 자신을 어떻게 생각하나요?
당신의 배우자가 얘기하는 것을 들을 때, 그/그녀에게 무엇이 일어나고 있다고 생각하나요?
당신은 부인에게 말하지 않아도 당신이 어떤 식으로 보살핌을 받고 싶어하는지 그녀가 알아야 한다고 믿는가요?
당신은 자신을 어떤 부모(딸, 아들, 며느리, 사위, 친구, 직장인)라고 생각하세요?
당신이 어떻게 하면 당신의 아들(딸, 남편, 부모)이(가) 변화할 것이라고 믿나요?

신념, 규칙에 대한 지각 질문

그것이 당신이 자신을 보는 방식에 어떻게 영향을 주었는가요?
당신은 성인으로서 어떤 삶을 살아야 한다고 생각하시나요?
어떤 생각(신념)이 나에게 고통을 주는가요? 또는 도움을 주는가요?
당신이 가장 귀하다고 여기는 신념은? 아직도 그 신념을 가지고 있는가요?
당신이 포기할 수 없는 신념은 어떤 것인가요?
당신은 모든 사람에게서 인정을 받아야 한다고 생각하세요?
배우자에 대해 모든 것을 알아야 한다는 것은 무슨 의미인가요?
가족은 언제나 서로 도와야 한다는 당신의 생각이 남편의 행동을 이해하는 데 어떤 도움이 된다고 생각하세요?
집안일을 바깥에서 말하면 안 된다는 당신의 생각은 무슨 의미인가요?
어른에게 말대꾸를 하는 것은 당신에게 어떤 의미를 갖나요?
부정적인 감정을 표현하는 것에 대해 당신은 어떻게 생각하세요?
자기 자랑을 하는 사람을 보면 어떤 생각이 드나요?
나는 가치 없는 존재라는 메시지를 어디서 받았다고 생각하시나요?
원하는 것을 이뤄서 기분이 바뀌면 당신의 생각도 바뀔 것이라고 생각하세요?

뿌리내리기, 종결할 때의 지각질문

불평하지 않고 행복해 하는 자신을 보면 어떤 생각이 들까요?
과거의 그림이 바뀌었나요? 생각이나 느낌이 달라지셨나요?
그렇게 보는 것이 어떻게 감정을 바꿀 수 있었나요?
아마 당신한테 새로운 생각일지 모르지만 한번 들어보시겠어요?
지금 그 다른 측면이 있다는 것을 알고 나니까 어떤 생각이 드시나요?
지금까지 설명이 어떠세요? 납득이 되나요? 어떤 생각이 드시나요?
지금까지 성장한 부분은 무엇이라고 생각하세요?
앞으로 자신이 더 노력해야 할 부분이 무엇이라고 생각하나요?
어떤 것이 도움이 됐다고 생각하세요?

기대에 대한 질문

자신에 대한 기대 질문

지금 갖고 있는 기대는 무엇인가요?
자신이 능력과 힘을 갖기를 바라는가요?
당신의 열망을 충족시키기 위해서 무엇을 기대하나요?
당신은 자신의 기대를 채우고 있는가요?
자신에게 기대하는 것이 무엇인가요?
'~ 할 수 있으면 좋겠다.'라는 소망을 가져 본 적이 있는가요?
어떻게 되기를 기대하나요?
무엇을 희망하나요?
무엇을 바라시나요?
지금부터 3년 안에 이루었으면 하는 당신의 희망은 무엇인가요?
당신이 느끼는(행동하는) 방식에서 무엇이 달라졌으면 하고 기대하나요?
상대방의 무엇이 변화하면 당신이 편안해질 것 같나요?

타인, 세상에 대한 기대 질문

당신은 무엇을 기대하고 잔소리를 하셨나요?
다른 사람에 대해서 바라는 것이 있나요?
나는 다른 사람들의 기대를 채워주고 있는가요?
다른 사람들에게 기대하는 것이 무엇인가요?
다른 사람들이 당신에게 기대하는 것이 무엇인가요?
다른 사람들은 당신에게 무엇을 원하나요?

그들은 그들의 충족되지 못한 기대를 어떻게 조절하는가요?
세상이 당신을 어떻게 보면 편안하실까요?
당신의 행동을 통해 상대방이 어떻게 변화하기를 기대하셨나요?

가족, 원가족에 대한 기대 질문

그때에 얻지 못한 것이나 채우지 못한 것이 무엇이었나요?
그가 얻고 싶었던 것은 무엇이었나요?
부모님의 기대는 무엇이었을까요?
ㅇㅇ가 어떻게 살면 좋겠어요?
당신 딸과의 관계가 어떻게 변화하기를 원하나요?
이 문제와 관련하여 당신 자신에게 무엇을 원하나요?
남편/부인이 집에 있을 때 그들로부터 무엇을 필요로 하나요?
당신이 결혼을 고려중일 때, 당신의 남편이 어떤 모습이기를 희망했나요?
당신의 부모님이 다시 합친다는 것을 알았을 때, 당신의 가족에게 무엇이 일어날 것을 희망했나요?
당신이 아들을 출산했을 때, 아들이 어떤 사람이 되기를 희망했나요?
당신은 부인이 원하는 것만 말하고 있는데, 당신이 부인에게 원하는 것은 무엇인가요?
부모가 나에게 갖는 기대는 무엇인가요?
부모에 대한 나의 기대는 무엇인가요?

충족되지 못한 기대 다루기

어린 시절에 채우지 못한 기대를 어떻게 할까요?
바라는 것이 현실적으로 가능한가요?
아버지(어머니, 언니, 형, 동생)에게 갖는 기대가 아직 남아 있나요?
어린 시절 부모에게 충족시키지 못한 기대는? 아직도 붙잡고 있는 기대는 무엇인가요?
아직도 붙잡고 있는 과거에 충족시키지 못한 기대는 무엇인가요?
당신의 기대가 다른 사람을 힘들게 하지는 않나요?
얼마나 오랫동안 이런 기대를 가지고 계셨나요?
얼마나 오랫동안 그것을 붙잡고 있으려 하는가요?
그렇게 하는 것이 당신에게 무엇을 주리라 기대하시나요?
그 기대가 당신에게 얼마나 중요한가요?
이 기대가 현실적인가요? 어떻게 채울 수 있는가요?
어떻게 이 기대와 함께 살아갈 수 있을까요?
이 기대를 갖는 것이 당신에게 어떤 도움을 주는가요?
이 기대를 채우는 것이 당신의 삶에 어떤 의미를 갖는가요?

그 기대를 여전히 붙잡고 있는 것이 당신에게 손해가(도움이) 되나요?
이 기대 때문에 갖는 어려움을 감수하며 살 수 있나요?
이 기대 때문에 몇 년을 상실하였나요? 몇 년을 아직도 보내야 할 것 같나요?
기대를 놓아 버리기를 원하세요? 아니면 계속 이 상태에 머물러 계시려고 하나요?
이 기대를 붙잡고 계시면 5년 후에는 어떠실 것 같은가요? 10년 후에는? 20년 후에는?

열망에 대한 질문

진정 원하는 것이 무엇인가요?
당신이 정말 갈망하는 것은 무엇인가요?
당신은 정말로 무엇을 원하나요?
삶의 의미를 어떻게 느끼나요?
소속, 사랑, 삶의 의미와 목적에 대한 열망을 충족시키고, 이러한 열망을 상대방과 서로 주고받기 위해 자신을 어떻게 돌보고 있나요?
당신의 열망이 충족되기 위해 다른 사람과 관계를 맺고 있는가요?
어떻게 수용되고 있나요?
다른 사람이 나를 수용하는가요?
나는 나 자신을 수용하는가요?
누가 나를 무조건적으로 사랑하는가요?
누군가를 무조건적으로 사랑하는가요?
누가 나를 사랑하는가요?
그들이 사랑을 주면 받아들이겠어요?
사랑의 열망을 어떻게 충족시키고 있는가요?
아직 ㅇㅇ로부터 충족시키고자 하는 열망은 무엇이며 그게 가능한가요?
당신이 그렇게 느낄 때 당신이 충족하고자 하는 열망은 무엇인가요?
그 기대는 어떤 열망을 충족시키나요?
그런 열망을 어떻게 충족시키나요?
어떻게 그런 욕구를 채울 것인가요?
당신의 어머니가 당신을 여러 번 실망시켜서 어머니에게 화가 났는데, 그녀로부터 당신이 갈망하는 것은 무엇인가요?
당신 자신을 용서하고 나면 어떤 열망이 충족될 것 같나요?
당신이 당신의 감정을 보일 수 없었을 때, 당신이 채우고자 하는 열망은 무엇이었나요?
당신은 어떤 것을 할 수 있을 때 자유롭다고 생각하시나요?
ㅇㅇ가 어떻게 하는 것이 당신을 인정(사랑, 수용)하는 것인가요?

자기에 대한 질문

자신을 어떻게 경험하세요?
어떻게 자기를 개방하나요?
자신의 내면에서 깊이 느껴지는 순간은 어떤 때인가요?
어떤 순간이 자신에 대해 정말 편안하다고 느끼는 순간인가요?
당신의 더 깊은 자기를 경험할 수 있는가요?
당신은 당신의 내면의 평화를 어떻게 경험하는가요?
당신은 자신과 삶의 에너지를 어떻게 감사히 여기는가요?
내면 깊이 내려가면 자신이 어떤 사람일 거 같은가요? 변화하여 깊이 내려가면 자신이 어떤 사람일 것 같은가요?
무엇을 해서가 아니라 자신을 있는 그대로 그냥 받아들일 수는 없나요?
자기를 인정할 수 있는가요?
자기를 있는 그대로 받아드릴 수 있는가요?
내가 나 자신을 소중하게 대접하고 있는가요?
내 자신을 정말 괜찮은 사람이라고 느끼고 있는가요?
당신은 자신을 받아들일 필요가 있는데, 당신이 괜찮게 했다고 자신에게 말할 수 있는가요?
당신 자신은 소중하게 대접받을 가치가 있다고 생각하나요?
자신을 사랑하나요?
자기 자신을 사랑할 수 있나요?
진정으로 당신은 사랑을 주고받을 자격이 있나요?
당신은 사랑받을 만하고 사랑할 만한 가치가 있는 사람인가요?
이제는 사랑을 할 수 있을 만큼 충분히 자신을 신뢰하시나요?
사랑이 당신에게 다가올 수 있도록 허락하시겠어요?
세월이 흐르면서 자신을 보는 것이 어떻게 변했는가요?
당신 자신에게 더 친절해질 수 있는가요?
자신을 용서할 수 있나요? 당신을 당당하고 명예롭게 여길 수 있나요?
그 사건으로 인해 자신을 어떤 사람으로 경험하셨나요?
아버지가 돌아가셨는데 지금은 자기 자신을 어떻게 보는가요?
그렇게 느낄 때 자신을 어떻게 경험하나요?
당신은 자신의 감정의 주인인가요?

변화와 관련된 질문

지금 이 순간 어떻게 변했으면 좋겠어요?
지금부터 어떤 변화를 시도하고 싶은가요?

내면에 어떤 변화가 일어났으면 좋겠어요?
어떻게 변화되기를 원하나요?
자신(배우자, 자녀, 친구 등)에 대한 그림을 변화시키기를 바라나요?
이것을 어떻게 다루었으면 좋으시겠어요?
어떻게 변화시키려고 노력하시겠어요?
그렇게 정말 변하고 싶다고 할 때 내면에서 일어나는 것인가요? 그걸 가만히 느껴보세요.
만일 변한다면 어떤 모습으로 변할 건가요? 그 모습은 어떤 모습인가요?
변한 다음의 모습이 그것인가요? 다시 변한다면 어떻게 달라지겠어요?
내면과 외면이 어떻게 변하겠어요?
자신을 사랑, 수용한다면 어떻게 다르게 행동하겠어요? 어떤 행동이 달라질까요?
이제 앞으로 다르게 행동하겠어요? 다르게 행동할 때 어떻게 느끼겠어요?
그럼 어떻게 다르게 느낄 것 같은가요?
분노가 가라앉으면 어떤 형태의 삶을 보여줄 수 있는가요?
비판을 그치면 어떻게 느낄까요?
변화, 느낌, 자각, 무언가 달라진 게 있으면 말해 보세요
어떻게 하면 충족되지 않은 기대에 대한 실망감을 내버릴까요?
변하고 싶다고 했는데, 자신이 변할 거라고 믿나요?
변화를 위해 과거의 영향을 보내야 하는데 어떻게 하면 보낼 수 있나요?
그것이 당신의 일부가 되었다면 어떤 방법으로 변화시킬 수 있으시겠어요?
어떻게 이것을 좀더 잘 수용하고 받아들이고 자기 것으로 만들 수 있을까요?
마음으로부터 하실 수 있나요?
이걸 하면서 자기가 경험한 것이나 새롭게 보여진 것은 무엇인가요?
새롭게 더 할 수 있다면 무엇이 있을까요?
어떻게 하시겠어요 ?
ㅇㅇ과 거리를 둘 수 있나요?
어떻게 차이점을 다루겠어요?
그렇게 행동하면 자신이 어떻게 다르게 변화할 것 같아요?
당신의 과거의 부분들을 현재로 끌어와서 "괜찮다."라고 말해 줄 수 있겠어요?
완벽하지 않았던 자신을 용서하는 것은 어떤가요?
자신을 용서할 수 있나요?
새로운 그림을 찾고 경험하면서 용서할 수 있나요?
ㅇㅇ의 의도에 대해서 고마움을 표현할 수 있나요?
이전에 ㅇㅇ에게서 얻지 못했던 것을 이제는 당신 스스로 자신에게 줄 수 있나요?
다르게 느낄 수 있다고 믿나요?
당신이 느끼는 것과 다른 방식으로 느낄 수 있는가요?

9. 적용사례

내담자 가족지도를 통한 이해 ①

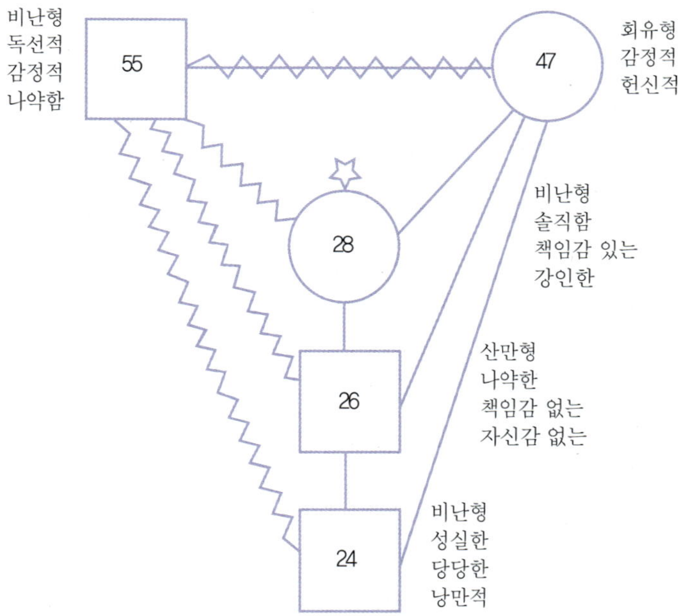

[그림 3-6] 내담자의 가족지도

상담 내용

치료사: 어떻게 느끼세요?

내담자: 조금 떨리는데요.

치: 어디가 떨리시나요?

내: 온몸이 다 떨리는데요.

치: 예전에도 그런 느낌을 경험한 적이 있나요?

내: 네.

치: 우선 깊은 호흡을 하시지요.
어떤 문제를 다루고 싶은가요?

내: 열등감……, 자신감이 없어요.

치: 자신감이 없다는 것을 어떻게 알았나요?

내: 빙산작업을 통해서요.

치: 자신감을 느끼지 못할 때 어떤 느낌이 드나요?

내: 불안, 창피함, 슬픔.

치: 지금 슬프세요?

내: 네.

치: 지금 부탁한다면 슬픈 감정을 느낄 수 있겠어요? 슬플 때 주로 무엇을 하나요?

내: 별로, 아무것도.

치: 사춘기 때는 어떠했나요?

내: 별로, 바빠서.

치: 그때는 자신감이 있었나요?

내: 그냥 공부하느라 생각을 안 했어요.

치: 가족에 대해서 이야기해 주겠어요. 아버지는 어떤 분인가요?

내: 썩 좋은 관계는 아니고, 비난형, 칭찬이나 격려 같은 것 전혀 안 하세요.

치: 무엇을 기대하셨나요?

내: 지금보다 잘하고 예의범절이나…… 성취하지 못하면…… 칭찬이 없었어요.
기대가 너무 높으시다는 생각을 했어요.

치: 아버지를 즐겁게 해드린 적이 있나요. 어떤?

내: 별로 없어요.

치: 어머니는 어떤 분이신가요? 관계는 어떠신가요?

내: 두 분이 비슷하세요. 칭찬은 별로 없으시지만 인간관계 공부하면서 관계를 시도해 보고 싶었어요.

치: 지금까지 성장하면서 낮은 자존감을 가지고 있었던 것을 느낄 수 있었어요. 내면에서 그리는 그림에는 누군가가 항상 비난하고 있는 모습(못 미치는 것에 대한)이 자리 잡고 있네요. 어디에서 비롯됐는지 탐색했으면 좋겠어요. 특히 아버지의 영향이라고 생각되는데……. 어머니와의 관계에 대해 말씀해 주시겠어요.

내: 몇 달 전 엄마랑 이야기 나누어 보았어요. "우리 집처럼 무시하는 집은 없다." (울음 쏟아짐)

치: 지금 느끼고 있는 감정, 아픔 그대로 느끼기 바래요. 억누르려 하거나, 없애려 하지 말고 그저 자기 자신과 함께 머물러 보세요. 시간이 필요한 만큼 드릴 수 있으니까. 느낌에 머무르면서 어떻게 느끼는지 이야기할 수 있겠어요. 슬픔에 대해 수용할 수 있겠어요?

내: 막연한 느낌이에요. 말로 표현하려니까……. 엄마랑 이야기할 때도 감정이 복받쳐서 울면서 이야기하다 보니까…….

치: 눈물이 나올 때 어떤 느낌으로, 왜 울었다 생각하세요.

내: 쌓여 있던 감정이 쏟아지는데 나도 모르겠어요.

치: 그냥, 억압해 왔던 감정이 무엇인지 이야기할 수 있겠어요.

내: 집에서 칭찬이 없었어요. "잘한다. 잘했어."라고 들어 본 적이 없어요. 무엇이든지 보다 잘해야 했으니까요. 항상 동생만큼도 못할 때가 있다고, 동생은 꼼꼼하고, 확실하고, 난 덤벙거리고, 부모 기준에 기대에 미치지 못하니까.

치: 누가 ct를 남동생과 비교하나요?

내: 엄마.

치: ct에게 묻는다면 부모에게 진정으로 원하는 것은 무엇이고, 열망해 온 것은 무엇인가요? [열망에 대한 접촉]

내: 인정, 칭찬, 격려.

치: 부모님들이 원하는 대로 칭찬, 격려해 주지 않은 것이 어떤 영향을 끼쳤나요?

내: 나는 언제나 부족하다. 타인과 비교해 늘 열등하다. 점점 집에 가서 아무 이야기도 안 하게 되고.

치: ct에게 큰 것을 고려해 보라는 이야기를 하고 싶네요. 부탁하고 싶은 '큰 것'은 다름이 아니라 부모님께 갖는 기대를 버릴 수 있을까요? 부모가 변하기를 기대하는 그것을 포기할 수 있나요? [기대에 대한 접촉]

내: 엄마는 변화할 수 있을 것 같아요. 아버지께는 기대 안 해요.

치: 그러나 ct에게 이야기하는 것은 "그대 자신이 변하는 것이랍니다."
부모님이 변하는 것은 그분들의 몫이고, 그것은 힘드니까 그대 자신이 변할 수 있겠어요?

내: 내가 사랑하게 된다면, 자신을.

치: 생각해 보세요. 오랜 기간 동안 사랑받기를 기대했지요.
내가 느끼는 것은 아직도 부모가 칭찬, 격려해 주는 것에 대한 기대에 매달리는 것 같네요.
사춘기 지나면서 늘 그래 왔지만 "진정으로 포기할 수 있는지 묻고 싶군요."

내: 내가 매달려 왔구나. 성실하게 노력을 할 수 있으면 되는데…….
한꺼번에 그 기대를 없앤다면 나의 존재에 대해…….

치: 무슨 일이 일어날까 생각해 봅시다.
좋은 학생, 학자 되는 것은 스스로의 노력에 의해서 가능하겠지요.
부모님께 기대를 가졌을 때 마음 밑바닥에 깔려 있던 감정은 - 불공평, 화가 난다 - 등인데 경험해 보셨나요? [**감정**에 대한 접촉]

내: 화가 나지요. 예의바르지 못하다 등.

치: 자신에게서 화가 난 감정을 느껴 왔나요? 분노 처리를 어떻게 했나요?

내: 특별한 방법은 없었어요.

치: 그냥 억누르고, 마음속에 간직하고 있었다는 말인가요?

내: 네.

치: 자신이 얼마나 화가 나는지 이야기해 본 적이 있나요?

내: …….

치: 어떤 때 느끼는 분노라도 누구와 이야기해 본 적이 있나요. (네).
스스로에 대한 신뢰를 갖기 위해 어떻게 해야 한다고 생각하나요?
더 이상 부모님의 인정 없어도 스스로가 인정할 수 있기 위해 어떤 일이 일어나야 한다고 생각했나요?

내: 노력을 해보지만 잘 안 돼요!

치: 지금 여기 아버지가 계신다 생각하면,
아버지에게 원하는 것을 눈을 감고 이야기해 볼 수 있겠어요.

내: 아빠가 너무 …….

치: 힘드신가요. 그냥…….

내: 저뿐만 아니라 가족에게 "이건 이래서 안 되고, 이건 이래서 네 탓이다. 이렇게 고쳐라."하는 비난하시는 말씀 그만하시고 칭찬하시고, 수고에 대해 격려해 주었으면 좋겠어요. 마음 표현을 해주었으면…….

치: 지금의 감정을 그대로 느끼면서, 몇 단어 이야기해 볼게요. 따라해 보세요.
"저는 아버지 기대를 충족시키려고 많은 노력을 했어요." (따라서 함)
사실이세요? 그렇게 노력했어요? (네)
마음속 깊이 들어가서 열심히 노력했는데도 칭찬받지 못한 감정과 만나 보세요.

내: 아버지가 야속해요.

치: 아버지께 "아버지는 계속 제 아버지로 남을 것이지만 아버지의 인정 없이도 저는 살아갈 수 있습니다."하는 가능성을 생각해 볼 수 있겠어요? [변화 탐색]

내: 해보려고요. 아버지는 원래 그렇지 뭐 … 나는 나대로…….

치: 한 단계 더 나아가기를 말하고 싶군요.
아버지의 칭찬은 기대할 수 없으므로 아버지의 기대 충족보다는 자신을 위해서 자신이 자신을 칭찬하고, 수용하는 단계로 나아가기를 바래요.
지금 기분은 어떠세요?

내: 조금 후련하고, 편한 기분이 드네요.

치: 이제는 ㅇㅇ가 어떻게 다르게 행동할 수 있다고 생각이 드시나요?

내: 아빠 기대보다는 저 자신이 저에 대해 인정해야겠다는 생각을 했어요.

치: 할 수 있겠어요?

내: 노력해 보겠습니다.

내담자 가족지도를 통한 이해 ②

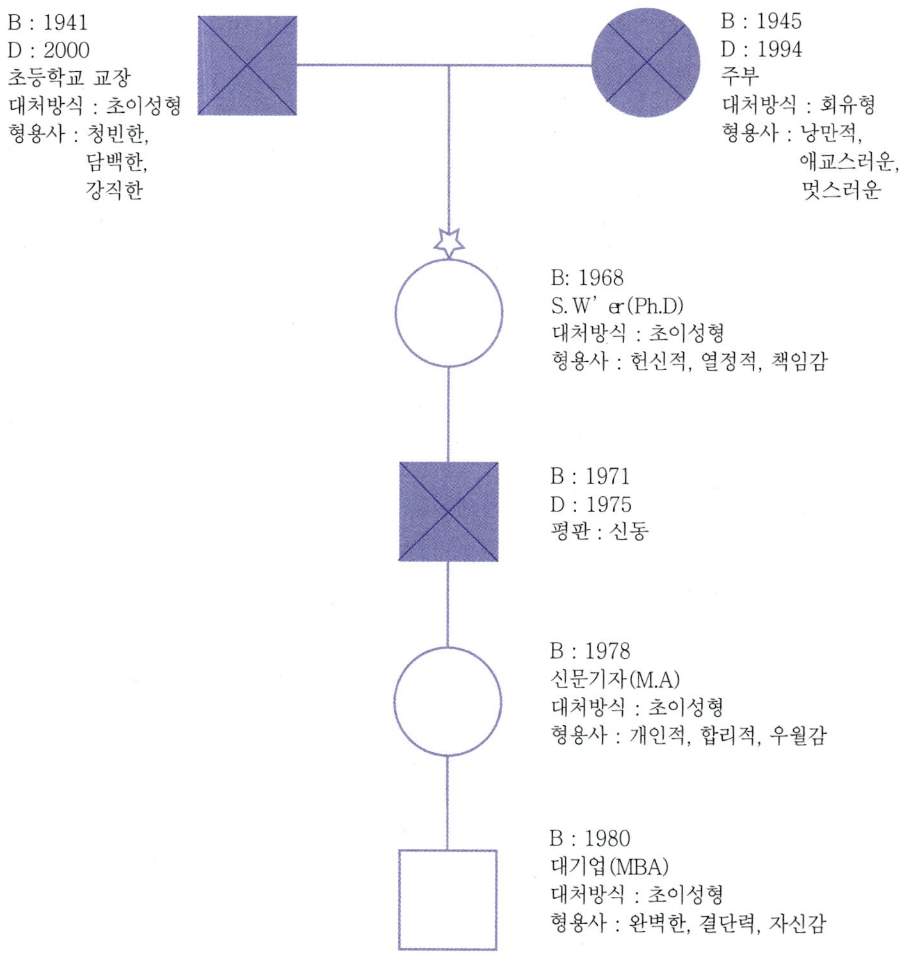

[그림 3-7] 내담자의 가족지도

상담 내용

치료사: 지금 기분은 어떠십니까?

내담자: 지금까지 나의 내면의 모습은 어떠했을까? 떠올려 봤습니다.

치: 남편에 대해 이야기해 주시겠습니까?

내: 친구 오빠였습니다. 2년 동안 연애했고 자연스럽게 결혼했습니다.

치: 언제 돌아가셨죠?

내: 결혼하고 6년째 되던 해에 교통사고로. 18년 됐습니다.

치: 결혼 생활은 어떠셨나요?

내: 평화로웠습니다. 시어머니와 친정 동생들과 함께 살았는데,
뭐랄까 공동체 같은 느낌도 있었지만..

치: 아름다운 시절을 기억할 수 있습니까?

내: 모든 게 생생합니다. 위로받을 수 있는 것들..

치: 남편의 죽음에 어떻게 대처하였습니까?

내: 아주 갑작스러운 상황이었기에 사건 후 실어증으로 3개월 정도 힘들었습니다. 어느 한 순간 내가 죽어서 하늘에서 이 상황을 내려다보면 정말 딱하고 안타깝겠다! 싶었는데 문득 말문이 열렸습니다.

치: 남편에게 뭐라고 이야기할 수 있습니까?

내: 내가 대견스러우세요?

치: 남편은 뭐라고 할 것 같습니까?

내: 그렇게 믿었다! 자랑스럽다!

치: 오랜 시간이 지났는데 남편이 '자랑스럽다!'라고 할 때 어떤 느낌이 드십니까?

내: 책임을 다했다는 자유스러움..

치: 남편의 사망 후 하신 일 중 가장 자랑스러운 일은 무엇입니까?

내: 최선을 다해 아이를 키웠다는 것이요.

치: 오늘보다 더 큰 마음의 평안을 가지려면 무엇을 해야 한다고 생각하십니까?

내: 휴식을 취하는 것. 외로움과 담대히 만나고 대처하는 것.

치: 외로움이 느껴질 때 남편이 돌아오기를 바라십니까?

내: 그리움은 있지만 바람에 실려 보냅니다.
늘 의지했던 선생님이 계셨는데, 이제는 내가 어른이 돼서 그분들 돌봐 드려야 한다는 느낌이 들 때, 어른이 되기 싫은데 이제 꼼짝없이 어른이구나 싶어요.

치: 그런 상황에서 무엇을 할 수 있다고 생각하십니까?

내: 음악을 듣거나, 드라이브를 하거나, 흐르는 강물 따라 걷거나..

마음을 어루만지는 것들..

치: 제가 볼 때 star는 대처방식을 알고 계시는데 보다 깊이 열망하는 것이 있는 듯합니다.

내: 자유롭고 싶습니다.

치: 자유로워지면 어떤 모습을 하고 계실까요?

내: 내 마음이 가는 곳에 있겠죠. 여행을 하고, 글을 쓰고...
지금은 나를 필요로 하는 사람들에게 시간을 주고 있기 때문에 나만의 시간이 없어요.

치: 지금까지는 남을 위해 봉사했는데, 이제는 내 차례다! 라는 결심을 할 준비가 됐습니다.

내: 결심을 하고 싶죠. 그러나 아이가 독립할 때까지는 기다려야할 것 같아요.

치: 얼마나 기다려야 하죠?

내: 4년에서 5년쯤.

치: 지금까지는 star를 필요로 하는 사람들에게 자신을 내줬습니다.
자신을 독립시킬 수 있습니까?

내: 하고 싶습니다. 하겠습니다.

치: 남편께서 star가 스스로 잘 보살피는 것을 좋아하실까요?

내: 갈채를 보낼 것입니다.

치: 저도 그렇게 생각합니다. 그런데 무엇이 막고 있습니까?
사랑받고 싶고, 인정받고 싶은 열망이 아직도 star를 사로잡고 있는 것이 아닌가 하는 생각이 듭니다. 남편에 대한 사랑 때문에 다른 사람에 대한 사랑이 자리 잡을 수 없는 것이 아닌가 하는 생각이 듭니다. 저는 남편에 대한 사랑을 포기하라는 것이 아니라 남편의 사랑에 매달리면 다른 사람에 대한 사랑이 자리할 곳이 없다는 얘기입니다. 그러나 그렇게 하라고 떠미는 것은 아닙니다. 다른 사람의 사랑이 차지할 수 있는 자리를 위해 남편의 사랑을 포기해야 한다고 생각지 않습니까?

내: 남편의 사랑을 포기하지 않고도 다른 사람을 사랑할 자리가 있다고 생각합니다.

치: star께서는 기억 속에 남편에 대한 기억을 간직하면서 다른 사랑의 자리를 마련할 수 있으리라고 생각하십니까?

내: 추억은 소중한 것이니까요. 함께하는 시간들에 담긴 의미는 다르겠지요.

치: star는 어느 정도까지 다른 사람을 위하여 살아야지만 이제는 star를 위해서 살 수 있으리라고 생각하십니까?

내: 부모님의 기대, 맏이로서의 책임감, 해낼 수 있다는 자신감.
이 모든 것들이 어우러졌다고 생각되네요. 정말 치열하게 살았으니까요.

치: 이제는 변화할 때라고 생각하십니까?

내: 변화하고 싶다는 열망이 있죠.
그렇지만 아직은 나를 필요로 하는 저들의 기대와 내 열망 사이에서 양가감정이..

치: 그러나 이제는 star 차례라고 생각지 않습니까?
부모님, 동생들, 딸, 남편의 기대에 맞추는 것이 아닌 자신을 위한 차례.

내: 그들의 기대를 충족시키는 것이 내 기대다! 라고 생각했죠.
동시에 우선순위는 너다! 라고 강조하기도 하죠.

치: 그것을 믿었습니까?

내: 그대로 받아들였습니다.

치: 언제부터 실행하시겠습니까?

내: 그것이 저의 dilemma.

치: 지금 결정을 내릴 수 있지 않을까요?
star주변 사람들은 지금이 그때라는 것을 알고 있는 것 같은데,
어떻게 star는 그것을 적용시키는데 제일 꼴찌가 되려 하는 걸까요?

내: 끝없이 자신에 대한 자기 검열, 통찰.. 어린 시절 생각이 나네요.
최상의 대우를 해 주셨던 외가집에서 초등학교 입학하게 돼서 부모님 집으로 왔을 때 손님처럼 서먹했던 느낌들. 어, 왜지, 나는 언제나 최고여야 하는데, 그래서 모두의 시선을 집중시키기 위해 학교 운동회에서 사건을 만들기도 했어요. 지금까지 제 내면을 지켜주고 있는 힘은 할아버지께서 주신 신념, 자신감, 사랑받는 기쁨들이죠. 또 남동생이 있었는데 누나! 누나! 하며 따르던 그 애가 갑자기 병원에 입원했고 죽었어요. 엄마는 아프고, 나는 슬프지만 위로받을 곳이 없어서 책만 읽었던 시간들.. 엄마도 암으로 돌아가시고 어린 두 동생들을 돌봐야 했을 때 헌신적으로 돌봤죠. 모두 S대에 진학시켰고, 건강한 사회성원으로서의 역할을 담당하는 것이 기쁨이었죠. 맏이로서의 의무를 다 했다! 사람들은 너는 엄마가 아니야! 착각하지 마! 라고 해요.

치: 지금 저는 두 가지를 느낍니다. 하나는 star가 얼마나 책임 있는 분인가.
또 하나는 얼마나 자신을 잘 알고 있는가 하는 것입니다.
그래서 지금 star에게 부탁하고 싶은 것은 이제는 자신에 대해 책임을 져야 한다는 것입니다.

내: 자신을 위한 시간으로 학위과정을 선택했습니다.
타인에게 부담을 주지 않으려고, 또 공부만큼 정직하고 쉬운 것은 없으니까.
그리고 기쁨을 주니까.

치: 다시 자신을 위한 자리를 마련하는 주제로 돌아갑시다. 언제 하시겠습니까?

내: 이대로 가고 싶습니다. 하고 있는 과정을 끝내고 싶습니다.

치: 자신이 중요한 존재라고 결정하실 수 있습니까?

내: 당연하죠.

치: 부모님이 돌아가신 후 울 수 있었습니까?

내: 바로 울 수 없었습니다.
막내 결혼시킨 후 함께 산소에 가서 '엄마, 아버지! 이제 자유로워졌어요!'라고, 말했습니다.

치: 부모님의 기대를 충족시켰다고 생각하십니까?

내: 그렇게 생각합니다. 부모님의 소망은 어린 동생들의 반듯한 성장이었을 것이기에 그렇습니다.

치: star가 원하는 것은 언제 중요하게 될까요? 그것이 궁금합니다.

내: 중요하다고 믿고 싶었던 것 같네요.

치: 느끼기에는 star가 인생에서 필요한 존재였던 것 같습니다.

내: 나 자신이 제일 소중하다는 것에 가치를 두고 자유롭고 싶어요.

치: 제가 보기에는 쓸모 있는 존재가 되기 위해 너무 바쁘신 것 같습니다.
자신의 내면 속으로 깊이 들어가십시오. 누구의 허락이 필요합니까?

내: 저 자신의 허락이 필요합니다. 딸의 허락도.

치: 어떻게 하면 딸이 허락할까요?

내: 딸은 '엄마는 엄마 자신을 위해 살아 왔다.'라고 비난한답니다.

치: 그 비난을 믿습니까?

내: 딸의 마음속에도 양가감정이 있어요. 엄마가 재혼했으면 더 좋았을 것이다!

치: 엄마가 재혼했으면 좋겠다고 하면서 자신을 위해 엄마는 재혼을 안 할 것이라는 신념이죠.
지금 내면의 느낌이 어떠한지요?

내: 자유로워진 기분!

치: 그렇게 자유롭게 느끼신다면 스스로 자유를 선택하신 것입니다.
그 자유가 star에게 무엇을 하라고 하나요?

내: 여행을 떠나라고. 깊이 있게 내면과 만나라고. 딸은 지지하겠다고.

치: 좋습니다. 기대가 됩니다.
star가 스스로 잘 보살피고 내면과 잘 만날 것이라는 자신감을 어떻게 표현하겠습니까?

내: 지금까지의 나에게 good-bye! 해야겠어요.

치: 누구에게 Hello! 하시겠어요.

내: (미소...)

치: star 의 얼굴에 변화가 보입니다. 표정이 밝아졌어요. 어떤 전환이 있을 때에 변합니다. 지금 더 하고 싶은 말이 있습니까?

내: 이런 힘을 갖게 해 주신 외조부모님, 부모님, 남편에게 감사하고 싶습니다.

치: star께서는 지금까지 매우 책임감 있게, 자부심 있게 살아오셨는데 이제는 외로움을 채우는 작업을 위해 시간을 많이 할애했으면 합니다. 보다 자유로워질 수 있도록 말입니다.

처음 의식한 것은 star가 얼마나 아름다운 분인가 하는 것이었습니다. 내적인 아름다움. 얼마나 다른 사람들을 위해 헌신했는지, 다음 단계로 무엇을 해야 할지, 깨달을 수 있었죠. 이제는 star 차례라는 것을 깨닫게 하고 싶었습니다. 흥미로운 것은 자신의 허락이 필요하다는 것이었습니다.

추가로 더 필요한 것은 부모님과 동생의 죽음에 대한 애도 작업. 보살핌 받기를 원했던 star가 오히려 가정의 책임을 떠맡은 후 자신을 스스로 보살피며 자신만의 삶을 풀어 간 삶의 궤적을 정리해 보기.

star는 내면의 평화를 이미 경험하고 있으므로 그렇게 많은 길을 가지 않아도 될 것입니다. 아직도 타인을 위한 많은 일을 하고 있지 않을까 싶지만, 자신을 위한 시간이 있다는 것을 깨닫게 되기를 소망합니다.

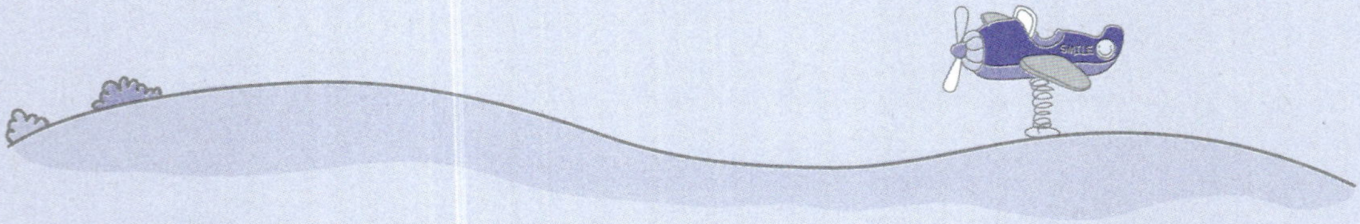

Chapter 4

Salvador Minuchin의 구조적 가족치료 모델

1. 기원 및 주요 인물
2. 이론적 배경과 중심 개념
3. 치료적 개입
4. 적용사례

1. 기원 및 주요 인물

구조적 가족치료는 1970년대 가장 영향력 있는 치료 모델로 대두되었다. Salvador Minuchin(1921~2017)은 아르헨티나에서 태어나고 교육을 받았다. 코르도바 대학을 졸업하여 의사가 되었고, 이스라엘군의 군의관으로 근무하였으며, 미국에 들어와서 Nathan Ackerman과 함께 뉴욕에 있는 유태인 지도 연구소에서 아동 정신과 의사로 훈련을 받은 뒤 이스라엘로 돌아가 가족들과 흩어진 아동들을 위하여 일하면서 가족의 중요성을 깨닫고 헌신하였다. 미국으로 다시 들어와 William Alanson White 연구소에서 정신분석 훈련을 받으며 Harry Stack Sullivan의 대인관계이론에 영향을 받게 되었다. 이후 뉴욕에 있는 비행청소년들을 위한 Wiltwyck 학교에서 근무하며 가족을 치료하게 되었다. 그가 만났던 청소년들의 가정을 통하여 빵의 결핍보다는 부서진 가족구조 내에 지도자가 없다는 것에 관심을 쏟았다. 미국의 특정한 빈곤층(사회적 환경에 의한 경제적 요인)이 밀집되어 있는 마약, 알코올, 질병, 매매춘, 정신질환의 문제 등 절망의 지역사회(slum, ghetto)에서 자라고 있는 아동들의 가족구조를 고치는 데 치료의 목표를 두었다. 당시 Nathan Ackerman이나 Don Jackson은 주로 중산층 가족들을 치료대상으로 삼았기 때문에, 빈곤가족에게 적용 가능한 Minuchin의 새로운 개념과 기술은 구체적이고 행동지향적인 것으로 구조적 가족치료 모델을 만들어 내는 직접적인 계기가 되었다. 이후 Minuchin은 Montalvo, Guerney, Rosman, Shumer와 더불어 『Families of the Slums』이라는 책을 출판하였다. 가족치료에 명성이 높았던 Minuchin은 1965년 필라델피아 아동지도 상담소(Child Guidance Clinic)의 소장으로 일하게 되었다. 필라델피아 중심지인 흑인 빈민가에 위치한 이 연구소는 12명 미만의 스텝진으로 구성되었으나 10년 후에 Minuchin이 클리닉을 떠날 즈음에는 스텝진이 300명 이상이나 되었으며 지금은 전 세계적으로 유명한 아동 클리닉이 되었다.

Minuchin의 동료들 중에는 Braulio Montalvo, Bernice, Rosman, Jay Haley, Harry Aponte, Carter Umbarger, Marianne Walters, Charles Fishman, Cole Madanes, Stephen Greenstein이 있었으며, 대표적인 저서로는 1974년에 출판한 『Families & Family Therapy』, 1981년에 Fishman과 함께 저술한 『Family Therapy Techniques』가 있다.

2. 이론적 배경과 중심 개념

Minuchin의 이론은 인간의 사회성에서부터 출발하고 있다. 사회는 가족을 형성하게 하고 가족은 개인을 형성한다는 명제는 구조적 가족치료 모델의 중요한 이론적 기초를 이루고 있다. 기존의 전통적 심리치료 이론들이 개인의 내면세계를 강조하면서 개인의 중요성을 강조한 반면 Minuchin은 개인들의 상호작용 유형과 가치관에 가족이 미치는 영향을 강조하고 있다. 어떤 방식으로 가족들이 상호작용을 하는가에 따라서 개인의 행동은 많은 영향을 받게 된다. 구조적 가족치료 모델을 구성하고 있는 세 가지 중요한 개념은 가족구조, 하위체계, 경계선이지만, 가족문제를 다루는 데 있어서 가족을 뛰어 넘어 지역사회로까지 그 범위를 확장시킨 체계론적 견해를 주장한 Minuchin은 만일 가족치료사들이 제한된 생태학적 시각을 뛰어넘어 자신들의 치료가 뿌리내리고 있는 더 큰 사회적 구조를 보지 못한다면 그들의 노력은 헛수고에 지나지 않게 된다고 강조하였다.

1) 가족을 보는 관점

정상적인 가족은 행복하고 조화가 잘 이루어진다는 일반적인 생각은 신화에 불과하다. 정상적인 가족을 구분하는 것은 끊임없는 갈등 속에서 경험하는 일상적인 문제의 유무에 달린 것이 아니라 기능적인 가족구조에 달려 있다. 정상

가족도 가족 구성원의 변화와 성장에 따라 갈등과 불안을 겪는다. 많은 가족들이 이러한 변화과정에서 도움을 요청한다.

일반적으로 가족치료는 가족 구성원 가운데 한 사람에게 증상이 나타났을 때 이루어진다. 구조적인 가족문제의 중요한 특징은 한 가족 구성원에게서 나타나는 증상이 단지 그 사람과 다른 가족들과의 관계를 반영하는 것뿐만 아니라 그러한 문제가 가족 내의 다른 관계들에서도 마찬가지로 존재한다는 사실을 보여준다는 것이고, 증상은 가족체계를 유지시키는 기제라는 것이다.

구조적 가족치료 모델에서 가족에 대한 견해는 첫째, 가족구조는 변화하고 있는 개방된 사회문화적 체계이다. 둘째, 가족은 재구조화가 필요한 여러 단계를 거치며 발달한다. 셋째, 가족은 연속성을 유지하고 각 가족 구성원의 심리사회적 성장을 촉진하기 위하여 변화된 외부 환경에 적응한다는 기본 전제를 가지고 있다. 이러한 기본 전제를 기초로 정상가족은 상황 변화에 적응하기 위해 자신들의 가족구조를 바꾸어 나간다. 그러나 병리적인 가족의 경우에는 더 이상 기능적이지 못한 구조의 경직성만을 더욱 강화시킨다.

Minuchin은 가족문제를 가족구조 내에 질병이 존재하는 것으로 보았고, 첫째, 인간은 자신의 운명의 주인이 아니다. 둘째, 사회적 상황은 구조를 가지고 있다. 셋째, 어떤 구조가 나쁘다는 것은 구조적 질병이 존재한다는 것을 의미한다는 가정을 기초로 하고 있다.

Minuchin은 어떤 문제는 개인의 문제로 다룰 때 더 효과적일 수 있다는 가능성을 고려하였지만, 가족치료는 개인에게 초점을 두는 대신에 가족 내의 개인에게 초점을 두었으며, 가족의 구조가 변화할 때 가족성원들의 위치, 역할, 기능이 변화하여 각 개인의 행동이 변화한다고 주장하였다. 구조적 가족치료 모델의 기본 전제는 다음과 같다.

- 인간은 고립된 존재가 아니다.
- 인간은 사회집단의 성원과 계속해서 활동하고 반응한다.

- 인간의 경험은 환경과의 상호작용 속에서 결정된다.
- 인간은 사회 환경의 영향을 주고받는다.

2) 가족구조

가족구조는 이론적 체계와 가족의 행동에서 비롯되는 실제적인 상호작용을 관찰할 때 분명해진다. 가족구조는 가족이 상호작용을 하는 방식과 관련된 개념으로 가족들이 상호작용 방식을 조직화하는 것으로서 보이지 않는 기능적 유형이다. 이것은 행동을 결정하는 요인은 아니지만 가족들의 상호작용은 일정한 방식으로 이루어지고 반복되기 때문에 기대를 만들어 내고, 이러한 기대는 지속적인 유형을 확립시킨다. 이렇게 몇 가지 유형이 만들어지면 가족의 지침으로 제공되어 다양한 행동을 선택할 수 있음에도 불구하고 일정한 방식을 선택하게 된다.

가족구조는 일련의 숨은 규칙을 가지고 있어서 가족들의 상호작용을 규제한다. 예를 들어 '돈이 힘이다. 절약해라!'라는 규칙은 여러 면에서 나타날 수 있다. 돈이 있을 때는 그 돈을 지키느라 전전긍긍할 것이며, 돈이 없을 때는 돈을 벌어야 한다는 강박관념에 사로잡힐 수 있다. 만약 돈 문제로 부부간에 갈등이 있을 때에는 자녀들이 그 갈등을 누그러뜨리기 위해 저금통을 내놓는다든가, 과외공부를 그만두겠다든가 하는 방법으로 개입할 수도 있으며, 부부가 자녀의 사교육비를 과다하게 지출하다 보면 부부만의 질적인 시간을 보내기가 어렵다. 그러므로 가족들의 상호작용 중 어느 하나를 변화시키면 근본적인 가족구조에 영향을 미칠 수도 있으나 기본적인 구조를 바꿀 수 있다면 가족의 상호교류에 파급효과가 더 클 것이다. 가족구조는 가족 구성원들이 실제 언제, 어떻게, 누구와 상호작용을 하는지를 관찰할 때 분명해진다. Becvar(1988)는 가족의 상호작용을 관찰하는 것은 가족이 어떻게 조직되고, 가족이 체계를 유지하기 위해 어떻게 구조화되어 있는지에 관한 정보를 얻기 위한 것으로 가족성원들의 행동이 지속적이고 반복적이고 예측이 가능할 때 가족의 구조는 정상적이라고 규정하였다.

3) 가족의 하위체계

가족은 다양한 기능을 수행하는 하위체계로 분화된다. 모든 개인은 하나의 하위체계이며, 둘 또는 그 이상의 집단들은 세대, 성별, 공통 관심사에 의해 결정된 또 다른 하위체계를 구성한다. 하위체계는 가족구조의 구성요소이며 전체 가족체계의 기능을 위해 다양한 가족의 관계를 수행한다. 모든 가족 구성원은 여러 개의 하위체계 안에서 많은 역할들을 한다. 한 여자는 딸, 언니, 아내, 어머니, 이모, 조카 등 많은 역할이 있다. 이 역할들은 그녀로 하여금 다르게 행동하게 하고 다양한 대인관계 기능을 수행하도록 한다. 만약 그녀가 성숙하고 유연한 적응력을 지녔다면, 그녀가 속한 여러 하위체계에서 조화롭게 행동할 것이다.

(1) 부부 하위체계

가족은 성이 다른 두 성인이 부부체계를 이루면서 시작된다. 부부 하위체계의 과업을 수행하기 위해서 필요한 주요 기술은 상호보완과 적응이다. 부부 하위체계는 합류하고 협조하는 것과 같은 상호보완적인 지지관계를 발전시켜 나가야 한다. 그들은 각각 '포기한다'는 느낌 없이 '양보'할 수 있는 상보적 유형을 발달시켜야 한다. 어떤 상호보완적 역할은 일시적으로 해당 과업이 끝나면 바뀔 수도 있고, 전통적인 성역할에 충실한 부부라면 상호보완적 역할은 안정적으로 지속될 수도 있다. 지나친 상호보완적 역할은 개인의 성장을 저해할 수 있지만 적절한 상호보완적 관계는 서로를 지지해 준다. 부부 하위체계는 그들의 부모나 자녀, 외부로부터 분리되는 경계선을 가지고 있어야 한다. 분명한 경계선은 부부 하위체계를 유지해 줄 뿐만 아니라 가족구조 내의 위계질서를 잡아주어 부모로서의 권위가 존중받을 수 있게 한다. 치료에서는 치료사가 부부 하위체계의 경계선을 보호해야 한다.

(2) 부모 하위체계

자녀의 출생과 함께 가족구조는 변화한다. 부부에게 부모로서의 기능과 역할이 생기면서 형성된 부모-자녀 하위체계는 상호 정서적 지지를 잃지 않으면서 자녀를 사회화시키는 과업을 수행하도록 분화되어야 한다. 이 시기의 부부 하위체계의 중요한 기능은 자녀의 발달에 따른 양육, 지도, 통제이며 부모로서의 권위를 적절히 사용함으로써 기능을 발휘해야 한다. 자녀의 연령에 따라 부모의 역할과 기능은 달라진다. 자녀가 어릴 때는 영양분을 공급하는 것이 우선적인 기능이 되지만 자녀가 성장함에 따라 자율성과 개별화, 독립에 대한 자녀의 발달상의 요구는 부모 하위체계에 다양한 요구를 부과하게 되는데, 부모 하위체계는 이 요구에 대처하기 위해 수정되어야 한다. 권위와 힘이 없이는 부모로서의 통제기능을 수행할 수 없다. 자녀양육은 상호 적응해 나가야 하는 어려운 과정이 된다. 부모와 자녀 하위체계 간의 상호작용 유형은 환경의 변화에 따라 수정되어야 한다. 분명한 경계선은 부부 하위체계를 유지해 줄 뿐만 아니라 가족구조 내의 위계질서를 잡아주어 부모로서의 권위를 존중받게 해주고 자녀들로 하여금 부모와 의사소통을 가능하게 한다. 치료사의 과업은 자녀가 부부관계를 해치지 않고 부모와 서로 협상하고 적응할 수 있는 관계를 맺도록 경계선을 확립하는 것이다.

(3) 형제 하위체계

형제 하위체계는 자녀들이 또래관계를 훈련할 수 있는 최초의 사회적 실험실이다. 이러한 상황 속에서 아이들은 서로 지지하고, 고립되기도 하며, 희생하는 것을 배우기도 한다. 형제의 세계에서 아이들은 협상하고, 협동하고, 경쟁하는 법을 배우게 된다. 초기 형제 하위체계에서 얻어진 그러한 위치는 이후 이어지는 삶의 과정에서 중요한 것이 된다. 외동이들은 일찍부터 부모체계에 적응하는 방법을 배우게 되므로 조숙한 발달을 하게 되지만 동시에 타인과 함께 나누고, 협동하고, 경쟁하는 능력의 발달에 어려움이 생길 수가 있다. 치료사는 자녀의 세계를 부모에게, 부모의 세계를 자녀에게 설명해 주고 해석해 주는 통역자의 역할을 해야 한다. 또한 하위체계가 가족 외부의 세계와 분명하면서도 융통성 있는 경계선을 갖고 협상하도록 도와야 한다.

(4) 부모–자녀 하위체계

부모–자녀 하위체계는 부모와 자녀로 구성된 체계, 아버지와 아들, 어머니와 딸, 아버지와 딸, 어머니와 아들로 구성된 체계를 포함하며, 세대가 다른 사람으로 구성된다. 이 때 체계 간 위계구조가 분명하면 건강한 가족구조를 유지할 수 있다. 민주적인 사회에 권위 있는 지도자가 존재하듯, 가족이 효과적인 기능을 하기 위해 부모와 자녀가 분화된 권위를 사용하는 것이 필요하다. 우리나라 문화에서는 부모들의 부재 시에 자연스럽게 장자, 장녀에게 부모의 역할을 대신하게 한다. 그러나 부모역할을 하는 자녀(parental child)에게 이양한 권한은 부모가 복귀하였을 때 어린이로서의 자신의 위치, 형제 하위체계로 돌아갈 수 있어야 한다. 부모–자녀 하위체계 간에 심각한 경계의 문제가 발생하는 경우(㉥ 우리나라 6·25 이후 홀로 된 어머니의 외아들과 결혼한 며느리의 고부관계 갈등 등) 갈등이 첨예화될 수 있다.

4) 경계선

경계선은 다른 사람들과 접촉하는 수준을 규제하는 눈에 보이지 않는 장벽으로 개인, 하위체계, 전체 가족은 대인관계상의 경계선에 의해 구분되어진다. 경계선은 위계와 거리를 조정하면서 가족, 개인, 하위체계의 자율성을 보호한다.

Minuchin은 경계의 개념으로 하위체계 사이의 상호관계의 속성을 설명하였으며, 분명한 경계, 경직된 경계, 밀착된 경계로 구분하여 발전시켰다. Minuchin은 하위체계를 분명히 하는 것은 특별한 하위체계를 구성하는 것보다 더 중요하고, 가족 내 명확한 경계선은 가족기능을 평가하기 위한 유용한 척도가 된다고 하였다. 치료사는 종종 애매한 경계선을 분명히 하고, 부적절하게 경직된 경계선을 개방하는 경계선 확립자(boundary maker)로서 기능한다. 또한 가족하위체계와 경계선의 기능을 평가함으로써 신속한 가족진단을 내리고, 이에 따라 치료적 개입을 하게 된다.

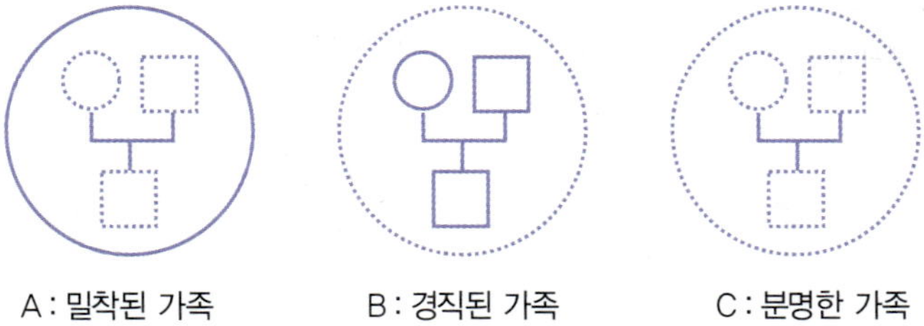

[그림 4-1] 가족경계선의 범주

5) 경계의 구조적 상징들

Minuchin은 가족의 구조적 문제들을 도형화하여 제시하였다. 이 도형들은 누가 어떻게 참여하는가를 규정하는 규칙으로 가족구조에 어떤 변화가 필요한가를 보여준다.

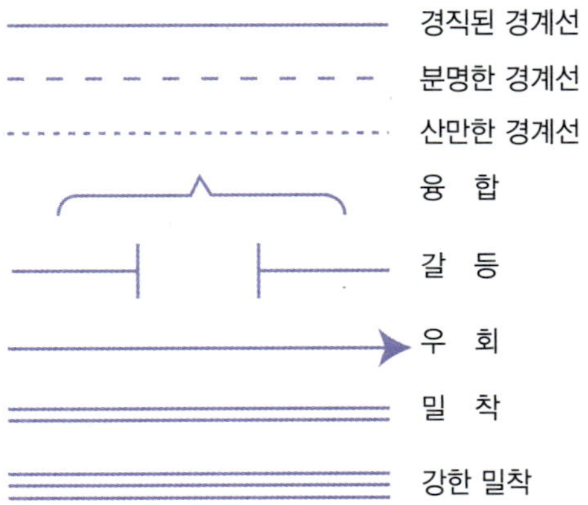

[그림 4-2] 경계선들

자신들의 갈등을 해결할 수 없는 부부가 자녀에게 관심을 돌려 걱정한다. 부부 사이에서 발생하는 긴장감은 줄어들지만 관심의 대상이 되는 자녀는 희생양이 되고 따라서 역기능이 발생하게 된다.

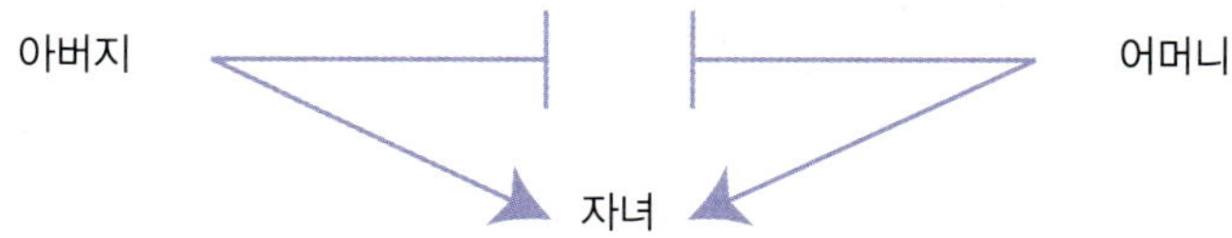

[그림 4-3] 갈등을 우회하기 위해 자녀를 희생양으로 만들기

자녀를 사이에 두고 부부가 서로 다투면서 어머니와 자녀는 세대간 연합하고 아버지를 소외시킨다.

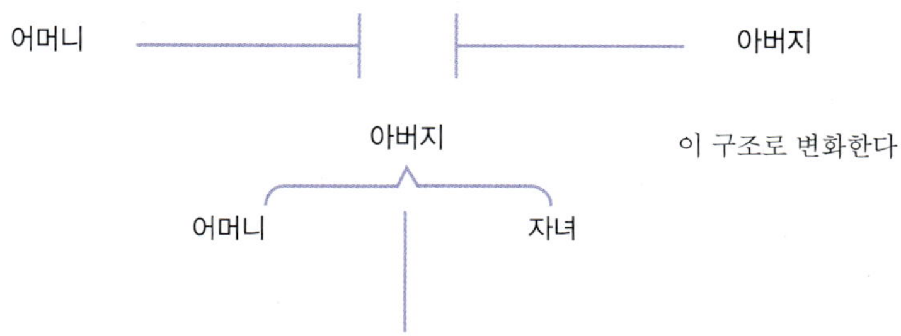

[그림 4-4] 어머니-자녀 연합

자녀가 성장함에 따라 필요한 통제와 훈육을 수행하지 못하고 부모는 자녀에게 속박된다.

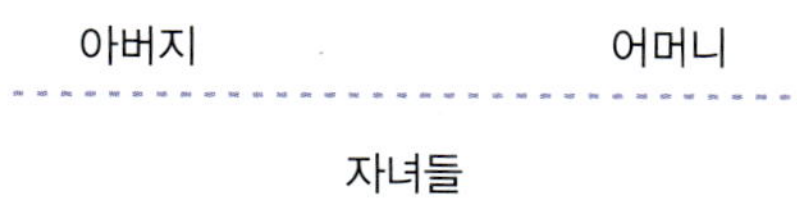

[그림 4-5] 자녀에게 속박된 부모

융합된 가족 내 자녀의 학교 공포증이 나타난다.

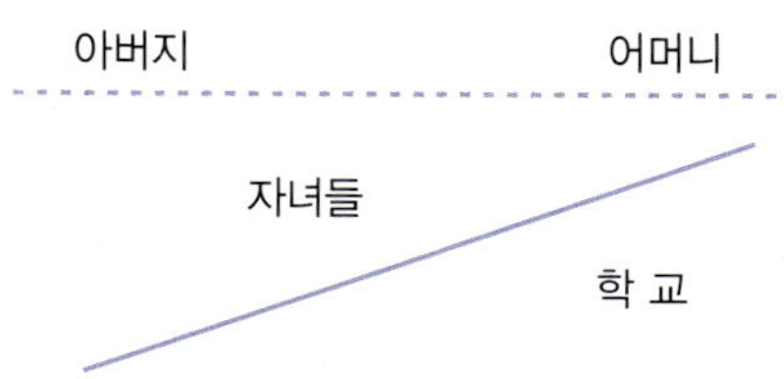

[그림 4-6] 학교공포증

이혼과 재혼에 따른 변화가 나타난다.

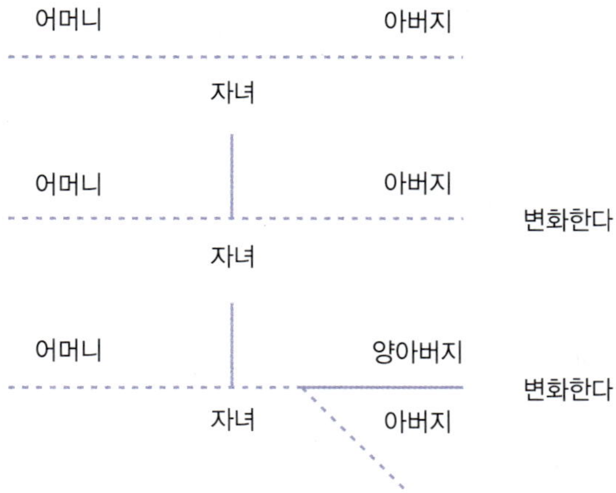

[그림 4-7] 이혼과 재혼

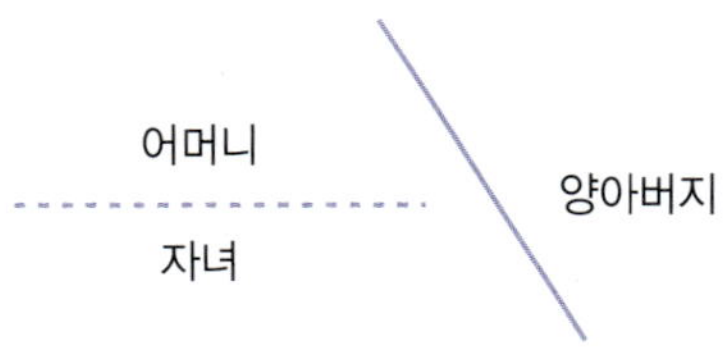

[그림 4-8] 새아버지를 받아들이는 데 실패한 경우

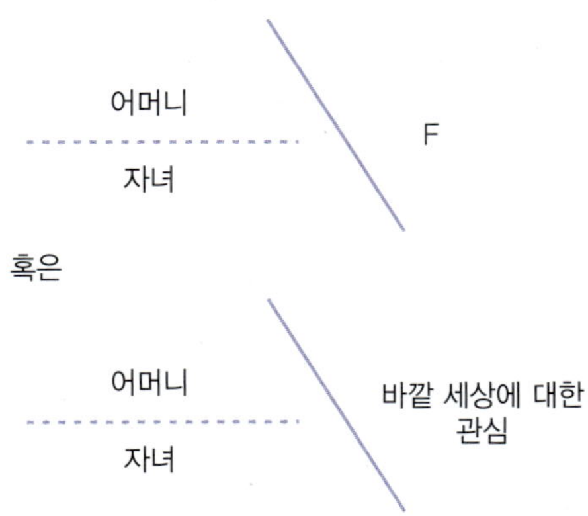

[그림 4-9] 어머니와 자녀의 속박과 바깥 세상과 유리된 관계

3. 치료적 개입

1) 가족치료의 목표와 치료사의 역할

가족의 문제는 역기능적 가족구조에 의해 지속되는 것이므로 치료는 가족구조를 변형시켜서 규칙을 재구조화하고, 서로 반응하는 방법을 변화하고, 좀더 만족하는 방법을 배우며, 장차 그 가족이 갈등과 스트레스를 극복하여 문제를 해결할 수 있도록 하는 데 있다.

(1) 구조적 가족치료의 목표

구조적 가족치료의 목표는 다음과 같이 정리할 수 있다.

- 가족구조의 변화, 즉 가족의 재구조화이다.

문제해결은 이러한 체계적 목표 뒤에 뒤따라오는 결과일 뿐이다. 치료과정에서 가족은 이미 능력이 있으며, 그것은 존중되어야 한다는 가정 하에서 출발한다. 가족에게 근원적인 문제가 있다고 보는 것이 아니라, 가족의 문제는 단순히 가족구조가 변화하는 상황에 적응하는 데 실패한 것으로 간주한다. 따라서 치료사들이 해야 할 것은 내담자 가족들이 이미 가지고 있는 목록에서 좀더 잘 적용할 수 있는 구조를 활성화시키는 작업이라고 보았다(Simon, 1995). 문제해결은 치료사의 몫이 아니고 가족 구성원들이 해야 할 일이다.

- 증상의 변화와 가족기능의 강화는 상호 관련된 치료목표이다.

증상의 해결은 그 자체가 치료의 목표가 아니고 지속적인 구조 변화의 결과로 나타난다. 정신역동적 심리치료에서는 내담자의 마음의 구조를 변화시키려 하지만 구조적 가족치료에서는 내담자 가족의 구조를 바꾸려 한다. 따라서 증상을 변화시키는 가장 효과적인 방법은 증상들을 지속시키는 가족유형을 바꾸는 것이다. 거식증과 같이 생명에 위협을 주는 증상일 경우 치료의 단기목표는 우선 증상을 제거하는 것이 되겠지만 궁극적으로 가족체계의 변화가 없으면 임시방편적인 증상 제거는 오래 지속되지 않는다.

● 가족체계의 성장을 촉진시킨다.

가족은 능력이 있으며 존중되어야 한다는 가정 하에서 출발하기 때문에 구성원 간의 상호지지를 유지시켜 나가면서 증상을 해결하고 개인의 성장을 격려할 수 있도록 가족체계의 성장을 촉진시킨다.

● 효과적인 위계질서의 창조이다.

민주적인 가족을 이상적인 가족이라고 한다. 민주적인 조직의 분명한 지도자의 존재는 가족이 효과적인 기능을 할 수 있게 한다. 부모들은 자녀들과 동등한 위치에 있기보다 분화된 권위를 행사할 수 있어야 한다.

● 부모가 응집력 있는 하위체계 역할을 하도록 한다.

치료목표는 내담자 가족이 현재 가지고 있는 문제와 구조적 역기능의 특성에 의해 결정된다. 서로 속박된 가족에 대한 치료목표는 경계선을 강화함으로써 개인이나 하위체계들이 분화하도록 하는 것이고, 유리된 가족의 목표는 경계선을 유연하게 만들어서 상호작용을 촉진시키는 것이다.

(2) 가족치료사의 역할

구조적 가족치료는 행동을 치료한다. 즉 현재의 상태를 변화시키는 것이지, 과거를 조사하거나 분석하지 않는다. 과거는 현재를 변화시키려는 치료적 개입에 의해 변화될 수 있는 것이다. 현재의 개입대상은 가족체계이다. 치료사는 그 체계에 합류한 후 체계를 변형시키기 위해서 자신을 이용하며, 가족체계의 속성에 근거를 두고 개입해야 한다. 가족치료사의 역할은 가족 구성원들로 하여금 가족구조를 변화할 수 있도록 가족체계의 변형을 촉진하는 것으로 3단계의 원조과정을 통하여 개입한다. 첫째, 치료사가 지도력을 가지고 가족에 합류한다. 둘째, 가족의 구조를 파악한다. 셋째, 구조를 변형시키기 위해 개입한다.

가족은 자기조절기제가 있기 때문에 가족에 대한 치료 개입과정에서 치료사가 없다 하더라도 그 과정은 계속 유지될 수가 있다. 어떤 변화로 인해서 효과가 나타났다면, 그 가족은 또 다른 모체(matrix)를 제공하고, 가족 구성원의 경험을 항상 확인하는 환류작용을 변화시키면서 그 변화를 유지할 것이다. 임상적 측면에서는 치료사와 가족 사이에 매우 인간적인 상호작용이 이루어지기 때문에 유기적 통일체라고 할 수 있다. 치료사는 지도자 역할의 책임을 다하기 위해서 자기 자신과 삶, 경험의 개념화에 대한 분석과 이해를 바탕으로 치료 상황 내에서 자신을 활용할 수 있어야 하고, 완벽한 치료사이기보다는 숙달된 전문가가 되어야 한다.

2) 치료체계 형성 – 치료과정

치료사가 치료체계를 만들고 그 자신이 그 체계의 지도자가 되는 방법을 합류작업(joining operations)이라고 한다. 이 합류작업은 치료의 기반이 된다. 치료사가 가족과 합류하여 치료체계를 확립할 수 없다면, 재구조화(restructuring)가 일어날 수 없으며, 치료목표를 성취하기 위한 어떠한 시도도 실패하게 될 것이다. 구조적 가족치료에서는 진단, 사정을 위한 별도의 면담과정을 가지지 않는다. 한 회의 면담 중에도 다음의 과정을 몇 번이고 반복하면서 가족구조의 변화를 시도한다.

1. 문제의 정의

↓

2. 문제에 대한 정보의 수집

↓

3. 가설설정 (가족구조의 진단, 사정)

↓

4. 치료목표의 설정 (단기/장기 목표)

↓

5. 치료적 개입

↓

6. 2번으로의 피드백

실제의 면담과정에서는 치료사가 이러한 진단(사정)과 목표설정을 포함하여 전체 과정을 염두에 두고 치료적 개입을 시도한다.

3) 합류와 적응

합류(joining)와 적응(accommodation)은 똑같은 과정을 묘사하는 두 가지 방법이다. 합류는 치료사가 가족 구성원이나 가족체계와의 관계를 직접적으로 맺고자 하는 행동을 강조할 때 사용된다. 가족체계에 합류하기 위해서 치료사는 가족의 조직과 유형을 수용하고 그것에 융합하여 가족의 상호교류 유형과 그 유형의 강점을 직접 경험해야만 한다. 다시 말해 치료실에 옮겨 온 가족의 역사, 사랑, 갈등, 아픔을 상황의 일부가 되어 느껴 보아야 한다. 치료사는 매우 중요한 가족의 주제(themes)를 인식하고, 가족 구성원들과 함께 그것을 탐색해야 한다. 치료사가 가족에 합류하려 할 때, 가족체계 내의 저항하는 기제의 경계를 받을 것이며, 가족은 치료사가 가족체계에 동조적인 방법으로 체계 안에 들어오는 경우에만 움직인다. 치료사가 가족과 합류하기 위해서 적응할 때 가족도 치료사와 합류하기 위해서 적응해야 한다. 합류기법이 가족을 치료목표로 항상 나아가게 하지는 않지만, 가족이 다음 상담에 다시 온다는 것이 확실하다면 그것은 성공적이다. 가족과 합류하려면 치료사는 적응할 수 있는 능력이 있어야 한다. 치료의 초기과정을 단축시키고 치료를 촉진시키는 방법에는 현상유지, 추적, 모방의 기술이 있다.

1 현상유지(maintenance)

현상유지는 치료사가 가족구조를 지각하고 분석할 때 의도적으로 가족구조를 지지해 주는 적응기술이다. 이 작업에는 가족 하위체계에 대한 적극적인 승인과 지지가 포함된다. 가족성원들의 장점과 잠재능력을 확인하여 지지하고, 필요할 경우 가족 내에서 가족성원의 위치를 강화한다. 치료사가 하나의 하위체계를 지지할 때, 가족의 다른 부분은 이 지지에 적응하기 위해 재구조화를 하게 된다. 만약 부모체계가 지지를 받는다면 형제 하위체계는 재구조화에 대한 암시를 받게 될 것이다.

② 추적(tracking)

추적은 또 다른 적응기법이다. 치료사는 가족의 의사소통과 행동의 내용을 따르고 그것이 계속되도록 격려한다. 추적이란, 내용을 명확히 하기 위한 질문을 하고, 찬성한다는 의견을 말하거나, 가족이 말한 내용을 확대시켜 문제의 핵심을 유도해 내는 것을 의미한다. 치료사는 가족이 이야기하는 것에 대해 도전하지 않는다. 자신을 가족에게 관심 있는 사람이라는 위치에 놓는다. 치료사는 단지 고개를 끄덕인다든가, 눈빛으로 따라가 준다든가, '음-흠-', '아! 그러세요' 등으로 이야기를 계속할 수 있도록 반응하며, 보다 내용을 분명히 하기 위한 구체적인 질문을 한다. 치료사는 어떤 행동을 새로 시작하지 않고 단지 따라감으로써 인도한다. 가족의 의사소통을 격려하고 받아들임으로써 가족을 있는 그대로 인정한다. 추적은 정보를 유도해 냄으로써 가족 구성원을 확인하는 데 유용하고, 재구조화를 위해 사용되는 전략이다.

③ 모방(mimesis)

모방은 인간이 보편적으로 사용하는 작업으로, 치료사는 가족의 의사소통 방식과 내용을 모방하기 위해 공통된 경험(예 저도 애들에게 빨리 좀 하라고 소리를 질러요)을 강조함으로써 가족에게 합류할 수 있다. 이런 과정을 통하여 치료사는 가족 구성원들과 보다 친근감을 증가시킨다. 치료체계 안에서 모방작업은 무의식적으로 일어나지만 특정한 하위체계의 권위를 높여줌으로써 가족의 재구조화에 사용될 수 있다.

4) 진단

진단(diagnosis)은 첫 상담시간에 일어나는 상호작용의 관찰을 토대로 발전시킨 작업가설이다. 대인관계에 초점을 두는 이러한 유형의 평가는 정신의학에서의 진단과는 다르다. 치료사가 치료체계를 형성하기 위해서 가족에게 적응하는 것을 의미하며, 현재 가족들의 상호작용에 관하여 치료사의 경험에서 나온 평가를 포함한다. 진단과정의 목적은 문제의 개념화를 확대시키는 것으로, 치료사가 주의를 집중할 영역들은 첫째, 가족의 구조, 가족이 선호하는 상호교류 유형, 대안적인 유형, 둘째, 변화하는 상황에 대한 반응으로 체계의 동맹(alliance), 연합(coalition), 가족체계의 융통성 및 재구조화 능력 평가, 셋째, 각 구성원 개개인에 대한 가족체계의 감수성 및 가족의 분리 상태 평가, 넷째, 가족환경에서 생활지지체계 및 스트레스의 원인 분석, 다섯째, 가족의 발달단계에 적절한 과업수행 여부, 여섯째, 상호교류 유형을 유지하기 위해 이용한 IP의 증상들이다.

진단을 위한 도식과 계획이 없다면 치료사는 방어적이고 수동적이 되기 쉽다. 가족진단은 가족 구성원 모두에게 도움이 되는 방식으로 가족을 변화시킨다는 목표에 입각해서 이루어진다.

5) 치료계약

치료체계의 형성에 필수적인 요소는 치료계약(therapeutic contract)에 대한 동의이다. 계약은 치료 받으러 오게 된 문제를 가진 가족에게 도움을 주겠다는 약속을 확고히 해준다. 만약 처음에 초점을 확대하는 것이 불가능하다면 계약은 지정된 문제(index problem)에 한정될 수도 있다. 치료계약은 치료의 전략행동을 구체화시킨다. 가족과 치료사는 문제의 본질과 변화를 위한 목표에 대한 의견이 일치해야만 한다. 치료가 발전해감에 따라 계약의 내용이 변화할 수도 있지만 치료회수의 빈도와 지속기간을 지정해야 한다.

6) 하위체계와의 합류

한 하위체계와의 합류는 재구조화를 위한 개입의 일부가 된다. 치료사가 다양한 하위체계와 각기 다른 방법으로 합류하면 그 영향을 흡수하기 위해 다른 구성원들은 집단을 재편성해야 하기 때문이다. 치료가 시작될 때 치료사는 한 가족의 구성원 모두를 치료에 초대한다. 전체 가족을 관찰함으로써 치료사는 각 가족 구성원들이 역기능적인 상호교류 유형을 유지하는 방법을 파악할 수 있으며, 가족 내에 서로 다른 가족 구성원들이 변화에 대해 영향을 미치거나 저항하는 상대적인 힘에 대한 단서를 발견할 수 있다. 치료사가 가족 중 한 하위체계와 합류하고 전체 가족의 상담과정에 다른 사람들을 제외시킴으로써 가족 경계선을 만드는 사람으로 행동할 수 있다. 이러한 하위체계에 대한 개입들은 진단과정에서의 평가만큼이나 중요한 것이다.

7) 합류와 재구조화

가족 재구조화의 과정은 치료사가 분리된 위치에서 가족에 개입할 때 일어나는 것으로, 치료사는 밖에 있으면서 안을 들여다보는 것이다. 그러나 너무 동떨어진 개입을 한다면 가족은 치료사를 거부한다. 변화가 일어나기 위해서는 무엇보다 가족이 치료사를 수용하여야 하고, 치료사의 개입을 존중하면서 따라가야 한다. 이렇게 되면 가족 내에 스트레스가 발생하고, 스트레스는 가족항상성을 깨기 때문에 구조적 변화가 이루어진다. 가족구조에 대한 이해를 바탕으로 재구조화를 이루어 가는 가족치료사를 문화에 합류해야 하는 인류학자로 Minuchin은 비유하였다. 체계의 재편성은 일차적 환경의 구성원의 배열을 바꾸어 구조를 변화시키는 기법이다. 예를 들어 자신의 원가족과 분리가 어려운 부인이 자신의 어머니와 함께 살면서 남편과 친밀한 관계를 유지 못할 경우, 치료사는 친정어머니를 핵가족에서 배제하여 바람직한 부부 하위체계를 만들려고 노력할 것이다.

8) 치료기법

Minuchin이 제시한 구조적 가족치료 전략은 다음과 같은 순서로 진행된다. (1) 합류와 적응 (2) 상호작용 다루기 (3) 진단하기 (4) 상호작용 부각시켜 실연

하기 (5) 경계선 설정하기 (6) 균형 무너뜨리기 (7) 가족신념에 도전하기

(1), (2), (3) 전략은 치료과정의 도입단계에 해당한다. 세심한 계획과 능숙함으로 중요한 첫 단계를 이끌지 못하면 치료는 보통 실패로 끝난다. 치료사의 성실한 준비와 효과적인 치료의 시작은 가족의 변화와 성장을 강화하고 확대해 나갈 수 있는 기반이 된다.

(1) 상호작용 부각시켜 조정하기

가족이 서로 상호작용을 시작하면 문제가 되는 관계형태가 드러난다. 이것을 관찰하기 위해서는 가족들이 말하는 내용보다는 상호작용하는 과정에 초점을 맞추어야 한다. 치료사가 가족 구성원 각자에게 이야기할 기회를 주게 되면 일반적으로 다른 가족 구성원들에 대해 말하기 시작하고, 이는 가족 상호작용의 실연을 이끌어낼 수 있는 디딤돌이 된다.

실연화는 치료면담 중에 가족에게 역기능적인 가족성원 간의 교류를 실제로 재현시키는 것으로 가족성원이 문제를 설명하는 대신에 실연하도록 한다. 실연화의 효과를 Minuchin과 Fishman(1981)은 네 가지로 설명하고 있다.

첫째, 치료사와 가족들 사이에 치료동맹을 촉진시키는 효과를 가지고 있다. 가족들은 치료사의 요구대로 실연함으로써 하나의 팀이 된다. 둘째, 치료사는 실연화를 통해서 가족들의 신념에 도전할 수 있다. 역기능의 상호작용을 분명하게 봄으로써 가족들은 자신이 가지고 있는 문제에 대한 관점을 확장할 수 있게 된다. 셋째, 가족들은 새로운 상호작용과 구조를 실험할 수 있는 장을 가진 셈이 된다. 넷째, 치료사를 가족들의 삼각관계나 안정된 연합으로부터 피할 수 있도록 한다.

실연화는 세 가지 상호작용을 통해서 일어난다. 세 가지 상호작용은 서로 연속된 행동의 과정 속에 있다. 첫째로 치료사는 가족들의 자발적 상호작용을 관찰한다. 가족들의 상호작용 중에 어떤 영역에 역기능의 상호작용이 있는지 결정한다. 두 번째 상호작용은 가족들의 역기능 상호작용을 어디에 초점을 맞추어 어떻게 실연시킬 것인가를 결정한다. 그리고 가족들이 역할을 하고 있는 동안

치료사는 세 번째 상호작용을 대체할 수 있는 대안을 제시한다. 이러한 제시는 가족들로 하여금 희망을 가질 수 있게 하여 가족들이 치료에 좀더 적극적인 태도를 갖게 한다.

가족의 역기능 상호작용체계를 변화시키기 위해 치료사는 증상에 도전하고 가족의 믿음에 의한 현실에 도전하게 한다. 증상이란 가족의 역기능적 체계를 유지하기 위한 현상이다. 역기능적인 가족의 상호작용을 변화시키는 데 IP의 증상을 활용할 수 있는 방법으로는 처음에는 증상에 초점을 두는 것이고, 두 번째는 증상을 강화하여 재구조화를 촉진시킬 수 있다. 세 번째는 증상에 대해 의도적으로 관심을 두지 않는다. 네 번째는 치료의 초점을 가족의 다른 구성원에게 돌림으로써 제시된 증상에 대한 전략을 발전시킨다. 다섯 번째는 증상에 대해 재개념화 한다. 예를 들어 어머니의 간섭이 지겹다고 하는 자녀에게 치료사는 어머니의 지극한 관심의 표현이라고 명명한다. 이러한 재개념화는 자녀들에 대해 눈에 보이지 않았던 감정의 시야를 확장시켜 주는 방법이다. 가족이 IP의 증상을 보는 시각이 각자 다를 수 있기 때문에 이러한 시도가 가능하다. 가족성원의 상식적인 시각에서는 증상이란 나쁜 것이지만 동시에 이차적 이득도 있다. 이처럼 증상을 재정의하는 목적은 새로운 증상의 이행과 마찬가지로 새로운 교류의 맥락을 창조하는 것이다.

(예 SBS 프로그램 '우리 아이가 달라졌어요')

치료사는 가족 구성원들이 활동할 수 있는 준거틀로서 과제를 활용할 수 있다.

치료사가 가정에서 할 수 있는 과제를 부여하고, 가족 구성원들이 치료사가 부여한 과제를 수행한다면 사실상 치료사를 가정으로 데리고 간 것과 같다. 과제를 사용하면 많은 이점이 있다. 과제에 초점을 두기 때문에 치료사는 가족 구성원 개개인의 특수한 성격보다는 가족구조와 상호작용을 다루지 않으면 안 된다. 과제를 만들 때 치료사는 가계도를 명확히 하여 구체적인 목표뿐만 아니라 목표에 도달할 수 있는 구체적인 단계도 세워 나가야 한다.

때때로 가족은 과제를 받아들이고 수행해 나가는 과정에서 새로운 행동이 이전의 행동보다 좋다는 것을 알게 된다. 따라서 가족은 확대된 영역 안에서 보다 잘 기능하게 된다. 그러나 때로는 가족은 과제를 수정하고, 거부하고, 회피하기도 한다. 이러한 다양한 반응을 통하여 치료사와 가족 모두는 그들이 어디에 있으며, 어디로 가야 하는가를 더 잘 이해할 수 있게 된다.

예를 들어, 홀어머니의 외아들과 결혼한 여성의 경우 너무나 효자인 남편이 밤늦은 시간까지 시어머니 방에서 T.V를 보는 것 때문에 화가 나있다면, 남편에게 '뉴스 시작하기 전 드라마가 끝나는 시간까지는 어머니 방에서, 9시 이후에는 부인과 함께 뉴스를 보도록 하라'는 식의 구체적인 시간을 정해 주는 과제를 제시할 수 있다. 제시된 과제는 언제, 어디서, 누구와, 어떻게 교류해야 하는 것인가를 명확히 설명해야 한다. 이러한 과제의 목적은 구조적 가족치료기법의 목표와 관계하는 정보를 수집하고 교류의 개선을 다지는 기초 작업이다. 실연화도 과제와 비슷하지만 과제 부여에는 시간, 장소, 교류의 유형이 명시되어진다는 점이 다르다.

(2) 경계선 만들기

가족이 건전하게 기능하기 위해서는 전체 체계의 통합과 각 부분의 기능적인 자율성이 보장되어야 한다. 가족치료사들은 가족관계의 상보성에 대해 강조함으로써 단선적 인과론으로부터 순환적 인과론으로 대화를 이끌어 간다. 변화를 요구하는 사람은 먼저 자기가 하고 있는 행동방식을 바꾸는 법을 배워야 한다. 부모가 자녀들과 진지한 대화를 나누고 싶다면 잔소리보다는 자녀를 존중하는 유연한 자세를 보여야 할 것이다.

밀착된 가족이라면 치료사는 개입을 통해 하위체계 간의 경계선을 강화시키고 각 개개인의 독립성을 키워 준다. 유리된 가족에서는 갈등을 회피하거나 우회하려는 경향으로 상호작용을 거의 하지 않는 경계선의 경직성을 완화시키기 위하여 서로가 어려움을 붙들고 씨름할 수 있는 환경을 조성하여 가족의 상호지지적인 기능을 증가시킨다. 가족치료를 시작할 때는 전체 가족을 대상으로 하지만 상담이 계속되면서 개인이나 하위체계를 대상으로 함으로써 그들을 둘러싸고 있는 경계선을 강화할 수 있다. 그러나 치료사는 항상 가족치료의 최종 목표는 가족 전체를 재구조화하는 것이라는 것을 염두에 두어야 한다.

(3) 균형 무너뜨리기

경계선을 만들어 가면서 치료사는 하위체계 간의 관계를 재조정해 나가려는 목표를 갖는다. 균형 무너뜨리기 단계에서의 목표는 하위체계 내에 있는 구성원들 간의 관계를 변화시키는 것이다. 갈등관계에 있는 가족들이 평형상태를 이루어서 가족들이 종종 궁지에 몰린 채로 고착화된 경우 치료사는 균형을 무너뜨리기 위해 가족과 합류하여 한 개인이나 하나의 하위체계를 지지한다. 얼핏 편을 들어 중립성이라는 치료의 원칙을 깨뜨리는 것처럼 보일 수도 있으나 그것은 얼어붙어 있는 체계의 균형을 무너뜨려서 체계를 재조정하기 위한 것이다. 치료사는 번갈아가며 다양한 가족 구성원들의 편을 들기 때문에 균형과 공평함은 지켜진다.

사례

아내와의 갈등이 오히려 아들과의 격렬한 싸움으로 번진 남편은 아들이 유리창을 주먹으로 깨뜨린 것은 우연한 사고였다고 말했고, 아내는 반항한 것이라고 말했다. 아버지의 음주운전 사고 이후 아들이 이 가정의 주도권을 잡고 부모를 통제하려는 경향이 높아졌는데, 아버지의 사고처리로 인해 어려워진 경제사정 때문에 취업하게 된 전업주부였던 어머니는 아들의 양육에 대해 거의 남편에게 떠넘기고 있었다. 그러면서도 아들을 다루는 방법에 대해 비난하면 금방 걸려들어 온통 서로를 마음속으로 할키고 분노하며, 정작 자신들의 표현되지 못하는 슬픔과 부담의 무게를 안고 아내는 남편의 복직이 이루어지는 날 이혼한다는 결심을 굳히고 마치 복수를 준비하고 있는 것 같았다. 아들의 행동에 초점을 맞추면서 서로 어떻게 반응하는지에 대하여 대화를 나누도록 했을 때 오랫동안 억눌려 있던 분노가 터져 나왔다.

남편 당신은 아들 문제에 전혀 개입하지 않으려고 해.
내가 해결책을 찾도록 돕고 싶지 않은 것 같아.
마치 그것은 당신이 해결해야 할 몫이야 하고 언제나 떠넘기려는 것 같아.
직장에서 일이 많다, 바쁘다, 피곤하다고 얼버무리면서 핑계가 많아.

사례

아내 맞아요. 내가 도우려고 하면 제대로 하는 게 뭐가 있냐고 늘 비난했지요.
솔직히 너네 식구들 알아서 해라. 그런 마음이야.
(아들을 내보낸 다음 두 사람은 한 남자와 한 여자로서 마주보게 되었다)

치료사 부인께서는 언제 남편과 이혼하고 일과 결혼하셨나요?

부인은 눈물을 글썽이며 조용해졌고 남편도 붉어진 눈을 창밖으로 돌렸다.
그녀는 조용히 말했다. "늘 울고 지냈어요. 이 세상에 나 혼자인 것처럼……."

갈등은 겉으로 표현된 적이 없었기 때문에 해결될 수 없었던 두 사람의 틈새는 걷잡을 수 없이 벌어지고 있었다. 이런 상황에서 아들은 가정의 해체를 막는 방법이라 여겨 모든 상황에서 주도권을 행사하려 하고 있었다.
두 사람은 남편의 음주사고 이후 얼마나 서로 힘들었는지에 대하여 치료사의 도움을 받으며 자신들이 겪었던 상처와 고통, 외로움에 대해 이야기했고 배우자가 무시한다고 여겼던 자기소외감에서 벗어나 경청하는 법을 배웠다. 균형을 무너뜨리는 방법에 의해 부부가 서로의 차이점을 극복하고 서로에게 솔직해지면서 자신들이 원하는 것을 놓고 다투도록 했다. 마침내 그들은 남편과 아내로서, 부모로서 협력할 수 있게 되었다.

(4) 가족신념에 도전하기

구조적 가족치료는 인지적 접근의 치료가 아니지만 치료사들은 때때로 가족 구성원들의 현실지각체계에 도전할 때가 있다. 가족들의 상호관계 유형을 변화시키면 현실에 대한 다른 관점을 제공할 수 있다. 가족 구성원들이 현실을 바라보는 관점을 바꾸면 가족들 간에 서로 관계 맺는 방식 역시 바꿀 수 있게 된다.

가족들이 공유하고 있는 구성된 사실들에는 한 가족이 가지고 있는 이해나 편견이 들어 있다. 이것은 때때로 희망적이고 도움이 되기도 하지만 그렇지 않을 때도 있다. 우리나라의 지역적인 편견으로 자녀의 결혼을 반대하다가 정작 노후에 반대하던 그 자녀로부터 정(情) 깊은 보살핌을 받는다든가, 어린 자녀는 어머니의 보살핌에서 벗어나면 안 된다는 신념으로 항상 육아에 매어 있는 부부에게 두 사람만의 1박 2일 여행을 제안해 보는 것만으로도 큰 도움이 되곤

한다. 사소한 일로 싸우는 것에 대해, 혹은 당면한 어려움에 짓눌려 있을 때 대부분의 사람들이 그런 어려움을 겪고 있다고 말해 주는 것도 도움이 된다.

생각들에 집착해 있거나 늘 생각을 탐구하는 것 외에 다른 선택이 없었던 가족들이 자신들의 경험을 다른 시각에서 볼 수 있도록 하기 위해 역설적인 접근을 할 수도 있다. 궁극적으로 이 모든 것은 가족이 변화할 수 있도록 돕는 것이기 때문이다.

4. 적용사례

– 친아버지와 오빠에 의한 성적 피해 소녀 –

내담자 가족에 대한 이해

이 사례의 IP는 IQ 130인 중학교 3학년 여학생으로 학교에서 문제아로 낙인찍힌 학생이었다. 11월 가족 내 문제가 어머니에게 드러났으며, 가족의 비밀스러운 이야기들에서 어머니만 제외되어 있었다. 초등학교 5학년 겨울방학 때 오빠가 잠자는데 들어와 가슴을 만지더니 얼른 도망치듯 나갔다. 밤마다 오빠가 들어왔는데 한달 쯤 후에 아빠가 새벽에 들어와 가슴을 어루만졌다.

중학교 2학년 때 오빠에게 "오빠는 저녁에 들어오고 아빠는 새벽에 들어오고 번갈아 가면서 이러니 난 죽고 싶다." 했더니 오빠가 "나는 엄마 젖을 못 먹어서 가슴이 만져보고 싶었다. 아빠는 딸이 자라는 게 신기해서 그럴 거야. 이제 나는 더 이상 안 할게."하면서 오빠는 그 후 방에 들어오지 않았다.

아버지는 대기업 간부로 직장에서의 평판은 능력 있고, 성실하며, 늘 신사로 통하는 나무랄 데 없는 사람으로 수면습관은 종달새형이다. 성관계는 흥미가 없고 어린 시절 행상하시던 어머니의 젖을 먹을 수 없어서인지 늘 가슴 큰 여자에게 시선이 머문다. IP에 대한 시작은 딸이 초등학교 5학년 여름휴가 중 한 방에 다 같이 잠을 자다 딸은 쿨쿨 세상 모르고 자는데 아이의 몽긋한 가슴을 만져보았다. 서울에 돌아온 뒤 문득문득 그 느낌이 올라오고 분위기 호젓한 상황이 되면 가슴을 만지고 싶었다. 아버지라 해도 '이러한 행위는 성폭력, 성범죄인데…….'하는 멈칫거림도 있었지만 계속되었다. 생각 안 하려고 했다.

어머니는 남편과 같은 직장에서 흠모하는 여직원들이 많았지만 결혼할 수 있어서 좋았다. 딸 출산 때까지 직장생활이 계속되었다. 남편에 대해 모두들 성실성을 높이 평가했지만, 정작 아내에게 냉정한 듯하고 서늘한 남편에게서 외로움을 많이 느꼈다. 수면습관은 남편과 반대로 올빼미형이다. 남편과 달리 월 1회 정도의 부부관계에 아쉬움이 많았고 때로는 구걸하는 느낌도 있었다. 성적인 문제로 남편에게 창피한 느낌이 많았고, 이혼하고 싶기도 했다. 4년 전 난소종양으로 자궁적출수술 후 우울증이 더 심해졌다. 마치 더 이상 여자가 아닌 것처럼 시댁 식구들이 대하는 태도에 원망이 많았다. '당신 아들을 알기나 하세요.' 하는 심정이 들곤 했다.

오빠는 현재 고3이다. 엄마에게 사랑받는 아들로 성적도 우수하고 나무랄 데 없는 언덕 같은 존재이다. 집안 분위기에 전혀 관여 안 하고 혼자 공부만 하면서 지낸다. 어머니와 늘 삐그덕거리는 동생을 가엾어 하면서도 동생의 하소연을 비밀로 간직했다. 남자들끼리의 묘한 동맹 같기도 하고, 차마 엄마에게 들어낼 수 없었다.

첫 상담

모녀와 뒤늦게 합류한 아버지

(고등학교 3학년 아들은 수능시험 때문에 제외됨)

IP

공부를 할 수가 없어요. 엄마는 오빠만 좋아하고, 매일 야단하시니까 담배도 피우고, 집도 나가고, 엄마가 싫고, 진짜 엄마인가 의심도 했어요.

오빠나 아빠를 이해하려 했어요. 아빠가 언제나 새벽에 들어왔는데 방문을 잠그면 아침에 화를 내시곤 했어요. 아빠의 화풀이가 무서워서 방문을 잠글 수 없었어요. 한편으론 돈도 주고, 예뻐해 주는 것 같아서 거절 못하는 마음도 있었던 것 같아요.

"아빠가 왜 공부 못 하냐?"고 그러면 아무 말도 못하고 속으로만 "아빠 때문에 그렇죠."

처음엔 내 방에 들어와서만 가슴을 만지더니 점점 아무 때나 TV 보다가도 가슴 만지고, 나는 아예 만지려면 만져라 하는 심정이었고, 엄마 오면 아빠가 손을 싹 빼고 나가버렸어요. (아빠, 엄마가 친하게 되는 것이 싫기도 했어요.)

어떤 때는 한참동안 아빠가 안 오면 '왜 안 오나.'하고 기다려지기도 했어요.

마땅히 일어나야 할 일이 안 일어나서 불안한 것처럼 또 무슨 불이익이 있으려나 하는 생각을 했어요. 학교 친구들 중에 엄마 · 아빠 이혼하고 엄마하고만 사는 친구들 보면, '쟤네 집에서도 이런 일이 있었을까. 그래서 이혼했을까?'하는 생각도 했어요.

아빠가 "네가 이런 말 엄마한테 하면 당장 이혼할 거다."하는 이야기를 했어요.

엄마가 불쌍하기도 하고, 무섭기도 해서, 그리고 어쩌지 하면 안 될 것 같아서 이야기 못했어요. 11월에 "왜 이렇게 공부 안 하니? 인문계도 못 가고 이게 뭐냐?"하면서 엄마가 퍼부어대기에 "나에게 언제 공부하도록 해주었냐?"고 쏟아내 버렸어요.

그 후 난리가 났는데 지금 잘 모르겠어요. 엄마랑 같이 잠자니까 안심이 되는데, 꿈속에서 남자 성기가 보였어요. 사실은 아빠보다 오빠가 더 미워요.

언젠가는 아빠, 엄마, 오빠 다 죽이고 나도 죽고 싶었어요. 그러나 겁이 나서 어떻게 할 수 있었겠어요. 그래서 집에 들어가기 싫었어요. 정을 나눌 수 있는 사람은 친구들밖에 없었는데 친구들도 돈이 있어야 얻을 수 있어요. 그래서 팔푼이나 푼수들이 편해요.

아버지 [용기를 내어 상담실에 온 것에 대한 격려]

아이에게 도덕적으로 있어서는 안 될 일 했다고 생각한다.
성적인 접촉까지는 안 했다.(그렇게 죽일 놈은 아니지 않는가 하는 태도)
학업이 제대로 될 리 없는데 과외공부 시키고 용돈 두둑히 주면서 넘어가곤 했다.
속임수로 일관된 생활이었다고 자책하고 후회한다. 지금 심정은 명예퇴직하고 그 것으로 세 식구 살게 해놓고 현실에서 탈출하고 싶다.
그러나 혼자 도망간다고 해결이 될까?
아내에게 속죄의 방법으로 무엇이든 원하는 것 다 들어주고 싶다.
아내는 여자로서, 아내로서 생활에 철저하고 나무랄 데 없는 사람이다.
다만 내 관심사가 부부관계에 있지 않고 또 전혀 없어도 살아갈 수 있겠는데 아 내는 성적욕구가 높은 것 같아 가끔 답답하다. 가끔 몽정을 한다.
새로운 변화, 분위기가 자극이 될 수 있을까 기대해 보지만 흥미가 없다.
더욱이 아내는 근검절약한다.
딸 가슴 만지면서 후회도 했지만 평온함을 느끼곤 했다. 치료받아야 한다면 받겠 다.
역설적으로 만신창이가 된 이 가정이 깨지지 않고 다시 출발선상에서 아름답게 이어져 갈 수만 있다면 무엇이든지 하겠다. 이제 딸에 대한 모든 것은 정리되었다.
미안하고 빨리 잊어버리고 생활할 수 있기를 바란다.
아들이 같은 행동을 했다는 것이 더 충격이었다.

어머니

남편이 변태가 아닌가 하는 생각이다. 인간도 아니라고 생각된다.
막상 그 이야기를 들었을 때 딸을 붙잡고 하염없이 울었다. (눈물은 치료효과 ↑)
칼, 몽둥이 들고 이 남자를 죽여 버릴까 하는 생각도 했다.
하느님도 원망스럽고 믿을 것 하나도 없는 것 같고, 교회도 못 가겠다.
속사정도 모르고 그렇게 미운 짓만 한다고 딸을 구박한 내 자신이 견디기 힘들다.
남편이 시동생이랑 같은 나이로 크면서 젖 못 먹었다는 이야기는 들었지만 연결 되지 않았다.
남편은 밤 10시만 되면 자는 사람이고 새벽 4시에는 꼭 깨는 사람이다.
손님이 와도 "10시면 자야 됩니다. 가주세요."한다.
시모 갈등, 시누이 갈등에도 남편은 전혀 개입 안 하고 내 편 들어주지도 않는다.
시댁에서는 결혼한 후 마누라한테 푹 빠졌다고 비난했었지만…….
사실 한 방에서 살아도 타인과 같았다. '원래 성(性)에 무관심한 사람이니까'하고 포기했는데 병원에서 수술한 이후부터 일어난 일이라니 기가 막히다.

또 딸이 이렇게 당한 것인데도 솔직히 내 감정이 꽃봉오리 같은 젊은 여자애와의 경쟁에서 할미꽃 같은 내가 떠밀린 것 같은 비참한 심정이 되고, '둘이 서로 좋아해도 할 수 없지 뭐.'하는 생각이 들기도 하고, 계속 눈물만 나온다.

18년간 쌓아온 가족의 성(城)이 다 허물어진 느낌이다.

딸을 보호한다기보다 포기하고 싶다. 분노로 폭발할 것 같다.

상담실에 온 것만으로 자기할 일 다 한 듯한 태도를 보이니까 더 웃긴다.

친정이 힘들어서 도망치듯 결혼했기 때문에 언제나 남편 중심으로 최선을 다 했다. 또 능력 있는 남편이라서 모시고 살아 온 세월이었다.

대인관계에서 항상 받는 것이 어색하고, 주는 것이 익숙한 생활이었다.

한편으로 딸을 착취하고 있었던 게 아닌가 하는 생각도 들었다.

딸에게 무책임한 엄마 같지만 우선은 자기를 찾는 작업이 필요할 듯하다.

치료사의 관찰과 가설 설정

치료사의 개입으로 내담자들은 각자의 이야기를 했는데 죄책감이 든다는 아버지에게 죄책감은 마음속에 떠오른 좋지 않은 감정에 대해 지워버리려는 노력임을 인식케 하고 자신이 처한 상황에 대해 책임지도록 하였다. 치료사와 어머니와의 직접적인 접촉에 아버지가 불안해하는 것을 관찰하였다.

스스로 문제였다고(사실은 별 문제 없는 것 아닌가요. 하는 반응 포함) 이야기하면서도 가족구조를 그대로 유지하려는 아버지의 행동에 반대한다. 엄청난 상황이 전개되었지만 아버지를 악당으로 취급하지 않고 한 인간으로 만난다. 아버지도 큰 도움이 필요한 상황이다. 아버지가 자신의 행동에 대해 받아들인 책임감에서부터 치료적인 대화는 시작될 것이다.

어머니와 IP가 한 방을 사용하고 있다 하더라도, 아버지는 집 밖으로 나가 격리되어야 한다. 이러한 부부 결정에 IP는 불참시킨다. 그러나 집에 돌아가면 아버지가 집을 나간다는 결정을 그대로 실행하지 않을 수도 있기에 지역사회 체계를 활용한다. 만들어진 결정을 부부가 공표하도록 하는 것은 결정이 번복되지 않기 위해서다. 집을 나가 도움을 받겠다는 결정을 IP에게 분명히 밝혀야 한다. 그러나 어느 시점에서 남편에 대한 복합적인 감정(애증의 감정) 때문에 남편을 수용하게 될까 걱정이 된다.

이 가정에 어머니의 역할이 무엇이라고 정의하느냐가 중요하다. 딸을 남편에게 제공함으로써 부부관계를 유지하려고 했던 것은 아닌가, 한편 어머니에게 정서적으로 방임되었던 IP가 원했던 관심과 사랑을 아버지를 통하여 충족하려 했던 몸짓을 감지하면서도 어머니가 마치 아무 일도 안 일어난 것처럼 위장하고 있었던 것은 아닌가. 어머니가 두려워했던 현실은 무엇이었는가. 이 시점에서 어머니와 딸의 연합이 이루어져야 한다.

어머니가 강인할 수 있다면 공동작업을 할 수 있었을 것이나 각각 별도의 상담 장면에서 분노를 다루어야 할 것이다. 또한 어머니에게는 남편이 없는 가정에서 자신과 자녀들을 보살피고 처리해야 할 의무가 가중된다. 그래서 치료사는 어머니와 밀접한 관계를 맺어야 한다.

치료 접근

첫 상담에서의 관찰을 토대로 가족 구성원들의 **상호작용**에서 발견된 것은 **속박된 관계와 유리된 관계**가 공존하고 있다는 것이다. 이 가정에서 일어난 **문제가 가족의 역기능적인 구조 안에서 일어난 것**이라는 점을 전제로 어쩌면 개인의 문제로 다루어지면 효과적일 수 있겠으나 기독교 신자인 남편의 병리적인 측면은 다루지 않으려 한다. 아버지는 가부장적 문화에서의 지배적인 위치에 길들여져 있었던 속성대로, "이제 반성하고 있는데 제가 무엇을 더 해야 하나요?"에서 무엇인가를 해보겠노라는 입장을 취하다가, 할 수 있는 모든 것을 하겠다는 입장으로 **새로운 신념이 구축**되었다. 아버지는 회사에 요청하여 해외근무를 시작하였다.

결혼 초기에 상보적인 **부부균형**으로 시작되었으나 도전받았던 부부의 생활패턴(종달새–올빼미)에 대해 적응할 수 있는 합일점을 탐색하지 않은 채 이루어진 가족의 **균형을 깨뜨려** 부부 간의 **상호보완성**에 기초한 **재구조화를 구축**하도록 하였고, 남편의 아동기 욕구의 미해결된 응어리로 인한 영향에 대해 청산토록 하며 아동학대를 개인, 가정, 사회 내의 문제로 인식케 하였다.

IP 자신, 친구, 학교, 가족에게서 문제아로 낙인되었던 IP에게는 의학적 설명만(물리적인 자극일 뿐이었다는)으로 정서적으로 깊은 상처이긴 하지만 삶의 여정에서 일어난 상채기 정도로 받아들여 가슴에서 내려놓을 수 있도록 **지지**하였다. 아울러 **죄책감**(어머니에게 털어놓지 못했던 거리감), 혹은 숨어있었던 **가족규칙**, **적개심**(아버지에 대한 양가감정 포함)을 표현시켜 세상 밖으로 나갈 힘을 키움과 동시에 '건강한 남성상'을 위해 남성 치료사와의 면담을 경험케 하여 **하위체계의 분화**를 시도하려고 한다.

상담은 전체 가족을 대상으로 해야 하지만 한국의 교육 환경, 고3이라는 상황에 있는 아들의 합류를 가족 모두가 부담스러워하고 있었기 때문에 제외되었다. 그러나 상담이 계속되는 동안 개인이나 하위체계를 대상으로 함으로써 그들을 둘러싸고 있는 **분명한 경계선의 강화**가 강조되었다.

부부가 서로 자신들의 갈등을 해결하려는 노력 대신에 어머니는 아들에게, 아버지는 IP에게 관심의 초점을 돌려 결국 IP가 **희생양**이 되었고, 가족 내 역기능이 발생하게 되었다는 것을 지각한 이 가정의 **중심인물로서 어머니**는 치료사와 계속 접촉을 통해 **지지**, **교육**, **안내**를 받으며 **가족 간의 상호교류 유형**을 바꾸었다.

이 사례는 구조적 가족치료 모델을 주로 적용하면서 아울러 진정한 자기를 드러낼 수 있는 효과적인 가족 간의 의사소통을 위해 서로에 대해 잘 듣고, 잘 말하고, 잘 이해하도록 도움으로써 지식, 정보, 불안, 증상까지 전수되는(예 父子-가슴, 母女-애정결핍) Bowen의 다세대 전수과정에 대한 통찰력을 키워 감정을 통제할 수 있는 능력을 신장시키고자 하였다.

Chapter 5

Eric Berne의 교류분석 모델

1. 기원 및 주요 인물
2. 기본 철학
3. 중심 개념
4. 치료의 목표
5. 재결단
6. 치료적 개입
7. 교류분석 맥락에서의 가족치료
8. 적용사례

1. 기원 및 주요 인물

교류분석(Transactional Analysis)의 창안자인 Eric Berne(1910~1970)은 1910년 5월 10일 캐나다의 몬트리올에서 의사였던 아버지 David Hillel Bernstein과 저술가였던 어머니 Sarah Gordon Bernstein 사이에서 태어났다. 양 부모는 모두 맥길 대학 출신이었다. 아버지는 개업 의사였기 때문에 Berne은 어린 시절을 어려움 없이 지냈다. 그러나 Berne이 9세가 되던 해에 아버지가 세상을 떠난 후 홀어머니 밑에서 성장했고 아버지처럼 맥길 대학 의학부에 들어가서 25세가 되던 1935년에 의사가 되었다.

그 후 그는 미국으로 이민 와서 예일대학 의학부 뉴욕의 시온병원 등에서 정신의학의 훈련을 받았다. 1939년 미국 시민권을 받으면서 그는 그의 이름을 Eric Leonard Bernstein으로부터 Eric Berne으로 바꾸었다. 1841년 뉴욕정신분석학회의 Paul Federn 밑에서 정신분석학자로서 훈련을 받게 되었는데 이 시기에 그는 정신의학과 정신분석에 대해 분석적 내지는 비판적으로 사고하는 능력을 배양하게 되었다. 이 시기에 그는 그의 첫 번째 저서인 『The Mind in Action』을 내기도 했다.

1943년부터 1946년 사이에는 군의관으로 2차 세계대전에 참여해서 집단치료에 대한 다양한 실험을 실시했다. 군으로부터 전역을 한 뒤에는 캘리포니아주의 카멜에 정착해서 정신분석에 더욱 정진했다. 드디어 1947년에는 Erik Erikson 밑에서 정신분석 훈련을 받게 되었다. 이 시기는 그에게 대단히 만족스러운 경험들을 일깨워 주었다.

그가 교류분석을 창안하게 된 직접적인 동기는 1941년부터 그렇게도 받고 싶었던 정신분석학회 회원자격이 1956년 샌프란시스코 정신분석학회로부터 아직도 미숙하다는 이유로 거절당한 쓰라린 경험 때문이었다. 그래서 그는 이때에 정신분석학회의 도움 없이 단독으로 새로운 정신치료의 체계를 세워 보기로 결심했다.

Berne은 1950년대 초기부터 그가 정립해 온 정신치료의 이론들을 중심으로 샌프란시스코에서 세미나를 시작하면서 1958년에는 샌프란시스코 사회정신의학협회(The San Francisco Social Psychotherapy Seminars, Inc.)로 발전시켰다. 1962년부터는 이 협회의 전문학술지인 "The Transactional Analysis Bulletin"도 발간했다.

그는 특히 정신의학이 문화적인 차이 속에서 어떻게 실시되어야 하느냐 하는 문제에 대한 깊은 관심을 가지고 아시아와 아프리카 및 남태평양권의 여러 나라를 여행했다. 1968년에는 비엔나에서 교류분석을 국제집단치료협의회(The International Congress for Group Psychotherapy)에 보고하면서 교류분석을 국제적인 위치에 올려놓았다.

대표적인 저서로는 『Transactional Analysis in Psychotherapy』(1961), 『Games People Play』(1964), 『Sex in Human Loving』(1970), 『What Do you Say after you Say Hello』(1972) 등이 있다.

Berne은 1970년 7월 15일 그의 아버지처럼 심장마비로 죽지 않을까 하는 걱정대로 심장마비에 걸려 60세에 생을 마쳤다.

2. 기본 철학

다양한 치료 모델들이 등장하고 있지만 하나의 이론으로 인간의 정신적 문제를 해결할 수 있다고 자처하는 이론은 없다. Berne 자신도 교류분석을 효과적으로 활용하려면 다른 모델들의 지원을 받는 것이 좋다고 언급하였다. 교류분석은 현재적 상황에 초점을 두고 있는 게스탈트 치료체계와 협동적 관계를 잘 이루고 있다. 이러한 점을 감안해서 교류분석의 철학적인 특징을 논한다면 크게 네 가지로 요약할 수 있다.

첫째, 교류분석의 특징은 이론적인 평이성에 있다. Berne은 모든 사람들이 치료사(psychiatrist) 또는 영혼의 치유자가 되기를 바라면서 치료에서 사용하는 언어가 비신비화(非神秘化) 또는 평이해야 한다고 생각했다. Berne은 다른 모델의 치료체계는 오로지 세 가지의 언어만 사용한다고 보았다. 즉 치료사가 내담자에게 하는 언어, 치료사가 다른 치료사에게 하는 언어, 내담자가 다른 내담자에게 하는 언어이다.

교류분석에서는 오직 한 가지 언어를 사용하면서 치료사가 알고 있는 바를 그대로 내담자가 알기를 바랄 뿐이다. 이러한 한 가지 언어는 간단하고 생생한 스트로크(stroke), 어린이(child), 어버이(parent), 게임(game), 라켓(racket) 등의 일상용어로 표현된다. Berne은 교류분석이 지니고 있는 이러한 평이한 성격이 전문적 자질을 갖추지 못한 미성숙한 치료사에 의해 그 치료의 심오성이 경감될 위험이 있다는 점을 여러 번 경고하기도 했었다.

둘째, 교류분석의 철학은 인간의 긍정성(OK–ness)을 적극적으로 확인하는 가치체계 위에 기초하고 있다. 예를 들어 인간의 기본 입장을 나타내는 네 번째의 명제인 '나도 옳고 너도 옳다'(I'm OK–You're OK)는 인간 존재에 대한 실존론적인 서술이다. 이 개념은 행동에 관한 것에 대한 OK라기보다는 인간의 본질에 대한 긍정성(OK)을 인정한다는 것을 의미한다. 이는 인간의 기본적인 가치와 존엄성을 시인한다는 것으로 인간 존재의 본래성 회복을 의미한다.

셋째, 교류분석의 철학은 사고와 감정과 행동의 세 차원을 조화롭게 통합하는 것이다. 이 세 가지 인간적 본질들은 잘못하면 우열의 개념으로 분리되거나 중심과 주변의 관계처럼 편파적으로 취급되기 쉽다. 교류분석은 이들을 유기적인 현상학적 실재로 파악함으로써 전인치료체계로서의 효율성을 최대한으로 포용한다. 즉 모든 인간은 뇌의 손상이 없는 한 누구나 사고력을 가지고 있으며, 충분한 잠재성을 지니고 있다.

넷째, 교류분석의 철학은 본질적으로 재결단 치료(re–decisional therapy)라는 것이다. 곧 모든 인간은 자신의 생각, 감정, 행동 등에 대해 책임을 져야 하며 또 질 수 있다고 확신한다. 교류분석이 의미하는 치료란 치료사의 기술이나 신념의 실현이 아니라 각 개인이 가지고 있는 긍정성이 과거로부터 물려받은 부정성(Not-OK-ness)을 극복하고 각본(script)에 의해 고정된 삶을 자발적인 자유와 책임으로 재결단에 이를 수 있다고 보는 것이다. Berne은 자율성을 이상적인 것이라고 정의하였으며, 자율성은 '인식(awareness)', '자발성(spontaneity)', '친밀성(intimacy)'의 세 가지 능력들을 발휘하거나 회복하여 각본(script)으로부터 자유로워지는 것을 말한다. 자율성을 통한 인간해방이 바로 재결단을 통한 인간성장이다.

교류분석의 이 네 가지 기본 철학, 곧 평이성, 긍정성, 재결단성 및 자율성은 Freud의 정신분석이 지니고 있는 이론적 난해성과 Rogers의 인간에 대한 낙관성을 조합한 통합적인 접근이라고 할 수 있다.

3. 중심 개념

교류분석은 자아상태(ego states), 의사소통(personal transactions), 게임(games) 및 인생각본(life scripts)에 대한 분석에 기초한 정신치료의 체계라고 정의할 수 있다. 교류분석의 이 네 가지 분석분야는 독특하면서도 중첩되는 기능을 가지고 있다.

첫 번째의 분석분야인 구조분석(structural analysis)은 자아상태, 곧 인격(personality)에 관계된 인식과 이해를 다룬다. 두 번째 분석분야인 의사소통 분석은 자아상태를 활용해서 대화를 주고받을 때 어떤 현상이 일어나는가를 규명한다. 세 번째 분석분야인 게임분석은 인간의 언어와 행동이 미끼(con)와 유혹(gimmick)과 전환(switch)을 통해서 심리적 청산(psychological pay off)에 이르는 과정을 분석한다. 마지막 분석인 각본분석은 미리 결정된 삶의 드라마, 곧 삶의 계획, 성격, 방법, 태도 등을 통해서 어떻게 예상된 목표를 향해 진행되는가 하는 과정을 분석하고 교정한다. 이 네 가지 분야의 분석을 통해 교류분석의 진단으로부터 치료까지의 전반적인 과정이 진행된다.

1) 구조와 기능 분석

구조분석이란 자아상태에 대한 분석으로 다른 이론에서는 인격에 해당되는 개념이다. Berne은 자아상태를 현상학적으로는 감정(feeling)의 일관된 체계이고, 기능적으로는 "일관된 행동형태의 연속"이라고 정의한다. 그러므로 구조분석은 자아상태의 현상에 기초한 인간의 사고, 감정, 행동에 대한 분석방법이다. 인간에게 일어나는 모든 사건은 뇌나 신경조직에 기록된다. 어린 시절의 모든 경험, 곧 부모와의 관계, 사건의 인식, 사건과 관련된 감정, 기억 속에 남아있는 정서적인 외상(trauma) 등은 녹화 테이프처럼 오래도록 잔존한다. 이러한 경험이 다시 작동되면 당시의 기억과 경험을 회상할 수 있다. 이러한 기억과 경험을 담고 있는 저장소를 교류분석에서는 자아상태라고 한다.

Berne에 의하면 모든 인간은 세 개의 자아상태로 그 인격을 이루고 있는데 그 세 개의 인격은 각각 분리되어 있으며 특이한 행동의 원천이 된다. 세 개의 자아란 곧 어버이 자아상태(Parent ego state), 어른 자아상태(Adult ego state) 및 어린이 자아상태(Child ego state)를 말한다. 이것을 도식으로 표현하면 〈그림 5-1〉과 같다. P, A, C 중 가장 먼저 발달되는 자아상태는 C이다. 인간은 탄생할 때부터 자신의 긴급한 쾌, 불쾌를 중심으로 자각운동을 시작한다. 만족하고 유쾌한 경험에 감각적으로 반응을 보이면서, C자아상태가 발달된다. 다음으로 P자아상태가 발달된다. 부모의 행동과 습관을 모방함으로써 일종의 인격의 복사판을 형성하게 된다. 마지막으로 발달되는 것이 A자아상태이다. 자기세계의 의미를 탐색하고, 판단력과 조정력을 발휘하려면 C와 P의 단계를 거쳐야 한다.

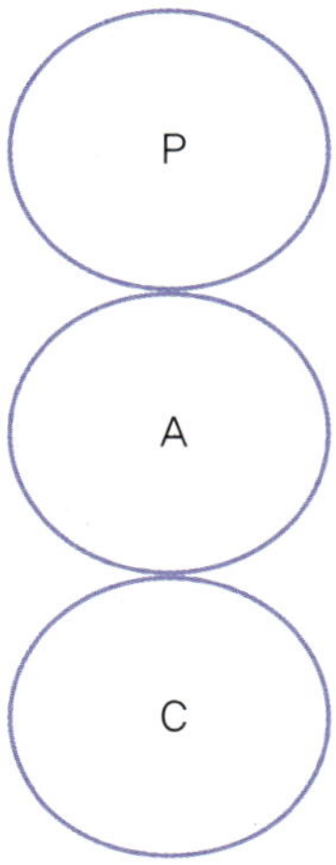

어버이 자아상태 (Parent Ego-State)
행동, 사고, 그리고 감정이 부모 또는 부모의 형상으로부터 복사된 것

어른 자아상태 (Adult Ego-State)
행동, 사고, 그리고 감정이 현재에서 직접 반응하는 것

어린이 자아상태 (Child Ego-State)
행동, 사고, 그리고 감정이 어린 시절처럼 재행동하는 것

[그림 5-1] PAC 모델

(1) Parent의 특징

P는 정서적으로 중요한 인물 즉 부모, 형제 및 이와 비슷한 사람들의 행동이나 태도의 영향에 의해서 형성된다. P의 특징이 외향적으로 그 기능을 발휘하면 자신의 자아상태의 활동을 관찰한 그대로 타인의 자아상태와 관계를 맺으며, 내향적으로 그 기능을 발휘하면 타인을 향해서 행동을 하는 동시에 자신의 머릿속에 떠오르는 어버이의 메시지를 듣는다. 이러한 메시지들은 흔히 관용적이거나, 도덕적으로 완고해 혼란을 일으킬 수도 있다. 또한 P는 양육적(nurturing, NP)이거나 비판적(critical, CP)으로 기능하게 된다. 경우에 따라서 동정적이고 보호적이고 양육적인가 하면 때로는 편견과 비판과 도덕적 경직성을 드러낸다. 이것은 전적으로 부모의 성품에 그 원인이 있다. 마지막 특징은 자아상태 속에 내재하는 여러 가지 P자아의 기능이다. 이것은 P자아 속에 부모의 PAC를 내포하고 있다는 뜻이고 이러한 자아의 기능은 당대뿐만 아니라 몇 대까지 그 영향력의 근원을 거슬러 올라가 탐색할 수 있는 가계도의 역할을 하게 된다.

(2) Child의 특징

C는 어린이에게 자연스럽게 흘러 들어온 일체의 자극과 요청에 의해서 형성된다. 어린 시절의 경험과 이에 대한 자신의 반응, 또는 자신과 타인에 대한 입장(position)이 그 특징을 이룬다. C에는 세 개의 특수한 자아상태가 있다. 눈치꾼(magical child, AC), 꾀돌이(little professor, LP), 천진이(somatic child, FC)가 C 안에 포함되어 있다. FC는 제어당하지 않거나 훈련받지 않은 생긴 대로의 자아형태를 말한다. 흔히 이러한 기능은 자기중심적이거나 쾌락을 추구하는 어린아이와 같은 행위로 나타난다. FC는 다분히 감각적이고 호기심으로 가득 찬 특징을 지니고 있다. 사람에 따라서 이러한 성품은 억압될 수도 있고 적절하게 구사되지 못할 때도 있다. LP는 일종의 A의 축소판이다. 창조적이고, 탐구적이고, 조정적인 기능을 지닌 선천적이고 직관적인 지혜이다. 인간이 의도적으로 창조성을 발휘하게 되면 LP와 A가 제휴하게 된다. 순간적으로 경험하게 되는 천재적 착상 같은 것은 바로 이 LP의 기능이다. AC는 FC의 조정된 기능을 의미한다. AC는 경험, 훈련, 치명적 손상이나 중요한 인물들의 요청에 부응하려는 자연적 충동의 적응으로 이루어진다. 이러한 적응은 합리적일 수도 있고, 비합리적일 수도 있다. AC의 공통된 형태는 타협이나 퇴행 등으로 나타난다. 대부분 지나치게 자신의 표현을 억압하는 것이 AC의 공통점이다.

(3) Adult의 특징

A는 PAC 중 가장 원숙하고 바람직한 자아기능이다. A는 추리하고 자극을 평가하고 정보를 수집해서 미래를 위한 처방을 잰다. 일종의 컴퓨터 같은 역할을 하면서 수집된 데이터를 분석 내지 프로그램화한다. 자립하는 능력과 취사선택의 결단은 바로 A기능의 소산이다. A는 인간에게 객관성의 방편을 제공한다. 자신의 P와 C의 프로그램까지 평가함으로써 가장 사실에 가까운 자신을 발견하게 된다. 환상이나 전통, 타인의 견해나 누적된 감정으로부터 사실을 분류해 낸다. A는 P와 C 사이에 존재하는 인격의 지휘자라고 하겠다.

그런데 A가 P와 C를 적절하게 거느릴 수 있는 지휘자의 역할은 오염(contamination)과 배제(exclusion)에 의해서 방해를 받는다. 그 원인은 A의 경계선이 견고하지 않기 때문이다.

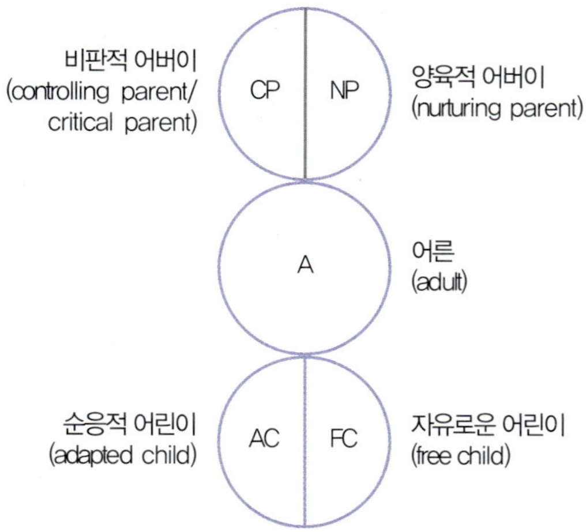

[그림 5-2] 기능적 PAC 모델

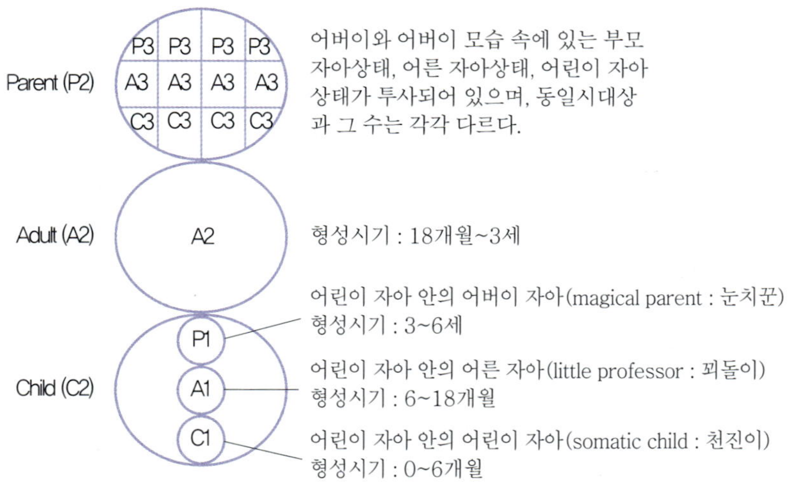

[그림 5-3] 이차적 기능분석

(4) 오염과 배제

교류분석의 중요한 목표 가운데 하나가 P나 C로부터 침투해 온 오염과 배제를 제거하여 A의 경계선을 지키는 것이다.

1 오염(Contamination)

C나 P의 자아상태 내용을 A의 내용으로 잘못 인지할 수도 있는데 이것이 나타나면 나의 'A'는 오염이 되었다고 칭한다. 그것은 하나의 자아상태가 다른 자아상태의 경계를 침범한 것과 같다. 자아상태도 표를 그릴 때 원들이 중첩되게 하고 그 부분은 그림자가 지게 그린다. 그림자가 진 부분은 '오염'이 된 것이다.

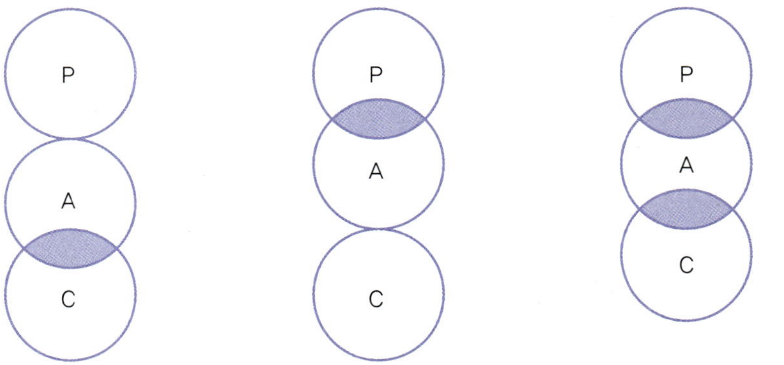

어린이 자아상태의 오염 (child contamination)　　어버이 자아상태의 오염 (parent contamination)　　이중오염 (double contamination)

[그림 5-4] 자아상태의 오염

2 배제(Exclusion)

어떤 사람은 자신의 자아상태의 하나, 또는 둘을 완전히 폐쇄해 버리는 경우가 있는데 이것을 '배제'라고 칭했다. [그림 5-5]는 하나의 자아상태가 배제되는 세 가지 가능성을 제시해 주고 있다. [그림 5-5]에서 배제된 자아상태는 'X'로 표시하고 그것과 옆에 있는 원(자아상태) 사이에 옆줄을 긋는 것으로 나타낸다.

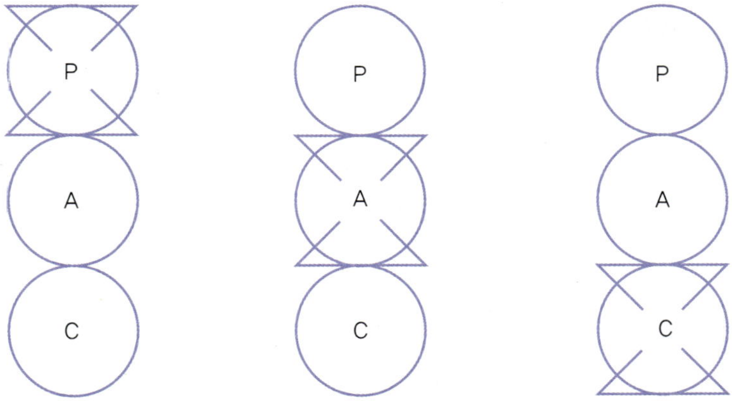

어버이 자아상태의 배제
(excluded parent)

어른 자아상태의 배제
(excluded adult)

어린이 자아상태의 배제
(excluded child)

[그림 5-5] 자아상태의 배제

2) 교류분석의 고유영역

-교류(Transaction), 스트로크(Stroke), 시간의 구조화(Time Structuring)

(1) 교류(의사소통)분석

교류분석은 PAC 상호간의 관계에서 대인적 교류교환의 분석을 의미한다. 이 분석의 목표는 사회적 적응 및 조정에 있다. 이러한 교류는 교류적 자극(transactional stimulus, S)과 이에 대한 응답으로서의 교류적 반응(transactional response, R)을 통해 이루어진다. 교류방법에는 대표적인 세 가지 모델이 있다. 이 중 상보교류와 교차교류는 일차원적인 교류방법으로 발신자와 수신자가 상호 PAC 중 어느 하나의 자아만을 동원해도 교류가 가능하다. 그러나 이면교류는 한 가지 자극을 가지고 두 가지 사실을 동시에 의미하는 복잡한 교류방법으로 이차원적인 교류교환이라고 한다.

1 상보교류(Complementary Transactions)

상보교류는 발신된 메시지나 자극이 예상했던 자아상태로부터 기대했던 응답이나 반응을 듣는 교류방법이다. 이 교류는 항상 자극과 반응 사이에 충돌하지 않고 공개적인 평행선을 유지한다. 흔히 이러한 교류가 가능할 때 '말이 통한다' 또는 '대화가 된다'고 한다. 여기서는 언어적인 메시지와 표정, 태도 등 비언어적인 메시지가 일치하게 된다.

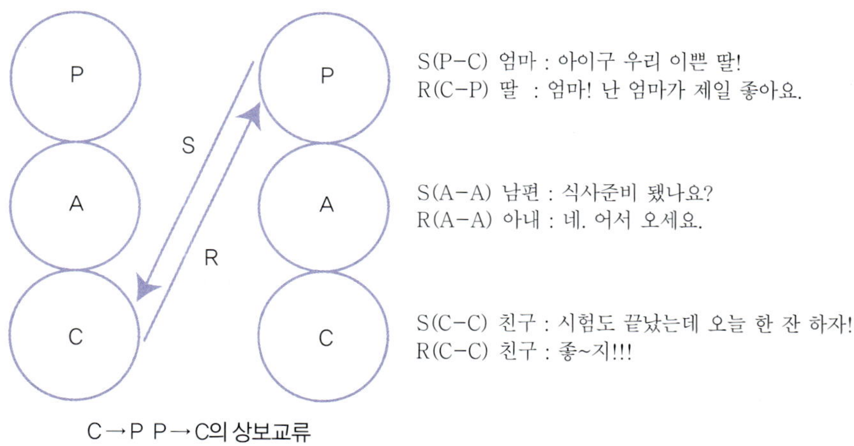

[그림 5-6] 상보교류의 예

2 교차교류(Crossed Transactions)

교차교류는 상보교류의 정반대 개념이다. 발신된 메시지나 자극이 예상했던 응답을 듣는 것이 아니고 전혀 엉뚱한 반응을 듣는 의외적인 교류방법이다. 그래서 자극과 반응은 평행선이 아니라 서로 어긋나는 교차선을 이룬다. 이러한 교류가 진행될 때 '말이 안 통한다' 또는'대화가 안 된다'고 한다. Berne은 교차교류를 두 가지 유형으로 분류한다. 첫째 유형은 전이반응(transference reaction)의 형태로서, 정보 수집을 위해 A-A의 메시지를 발신했으나 C-P의 응답을 들음으로써 자극과 반응이 교차되는 교류로, 발신자는 무시당한 것 같은 기분이 된다. 또 침묵현상이 일어난다든지 화제가 바뀐다든지 때로는 싸움이 되어버리는 일도 있다. 따라서 교차교류는 여러 가지 인간관계 가운데 고통의 근원도 될 수 있다. 둘째 유형은 역전이반응(counter-transference)의 형태로서 A-A의 메시지를 발신하나 얕잡아 보는 P-C의 응답을 들음으로써 자극과 반응이 교차되는 교류이다. 이 유형 또한 대인관계나 사회적인 관계에서 문제를 많이 일으키는 교류교환이다.

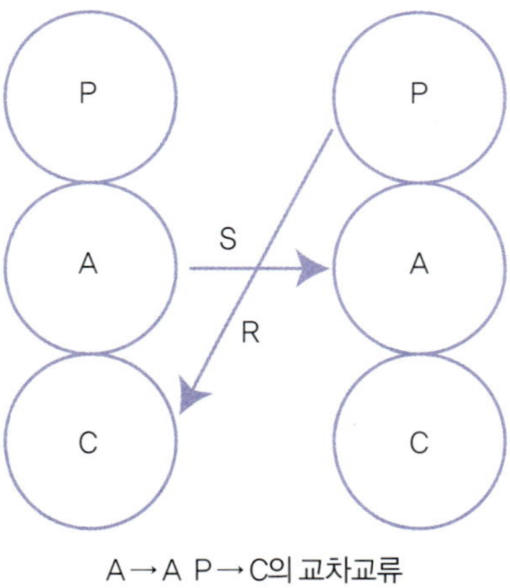

전이반응

S(A-A) 남편 : 연말정산 서류 준비되었나요?
R(C-P) 아내 : 생활비 좀 더 주세요.

역전이반응

S(A-A) 아들 : 아빠 몇 시예요?
R(P-C) 아빠 : 이놈아 시계 보면 될 것 아냐!

[그림 5-7] 교차교류의 예

3 이면교류(Ulterior Transactions)

이면교류는 한 가지 자극을 가지고 두 가지 사실을 동시에 의미하는 복잡한 교류방법으로 일종의 엉큼한 교류로서 속임수가 게재되어 있고 여러 가지 혼란이나 정신적 질환의 주된 원인이 된다. 이 교류방법은 사회적으로 통용되는 사회적 교류의 위장 아래 두 개 이상의 자아상태의 활동을 동시에 내포하고 있다.

이면교류의 두 개의 차원은 사회적 차원(social level)과 심리적 차원

(psychological level)을 말한다. 사회적 차원이란 일상생활에서 용납되는 공개적인 차원이고, 심리적 차원은 사회적 차원을 은폐물로 이용해서 표현되는 잠재적 동기이다. 이면교류에서 발신되는 메시지나 대화는 상당히 유의해서 집중하지 않으면 이해할 수가 없다.

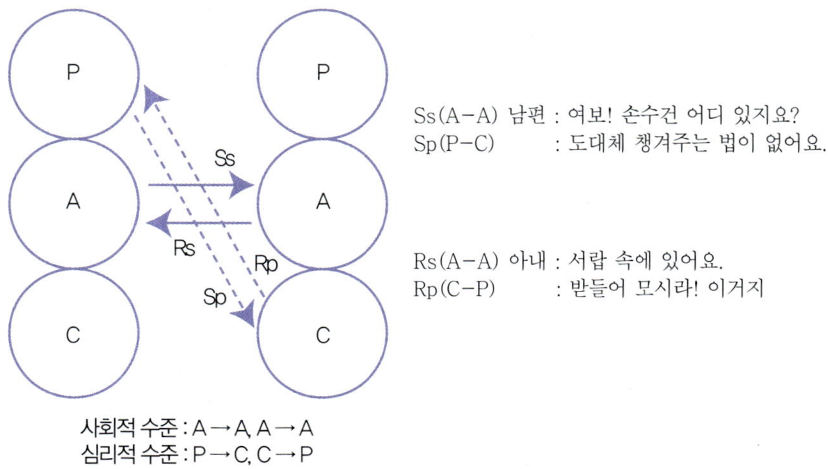

[그림 5-8] 이면교류의 예

치료사는 가족 내에서 어떠한 교류를 주로 사용하는지에 대해 탐색과 분석을 통하여 갈등과 문제를 감소시키고 바람직한 의사소통을 할 수 있는 상보교류를 주된 의사소통의 방법으로 사용하도록 돕는다.

교류(의사소통)의 규칙은 첫째, 교류가 상보적인 한 의사소통은 끝없이 계속될 수 있다는 것, 둘째, 교류가 교차되고 의사소통이 결과적으로 단절되면 한쪽 혹은 양쪽은 의사소통을 재정립하기 위해 자아상태를 변화시킬 필요가 있게 된다는 것, 셋째, 이면교류의 행동결과는 사회적 수준에서 결정되는 것이 아니라 심리적 수준에서 결정된다는 것이다. 따라서 어떤 교류든 정확하게 분석하기 위해서 치료사는 언어뿐만 아니라 비언어적 단서도 고려할 필요가 있다.

(2) 스트로크

스트로크(Stroke)란 사람이 피부접촉(악수, 서로 껴안기 등), 표정, 감정, 태도, 언어, 기타 여러 형태의 행동을 통해서 자신의 상대방에 대한 반응을 알리는 인간인식(recognition)의 기본단위이다. 인간의 만남은 스트로크의 연속되는 교환으로 이루어지고, 인간의 성장이나 문제해결을 위한 상담의 내용은 스트로크의 분석으로 이해될 수 있다.

스트로크의 종류에는 언어적(verbal) 스트로크와 비언어적(non-verbal) 스트로크, 긍정적(positive) 스트로크와 부정적(negative) 스트로크, 조건적(conditional) 스트로크와 무조건적(unconditional) 스트로크가 있다. 언어적 스트로크는 단어에서부터 완전한 형태의 대화까지 모든 것을 언어로 전달하는 스트로크를 말한다. 비언어적 스트로크는 손짓, 고개 끄덕임, 악수를 하고 껴안는 등 말 이외의 스트로크를 말한다. 긍정적 스트로크는 스트로크를 받는 사람에게 기쁨을 경험하게 하는 것이며, 부정적 스트로크는 스트로크를 받는 사람에게 고통을 경험하게 한다. 사람들은 긍정적인 스트로크를 추구하고 부정적인 스트로크를 피하고자 하는 경향이 있으나, 부정적인 스트로크라도 스트로크가 전혀 없는 것보다는 더 낫다. 조건적 스트로크는 우리가 무엇을 하느냐와 관련되어 있는 스트로크이며, 무조건적 스트로크는 인간 존재 자체와 관련되어 있는 스트로크이다.

이러한 스트로크는 하나의 스트로크만 사용되는 것이 아니라 일반적으로 병합적(복합적)으로 사용된다. 예를 들면 다음과 같다.

- 긍정적, 조건적인 스트로크 : 대학에 합격한 네가 정말 자랑스럽다!
- 긍정적, 무조건적인 스트로크 : 네 생각만 해도 기분이 좋아 그냥 웃는다!
- 부정적, 조건적인 스트로크 : 도대체 그 차림이 다 뭐냐!
- 부정적, 무조건적인 스트로크 : 왜 태어나 속을 썩이니!

1 스트로크 절제(stroke economy)

TA 학자인 클로드 스타이너(Claude Steiner)는 대부분의 사람들은 어렸을 때 부모로부터 배운 스트로킹에 대한 다섯 가지 제한규칙에 세뇌되어 현재까지 영향을 받고 있다고 주장한다. 스트로크 절제(stroke economy)의 다섯 가지 제한규칙은, 첫째, 줄 수 있는 스트로크가 있어도 주지 말 것(스트로크를 주어선 안돼! Don't give strokes when you have them to give.). 둘째, 스트로크를 필요로 해도 요구하지 말 것(스트로크를 구해선 안돼! Don't ask for strokes when you need them). 셋째, 스트로크를 원한다 해도 받아들이지 말 것(스트로크를 받아들여선 안돼! Don't accept strokes if you want them). 넷째, 만일 스트로크를 원치 않더라도 거절하지 말 것(스트로크를 거부해선 안돼! Don't reject strokes when you don't want them), 다섯째, 자신에게 스트로크를 주지 말 것(Don't give yourself strokes) 등이다. 따라서 스트로크 절제의 희생이 되지 않으려면 첫째, 자신의 스트로크 절제 규칙을 솔직히 직시하고 인정해야 한다. 둘째, 자신에게는 타인에게 줄 스트로크가 무한정 있음을 인정해야 한다. 셋째, 자신이 필요한 스트로크가 무한정으로 있음을 인정하고 솔직히 요구해야 한다.

2 스트로킹 프로파일(stroking profile)

Jim Mckenna는 스트로킹 프로파일을 개발하였는데 이것은 John Dusay의 이고그램(ego-gram)과 비슷하다. 스트로킹을 네 종류로 나누고 위로 긍정적인 스트로크, 아래에 부정적 스트로크를 표기하도록 구성하였다.

[표 5-1] 스트로크 프로파일

	당신은 얼마나 자주 타인에게 긍정적인 스트로크를 주는가?	당신은 얼마나 자주 긍정적인 스트로크를 받는가?	당신은 얼마나 자주 타인에게 당신이 원하는 긍정적인 스트로크를 요구하는가?	당신은 얼마나 자주 타인이 당신으로부터 받고자 하는 긍정적인 스트로크 주기를 거절하는가?	
항상					+10 +9
매우 자주					+8 +7
자주					+6 +5
종종					+4 +3
거의 없음					+2 +1
전혀 않음					+0
	주기 (Giving)	받기 (Taking)	요구하기 (Asking for)	주기를 거절하기 (Refusing to give)	
전혀 없음					−0 −1
거의 없음					−2 −3
종종					−4 −5
자주					−6 −7
매우 자주					−8 −9
항상					−10
	당신은 얼마나 자주 타인에게 부정적인 스트로크를 주는가?	당신은 얼마나 자주 부정적인 스트로크를 받는가?	당신은 얼마나 자주 타인에게 당신이 원하는 부정적인 스트로크를 요구하는가?	당신은 얼마나 자주 부정적인 스트로크를 거절하는가?	

3 자극과 열망(기아)의 인식

인간은 시간 속에서 무엇인가를 하지 않고는 생존할 수가 없다. Berne은 시간구성의 동기를 세 가지 열망(기아)으로 설명하고 있다. 첫째는 자극열망(stimulus hunger)이다. 이것은 일종의 감각열망이다. 생명을 지닌 유기체는 적당한 자극과 감각이 없이는 생을 유지할 수가 없다. 로빈슨 크루소의 고통은 바로 이 자극으로부터 차단된 데 있었다. 둘째는, 구조열망(structure hunger)이다. 사람들은 공허에 밀려난 비구조적인 생활을 두려워한다. 시간과 삶이 알맞은 구조를 이룰 때 의미가 탄생한다. 교류분석은 집단치료에 알맞게 되어 있기 때문에 집단의 유기적 구조에 대해 특별한 강조점을 두고 있다. 세 번째는 인식열망(recognition hunger)으로 다른 인간 존재(때로는 동물이나 자연물까지 포함)로부터 나의 인간 존재가 의식되는 사실을 말한다. 이러한 인식행위를 교류분석에서는 stroke라 하며, 젖을 빠는 아기는 단순한 영양공급뿐만 아니라 쓰다듬고 얼러주는 어머니의 인식행위까지 요구하는 것이다.

(3) 시간의 구조화

시간의 구조화는 교류분석 및 게임분석과 깊은 관계가 있다. 시간의 구조화란 출생으로부터 죽음까지의 장기간이나 순간순간에 주어진 시간을 어떤 방법과 내용으로 채우느냐 하는 문제를 다룬다. 곧 인간의 사회적 행위를 통한 교류의 연쇄를 의미하는데 교류교환에서 사용되는 대표적인 시간의 구조화의 방법에는 여섯 가지가 있다.

1 움츠리기(Withdrawal): C 사용

움츠리기는 사회적 현실로부터 자신을 철수시켜서 심리적인 환상 속으로 빠지는 것을 의미한다. 현실과의 대결에서 자신이 없을 때 이러한 교류가 나타난다. 움츠리기의 장점은 상상이나 회상을 통해서 자족자극을 얻게 하고, 자신을 반성하게 하고, 긴장을 풀 수 있다. 그러나 고립을 자초해서 다른 사람으로부터 스트로크를 받을 수 없는 것이 결점이다. 움츠리기의 대표적인 것은 백일몽이나 공상에 젖는 것이다.

2 의식, 겉치레(Ritual): P 사용

의식은 사회적으로나 문화적으로 공인된 인간행동의 표준적 교류로서 인습적이고 피상적이다. 일상적인 인사에서부터 복잡한 결혼식이나 종교적 의식에 이르기까지 전통이나 습관에 따름으로써 자신을 노출시키거나 인간적인 상호작용 없이도 안전한 교류교환이 가능하다. 짧은 시간 속에서도 사회적인 교류가 가능하지만 최소한의 스트로크로써 교류가 유지되기 때문에 스트로크 교환이 철저하게 제한된다는 결점이 있다.

③ 활동(Activity) : A 사용

활동은 물리적이고 외적인 실재를 취급함으로써 특수한 삶의 역할이나 기능을 완수하는 교류방법이다. 물리적인 작업이나 활동은 정신적인 일치감까지도 불러일으킬 수 있다. 활동의 장점은 인간의 역할과 관심을 성취하게 한다. 결점은 긴밀한 관여의 결핍이다. 활동은 스트로크의 자료는 제공하나 고립에 의한 친밀한 관계로부터의 도피처가 될 수 있다. 예를 들어 가족과 함께하는 시간이나 아이들의 문제를 피하기 위해서 일에 전념하는 경우를 들 수 있다.

④ 시간 보내기(Pastime) : C, P 사용

시간 보내기는 무해무익하게 연주회나 모임의 시간을 기다리는 시간 구성방법이다. 사회적으로 도식화된 상식적인 소재를 상식적으로 대화하는 것이 이 교류방법의 특색이다. 날씨가 좋다든지, 물가가 치솟는다든지와 같은 부차적인 대화가 바로 이 범주에 속한다. 이 교류의 장점은 손해 없는 보상감이고, 결점은 의식에서와 비슷하게 인간적 위임이 결여된 관계라는 것이다.

⑤ 게임(Game) : C, A 사용

게임은 이면교류의 기본 요소이다. 게임은 파괴적이고 우회적인 교류방법이다. 반복적이고 왜곡되어 있고, 계획적인 교류의 연쇄이다. 게임은 연극적인 요소를 지니고 있으며 유혹과 전환과 청산의 단계를 거치는 가장 복잡한 교류방법이다. 게임은 일종의 필요악과 같은 교류지만 실제 인생에 필요불가결한 역할을 연출하고 있다. 게임을 연출하는 사람은 어릴 때 부모와 자식 간의 교류에서 어딘가 잘 맞지 않는 데가 있기 때문에 순순히 스트로크를 얻을 수 없었던 사람들이 많다. 게임은 어떤 이유로든 신뢰와 애정이 뒷받침된 진실한 교류가 영위되지 않기 때문에 부정적 스트로크를 교환하고 있는 것이다. 게임의 장점은 궁극적 목표에 대한 방어적 기능과 심리적 청산이다. 결점은 위장과 기만이다.

⑥ 친교(Intimacy) : FC 활용

친교란 두 사람이 서로 신뢰하며 상대방에 대하여 순수한 배려를 하는 진실한 교류라고 말할 수 있다. 장점은 순수성과 전인성이다. 결점은 누구에게나 가능한 것이 아니며, 가능하다 해도 순간적이라는 사실이다. 이 교류를 습관화하기 위해서는 'I'm OK, You're OK'라고 하는 기본적인 자세를 몸에 익힐 필요가 있다. 친교는 TA가 목표로 하는 이상적인 시간의 구조화 방법이지만 사람들은 스트로크 열망을 채우기 위해서 안전하고 쉬운 움츠리기, 의식, 시간보내기, 게임 등에 주로 의존하게 된다.

(4) 게임분석(연극놀이)

심리적 게임이란 윷놀이나 바둑을 두는 데 있어서 술수와 책략을 가지고 겨루듯이, 개인적이거나 사회적인 행동을 통해서 이러한 술수와 책략을 교환하는 교류를 말한다. 놀이를 진행하기 위해서는 놀이의 원칙을 알아야 하는 것처럼 모든 심리적 게임에는 일정한 원리가 있다. 게임은 하나의 스트로크를 얻기 위한 수단으로 각자의 기본적 감정(racket)과 각본을 지키기 위해 시간을 구조화하는 방법이다. 친교에 들어갔을 경우에 자기의 취약점이 드러날 수 있기 때문에 게임을 통해 차라리 부정적 스트로크로 스스로를 보호하고자 한다. 게임분석은 이러한 원리와 이유를 분석하는 것이다.

Berne은 심리적 게임을 "잘 규명되고 예측할만한 결과를 향해 진행되는 상보적이고 이면적인 교류의 연속이다."라고 정의하였다. 결국 상보적 교류의 연속은 표면상으로 보면 그럴듯한 명분이 되고, 이면적 교류의 연속은 은폐된 화제(agenda)가 된다. 예측할 만한 결과란 극적인 성격의 부정적인 심리적 청산으로서 게임의 실제적인 목표가 된다. 게임의 네 가지 요소를 정리하면 다음과 같다.

- 표면상 합리적인 Adult vs Adult의 자극
- 은폐된 Child vs Parent의 메시지
- 위의 메시지에 대한 응답(P–C)
- 부정적인 감정에 대한 궁극적 청산

위의 요소들을 중심으로 게임이 진행되는 과정을 나타내면 다음과 같다.

> Berne의 게임공식 (Formula G)
>
> C + G = R → S → X → P.O.
> (Con) (Gimmick) (Response) (Switch) (Crossed–up) (Pay–off)
> (미끼＋약점을 가진 상태 = 반응 → 전환 → 혼란 → 청산)

① **미끼**: Adult vs Adult의 표면상 합리적인 교류의 교환이 있고,
② **조종**: 약점을 가진 상태에서 미끼를 물려고 하면,
③ **전환**: 자신이 원하는 역할로 바꿔서 극적인 내용을 갖추고,
④ **청산**: 자신의 불만이나 의도를 엉큼하게 표현하고 성취하는데, 바로 이것이 나쁜 감정을 수집하는 상품권 수집(stamp collecting)의 원인이 된다.

Berne은 이러한 현상을 사람들이 물건을 사고팔면서 보너스로 받은 쿠폰을 수집해서 그 액면에 해당하는 만큼의 액수를 보상받는 상거래의 경험이 심리적으로 전환된 것이라고 설명한다.

1 스탬프 (stamp / psychological trading stamp)

사람들은 교류교환을 통해서 적극적인 스트로크나 소극적인 스트로크를 받게 된다. 적극적인 스트로크를 받으면 좋은 기분을 수집하게 되고, 부정적인 스트로크를 받으면 불쾌한 기분을 수집하게 된다. 교류분석에서는 적극적인 스트

로크에 의해서 수집되는 기분을 황금 스탬프(gold stamp)라 하고, 부정적인 스트로크에 의해서 수집되는 기분을 회색 스탬프(gray stamp)라고 한다. 이런 과정을 거쳐서 적극적인 기분을 수집하였을 때에는 별 문제가 없으나 부정적인 기분을 수집하였을 때에는 심리적으로 청산해서 보상을 받지 않고는 견딜 수가 없게 된다. 부정적인 스트로크를 통해 분노, 상처 등을 받았다면 적절한 기회에 보복이나 분풀이를 하게 된다. 어린 시절 초기결단에 의해 형성된 게임의 동기는 전 생애를 통해 거의 결정적인 영향을 준다. 이러한 상품권 수집과정에서 나타나는 기분 수집의 형태를 교류분석에서는 라켓(racket)이라고 한다.

라켓감정을 체험하게 되면 우리는 두 가지 방향으로 그것을 처리하게 되는데, 하나는 그 즉석에서 라켓감정을 표출해 버리는 것이고, 또 하나는 후에 그것을 사용하기 위하여 저장해 두는 방법이 있다. 이렇게 저장해 두는 것을 스탬프의 저장이라고 하며, '라켓감정을 스탬프로 저장해 두었다'라고 말한다.

이러한 심리적 거래 스탬프의 교환과정은 어떤 사람은 소수의 스탬프를 모아서 작은 상품으로 바꾸고, 어떤 사람은 다수의 스탬프를 모아서 그것을 큰 상품으로 바꾸기도 하는 것과 같은 원리이다. 스탬프로 상품 바꾸기(stamp-cashing)를 할 때 수집된 스탬프들을 뒤집어쓰게 되는 사람은 최초에 라켓감정의 대상이 되었던 사람이 아닌 타인이 되는 경우가 많다. 예를 들면, 화(anger)라는 라켓감정을 저장(stamp)해 놓았던 한 청년이 수개월 수년이 지나서 화가 머리끝까지 꽉 차게 된 화(anger)의 저장(stamp)을 더 이상 참을 수 없는 상태에서 엉뚱하게 사장실에 뛰어 들어가 몽땅 자신의 화를 발산시켰다가 회사에서 쫓겨나게 되는 경우이다.

2 게임의 종류

교류분석에 있어서의 심리적 게임은 생활의 복잡성만큼 다양하다. 생활게임(Life Game), 결혼생활게임(Marital Game), 파티게임(Party Game), 섹스게임(Sexual Game), 범죄자게임(Underworld Game), 진찰실게임(Consulting Room

Game) 등 다양한 범주의 게임이 있고, 이에 따라 적절한 주제가 있다. 이 주제를 완수하기 위해서는 이에 적합한 역할이 있다. Karpman는 삼각형(Drama Triangle) 도식으로 설명하는데 연극의 주제에 따라서 박해자(Persecutor), 구원자(Rescuer) 및 희생자(Victim)의 역할이 필요에 따라서 반복되면서 나타난다고 한다. 그림에서 보는 대로 P–R–V–P의 형태가 회전하면서 나타난다. 가해자(P)는 교류과정에서 다른 사람에게서 구실을 찾고 경직성이나 증오심으로 공격을 가한다. 피해자(V)는 자신을 교류과정에서 어떤 구실에 걸리게 하고 공격을 당한다. 구원자(R)는 다른 사람의 난처한 입장을 도와주면서 결국 자신에게 의존하는 존재가 되도록 유도한다. PRV에 해당하는 대표적인 연극을 분석해 보면 게임의 구조를 명확하게 알 수 있다.

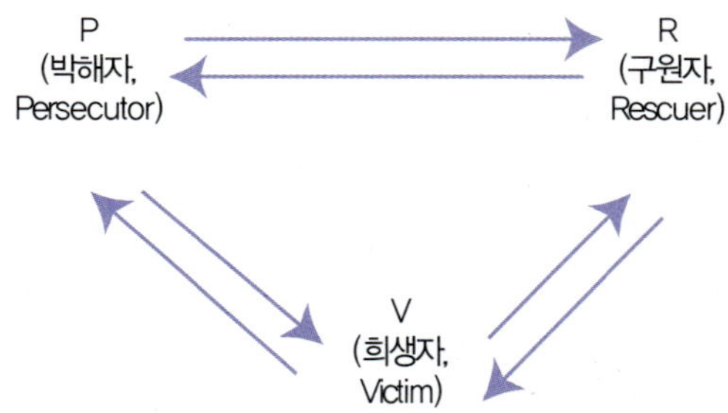

[그림 5-9] Karpman의 삼각형 도식

심리적 게임은 가벼운 경우는 유머로 통할 수도 있으나 도가 높아지면 병리적 현상으로 나타난다. 다음은 게임의 예들이다.

▶ 나를 거절해 주세요. (Kick Me.) (−, +)

생활연극에 속하는 것으로 '야단을 맞자'는 주제가 내포되어 있고 역할은 피해자이다. 학사경고에 걸린 학생이 교수에게 "열심히 했습니다만, 원래 제가 부족해서, 많이 꾸짖어 주십시오."하면서 공격을 당함으로써 심리적 청산을 얻어내는 게임이다.

▶ 자 혼내주겠다. 이 녀석! (Now, I've Got You, S.O.B. NIGYSOB.)
−트집잡기, 흠집 들추기 (−, +)

강의 평가 시간에 성적과 무관한 것이니 부담 없이 기명으로 평가하면 앞으로 강의 준비하는 데 도움이 되겠노라고 했던 강사가 부정적으로 언급한 학생에게 D학점을 주면서 심리적 청산을 얻어내는 게임이다.

▶ 당신 탓으로 이렇게 되었다. (See What You Made Me Do.)
−책임전가

▶ 당신이 아니었다면 (If It Weren't For You.)
−대인공포

▶ 이 같이 내가 열심히 하고 있는데 (Look How Hard I've Tried.)
−동정 모으기

▶ 예, 그렇지만 (Yes, But)
−결말이 나지 않는 논쟁

3 게임의 전형적 특징

게임의 전형적인 몇 가지 특징을 도출해 보면 다음과 같다.

첫째, 게임은 반복적으로 진행된다. 각자는 계속해서 그들이 좋아하는 게임을 하는데, 다른 사람들의 환경은 변할 수 있지만 게임의 양상은 비슷하게 남게 된다.

둘째, 게임은 어른자아(A)가 모르는 사이에 진행된다. 즉, 사람들은 게임을 반복해서 진행한다는 사실에도 불구하고 게임을 하고 있다는 것을 의식하지 못한 채 게임을 재연해 나간다. 게임의 마지막단계에 이르러서도 본인이 게임을 조장해 왔다는 사실을 깨닫지 못한다.

셋째, 게임은 항상 게임하는 사람으로 하여금 라켓감정을 체험하는 것으로 종결된다.

넷째, 게임에 개입하는 약자들 사이에서 이면교류를 교환하는 것이 필연적이다. 모든 게임의 심리적 수준에서 일어날 수 있는 것은 사회적 수준에서 일어날 수 있는 것으로 보이는 것과는 다른 차이점을 가지고 있다. 심리적 수준에서 상대방에게 그들의 진실한 의도를 담은 비밀메시지를 보내게 된다.

다섯째, 게임은 항상 놀라움이나 혼돈의 순간을 포함하고 있다. 게임을 하는 사람은 예상치 못한 일이 일어났다는 느낌을 가지게 된다. 자신이 아니라 다른 사람이 변화된 역할을 하는 것처럼 보이지만 사실은 타인의 역할변화가 아니라 자신의 게임에 의해서 일어난 일인 것이다.

4 라켓(Racket)

라켓이란 환경을 조작하고 개인이 라켓감정을 경험하는 것을 수반하는 수단으로서 의식 밖에서 사용되는 일련의 각본행동으로서 정의될 수 있다. 즉, 개인이 라켓감정을 느끼도록 장면설정을 하고 그 감정을 느끼는 과정을 말하는 것이다. 이러한 장면설정은 개인의 의식적 자각 밖에 있게 된다. 라켓을 구축하게 되는 이유는 본질적으로 라켓감정을 체험할 수 있게 하는 것이며 그렇게 함으로써 필요한 스트로크를 얻을 수 있다고 믿기 때문이다. 즉 좋은 결과를 가져다주는 바로 그 감정(racket feeling)을 사용할 수밖에 없고, 그 감정을 체험하게 하는 라켓을 구축하게 되는 것이다.

① 라켓감정

라켓감정은 어린 시절에 배우거나 장려 받고, 많은 다른 스트레스 상황에서 경험한 친숙한 정서로서, 성인의 문제해결 수단으로서 적합하지 않은 것이다. 다시 말해서 아동 성장기에 집안에서, 특히 부모로부터 배우고 격려 받은 감정으로서 많은 스트레스 상황에서 경험되는 감정이고, 이러한 감정은 성인에게 문제해결의 방법으로서는 부적당하다.

또한 현재의 상황을 조작함으로써 어렸을 때 이런 라켓감정들을 체험하고 표현함으로써 아동기에 부모로부터 얻었던 스트로크를 현실에서 얻어 보려고 하는 것이다. 바로 이런 점이 어른들에게 볼 수 있는 라켓감정의 역기능적 측면이라 할 수 있다.

② 라켓체계

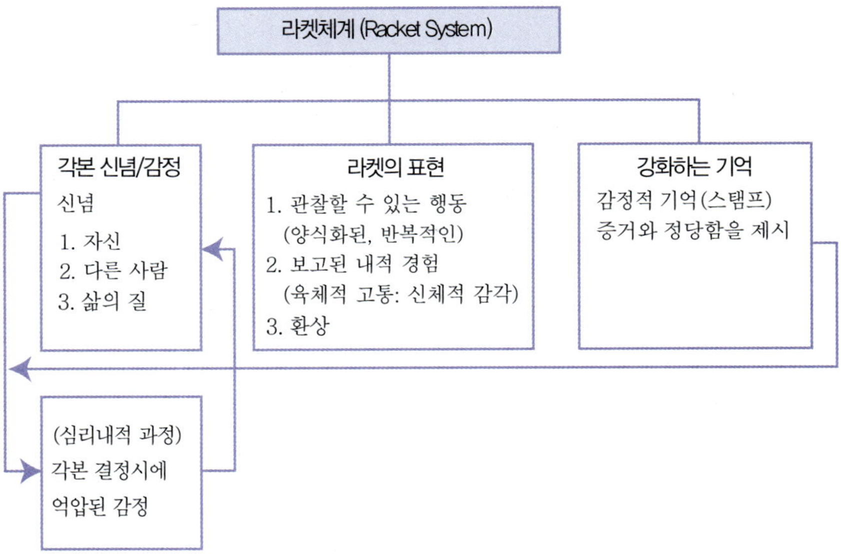

[그림 5-10] 라켓체계

③ 라켓과 교류, 게임, 각본과의 관계

▣ 라켓과 교류

라켓티어링(Racketeering)이란 자신의 라켓감정을 위해 스트로크를 추구하는 방법으로 교류를 하는 것이다. 라켓을 사용하는 사람(racketeer)은 사람들을 교류에 끌어들여 자기의 라켓감정을 표출시키고, 또 표출시킨 라켓감정에게 줄 스트로크를 타인으로부터 이끌어내는 것을 목적으로 한다. 라켓티어링은 일종의 '시간 보내기'로서 대화의 내용이 주로 라켓감정을 나누는 것으로 되어 있다. 이런 수평적 교류는 대화참여자 중 하나가 '움츠리기'나 교차교류를 할 때 중단된다. 이렇게 되는 이유는 상습적인 라켓티어(Racketeer)는 상대방이 '움츠리기'하려고 하는 낌새를 눈치 챌 줄 알고 자기가 먼저 교류를 교차시키기 때문이다.

▣ 라켓과 게임

게임은 항상 게임을 하는 사람으로 하여금 라켓감정을 체험하게 하는 것으로 종결하게 한다. 라켓티어링(racketeering)은 이면메시지를 교환한다는 면에서 게임실행자와 유사하며, 동시에 라켓감정의 결말을 얻는 것도 유사하다. 그러나 게임과 다른 점은 전환(switch)이 일어나지 않는다. 쌍방이 그들에게 에너지가 있는 한 라켓티어링(racketeering)을 계속할 것이고, 그저 단순히 그것을 멈춘다든가 또는 다른 것을 하게 된다.

▣ 라켓과 각본

아이들이 그들의 가족에서 욕구를 만족시키는 방법으로 라켓감정을 사용하는 것을 학습했기 때문에 각본기제에서 중요한 위치를 점하게 된다. 따라서 라켓감정을 체험하는 때는 언제나 우리가 각본 속에 말려들어가 있는 것이다. 어른이 된 후에도 스트레스 상황에 놓이게 되면 우리는 아동기의 전략들을 재연시킬 수 있다. 이런 감정들의 체험에 대항하기 위하여 아동기의 결단과 체험들을 현재에도 진실된 것으로 소생시킴으로 변명해 버린다. 이렇게 하여 우리의 각본신념은 계속 연명된다. 각본연출과 라켓감정은 함께 나타나게 된다.

(5) 인생각본

인간은 자기 자신에 대해서나 다른 사람에 대해서나 어떤 문제를 해결하는데 있어서나 특수한 입장을 보유하고 있다. 인간의 탄생은 세포적 탄생단계, 육체적 탄생단계, 심리적 탄생단계, 사회적 탄생단계로 나눌 수 있다. 사회적 탄생단계는 Berne에 의하면 다섯 살 전후에 P-A-C의 상태가 형성되고, 이 상태가 일생동안 결정적인 영향을 주며, 삶의 입장도 이 시기에 형성된다. 삶의 입장은 스트로크에 의해 결정된다. 이것은 자신과 다른 사람에 대해 어떻게 느끼느냐

하는 것과 관계되어 있다. 어린 시절에 고정된 기본적인 정서적 입장은 일종의 자동적 방어기제가 된다. 이러한 방어기제는 일생동안 계속되면서 자동적으로 동일한 입장으로 매사를 해결하려고 한다.

1 인생태도(Life Position)

인생태도란 자기 자신이나 타인들에게서 지각되는 기본적인 가치에 대한 근본적 자세(stance)를 의미한다. 그러므로 이것은 자신과 타인의 행동에 대한 어떤 단순한 의미 이상의 것이다.

이러한 인생태도는 자기긍정, 자기부정, 타인긍정, 타인부정의 네 가지로, 자신과 타인에 대하여 배합하면 다음의 기본생활태도를 도출해 낼 수 있다.

- I'm OK, You're OK (자기긍정, 타인긍정) : 발전적인 입장.
정서적, 육체적으로 건전
- I'm OK, You're not-OK (자기긍정, 타인부정) : 투사적 입장
- I'm not-OK, You're OK, (자기부정, 타인긍정) : 내향적, 퇴행, 의기소침,
자살충동, 우울증
- I'm not-OK, You're not-OK (자기부정, 타인부정) : 무용론적 입장, 조현증

Ernst는 인생태도를 OK목장이란 도식을 통해 그 기능과 상호연관성을 일목요연하게 정리하고 있다.

	나는 NOT-OK	나는 OK
나와 더불어 당신은 OK	작용 : 도피적 태도 (그곳에서 도망쳐 나가는 태도) 결과적 태도 : 나와 더불어 나는 not-OK이고 나와 더불어 당신은 OK(우울적 태도)	작용 : 협력적 태도 (남과 함께 살아가는 태도) 결과적 태도 : 나와 더불어 나도 OK이고 나와 더불어 너도 OK(건강한 태도)
나와 더불어 당신은 NOT-OK	작용 : 당혹적 태도 (어찌할 줄 모르는 태도) 결과적 태도 : 나와 더불어 나도 not-OK고 나와 더불어 너도 not-OK(쓸데없는 무익한 태도)	작용 : 제거적 태도 (상대방을 해치워버리는 태도) 결과적 태도 : 나와 더불어 나는 OK이고 나와 더불어 너는 not-OK(편집적 태도)

[그림 5-11] OK목장

2 생활각본(Life-Script)

생활각본이란 어린 시절에 만들어지고, 부모에 의해 강화되며, 후속사건에 의해 정당화되고, 결국 선택된 대안으로 완결되는 것이라고 정의할 수 있다. 즉, 어린 시절에 부모의 영향 하에서 발달하며 현재에도 진행중인 프로그램으로서 생활의 가장 중요한 국면에서 어떻게 행동할까를 지도하는 것으로서 생존을 위한 최선의 전략이며 감정과 현실검증의 기반 위에 만들어진 것이다.

각본의 종류에는 승자각본, 패자각본, 평범한 각본의 세 가지 각본이 있는데, 승자각본(Winning Script)을 설명하면서 Berne은 승자를 "자신이 설정한 목적을 성취하는 사람"이라고 정의했고, Robert Goulding은 이에 첨부하여 목적달성의 결과로 이 세상을 더 좋은 곳으로 만드는 사람이라고 했다. 예를 들어서 어렸을 때 자기가 커서 과학자가 되겠다고 결단하고 그것이 성인이 되어 이루어졌다면 그를 각본이론에서는 '승자'라고 한다. 승자가 된다는 것(winning)은 항상 자신이 세운 목적들과 관계된 개념이다. 패자각본(Losing Script)이란 자신이 설정한 목적을 달성하지 못한 사람의 각본이다. 성취도는 달성만이 문제가 아니라 그것에 따르는 즐거움의 정도가 고려되어야 한다(Stewart & Joines, 1987).

평범한 각본(Non-Winning Script)을 지니고 사는 사람은 큰 성공도, 큰 실패도 경험하지 못하고 매일 매일 삶을 중도적 입장(middle of the road)에서 그저 그렇게 살아가는 것이다. 그는 모험을 하지 않는 사람으로 이런 각본의 성격을 '평범(banal)'하다고 한다. 가끔 이런 사람이 어떤 단체나 회사의 지도자가 되어 실수 없이 임기를 마치는 경우가 많다.

3 생활각본에 대한 분석

인간이 각본에 얽매여서 삶을 산다는 것은 자발성의 결여를 의미한다. 각본분석은 예정된 프로그램에 얽매인 인간의 삶에다 정확한 정보와 활력을 불어넣어서 재결단에 의한 자유로운 삶을 회복시키는 데 그 목적이 있다. 심리적 각본이 형성되는 원인은 첫째, 자신에 대한 타인의 태도에서 얻은 자기인상으로 주로 비언어적인 영향으로 이루어진다. 둘째, 자신에 대한 타인의 메시지에 대한 해석으로 주로 언어적인 영향으로 이루어진다. 이 메시지는 적극적이든 소극적이든 따르지 않을 수 없는 명령이 되어 각본을 이룬다. 이러한 과정을 각본망(script matrix)으로 구성하면 다음과 같다.

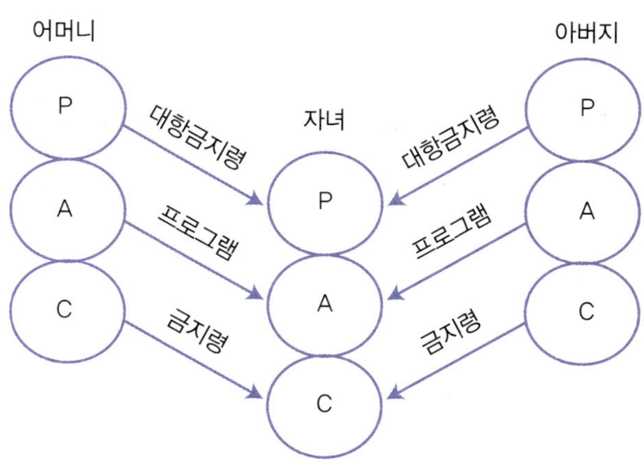

[그림 5-12] 각본망(script matrix)

이 각본망에 따르면 각본형성의 근간은 부모의 금지령에 있다.

① 금지령(Injunctions, '말라' 명령)

금지령은 몸짓이나 표정 등의 비언어적 메시지로서 부모의 Child에서 자녀의 Child로 전달되어 보존되어 있다. 이러한 메시지에 대응하여 내리게 되는 결정이 우리의 생활각본의 기반이 되는데 Bob and Mary Goulding은 12가지 주제로 금지령을 정리하였다.

- 없어져라. (Don't be, Don't exist)

:부모의 실망을 표현하는 '너를 낳지 말았어야 했는데..'

– 가능한 결정:'나를 사랑하도록 해야만 한다.', '상황이 나빠진다면 차라리 죽어버리겠어..'

– 반성을 위한 질문:당신이 가치 있는 사람이라는 점을 당신과 다른 사람에게 어떤 방법으로 확신시키려 했는가?

- 네 자신이 되지 말라. (Don't be you)

:부모가 수용할 수 없는 생각이나 감정을 가지고 있다는 것을 암시

– 결정:'그들은 내가 소년(소녀의 경우)이기 때문에 사랑한 것이므로 그들의 사랑을 얻는 것은 불가능하다. 나는 소년(소녀의 경우)인척 할 것이다.'

– 질문:어떤 행동을 하건 항상 어울리지 않는다는 생각을 떨쳐버린 적이 있습니까?

- 어린아이가 되지 말라. (Don't be a child)

:'언제나 어른스럽게 행동하여라.' '유치하게 굴지 말아라. 그리고 웃음거리가 되지 말아라.'

– 결정:나는 다른 사람을 위해 양보해야 하고 내 몫을 많이 요구하지 않을 것이다.
재미있고 신나게 놀지 않을 것이다.

– 질문:당신은 살면서 얼마나 많은 즐거운 경험을 했습니까?
당신은 자신을 억제해야 한다고 생각하십니까?
당신은 자신이 원하는 것을 타인에게 요구할 수 있습니까?

● 성장하지 말라. (Don't grow up)

: 아이가 독립하여 자신을 떠나는 것이 두려운 부모가 사용하는 메시지

- 결정: 난 어린아이로 머무를 것이다. 그래야 부모님이 나를 인정할 것이다.

  나는 성적으로 매력이 있으면 안 돼. 그래야 아버지가 나를 버리지 않을 거야.

- 질문: 당신의 성장을 방해하는 내적 메시지를 어떤 방식으로 수용하고 있습니까?

  당신은 부모의 인정을 받으려고 어떻게 노력합니까?

● 성공하지 말라. (Don't make it)

: 어린 시절 실패에 대해 정적강화를 받았다면 당신은 성공을 추구하지 말라는 메시지를 수용할 것이다.

- 결정: 나는 어떤 것도 결코 완벽하게 해낼 수 없을텐데 왜 노력해야 하지?

  내가 성공하지 않으면 다른 사람이 나에게 쓸데없이 높은 기대를 갖지 않겠지.

- 질문: 당신은 자신의 성공을 받아들이고 즐길 수 있습니까?

  가끔이라도 자신이 충분한 능력을 가지고 있다고 생각한 적이 없습니까?

  최선을 다 해 성공하려는 노력을 방해하는 메시지가 구체적으로 무엇입니까?

● 실행하지 말라. (Don't do anything)

: 어리석어 보일 위험이 있는 행동에 대해 지나칠 정도로 공포를 가지고 있을 것이다.

- 결정: 결정을 잘못 내리는 것이 두려워서 간단히 결정하지 못하겠다.

  바보같은 결정을 내린 경험이 있기 때문에 다시는 중요한 결정을 내릴 수 없을 것이다.

– 질문 : 실수할까봐 불안하십니까?
실수를 통해서도 배울 수 있다고 생각하지 않으십니까?

- 중요한 인간이 되지 말라. (Don't be important)

: 어린 시절 말할 때마다 계속 무시 받았다면 스스로를 중요한 존재라고 여기지 못할 것이다.

– 결정 : 만약 내가 중요한 역할을 수행했더라도 내가 한 일을 자랑하지 않을 것이다.

– 질문 : 당신의 역할과 공헌을 수용할 수 있습니까?
당신은 자신의 생각이 중요하지 않다고 말하면서도 왜 자기를 의심하고 고통스러워하십니까?

- 어울리지 말라. (Don't belong)

: 당신이 어디에도 속하지 않는다고 가족들이 생각하는 것을 나타낸다.

– 결정 : '난 영원히 외로울 것이다.', '나는 결코 어디에도 속하지 못 할거야!'

– 질문 : 당신은 어느 정도 소속감을 느끼십니까?

- 가까이 오지 말라. (Don't be close)

: 이 메시지는 사람을 믿지 말아라!, 사랑하지 말아라! 이다.

– 결정 : '나는 사랑에 실패했으니 다시는 사랑하지 말아야지!'
'친해지느니 차라리 사람들과 거리를 두는 것이 낫다.'
'사랑하는 것은 가치가 없고 거절당할 위험이 있다.'

- 건강하지 말라. (제정신 차리지 말라) (Don't be well, Don't be sane)

: 어떤 아이들은 이상한 행동을 하거나 아플 때만 관심을 받을 수 있었다.

– 결정 : '나는 아파야 해! 그래야 관심을 받을 수 있어.', '난 정상이 아니야!'

– 질문 : 정말로 아파서 관심을 받아본 적이 있습니까?

- 생각하지 말라. (Don't think)
- 느끼지 말라. (Don't feel)

② 대항금지령(Counter-injunction)

금지령은 초기 아동기(0~5세)에 부모로부터 받은 메시지이다. 어린이들은 성장하면서 금지령에 따라서 행동하는 것보다는 자기 자신들의 생각과 느낌대로 행동하려고 한다. 이것을 부모들은 '길항(counter)'이라고 하고, 여기에서 길항금지령이라는 개념이 도출된다. 어른의 Parent에서 자녀의 Parent로 전달되는 메시지는 금지령에 반대되는 모형이기 때문에 대항금지령이라고 칭한다.

③ 명령과 속성(Command and Attribution)

자녀의 각본결단을 부모가 강제적으로 할 수는 없으나 각본 메시지를 통해서 자녀에게 강한 영향력을 줄 수 있다. 이런 각본 메시지는 언어적, 비언어적으로 자녀에게 전달된다. 비언어적 메시지는 자녀의 각본형성에 가장 기본적인 각본결단을 이루는 데 영향을 준다. 각본 메시지는 직접적인 명령(Command)의 형태를 취할 수 있다. '귀찮게 굴지 말아라', '공부해라', '울지 말아라' 등 대부분의 부모들은 헤아릴 수 없는 명령으로 매일 자녀에게 각본 메시지를 주고 있다. 자녀에게 '무엇을 해라'가 아니라, 어떤 아이인지를 말하는 것을 '속성(attribution)'이라 한다. '바보 같은 놈', '자랑스러운 아들', '예쁜 공주', '귀여운 마스코트 ' 등의 예를 들 수 있다.

④ 드라이버(Drivers, '해라' 명령)와 과정각본 유형(Process script types)

부모들이 자녀에게 무엇을'하라'는 것이 이 메시지의 내용이다. 이 각본조성 환경을 기능적 측면에서 보면 부모 양성의 기능이 독특하다. 자녀와 같은 성의 부모는 메시지를 수행하기 위한 방법(how to)을 말해 주고, 반대 성의 부모는 당위성(what to do)을 말해 준다. 예를 들면 운동선수가 되겠다는 아들에게 어머니는 선수가 해야 할 일을 말해 주고, 아버지는 선수가 되는 법을 말해 준다. 취직을 하려는 딸에게 아버지는 직장 새내기가 해야 할 일을 말해 주고, 어머니는 취직하는 방법을 알려 준다. 금지령과 대항금지령인 드라이버, 두 메시지가 동시에 요청될 때 자녀는 자연히 혼란스러움을 경험하게 된다. 그러나 금지령이 드라이버보다 강력하기 때문에 이를 마녀의 메시지(witch message)라 한다. 여기서 치료사의 역할은 내담자의 A를 강화하고 내담자의 행동변화에 따른 적절한 진단을 빨리 내려야 한다. 이것을 위해 허용(Permission), 보호(Protection), 명령(Command)을 적절히 구사해야 한다.

드라이버는 다음과 같다.

- 완벽해라. (Be Perfect)
- 강인하라. (Be Strong)
- 열심히 하라. (Try Hard)
- 타인을 기쁘게 하라. (Please Others)
- 서둘러라. (Hurry Up)
- 조심해라. (Be Careful)

과정각본 유형은 다음과 같다.

- Until (~하기 전까지는)
- After (~한 후에)
- Never (결코 ~아니야)
- Always (언제나~)
- Almost type 1 (거의 ~했는데)
- Almost type 2 (성공의 정점을 향하여 ~을)
- Open-ended (개방각본)

드라이버 행동과 과정각본 유형은 밀접한 연관이 있다. 드라이버 행동 자체가 과정각본의 축소판이기 때문이다. 즉 드라이버 행동에 몰입될 때마다 그것과 연결되는 과정각본 유형을 불과 1초 안에 연출하게 되는 것이다.

서로 다른 생활각본과 인생태도를 가지고 성장한 부부는 상대방을 이해하지 못하고 갈등관계를 유발하는 경우가 많다. 부부 간에 서로 다른 생활각본을 이해하고, 또 부부 간에 적응적인 각본을 형성할 수 있도록 함으로써 효과적인 개입을 할 수 있다.

(6) 디스카운팅, 재정의, 공생

1 디스카운팅(에누리, discounting)

디스카운팅은 문제해결에 관련된 정보를 자신도 모르는 사이에 무시해 버리는 것이라 할 수 있으며, 디스카운팅의 수준은 존재(existence), 중요성(significance), 변화가능성(change possibilities), 개인능력(personal abilities)의 네 가지 차원에서 나타나게 된다. 아울러 네 가지 수동적 행동들을 보인다.

- 아무것도 하지 않는다. (Doing nothing)
- 과잉적응 (Over adaptation)
- 격동, 중독, 신경증 (agitation)
- 무능력, 폭력 (incapacitation or violence)

2 준거틀과 재정의(Redefining)

Schiffs는 준거틀에 대하여 어떤 특정한 자극에 반응하여 다양한 자아상태를 통합하는 연합된 반응의 구조라 정의한다. 각 개인에게 있어 준거틀은 전체적이고 지각적, 개념적, 정동적(affective), 행동적 틀이며, 이것을 자신과 타인과 세상을 정의하는 데 사용하게 된다. 이러한 공식적 정의를 설명하는 보조 장치로 Schiffs는 준거틀을 '현실의 여과기(filter of reality)'로 표현했다. 이러한 준거틀을 통해 내가 바라보는 세상과 상황을 다르게 받아들이게 된다. 즉 재정의(redefining)이다. 예를 들어 우리가 어떤 방에 들어갈 때에 우리 각자는 그 장면의 어떤 부분들을 여과한다. 어떤 이는 카펫의 색상에 주목하고, 어떤 이는 방에 걸려 있는 그림들에 주목할 수 있다. 또 방의 크기에 대해서도 각자 다르게 규정할 수 있다. 어떤 이는 시골의 방이 큰 환경에서 자라서 방의 크기가 작다고 규정하지만, 어떤 이는 방의 크기가 작은 도시지역 아파트에서 자랐기 때문에 그 방의 크기를 크다고 규정할 수 있다. 즉, 각자의 준거틀을 통해 서로 다른 여과를 해버린 것이다.

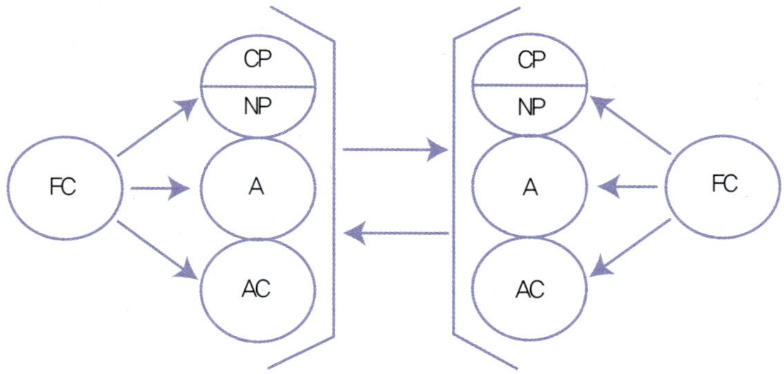

[그림 5-13] 준거틀과 재정의

3 공생(Symbiosis)

Schiffian의 이론에 따르면 공생(symbiosis)이 일어나는 것은 두 명 내지 그 이상의 사람(개인)들이 그들 사이에서 한 개인이 형성되듯이 행동할 때 일어나는 것이다. 이러한 관계에서 여기에 관여된 사람들은 그들의 자아상태의 전체를 사용하지 않게 된다. 전형적으로 다음 [그림 5-14]에서 보듯이 한쪽은 어린이(C)를 배제하고 어버이(P) 및 어른(A)을 사용하고 있으며, 상대방은 반대의 입장을 취하여 어린이(C) 자아를 사용하고 어버이(P) 및 어른(A)은 완전히 배제시키는 경우다.

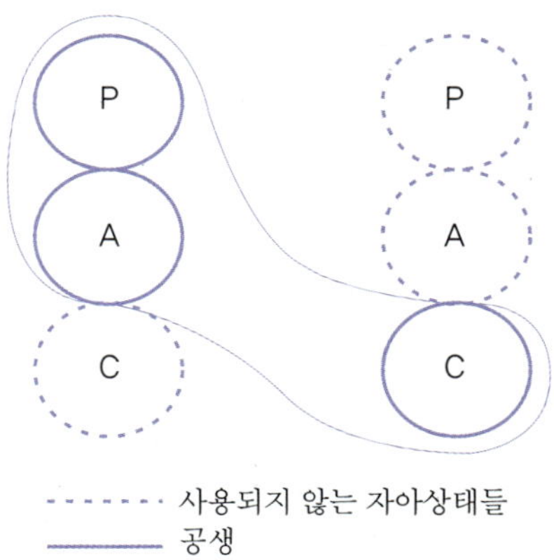

[그림 5-14] 공생관계

4. 치료의 목표

Berne은 자율성을 이상적인 것이라고 하면서도 정확한 정의를 내리지 않았지만 자율성은'인식(알아챔, Awareness)', '자발성(Spontaneity)', '친밀성(Intimacy)'의 세 가지 능력들을 발휘하거나 회복하는 것으로 각본으로부터 자유로워지는 것을 말한다.

첫째, 인식(알아챔, Awareness)이란 신생아처럼 사물을 보고, 듣고, 느끼고, 맛보고, 냄새를 맡는 등 순수한 감각적 인상을 뜻한다. 알아채고 있는 사람은 자신의 어버이 자아상태(P)에 적합하도록 세상에 관한 자기의 경험을 해석하거나 여과하지 않는다. 이러한 사람은 외계의 자극과 함께 자신의 신체적 감각과도 접촉하고 있다.

둘째, 자발성 (Autonomy)은 어떤 사람이 자신의 세 개의 자아상태(P, A, C) 중 어떤 자아로도 자유롭게 반응할 수 있음을 의미한다. 자신의 어른자아(A)를 사용하여 성인답게 생각하고, 느끼고, 행동할 수 있다. 자신이 원하기만 한다면 자신의 어린이 자아상태(C)에 몰입되어 자신이 어렸을 때 소유하고 있었던 창의력, 직관력 그리고 강력한 감정으로 돌아갈 수도 있다. 또는 그는 그의 부모나 부모상으로부터 학습한 사고, 감정, 행동을 재연시킴으로써 어버이 자아상태(P)에 반응할 수도 있다. 그가 어떤 자아상태를 사용하든지 간에 옛날의 부모의 명령에 순응하는 선택보다는 현 상황에 적합하도록 자유롭게 반응할 줄 아는 선택을 할 수 있다.

셋째, 친밀성(Intimacy)은 자신과 타인에게서 각자의 감정과 욕구를 공개적으로 나눌 수 있음을 의미한다. 여기서 표출된 감정은 진실된 것이기 때문에 친밀성은 '라켓티어링(Racketeering)'과 '게임 플레잉(Game Playing)'을 배제시킨다.

5. 재결단

재결단이란 TA의 분석과정을 통하여 A를 강화시키고, 운명처럼 강요된 각본으로부터 해방되는 치료의 마지막 단계를 말한다. 이 단계에서 인간은 정상적인 자아상태를 회복하고 꾸밈 없는 교류를 교환하고, 친교의 관계를 맺고, 나도 옳고 너도 옳다는 적극적 가치관에 의해 각본으로부터 해방된다. Bob과Mary Goulding은 재결단의 의미와 내용을 결합해서 다음과 같은 개념으로 설명하고 있다.

R–eplace the P–arent
E–ducate the A–dult
D–econfuse the C–hild
– and become more
awar–E
C–reative
I–ntuitive
S–pontaneous
I–ntimate and

aut–O–nomous
N–ow

A를 교육해서 오염된 P를 교체하고 혼란된 C를 분명하게 한다. 그러면 자각현상이 일어나서 창조적이고 직관적이고 자발적인 인간으로 변화된다. 그 결과는 친밀한 관계를 맺고 억압받지 않는 인간이 되어서 환상이 아니라 지금 이 시간(here & now)의 현실을 살 줄 아는 변화된 인간으로 탄생된다.

6. 치료적 개입

구조분석과 기능분석

가족 구성원에 대한 구조분석과 기능분석은 가족구성원의 자아상태에 대한 분석에 해당된다. 분석과정에서 이고그램과 자아상태의 오염과 배제에 대한 분석이 이루어지게 된다.

● 이고그램

가족치료에서 이고그램(Egogram)의 활용에 앞서, 이고그램 체크리스트에 대한 응답은 가족 구성원 내의 교류관계를 고려하여 체크하도록 함으로써 가족관계 안에서의 기능을 파악하는 데 유용하게 활용될 수 있다.

성격의 구조는 3가지 원으로 자아상태를 나타내지만, 이 자아상태 내에 자리잡고 있는 기능과 에너지의 양은 이고그램으로 표시된다. 이고그램은 막대그림으로 개체의 5가지 기능적 자아상태(CP, NP, A, FC, AC)에 얼마 만큼의 에너지가 존재하고 있는지 파악한다. 개인의 이고그램은 자신의 자아상태에서 에너지 균형을 바꾸려고 적극적으로 결정하지 않으면 변화되지 않는다.

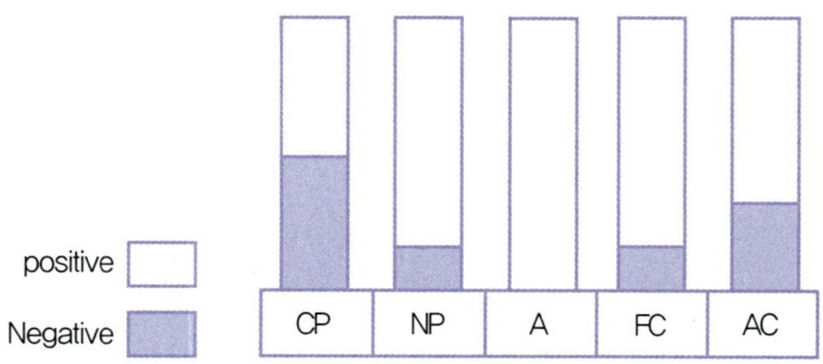

[그림 5-15] 이고그램의 예

7. 교류분석 맥락에서의 가족치료

1) 기본적 가정

(1) TA에서 임상적 가설을 개발하기 위한 전제들

- 두 배우자 모두는 각각의 원가족으로부터 융합되어 있거나 미분화되어 있다. (각본)
- 배우자와 안정적인 관계를 맺고 유지할 수 없는 사람은 아직도 그들의 부모(특히 어머니)와 결혼하고 있는 것이다. (각본, 라켓)
- 2인 관계만은 없다. (자아상태, 각본)
- 모든 증상의 이면에는 하나의 합목적적 의도가 내포되어 있다. (각본, 게임)
- 부모관계의 갈등이 암묵적(Covert)으로 될수록 가족체계가 변화에 대해 보이는 저항은 더 강해진다. (이면교류, 게임)
- 한 번에 오직 한 사람하고만 결혼할 수 있다. (각본)

(2) 가족성원 기능수행의 수준과 개입전략

- 성숙(Mature)–적응장애(Adjustment Disorders)
  성장지향적 개입(Growth Intervention)
- 신경증(Neurotic)–불안·정동장애(Anxiety, Mood Disorder)
  전략적 개입(Strategic Intervention)
- 미성숙(Immature)–성격·심리·생리적 장애(Personality Psycho-physiological Disorders) 구조적 개입(Structural Intervention)
- 정신증(Psychotic)–정신증적 장애(Psychotic–Disorders)
  교류분석적 개입(Transactional Intervention)

2) 가족치료 상담의 구조

(1) 첫 상담을 시작하기 전 : 치료사가 파악할 내용

- 치료를 원하는 가족성원 혼자 오기를 원하는가.
  또는 부부가 함께 오기를 원하는가.
- 치료를 신청한 사람의 배우자가 기꺼이 치료에 참여하기를 원하는가.
- 치료받기를 원하는 배우자가 결혼관계(생활)를 유지하기를 원하는가.
  종결하기를 원하는가.

(2) TA 가족치료에서 개입대상이 가족인가, 개인인가

- 개별치료가 포함된 공동치료
- 개별치료가 없는 공동치료
- 같은 가족치료사로부터 별도의 개별치료
- 다른 가족치료사로부터 별도의 개별치료
- 한 배우자만 별도의 개별치료

(3) 별도의 치료 세션 배치

- 치료사는 배우자들에게 적어도 한 번은 개별치료 세션을 갖도록 요청한다.
  (가능한 같은 주간에 양쪽 다 할 것)
- '결혼관계 유지 또는 종결 의지'를 개별 세션에서 타진한다.
- 개별치료는 배우자로부터 위협받지 않고 솔직한 의견을 나타낼 수 있는 기회를 부여한다.
- 개별치료에서 제기되는 문제들의 종류는 성과 관련된 문제, 재결단 작업, 문제해결, 의사소통, 자존심, 생의 목적, 자기실현 등 다양하다.
- 치료사는 탄력적으로 공동치료 기간 중에도 개별치료를 병행할 수 있음을 허락해야 한다.
- 개별치료에서 '동정 구하기'(Poor Me) 게임, '당신이 아니었다면'(If it weren't

for Him)이라는 게임 연출로 자기 각본을 지탱하려는 내담자의 속셈에 넘어가지 않도록 주의해야 한다.

(4) 비밀 지켜주기

- 개별치료에서 이야기된 내용은 당사자가 요청하거나 허락하지 않는 한 상대방 배우자에게 절대로 이야기해서는 안 된다.
- 치료과정에서 어떤 내용을 배우자에게 알리는 것이 좋을지 내담자와 의논한다.
- 개별치료과정 중 그 치료에 참석하지 않은 배우자에 대해서 이야기하는 것은 삼가야 하며, 다만 그 배우자가 내담자에게 어떤 문제, 의미, 영향을 주고 있는지에 대한 내용은 취급될 수 있다.

(5) 치료사의 태도

- 치료사는 치료받는 가족들의 생각·느낌·행동에 대해서 옳고 그름을 판단하지 않고, 또 어느 한쪽의 편을 들어서는 안 된다.
- 치료사 자신의 감정이 가족치료에 개입되어서는 안 된다.
- 치료사는 가족들 스스로 서로를 잘 알도록 하는 과제양식을 만들어 준다.
- 가족이 해결하지 못한 문제를 함께 작업할 수 있도록 치료사는 도와야 하며, 이때 그들이 자유롭게 개별적이나 공동으로 선택할 수 있게 하여야 한다.
- 치료사는 가족들에게 어떤 변화가 초래되는 힘과 책임은 그들에게 있음을 인정하는 태도를 가진다.
- 치료사는 결혼을 치료하는 것이 아니라 사람을 치료한다.

(6) 치료과정과 안전

- 치료사는 배우자 쌍방이 치료 중 어떤 일이 일어나도 치료 세션 후 집에 돌아가 폭력을 행하지 않는다는 서면 동의를 각자로부터 받아야 한다.

- 치료 중 배우자 사이에서 '흠집 잡기 게임(Blame Game)'이 일어나면 치료사가 개입해야 한다.
- 치료 중 싸움이나 좋지 않은 감정이 생기면 각자가 자기 입장을 방어하지 않도록 도와야 한다. 한쪽의 방어는 다른 쪽의 공격을 유발시키기 때문이다.
- 배우자들은 삼각관계에서 박해자나 희생자가 되어서는 안 되며, 특히 치료사는 구원자가 되어서는 안 된다는 격언을 명심해야 한다.

(7) 가족치료에서 다른 이론과 TA이론의 접목

- 단일이론(Single Theory) 접근
- 절충적 관점(Eclectic View)
- 창조적 종합 접근(Creative Synthesis Approach)
- 혁신적 치료(Innovative Psychotherapy)

3) TA 가족치료의 과정

(1) 계약체결

1 치료과정의 사전과제는 치료전략을 세우는 일

'우리가 원하는 치료목적을 달성했다는 사실을 내담자와 치료사가 어떻게 객관적으로 알 수 있는가?' (치료계약에는 법적 계약요소도 포함된다.)

2 말하기와 듣기

치료사는 부부 각자에게 5분씩 자신의 가족생활이나 사생활에서 나타나는 문제를 설명하도록 함으로써 이 치료 세션에서 무엇을 얻기를 원하는지 간략하게 이야기하도록 한다. 5분이 지나면 "시간이 되었습니다."라고 하며 즉시 침묵하도록 한다. 이때 말하지 않고 침묵해도 5분이 지나면 끝내도록 한다. 5분 동안 이야기가 끝나면 배우자 상대방이 이야기한 것을 들은 대로 말하게 하고, 그것에 대해 찬성하는지 5분 정도 말하도록 한다.

'듣는 것이 동조하는 것보다 더 중요하다.'는 것을 상기하도록 한다.

한쪽에 대한 상기 과정이 끝나면 다른 쪽도 실시한다.

가족치료 시작시 '말하기-청취하기 계약'은 매우 중요한 의미를 지닌다.

부부관계에서 상대방의 고통과 문제를 처음으로 진지하게 듣는 기회가 될 수 있다. 부부가 이 부분의 치료(계약)를 마친 후에, 서로가 5분간에 일어났던 사실들에 대하여 피드백을 줄 수 있는 기회를 15~20분 정도 준다.

3 중요한 치료문제의 발견

치료사는 부부 각자의 문제를 별도로 간략하게 재언급하도록 하며, 칠판을 사용하여 각자의 이름을 쓰고 문제를 적음으로써 내담자에게 문제를 대변시킨다. 이때 부부 사이에서 진짜 문제는 회피하고 표면적 문제만을 부각시키기 위한 '소동게임(Uproar Game)'이 나타나게 된다. 치료사는 나열한 문제들 중 어떤 문제에 초점을 맞추어 그 세션을 진행할 것인지 질문하도록 한다. 치료사는 내담자가 주도권을 갖고 치료과정에 임하도록 격려하고 능력(power)을 부여해야 한다. 또한 치료사는 격려 등 긍정적 스트로크를 NP, A로 주며(가끔 FC 사용), 내담자가 자신의 내면적 문제를 다루도록 치료의 구조화를 제공해야 한다.

4 TA의 계약적 방법

- 치료사와 내담자 사이에 치료의 목표(goals)를 분명히 한다.
- 치료사와 내담자를 동등한 위치에 놓는다.
- 치료사와 내담자가 협조의 자세로 치료에 임한다.
- Berne은 치료를 "쌍방의 헌신(commitment)"이라 정의했다.
- 계약의 종류로는 행정적(사업적) 계약과 임상적(치료적) 계약이 있다.

(2) 각본들

- 문제가 규정되면 그 문제의 원인이 부부관계에서 유래된 것인지 각본에서 유래된 것인지를 탐색한다.
  "그 문제가 당신 개인에게 어떻게 영향을 주고 있습니까?"

- 관계지향적 문제는 관계(부부)가 시작될 때에 문제도 시작되었기 때문에, 이때 치료접근은 상담과 문제해결 방법으로 개입한다.
- 각본지향적 문제는 부부관계가 형성되기 전 아동기로부터 시작된 것이고, 치료는 심리퇴행(psycho-regression)방법을 통하여 문제근원을 재체험하도록 한다.
  "이것이 얼마나 오랜 동안 문제가 되어 왔는지 생각해 보십시오."
  "이 문제해결을 위해 지금까지 스스로 무엇을 했는지 생각해 보십시오."
  "배우자를 만나기 전에 이것이 어떻게 문제가 되었는지 말해 주십시오."
- 치료과제가 각본문제라고 한다면 내담자가 각본문제에 대한 작업을 하기 원하는지 질문한다.
- 누가 먼저 치료를 받을 것인지에 대해 각자의 의견을 표시한다. 언어, 몸짓 등을 통해서 결정할 수도 있다.
- 치료사는 부부 한쪽에서 스스로를 '환자'로 정의하는 것을 허락하지 않으며, 치료시간의 배정은 동일하게 해야 한다.
- 부부 중 한쪽을 치료할 때 치료받지 않는 사람이 치료 장면에 함께한다는 것은 상대방을 격려하고, 이해하고, 또한 자신의 내면적 퇴행 작업에 임할 수 있다는 면에서 매우 중요한 의미를 지닌다.

(3) 각본퇴행

- 각본퇴행은 치료과정의 핵심이다.
- 눈을 감고 치료실의 현실에서 퇴행하도록 심리퇴행기법을 사용한다.
  현재의 나쁜 감정과 유사한 감정을 체험했던 과거로 돌아가도록 일종의 최면기법을 사용한다. "당신의 과거로 돌아가십시오."
- 치료사는 그런 나쁜 감정에 수반되어 나타나는 신체적 단서들을 관찰해야 한다. (㉈ 찡그린 인상, 입을 꽉 다물기, 주먹 쥐기, 머리 흔들기, 한숨쉬기, 숨 가빠지기, 손가락으로 책상 치기 등)
- 부정적 감정을 극대화시키기 위해 내담자의 뒤에서 어깨에 손을 얹는 등

신체적 접촉을 할 수 있다.

- 손을 꽉 쥐도록 하는 등 신체적 활동을 지시함으로써 내면의 깊숙한 감정에 접근할 수 있도록 한다.
- 심리적 퇴행이 초기 아동기에 가까울수록 치료자가 극적으로 그리고 쉽게 내담자를 치료할 수 있다.

1 각본이 어떻게 작용하는가?

- 초기 아동기에 체험했던 에피소드(episodes, 특별한 사건)를 재체험하는 것이 치료에 어떤 도움을 주는지 잘 설명한다.
- 여자 친구로부터 버림받아 우울증 증상으로 고생하는 사례의 예
  –아동기에 부엌에 들어갈 때마다 어머니는 "나가!"라고 하셨다.
  –아동은 "존재해서는 안 된다."라는 금지령으로 받아들였다.
  –"존재할 가치가 없다."라는 각본이 성립/결단되었다.
  –'나를 차 주세요'(Kick Me) 게임을 하며 '거부' 스탬프를 축적해 왔다.
  –우울증으로 나타남
- 아동기 장면으로 심리적 퇴행(Psycho–regression)이 되면(기법)
  –지금 몇 살입니까?
  –어디 있습니까?
  –옆에는 누가 있습니까?
  –지금 누구와 무슨 말을 하고 있습니까?
  –현재 느끼고 있는 감정은 어떤 것입니까?
  –이야기하고 싶은데 못하고 있는 이야기 내용은 무엇입니까?
  –그 이야기를 지금 하시겠습니까? 등
- 결단은 어린이 자아상태(C)가 관련된다.
- 아동기 장면으로 퇴행한 내담자가 이야기할 때 치료사는
  "그 말의 뜻을 알겠어요."
  "그런 일이 일어났던 사실이 나도 상상이 됩니다."

"당신이 말하고자 하는 것을 알겠어요." 등으로 반응한다.

- 아동기 에피소드를 재체험하게 되면, 치료사는
  "당신이 한 인간으로서 자신에 대하여 어떤 결단을 내리겠습니까?"
  "당신 주위에 있는 사람들의 영향을 받아 어떤 결정을 내리시겠습니까?"
  여기에서 인간의 기본생활태도와 관련된 진단이 가능하게 된다.

2 실존적 각본결단

- 아동기의 기본 결단(자신과 타인에 대한)은 네 개의 실존적 각본결단 입장 중 하나를 견고하게 취하게 되는 경향을 나타낸다.
- 네 개의 실존적 각본결단
  –자기긍정, 타인긍정
  –자기긍정, 타인부정
  –자기부정, 타인긍정
  –자기부정, 타인부정
- OK 목장 이론으로 네 가지 입장에서 나타나는 신체적, 심리적, 사회적, 성격 적응적 증상을 진단할 수 있으며, 이것이 부부관계에서 어떻게 문제를 일으키는지 진단에 중요한 단서와 치료의 방향을 결정하는 데 도움을 준다.

(4) 재결단 작업

- 퇴행을 통해 각본결단을 일단 끌어내면 재결단 작업이 시작된다.
- 치료사: "정말 어려운 입장에 처해 있군요. 이것에 대해 어떤 해결책을 강구해 봅시다. 눈을 뜨고 이쪽 의자에 옮겨 앉으십시오."
- 본래의 의자는 "각본화된 어린이 의자(scripted child chair)"라고 하는데 의자 반대쪽에 두 의자를 나란히 놓고 한 의자에 내담자를 앉힌다.
  그 옆에 내담자 배우자를 앉힌다. [이런 의자는 '치유적 의자(curative chair)'라고 한다].
- 치료사는 치유적 의자에 앉은 사람에게 "좋은 어머니(good mother)", "좋

은 아버지(good daddy)"가 되어 "각본화된 아동(상징적으로 첫 번째의 의자에 앉아 있음)"의 좋은 부모가 되게끔 한다.

- 치료사는 양쪽 부모에게 긴장을 풀고 숨을 깊이 들이마시며 양육적 어버이(NP)로서 상처받은 어린이를 위로하고 도와주도록 지시한다.
- 이번에는 치료사가 내담자의 NP 감정을 잘 발산하도록 뒤에 가서 다정하게 그의 어깨에 손을 올려놓을 수도 있다.
- 부모(좋은)가 되어있는 내담자(들)에게 상징적으로 앉아 있는 빈 의자의 상처받은 아이에게 용기와 위로, 보호와 지지, 합리적 조언을 줄 수 있는 다정한 말로 치료를 하게 한다.
- 양육적 작업이 끝나면 내담자를 다시 본래의 자리(Scripted Chair)에 옮겨 앉게 한 후 치료사는 다음과 같이 질문할 수 있다.
  "만일 지금 들은 것이 사실이라면 당신의 방식대로 고마움을 나타내십시오. 그렇지 않다면 솔직하게 당신의 부정적 생각과 느낌을 그 부모들에게 토로하십시오."
- 만일 부정적인 경우는 다시 재결단 작업에서 좋은 부모의 자리에 옮겨 앉아 상처받은 어린이를 돕게 하는데 세 번 정도 옮겨 가며 이 작업을 할 수 있다.
- 만일 각본에 붙잡힌 어린이가 전혀 변화가 없을 경우 여기에 나타난 '임파세'(impasse, 진퇴양난)에 초점을 맞추어 다음 세션에서 치료한다.

(5) 치유

- 치유는 상처받은 어린이가 NP로부터 진정으로 긍정적으로 도움을 주는 데 반응하거나, 실질적이고 논리적인 A, 또는 재미있고 창의적인 FC의 도움에 반응할 때 나타난다.
- 치유의 과정은 게스탈트의 두 의자기법을 사용하여 내담자의 심중에 있는 것을 외부로 표출시키는 방법으로 진행한다.
- 치유란 이와 같은 인식의 과정에서 일어난다.

- 부부 간에 행하여졌던 논쟁과 갈등은 피상적인 원인을 갖고 실시되어 왔다는 사실을 인식하게 되며 피상적 원인의 저변에 깔려있는 각본에서 '진짜 원인'(real cause)과 '진짜 문제'를 인식하게 될 때 부부(가족)치유가 일어나게 된다.

(6) 종결

- 세션 마지막에는 항상 C를 A가 되도록 권한다.

치료사: "지금 느낌이 어떠세요. 이번 세션에서 무엇을 얻었다고 생각하십니까?"

- 치료사는 이 치료에서 체험한 긍정적 감정을 갖고 자신의 성장과 행복, 그리고 부부(가족)의 성장과 행복을 유지하기 위해 어떤 실천을 해나갈 것인가를 구체적으로 답변하도록 내담자에게 요청한다.
- 세션은 긍정적인 스트로크(껴안기, 웃음, 악수 등)로 종결되며, 유사한 문제가 생길 때 여기에서 습득한 통찰과 기술로 해결하도록 권장한다.

4) 가족치료와 이고그램

(1) 이고그램의 정의와 작성방법, 해석법

-이고그램 체크리스트로 실습함

(2) 이고그램과 에너지이론

- 모든 사람은 이고그램으로 상징화된 성격프로파일을 갖고 있다.
- 자아상태 에너지는 유동적이다.
- 어떤 자아상태(CP, NP, A, FC, AC)의 에너지가 기능적으로 높아지면 낮은 자아상태의 성장은 억제된다.

(3) CP, NP, A, FC, AC의 특성에 대한 긍정적 측면과 부정적 측면의 이해

[표 5-2] 각 자아상태에 대한 긍정적, 부정적 설명

P	CP	긍정적 측면 : 이상, 양심, 권위, 도덕적, 정의감 부정적 측면 : 비난 · 질책, 강제, 편견, 권력
	NP	긍정적 측면 : 동정, 위로, 공감, 보호, 관용 부정적 측면 : 과보호, 응석받이, 묵인, 공연한 참견
A		긍정적 측면 : 지성, 이성, 잘 살아가기 위한 적응수단, 컴퓨터, 정보수집, 사실에 입각한 판단, 냉정한 계산, 현상의 분석, 분석적 사고 부정적 측면 : 과학에의 맹신, 자연무시, 자기중심성, 물질만능주의
C	FC	긍정적 측면 : 천진난만, 자연에 따르고 순응, 자유스런 감정표현, 직관력, 창조의 원인 부정적 측면 : 충동적, 제멋대로, 방약무인, 무책임
	AC	긍정적 측면 : 참음, 감정의 억제, 타협, 신중, 타인의 기대에 따르려고 노력, 착한 아이 부정적 측면 : 주체성의 결여, 소극적, 자기속박, 적대감 온존

(4) 결혼관계(부부) 진단과 이고그램

1 수렁에 빠진 부부관계

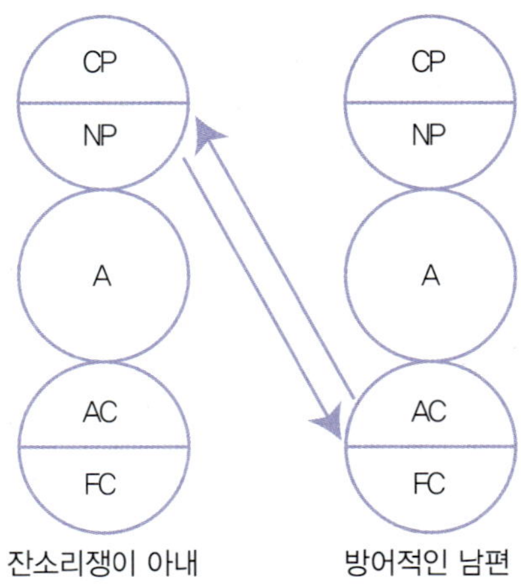

[그림 5-16] 수렁에 빠진 부부관계의 의사소통

2 원만한 부부관계

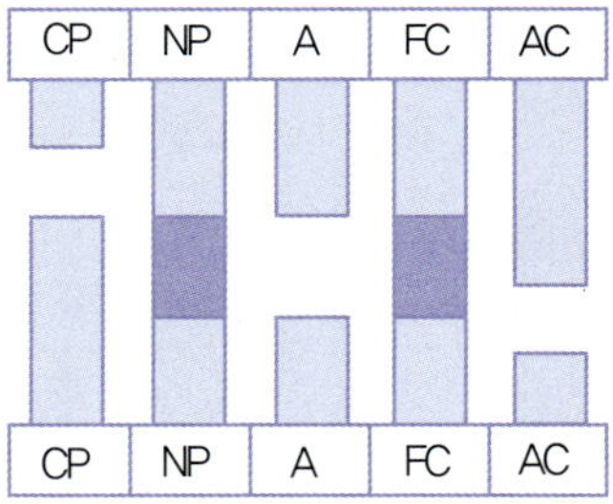

[그림 5-17] 원만한 부부관계의 이고그램

3 명목상의 부부관계

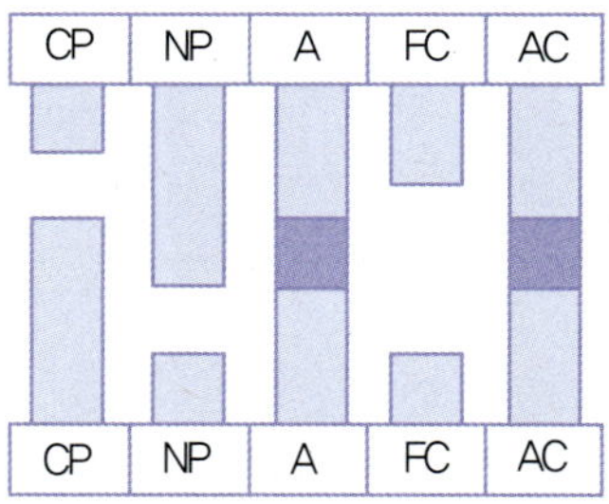

[그림 5-18] 명목상 부부관계의 이고그램

4 명목상의 부부관계 치료 결과

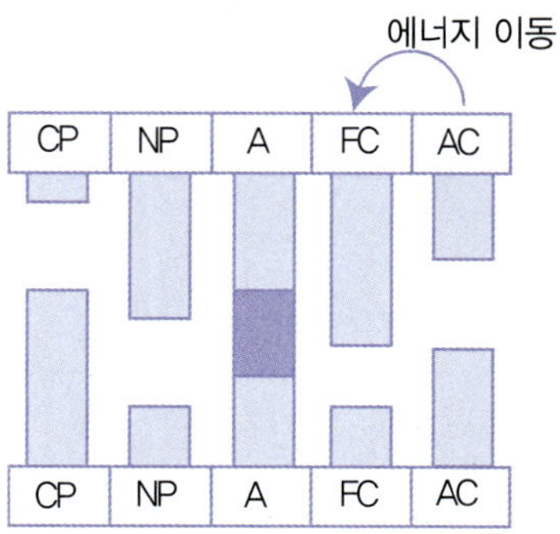

[그림 5-19] 명목상 부부관계의 치료 후 이고그램

5) TA 가족치료와 성격적응이론

(1) 양육방법과 성격유형

1 임시지향적 양육방법 (Tentative, Under)

–적응특징 : 지지적(긍정), 철퇴(부정)

–성격유형 : 분열증적 성격

2 예측적 양육방법 (Anticipatory, Over)

–적응특징 : 조장(긍정), 조작(부정)

–성격유형 : 반사회적 성격

3 비일관적 양육방법 (Inconsistent)

–적응특징 : 조심성(긍정), 의심(부정)

–성격유형 : 편집증

4 악전 고투적 양육방법 (Struggle)

–적응특징 : 끈기(긍정), 고집(부정)

–성격유형 : 수동–공격성

5 성취지향적 양육방법 (Achievement)

–적응특징 : 성취(긍정), 과잉성취(부정)

–성격유형 : 강박신경증적

6 타인 행복 조장적 양육방법 (Keep Other Happy)

–적응특징 : 반응(긍정), 과잉반응(부정)

–성격유형 : 히스테리

(2) 성격적응 유형(요약)과 가족치료

Paul Ware(M.D.)와 Vann Joines(Ph.D.)는 성격적응 유형을 TA 준거에 의하여 전통적 정신분석학(DSM–III–R)의 영역에서 개발하였다.

이 성격적응 유형 요약(Personality Adaptation Summary)의 자료는 TA 가족치료에서 핵심을 이루는 각본(Script)이론을 성격특질, 행동묘사, 드라이버(Drivers), 라켓(Rackets), 게임(Games), 금지령(Injunctions) 등을 간결히 소개함으로써 TA 가족치료(특히 각본작업)에 중요한 자료로 활용된다.

성격적응 유형은 다음의 표와 같다.

[표 5-3] 성격적응 (요약)

1. 정신분열적 성격적응(유형) Schizoid BTF*	창의적 몽상가 Creative Daydreamer / 임시지향적 양육 Tentative Parenting
성격특질	철회적 수동성, 몽상, 회피, 동떨어진, 예술적, 창의적 생각, 타인에 대한 관심(배려)
행동묘사	부끄러움, 과잉 민감, 외향적, 배려적, 지지적, 즐거운, 기쁜, 친절
드라이버	강하라, 열심히 하라 또는 타인을 기쁘게 하라
라 켓	혼돈, 멍해짐, 상처와 분노를 숨기는 두려움
게 임	저를 차주세요, 당신의 탓으로 이렇게 되었어요
금지령	성공하지 말라, 어울리지 말라, 즐기지 말라, 제정신이 되지 말라, 성장하지 말라, 느끼지 말라(기쁨, 성, 분노), 생각하지 말라
2. 반사회적 성격적응(유형) Antisocial BFT*	**매력적 조작자 Charming Manipulator / 예기적 양육방법 Anticipatory Parenting**
성격특질	갈등(사회규칙), 낮은 좌절내구력, 흥분과 드라마 추구, 높은 에너지 목표지향적, 독자적 사고의 우월
행동묘사	이기적, 감식한, 무책임적, 충동적, 매력적, 카리스마틱, 공격적, 잘 표현하는, 촉진, 조작적
드라이버	강하라, 타인을 기쁘게 하라
라 켓	슬픔과 두려움을 숨기는 혼돈과 분노
게 임	경관과 도둑, 할 수 있다면 잡아봐라, 유혹
금지령	성공하지 말라, 친밀하지 말라, 느끼지 말라(두려움, 슬픔), 생각하지 말라(미래의 문제해결), 앞질러 생각, 타인을 바보로 만들기

(표 계속)

3. 편집성적 성격적응(유형) Paranoid TFB*	특출한 회의주의 Brilliant Skeptic	일관된 양육방법 Inconsistent Parenting
성격특질	사고의 경직성, 과장, 투사적, 특출한 사고자, 높은 경계심, 모든 것을 최고로 하려고 함, 상세한 것들에 주의	
행동묘사	과잉 민감, 회의적, 질투적, 시기, 지식소유, 조심성	
드라이버	강하다, 완전하다	
라 켓	두려움을 숨기는 분노	
게 임	혼내주겠다, 흠집 잡기	
금지령	어린이가 되지 말라, 친밀해지지 말라, 소속되지 말라, 즐기지 말라	
4. 수동-공격적 성격적응(유형) Passive-Aggressive BFT*	**명랑한 저항자 Playful Resistor**	**아이와 어려움을 겪는 양육방법 Struggling with the Child**
성격특질	공격 수동적, 증오의 표시, 과잉의존, 자기들 스스로 생각한다는 결단, 문제의 양면을 저울질	
행동묘사	방해, 뾰루퉁, 고집 센, 충성스러운, 활기찬, 장난기, 집요한	
드라이버	열심히 하라, 강하라	
라 켓	상처를 숨기는 좌절감	
게 임	네, 그러나…, 무엇인가 해 달라, 바보, 몰아넣기, 나를 차주세요	
금지령	성장하지 말라, 느끼지 말라, 즐기지 말라, 친밀하지 말라	
5. 강박신경성적 성격적응(유형) Obsessive-Compulsive TFB*	**책임성 있는 일 중독자 Responsible Workaholic**	**성취 강조적 양육방법 Emphasis: Achievement**
성격특질	순응적, 성실한, 책임적, 신뢰할 수 있는	
행동묘사	완벽주의, 과잉억제, 과잉 의식성, 책임성 있는, 긴장(이완하기가 어려움), 의존할 수 있는, 깔끔한	
드라이버	당신이 완전한 나에게 OK, 타인을 기쁘게 하라, 강하라 또는 열심히 하라	
라 켓	불안, 우울, 슬픔과 분노를 숨기는 죄의식, 슬픔을 숨기는 분노	
게 임	괴로움증(자기징벌), 동정 모으기, 당신이 아니었다면(대인공포)	
금지령	어린이가 되지 말라, 느끼지 말라, 친밀하지 말라, 중요한 사람이 되지 말라, 즐기지 말라	

(표 계속)

6. 히스테리성적 성격적응(유형) Hysterical FTB*	열정적 과잉반응자 Enthusiastic Overreactor	타인을 계속 기쁘게 하는 것을 강조하는 양육유형 Emphasis: Keeping Others Happy
성격특질	흥분성이 강한, 과잉반응, 정서적 불안정, 극적, 주의력 알기, 유혹적, 타인의 감정을 배려, 상상력이 강한	
행동묘사	미성숙, 자기중심적, 무익한, 의존성, 유희적, 매력적, 재미있는	
드라이버	타인을 기쁘게 하라, 열심히 하라 혹은 서둘러라	
라 켓	두려움, 슬픔, 분노를 숨기는 혼돈	
게 임	유혹, 당신이 아니었다면	
금지령	성장하지 말라, 생각하지 말라, 중요해지지 말라(동성의 부모로부터), 네 자신이 되지 말라.	

*The doors are B=Behavior, T=Thinking, F=Feeling
The order of the doors is : open, target, trap
(This material was originally developed by Paul Ware, M.D. and revised by Vann Joines, Ph.D. See Stewart, I. & Joines, V. (1987). TA Today. for an explanation of the terms.)

8. 적용사례

- 대　　상 : 가정폭력으로 법원에서 상담명령을 받은 행위자 2명
- 관계특성 : 행위자에게서 볼 수 있는 주된 생활 태도
  → 나는 내 자신과는 별 문제 없는데 너하고만 문제가 돼!
  나 자신에게 문제가 있겠지만 너하고 있으면 문제가 커져!

1) 첫 번째 내담자

아동기 성장배경

- 부모 중 한 사람 또는 양쪽 모두가 가학적이고 무시하는 행동양식을 보임
- 행위자는 A 또는 NP가 아닌 CP 혹은 C의 부모 밑에서 성장
- 부정적인 스트로크를 많이 받음
- 능력을 최대한 발휘하는 것 허락하지 않았음 → 패자각본의 명령
- 금지령 : '존재하지 말라(Don't be exist!)'
- 처벌 : 잦은 언어적, 육체적 폭행
- 자신의 존재를 주장하지 못하도록 학습

성격적 특성

- 우울, 타인에 대한 불신, 비난 및 폭력

개입 기법

- Parent Interview－빈 의자 기법의 변형

치료사가 내담자에게 질문을 하면 그가 빈 의자에 앉아서 그의 부모역할을 하거나, 치료사가 빈 의자를 향해 질문을 던지면 내담자가 자기 자리에 앉아서 빈 의자의 위치에서 치료사에게 대답을 하기도 한다. 이를 통하여 내담자의 상황을 '내재화한 부모 자아 상태'의 시점으로 관찰할 수 있는 기회를 갖고자 한다.

행위자의 진술

가족들과 함께 있을 때 아버지가 자신에게는 말씀을 하지 않으려는 것처럼 느꼈다. 아버지를 비롯한 가족은 이 가족과 여러 해 동안 연락을 단절하고 있었고, 왜 아버지가 그렇게 부당하게 대하셨는지 모르겠다.

(내담자는 <아버지> 의자에 앉아 있다.)
치료사 : 아들을 보고도 왜 아무 말씀을 안 하시는 겁니까?
내담자 : (아버지처럼 말하면서) 쟤는 내 아들이 아닙니다.
치 : 무슨 말씀이신지 이해가 안 갑니다. 그는 선생님 아들이잖아요.
내 : 나는 쟤 엄마가 쟤를 가지기를 원치 않았어요.
치 : 그건 그의 책임은 아니지 않습니까.
내 : 그는 태어나지 말았어야 했어요.
치 : 많은 아이들이 계획대로만 태어나는 건 아니죠.
내 : 잰 내 아이가 아닙니다.

(내담자는 행위자의 의자로 이동)
치 : 선생님이 행복하게 살려면 아버지의 인정이 꼭 필요하신가요?
내 : 아닙니다. 없어도 됩니다. 지금까지 그냥 살아왔는데요 뭘.
치 : 아버지에게 직접 말씀하실 수 있겠어요.
"내가 내 인생을 살아가는 데 아버지의 인정을 꼭 받아야 하는 건 아니죠."

내 : (빈 의자를 바라보면서)
제가 살아가는 데 꼭 아버지의 인정을 받을 필요는 없어요.
지금까지 뭘 해주신 것도 없잖아요.
내 : (아버지로서) 네 생각은 자유지.
내 : 그렇겠지요.
내 : (아버지로서) 좋을 대로.

> 이것은 그의 아버지의 C로부터 내담자에게 주어졌고, 현재에도 그의 다 자란 아들을 볼 때마다 아버지의 행동은 "존재하지 말라" 금지령을 계속 재강화하고 있었다. 내담자는 이 (아버지와의) 대화를 마치고 좀 편안해져 보였다.
> 그는 상황을 더 잘 이해하게 됐다며 미소지었다. 재결단 작업의 시작이었다.

2) 두 번째 내담자

성장배경

- 현　재 : 안정된 회사에 근무함
- 아동기 : 육체적 학대를 받거나 목격한 경험이 없음
- 금지령 : 자신의 느낌을 가지지 말라(Don't feel!)
- 본인의 느낌

  나는 내 감정생활에 대해 책임을 지지 않아도 된다고 생각했다.

  나야말로 희생자다.
- 길항금지령(counter-injunction)

  남자는 강해야 한다.

  여성의 자리는 가정에 있다. 남성은 집안의 가장이다.

행위자의 진술

내 : (빈자리에 앉은 과거의 어머니에게)

아버지가 가족 내 모든 일들을 결정하셨나요?

내 : (어머니로서) 그러셨지.

내 : 항상 동의하셨어요?

내 : (어머니로서) 그럼, 의논을 한 다음에 그랬지.

내 : 그래서 아버지 마음대로 하셨군요.

내 : (어머니로서) 그래, 그런 것 같다. 근데 나는 그렇게 생각하지 않았

내 : 한 번이라도 반대하신 적은 있나요?

내 : (어머니로서) 아니, 없다.

내 : 왜요?

내 : (어머니로서) 아버지가 제일 잘 판단하셨으니까.

내 : 제 아내는 자신만의 의견을 가지고 있는걸요.

제 결정들을 썩 좋아하지 않아요. 어떡하죠?

내 : (어머니로서) 뭐라고 해야 좋을지 모르겠다.

아버지랑 나는 언제나 일치했어.

내: 언제나요?

내: (어머니로서) 그럼, 언제나…….

> 이 내담자의 경우 부모가 의견이 불일치했거나 갈등적인 상호작용을 본 적이 없기 때문에 자신의 배우자에게 언제나 자신의 의견을 따를 것을 강요하려고 했던 것이 문제를 일으켰다.
>
> 그는 어머니가 아닌 다른 여성과 결혼한 것이라는 것을 인지했다.

가족 안에서의 긍정적인 어린이 치료

- 자녀는 소유물이 아닌 손님처럼 대한다.
- 자녀를 분리되고 가치 있는 한 인간으로 인정한다.
- 어떻게 개념화하고, 예측하고, 의사소통하며 세상과 관계를 맺어 나가는지에 대해 부모는 자녀에게 일관성 있는 예를 제공한다.
- 자녀가 집을 떠나서 자신의 가족을 형성할 나이가 되면 가족 체계에 묶어 두어서는 안 된다.
- 타인과의 관계에서 어떻게 베풀고, 어떻게 적절한 제한을 두는지에 대한 일관성 있는 예를 제공한다.
- 어떻게 타인과 삶을 공유하고, 협력하고, 즐기고, 친밀해지고, 향유하는지에 대한 모델링을 제공한다.
- 자녀가 자신의 Okay-ness에 대해 확신하고, 자신의 능력을 신뢰할 수 있도록 돕는다.

인생각본 질문지

1. 이름은 어떻게 지어졌나요?
2. 출생서열은?
3. 아버지를 묘사한다면 어떻게 표현하시겠어요?
4. 어머니를 묘사한다면 어떻게 표현하시겠어요?
5. 자신을 묘사한다면 어떻게 표현하시겠어요?
6. 아버지가 변화될 수 있다면 어떤 점이 변화되기를 바라시나요?
7. 아버지가 그럴 수밖에 없었다면, 아버지와 당신은 어떻게 다르다고 생각하나요?
8. 어머니가 변화될 수 있다면 어떤 점이 변화되기를 바라시나요?
9. 어머니가 그럴 수밖에 없었다면, 어머니와 당신은 어떻게 다르다고 생각하나요?
10. 당신이 원하는대로 변화될 수 있다면 무엇이 변화되기를 원하나요?
11. 어렸을 때 어떤 사람이 되고 싶었나요?
12. 어렸을 때 아버지는 당신이 어떤 사람이 되기를 원하셨나요?
13. 어렸을 때 어머니는 당신이 어떤 사람이 되기를 원하셨나요?
14. 어렸을 때 아버지는 어떤 조언을 하셨나요?
15. 아버지가 조언해 주셨을 때 당신은 무슨 생각을 했나요?
16. 어렸을 때 어머니는 어떤 조언을 하셨나요?
17. 어머니가 조언해 주셨을 때 당신은 무슨 생각을 했나요?
18. 초등학교 3학년 이전에 좋아했던 놀이는 무엇이었나요?
19. 출생과 관련하여 들었던 이야기가 있나요?
20. 어렸을 때 좋아했던 옛날 이야기는 무엇이었나요?
21. 그 이야기 줄거리는 어떤 것인가요?
22. 그 이야기의 어떤 점이 좋았나요?
23. 이야기속의 어떤 주인공과 동일시하였나요?
24. 이야기의 끝은 어떠했나요?
25. 당신이 잘못했을 때 어머니가 자주 하시던 말씀은 무엇이었나요?
26. 당신이 잘했을 때 어머니가 자주 하시던 말씀은 무엇이었나요?
27. 당신이 잘못했을 때 아버지가 자주 하시던 말씀은 무엇이었나요?
28. 당신이 잘했을 때 아버지가 자주 하시던 말씀은 무엇이었나요?

29. 순조롭게 된다면 앞으로 5년 후에 당신은 어떻게 될 거라고 생각하시나요?
30. 잘못되어 간다면 앞으로 5년 후에 당신은 어떻게 될 거라고 생각하시나요?
31. 당신에게 살아있는 것이 행복하고 사랑스럽고 성공적이고 기쁘다고 느끼게 하는 것은 무엇인가요?
32. 당신에게 가장 불행, 불쾌, 우울, 격분의 감정이나 끔찍스럽다고 느끼게 하는 것은 무엇인가요?
33. 할 수 있다면 어떤 사람이 되고 싶은가요, 왜 그렇게 되고 싶은가요?
34. 지금까지 살아오면서 가장 좋았던 일은 무엇인가요?
35. 지금까지 살아오면서 가장 나빴던 것은 무엇인가요?
36. 앞으로 몇 년이나 더 살 것이라고 생각되나요?
37. 어떤 모습으로 죽음을 맞이하게 될 것이라고 그려 보나요?
38. 묘비에 어떤 글이 쓰여 지기를 바라나요?
39. 가끔 무엇이 잘못되었다고 느낀다면 그것은 무엇인가요?
40. 어렸을 때 부모들에게 듣고 싶었던 말씀이 있었다면 어떤 말씀이었을까요?
41. 어렸을 때 부모들이 하시지 않았었다면 하는 말씀이 있었다면 어떤 말씀이었나요?
42. 당신의 생애에서 자주 일어나는 불쾌한 감정은 어떤 것들이 있나요?
43. 어렸을 때나 어떤 나이에 사람들이 아주 비열하고 무자비하고 밉살스럽게 대했거나 말해 주었던 것은 무엇인가요?
44. 그때 무엇을 느꼈고 무엇을 하려고 결심했나요?
45. 항상 똑같은 감정으로 반복되게 하는 것이 있나요?
    거기에서 오는 느낌은 어떠한가요?

Chapter 6

해결중심 단기 가족치료 모델

1. 기원 및 주요 인물
2. 이론 발달과정 및 중심 개념
3. 치료목표의 설정
4. 치료적 개입
5. 평가 및 효과
6. 적용사례

1. 기원 및 주요 인물

해결중심 모델은 전략적 치료 중 특히 MRI 모델의 토양에서 배태되었다. 전략적 학파의 역사와 병리를 강조하지 않으며 간결한 것을 중요시하는 점을 그대로 유지하면서 다만 문제에 초점을 두지 않는다. 전략적 모델에서는 문제를 둘러싼 상호작용에 대해 내담자와 대화를 하면서 문제해결에 효과적이지 않았던 해결책을 발견하려 하지만 해결중심 모델에서는 효과적이었던 해결책을 찾아보게 한다. 해결중심 단기 가족치료는 Insoo Berg(1934~2006)와 de Shazer(1940~2005)에 의해 발달된 이론으로서, 전통적인 의료 모델을 기초로 하는 문제중심의 관점에서 벗어나 문제의 해결에 초점을 두고 접근하는 가족치료 모델이다. 이러한 배경으로 해결중심 모델은 해결방안 구축 모델이라고 불리워지고 있으며, 실용적 극소주의, 인지에 대한 강조, 그리고 쉽게 가르칠 수 있는 기법들이 어우러져 실무자와 연구자들에게 인기를 얻고 있다.

해결중심적 접근에서 두각을 나타내고 있는 인물들은 대부분 밀워키에 있는 단기가족치료센터(Brief Family Therapy Center, BFTC)에서 일한 경험이 있다. BFTC는 1979년에 Steve de Shazer와 Insoo Berg를 중심으로 이루어졌다. 이전에 Palo Alto에서 MRI 집단과 함께 작업하면서 단기적 접근에 많은 영향을 주었던 de Shazer는 해결중심 이론의 주요 개발자이나 임상보다는 연구와 집필에 몰두하였다. 주로 임상가로 알려진 Insoo Berg 또한 이론 발전에도 기여하였으며 전 세계적으로 치료사들을 훈련시켰으며 알코올중독에도 이 모델을 적용시켰다(Berg & Miller, 1992). 해결중심 모델을 아내구타에 적용시킨 Eve Lipchik도 BFTC에서 8년간 일했던 저명한 인물이다. Michele Weinner Davis(1992)는 de Shazer의 훈련을 받은 후 그녀의 책 『Divorce-Busting』에서 해결중심 모델을 결혼에 적용시켰다. 시카고의 Scott Miller는 BFTC에서 3년간 있으면서 알코올과 약물중독 치료를 지도하였고, 폭넓은 저술활동을 전개하였다. 이들 세 명의 치료사들은 더 이상 BFTC와는 관계를 맺고 있지는 않으나 해결중심 모델로 개업 중이며 동시에 여러 곳에서 해결중심 접근의 워크숍을 실시하고 있다.

2. 이론 발달과정 및 중심 개념

1) 이론 발달배경

de Shazer는 가치, 철학, 기술, 전략 등에서 영향을 받은 Erickson의 치료사례를 시청, 분석 및 토론하고 여러 측면에서 연구를 거듭하면서 그의 가치와 철학, 기법에서 영향을 받았고, 그의 전략을 사용하고 확대하고 개발하여 해결중심적 단기치료를 발전시켰다. 해결중심 치료의 기본이 되는 가정은 명확하고 간결하다. Insoo Berg가 말한 것처럼 우리는 우리 이론의 간결성이 매우 자랑스럽다. 간결해지기 위해서는 굉장한 훈련이 필요했다(Wylie, 1990). 가족치료를 규정짓는 특성 한 가지는 문제를 일으킨 과거가 아니라 문제가 유지되고 있는 현재에 초점을 두어온 것이다. 해결중심 치료사들은 문제가 해결될 미래에 초점을 둔다. 치료사는 내담자가 치료를 받으러 온 문제의 성질에 대해 많이 알 필요는 없다. MRI 모델처럼 이 모델에서는 자기 문제에 대한 편협하고 비판적인 시각이 잘못된 해결책을 경직되게 사용하는 패턴을 지속시킨다고 믿는다. 또한 내담자들이 정말 변화하고자 하는 의지가 있다고 가정한다. de Shazer는 "언어는 인간의 세계를 구성하며 인간의 세계는 전 세계를 구성한다. 언어의 외부에는 아무것도 존재하지 않는다. 사람 없이는 젖은 침대와 목소리, 우울증도 없다."고 하였다. 언어가 현실이라는 것을 받아들인다면 치료과정에서 필요한 것은 사람들이 그들의 문제에 대해 말하는 방식을 바꾸면 된다. 이러한 입장에서 해결중심 치료는 내담자의 '문제중심 대화'를 '해결중심 대화'로 바꾸는 데 목적을 두는 것이다. William Butler와 Keith Powers(1996)는 해결중심 치료사들이

Carl Rogers를 재현한다는 지적을 했다. 또한 그들은 이 모델의 중심이 내담자의 언어를 바꾸는 능력에 있다는 것인지, 내담자를 고양시키는 메시지인지, 아니면 내담자에게 힘을 북돋우는 Rogers의 공감적 상담에 있다는 것인지에 대한 해결중심 치료사들 간의 논쟁은 그 결과에 따라 임상실제가 달라지기 때문에 중요하다고 제안했다. 아울러 정말 중요한 것은 치료사의 태도와 내담자와 치료사 간의 교류가 관건이라는 것을 강조하고 있는 것처럼 이들 학파는 인간이 인간을 사랑하고 존중하는 마음과 내담자에게 친절하고 부드러운 마음을 매우 중요시하며, 가족치료사로서 인간에 대한 긍정적인 가정과 전제가치, 전문인으로서의 철학을 실생활에서 보여주고 있다.

2) 해결중심 단기 가족치료 모델의 관점

de Shazer는 MRI 학파와 함께 형태와 기능보다는 과정과 환류고리에 초점을 두었으며, 증상에 대하여 가족의 기능이나 역기능적 위계질서를 관련시키지 않았다. 반복적으로 발생하는 것, 목적, 기능, 가족구조에 관한 추리보다는料, 생각과 행동에 대한 자기강화 유형에 초점을 두는 공통점을 띠고 있다. de Shazer와 Insoo Berg의 관점은 다음과 같다.

첫째, 내담자의 문제해결능력을 인정하고 중요시한다. 즉, 자신이 가지고 있는 자원과 에너지에 관하여 가장 잘 알고 있다는 점을 인정한다.

둘째, 문제내용보다 해결방안 모색과 새로운 행동유형을 시작하는 데 초점을 둔다. 문제발생에 대하여 거의 언급하지 않는 대신에 해결에 초점을 둔다.

셋째, 내담자의 잠재적인 변화 욕구를 인정하고 중요시한다. 이는 내담자가 변화과정에서 저항을 나타낸다고 하는 개념을 거부한다.

넷째, 치료사의 역할은 내담자에게 무엇을 다르게 해야 하는지 직접 가르치지 않고, 행동변화를 하도록 새로운 전략을 가르치지도 않는다. 그래서 내담자들이 자신의 목표를 알게 하는 상황을 제공하고, 내담자들이 성공감을 갖도록 하고, 그 성공감이 내담자의 능력이 되도록 강점과 자원을 활용하게 한다.

다섯째, 치료사와 내담자의 관계는 협동적인 동료관계가 된다.

기존의 의료 모델에서는 의사가 환자의 욕구에 대한 좀더 많은 지식을 가지고 처방하는 상하관계였다면, 해결중심 단기 가족치료에서는 내담자가 자신의 문제에 관해 가장 많이 안다는 것과 내담자의 변화 욕구를 중요하게 여기므로 내담자에게 좀더 나은 해결방안과 최선의 것을 탐색하고 선택하는 데 있어서 내담자와 함께 작업해야 한다고 보는 관점을 가진다.

3) 기본 원리

해결중심적인 접근을 위한 원칙은 다음과 같다.

- 해결중심적 단기 가족치료는 긍정적인 측면에 초점을 둔다.

이는 문제해결의 측면, 긍정적인 측면, 미래에 초점을 맞출 때 바람직한 변화가 가능하다고 본다. 예외상황은 해결점을 제시하므로 성공한 것과 성공하게 된 구체적인 방법을 발견하는 것에 관심을 둔다.

- 내담자는 문제를 해결할 자원과 능력을 가지고 있다.

내담자가 이미 가지고 있는 자원, 기술, 지식, 믿음, 동기, 행동, 증상, 사회적 관계망, 환경, 개인적인 특성 등을 활용하여 내담자가 원하는 결과를 성취하도록 한다.

- 탈이론적, 비규범적 내담자의 견해를 존중한다.

내담자를 인간행동에 대한 가설적 이론의 틀에 맞추어 사정하고 평가하지 않고, 내담자가 표현하는 그대로 수용하며 개별성을 최대로 존중할 것을 의미한다. 모든 방법과 기술을 절충적으로 사용한다.

- 단순하고 가장 솔직한 의미를 추구한다.

해결중심적 모델은 치료목적을 달성하기 위해서 단순한 것에서부터 복잡한 것으로 접근한다. 이는 작은 변화는 큰 변화를 이끈다는 철학과 가정에서 비롯되는 것이다.

● 변화는 불가피한 것으로서 항상 일어나고 있다.

문제에만 관심을 갖게 되면 많은 예외적인 것 즉 문제가 발생하지 않는 상황을 무시하는 경향이 있다. 따라서 예외적 상황을 탐색하고, 문제상황의 차이점을 발견함으로써 문제가 발생하지 않는 상황을 증가시킨다.

● 현재와 미래를 지향한다.

이는 내담자를 과거와 문제로부터 멀리하고 미래와 해결방안을 구축하는 데 관심을 집중하도록 함이다.

● 내담자의 자율적인 협력을 중요시한다.

과거에는 내담자의 문제에 대한 견해, 내담자의 언어로 문제 표현, 상담자와 상호간에 협의된 목표설정, 내담자의 에너지와 자원을 활용하지 않았다. 그러나 해결중심에서는 목표성취를 위해 추진하는 것에 협력하는 것을 중요시하며, 치료사와 내담자가 함께 해결방안을 발견하고 구축하는 과정에서의 협력을 중요시한다.

● 해결중심 치료는 다음의 철학을 중요시한다.

첫째, 어떤 것이 기능하면 그것은 고치지 않으며,
둘째, 일단 효과가 있으면 그것을 좀더 하고,
셋째, 효과가 없다면 다시는 같은 방법이 아닌 다른 방법을 사용한다.

4) 치료사-내담자의 관계유형

해결중심 치료의 목표는 내담자들이 뭔가 다른 것을 하거나 생각하도록 도움으로써 내담자가 제시한 불평을 해결하고 내담자의 삶을 보다 만족스럽게 하는 것이다. 이미 내담자가 잘하고 있거나, 가지고 있는 자원의 활용을 확장하여 문제중심이 아니라 해결에 관한 긍정적인 견해를 가지게 된다면 보다 많은 해결책들이 만들어질 것이다. 이러한 목표를 성취하기 위하여 긍정적인 치료사-내담자 관계를 형성하는 그 자체가 치료를 협조적으로 시작하는 것으로 치료를 위한 목적설정과 관련된 질문을 하게 된다. 치료사와 내담자가 해결책에 관하여 이야기하면 할수록 그들은 새로운 구성을 하게 되고 함께 이야기하는 것을 진실이나 현실로 믿게 된다. 이 과정에서 치료사-내담자의 관계는 방문형, 불평형, 고객형의 세 개 범주로 분류하는데 관계유형은 내담자가 가족치료에 참여하게 된 동기와 상황, 입장 등과 관계가 많은 것을 발견하였고, 치료사가 내담자와의 관계형성에 있어서 내담자의 상태를 이해하고 접근하는 것이 치료효과를 결정한다고도 보았다.

(1) 고객형

문제를 해결하기 위하여 어떤 것이든 시도하려는 동기가 있는 사람으로서, 문제를 시인하고 해결을 위해 도움을 요청하며, 변화를 위해 무엇인가를 할 준비가 된 것을 언어적, 비언어적으로 표현한다. 매우 긍정적이고 협력적인 치료관계를 쉽게 발전시킬 수 있다. 치료사들에게는 이상적인 유형이지만 실제로 고객형의 내담자 비율은 상대적으로 적은 편이다.

내담자는 명확한 불평이나 치료목표에 대해 치료사와 함께 일하기로 동의하고, 내담자는 해결책을 찾거나 목표를 달성할 수 있는 능력이 자신에게 있는 것을 확인하게 된다.

(2) 불평형

내담자가 자신을 위해서가 아니고 다른 사람을 변화시키기 위한 목표를 가지고 상담에 임했을 때 발생하며, 치료목표를 아주 상세하게 기술하는 것이 상례적이다. 이 경우에 내담자 자신이 바로 해결의 실마리를 쥐고 있다고 보지 않으며 실제로는 해결책은 자기가 아닌 다른 누군가가 변화함으로써 얻을 수 있다고 믿는다.

이러한 불평형 내담자를 다루는 데 있어 가장 유용한 접근법은 증상이 있는 가족에 관한 생각과 관찰을 계속하지만 과거와 다른 방법으로 할 것을 격려하는 것이다. 내담자는 치료사가 자신의 노력을 지원하고 있다고 느끼기 때문에 치료사의 제안을 좀더 받아들이게 된다.

(3) 방문형

타의에 의해 치료사에게 온 상황(보호관찰, 사회봉사명령 등)으로서 이 내담자들은 치료목적, 목표, 해결방안 등이 자신이 원하는 것과 상반된다고 느끼기 때문에 문제에 대한 책임감이 없거나, 자신의 문제를 인정하지 않는 경향이 있다. 이들은 문제해결 동기가 약하고, 가능한 치료사와의 관계를 빨리 정리하고자 한다.

방문형 내담자를 위하여 Insoo Berg, Scott Miller와 de Shazer는 다음과 같은 방법을 제안하였다.

- 가능한 겸손하게 하고, 성실하며 진실한 태도를 취한다.
- 내담자가 상담을 받은 다른 사람들을 볼 수 있도록 한다.
- 효과가 없는 것보다는 효과가 있는 것을 찾도록 한다.
- 내담자의 의사결정을 존중하고, 자신에게 중요한 것에 관해 판단할 수 있는 능력을 믿어 준다.
- 타의지만 치료소에 온 것은 치료를 의뢰한 사람과 잘 지내기 위한 노력이며, 갈등을 최소화하려는 긍정적인 노력이라는 것을 인정하고, 칭찬할 수 있는 것을 찾는다.
- 자신에게 좋아지려고 노력하는 일들을 모두 부각시켜 주고 인정해 준다.

(4) 잠재적 고객형

의뢰된 문제에 대한 관심은 전혀 없지만 자신이 필요하다고 생각하는 문제가 발생하면 자신의 문제를 해결하기 위해서 긍정적으로 행동할 것이라는 가정을 하는, 즉 배경에서 전경으로 나올 수 있도록 치료적 분위기를 유지하는 사람을 잠재적인 고객형이라고 한다.

3. 치료목표의 설정

해결중심치료사들은 성격이나 가족의 구조를 재조직하려는 것이 아니기 때문에 가장 소박한 목적이라도 기꺼이 설정하려 한다. 내담자에게 명확하고 구체적인 질문을 통하여 성취 가능하고 명확한 목표를 설정하도록 돕는 것 자체가 치료의 성공을 결정하는 중요한 요인이 된다. 내담자에게 문제가 해결될 미래에 초점을 두어, 어떻게 해결중심적으로 변화할 것인가에 대해 치료사와 내담자가 협상하고 협동하여 목표를 잘 설정하는 것을 매우 중요시한다. 치료를 받고자 오는 내담자들은 스트레스로 인해 합리적이고 객관적 사고를 하기 어려운 상태에 있으므로 변화하고자 하는 바에 대해 분명하고 구체적으로 표현하는 일이 어려운 일이 된다. 또한 상담은 목적중심의 관계이기 때문에 내담자와 치료사의 합의된 문제해결의 목적을 성취하고 확인하면 상담은 종결된다. 이러한 확인작업은 구체적이고 명확한 목적설정이 선행되어야 한다. 따라서 분명한 표현을 통해 치료의 목표를 분명하게 정하는 것이 필수적이다.

1 내담자에게 중요한 것을 목표로 하기

내담자가 사용한 언어를 그대로 사용하여 상담목표를 설정한다. 이는 내담자에게 중요한 것과 상담에서 성취하기를 원하는 것을 분명히 하는 데 도움이 될 뿐만 아니라, 치료사에게는 목표설정을 명확하게 하는 데에 도움이 된다.

예 본인이 문제로서 제기하였고, 치료받기 원하는 문제

2 작은 것을 목표로 하기

내담자가 설정하는 목표는 중요한 것이지만 내담자가 성취할 수 있는 작은 것이어야 한다. 상담의 목표가 작을 때 내담자는 쉽게 성공한다. 이러한 성공경험은 새로운 희망을 갖게 하고 변화하고자 하는 동기를 강화시킨다.

예 건강을 위해 규칙적인 식사를 한다. 다이어트를 위해 한 층은 걸어다닌다.

3 구체적이며 명확하고 행동적인 것을 목표로 하기

모호한 목표가 상담의 초점이 되었을 때에는 상담이 필요 이상으로 길어지게 되지만, 목표가 정확하면 치료사와 내담자가 진행하고 있는 것을 쉽게 평가할 수 있고, 내담자의 성공을 즉각적으로 인정할 수 있는 기회가 증가하게 된다. 그러므로 치료사는 내담자 스스로가 변화하기 원하는 구체적인 행동을 찾아내도록 기적질문을 많이 사용한다.

㉑ 한 달에 3만원씩 적금을 시작한다. 하루에 한 번씩 자신에게 칭찬을 한다.

4 없는 것보다는 있는 것에 관심 두기

치료 받으러 온 내담자들은 이미 발생한 문제에 대해 심각하게 생각하고 고민하고 있으므로 문제시되는 것을 없애는 것보다는 있는 것에 관심을 두고, 긍정적인 단어를 사용하여 치료목표를 세우는 것이 더 효과적이고 효율적이다. 따라서 목표는 내담자가 하지 말아야 할 것 대신에 해야 하는 것에 관해 긍정적이고 보호적으로 설명해 주어야 한다. 있는 것에 관심을 둔 목표는 문제행동을 더 이상 하지 않게 되었을 때 내담자가 할 수 있는 일을 실제 생활 속에서 찾아내 목표로 설정하는 것이다. 이것은 내담자가 문제행동을 하지 않을 때 할 수 있는 일에 관한 것을 좀더 정확하게 알 수 있도록 하는 것이다.

㉑ 술은 반드시 친구와 함께 마신다. 아침에는 가족들에게 잔소리를 하지 않는다.

5 목표를 끝보다는 시작으로 간주하기

내담자들의 목표는 성취하기를 희망하는 최종의 결과에 관한 것이므로 내담자가 다른 생활, 변화를 인식할 수 있다. 내담자의 목표에 대한 견해를 수용하는 한편, 원하는 결과를 성취하기 위해 처음단계에서 필요한 것을 명확하고 구체적으로 설명했을 때 내담자가 충분히 이해를 하게 된다면 치료과정에 대한 참여의지는 높아질 것이다.

예 치료사 : 새엄마랑 서로 좋아지는 것을 알 수 있는 가장 작은 신호는 무엇일까?
딸 : 밥을 챙겨줄 것 같아요.

6 내담자의 생활에서 현실적이고 성취 가능한 것을 목표로 하기

과거에 실패한 경험이 있는 내담자들의 많은 경우는 성취하고자 하는 목표가 비현실적이고 성취 어려운 것이라는 것을 인식하면서도 오히려 태연하게 목표로 설정하고자 한다. 중요한 것은 치료사가 내담자의 생활환경에서 가능하고 현실적인 것을 파악하여 목표로 설정하는 것이다. 그러나 모든 해결의 지점은 치료사와 내담자의 합동산물로 이루어지는 것이므로 문제나 불평이 아닌 것은 무엇이든 경청하고, 동정해 주면 사실에 대한 인식을 하게 되고, 치료사에 대한 신뢰를 바탕으로 내담자는 자신이 가장 중요한 자원으로서 쉽게 협상하고 조정하기도 한다.

예 사고로 잃어버린 자녀가 살아있다는 환상을 지닌 어머니의 이야기를 진지하게 경청함으로써 어려운 어린이들을 위한 자원봉사 활동으로 목표를 협상할 수 있다.

7 목표수행은 힘든 일이라고 인식하기

내담자의 자기가치와 존엄성의 감정을 보호하고 증진시키면서(과거의 실패는 당면한 문제가 힘들었기 때문이라는 생각으로 받아들임으로써 내담자의 자존감을 보호), 상담에 있어서 힘든 일을 강조하는 것은 내담자와 치료사가 성공적인 상황에 있도록 하기 위함이다. 그래서 만약 내담자가 목표에 도달하지 못했다면 그것은 단순히 좀더 열심히 해야 하는 일이 남아있다는 의미로 전달되어야 한다. 그리고 목표를 성취했다면 그것은 인정해 주고 칭찬해 주어야 하는 일이 되는 것이다.

예 한 달에 1Kg씩 감량을 목표로 운동을 시작하여 6개월 만에 5~6Kg 감량 목표를 달성했다면 힘든 일을 이루어낸 내담자에게 상을 주기로 한 계약을 이행한다.

4. 치료적 개입

1) 해결중심으로 이끄는 질문

(1) 치료면담 전 변화에 관한 질문

변화란 불가피한 것이기 때문에 계속적으로 일어나고 있다는 가정을 하고 있으므로 면담을 약속한 후부터 상담에 임하기까지 일어났던 변화에 대한 질문은 때로 아주 중요한 단서를 제공한다. 그러나 변화를 내담자 스스로가 직접 말하는 경우는 드물다. 따라서 치료사가 그러한 변화가 있었는지에 대한 질문을 하는 것이 필요하다.

상담 전 변화가 있었을 경우 이것을 근거로 잠재능력을 발견하고 내담자 자신이 익숙하지 못한 해결방안을 찾아내는 데 이용하게 된다. 치료사는 문제의 심각성의 정도가 완화되었는지를 내담자가 파악할 수 있도록 질문한다.

–오늘 여기 와서 무엇이 변하기를 바라는가?
–여기에 상담을 예약한 후 오기 전까지 어떤 점이 달라졌는가?
–여기에 와서 뭐가 달라지면 여기에 온 것을 잘했다고 생각하겠는가?

(2) 예외를 찾기 위한 질문

:성공했던 경험과 현재 잘하고 있는 것을 발견하는 질문

어떤 문제에도 예외는 있기 마련이므로 '해결방안을 모색한다'는 입장을 가진다. 내담자가 과거에 성공했던 경험과 현재 잘하고 있는 것을 찾아내어 그러한 행동을 강화해 주고, 내담자가 가지고 있는 자원을 활용하여 내담자의 자아존중감을 높여 주는 역할을 한다.

예외가 자주 반복되었고 자세하게 드러난 경우 내담자의 성공은 더욱 현실

화될 수 있다. 그러기 위해서 문제에 관해 내담자가 주로 부정적인 생각을 하고 문제를 제거하고 감소시키는 것에 얽매여 있는 사고방식으로부터 해결방안을 모색하는 것에 관심을 집중하도록 시각의 변화를 초래하는 질문을 시도한다.

-언제 문제가 발생하지 않는가?
-문제가 발생하지 않았다는 것을 어떻게 아는가?
-문제가 발생하는 상황과 발생하지 않는 상황의 차이점은 무엇인가?
-문제가 발생하지 않았을 때 무엇을 하는가? 다른 가족은 무엇을 하는가?
-어떻게 하면 문제가 발생하지 않을 것 같은가?
-문제가 해결된다면 어떻게 알 수 있겠는가?

(3) 기적에 관한 질문

: 현실변화의 구축, 가능성에 대한 자기상 형성

내담자들이 "만일 기적이 일어난다면 우리 문제가 해결될 것"이라고 하거나 "상대방이 변화가 되면 기적일 것"이라고 말하는 것을 토대로 하여 발전시키게 된 질문이다. 주의할 점은 "기적이 일어났을 때"를 가정하여 질문하고, "만약에 문제가 해결된다면"이라는 가상적 질문은 하지 않는다.

긍정적으로 자신의 문제를 해결할 수 있다는 희망을 가지고 해결중심의 그림을 그리기 시작하여, 문제와 떨어져서 해결책에 대한 상상을 하면서 내담자가 바꾸고 싶어하는 것을 스스로 설명하게 한다. 문제에 대한 집착으로부터 벗어나 해결중심 영역으로 들어가게 함으로써 희망과 가능성을 여러 가지로 생각해 볼 수 있는 기회를 제공한다. 또한 내담자가 기적을 현실화하기 위해 새롭게 행동해야 한다는 것을 암시해야 한다.

-밤에 잠자는 동안에 기적이 일어나 지금 치료목표로 하는 문제가 해결되었다고 상상합시다. 그러나 잠자는 동안에 기적이 발생하여 무슨 일이 생겼는지 아무도 모르죠. 아침에 눈을 떴을 때 무엇을 보고 지난 밤 동안에 기적이 발생했는지 알겠는가?

–당신은 처음에 무엇을 보면 기적이 일어났다고 생각하겠는가?
–당신에게 변화가 일어난 것을 다른 가족들은 무엇을 보고 알 수 있을까?
–당신의 가족들은 당신의 변화에 대해 어떻게 반응할까?
–그러한 행동들이 최근에 언제 있었는가? 얼마나 자주?
–그러한 행동을 계속 하려면 어떻게 해야 하나?
–기적이 이미 발생하고 있는 것을 알 수 있는 아주 작은 신호가 무엇인가?

(4) 척도질문

내담자에게 자신의 문제, 문제의 우선순위, 성공에 대한 태도, 정서적 친밀도, 자아존중감, 상담에 대한 확신, 변화를 위해 투자할 수 있는 노력, 진행에 관한 평가 등의 수준을 수치로 표현하도록 하는 방법이다.

내담자의 문제해결에 대한 태도를 보다 정확하게 알아볼 수 있으며, 내담자의 변화과정을 격려하고 강화해 주는 구체적인 정보를 습득하는 데 유용하다. 또한 정기적으로 사정함으로써 내담자의 변화를 상담과정에 맞게 적응시키거나 조정하는 데 활용할 수 있다.

1 문제해결 전망에 관련된 척도질문

–1부터 10까지 있는 척도에서 10은 문제가 해결되었다고 확신하는 것을 말하고, 1은 문제가 가장 심각할 때를 말한다. 오늘은 몇 점에 해당하는가?
–(내담자가 현재의 상태를 6이라고 했을 때) 6점에서 7점으로 변화한다면 무엇이 달라질 것 같은가?
–이 문제가 어느 정도 해결될 수 있다고 생각하는가?

2 동기에 관련된 척도질문

–10점 척도에서 이 문제를 해결하기 위해 어느 정도 노력할 수 있겠는가?
–남편은 당신이 어느 정도 노력할 것이라고 말할까?
–무엇을 보면 다른 사람들이 1점 향상되었다고 생각할까?

③ 자기존중감에 관련된 질문

- 10을 당신이 이상적으로 생각하는 사람이라고 하고, 1은 최악의 상태라고 한다면, 지금 당신의 상태는 어느 정도인가?
- 1점이 향상되었을 때, 어머니는 당신에게서 무엇이 달라졌다고 할까?
- 당신이 1점 향상된 것을 어머니가 안다면 어떻게 다르게 반응할까?

④ 진전상태를 평가하는 척도질문

- 10을 목표가 성취된 상태라고 하고, 1을 상담받으러 왔을 당시의 상태라고 한다면 현재의 상태는 몇 점인가?
- 1점을 높이기 위해 무엇을 다르게 행동해야 할까?
- 1점이 올라간다면 누가 변화를 가장 먼저 알 수 있을까?

⑤ 관계를 평가하는 척도질문

- 남편이 결혼생활을 지속하고 싶은 정도는 몇 점이라고 말할까?
- 당신의 남편이 결혼을 지속하고자 원하는 것이 몇 점이라고 보는가?
- 당신의 점수가 남편보다 높다면, 더 원하는 것을 어떻게 설명할 수 있는가?

(5) 대처방안에 관한 질문

내담자가 어려운 상황에서 지금까지 잘 견디어내고 더 나빠지지 않은 것을 강조하면서 칭찬해 주고, 위기에서 살아남기 위해 지금까지 적절하게 대응해 온 것을 발견하고, 그것을 인식, 강화, 확대하기 위한 근거로 이용한다. 자신의 성공담을 계속해서 언급할수록 그는 자신이 해왔던 해결책이 바로 적절한 방법이었음을 확신하게 되어 긍정적인 변화를 초래하게 된다. 척도질문을 통해 희망을 심어 주고, 이를 통해 자신이 이미 대처방안을 알고 있다는 사실을 깨닫게 되면 보다 빨리 절망적인 상황에서 빠져나올 수 있게 되는 질문이 바로 대처방안에 관한 질문이다.

–어떻게 모든 것을 포기하지 않고 지탱해 왔는가?
–계속해서 술을 마시는 것이 어떻게 도움이 되었는가?
–지금까지 해온 것을 유지하기 위해 무엇을 해야 하는가?
–전혀 희망이 없을 때 어떻게 아침에 일어나서 하루를 보냈는가?

2) 종결 메시지 구성

해결중심적 접근에서는 상담 종결시 피드백을 면접과정의 다른 요소들 보다 더 중요하다고 생각하지 않으며, 오히려 내담자가 가치를 두는 목표를 향해 자신의 능력을 집중하는 힘든 작업을 통해 만들어진다고 생각한다. 이는 내담자가 변화의 일차적 주동자이기 때문이다. 면접과정에서 내담자는 자신과 환경에 관한 정보를 털어놓게 된다. 내담자에게 제공하는 피드백에서는 해결책을 구축하는 데 도움이 될 수 있는 정보를 단지 체계화하고 강조하게 된다.

(1) 자문을 위한 휴식시간

해결중심적 접근을 할 때, 내담자에게 피드백을 주기 전에 자문을 위한 휴식시간을 5~10분 정도 가지게 된다.

이때 휴식시간을 갖기 원한다는 것과 휴식시간에 대한 목적을 설명해 주어야 한다. 치료사는 자신의 고민과 상황에 대해 내담자가 이야기한 것을 생각하고, 그에 도움이 될 메시지나 제안을 만드는 시간이라고 설명한다. 휴식시간은 치료사가 돌아와서 하는 말에 대한 내담자의 기대를 증가시키며, 내담자는 매우 신중하게 경청하게 된다.

치료사가 팀으로 일할 경우 팀과 함께 의논하여 메시지를 작성할 수도 있으며, 혼자서 진행하는 경우에는 조용히 생각을 정리하기 위한 시간을 가지게 된다. 내담자는 이 시간 동안 면접실에 혼자 남아있게 되는데, 이야기를 다시금 돌이켜 생각해 보기도 하며, 그 밖의 다른 활동(잡지를 보거나 나가서 담배를 피우는 등)을 할 수 있다.

(2) 메시지의 구성

메시지는 칭찬, 연결문(제안과 과제와 연결), 과제의 세 부분으로 구성된다. 이러한 메시지는 치료사가 내담자의 말을 주의해서 듣고 있다는 것과 내담자 자신의 문제에 대한 견해 즉, 자기 생활에서 달라져야 한다고 생각하는 부분과 그 생활을 좀더 만족스럽게 하기 위해 내담자가 취하고자 하는 행동에 동의하고 있다는 것을 알리도록 설계된다.

1 칭 찬

칭찬이란 내담자를 인정해 주는 것이다. 따라서 칭찬은 내담자에게 중요한 것이 무엇인가를 분명하게 해준다. 예를 들면, 가출하는 자녀의 문제에 대해 무엇이 잘못되었는지 알고 싶어 하고 적극적으로 문제를 해결하고자 하는 의지를 가지고 있다면 이는 분명 자녀의 가출문제를 해결하고자 최선을 다하는 가족중심의 사람이라는 칭찬을 해줄 수 있을 것이다.

또한 칭찬은 내담자의 성공의 경험들과 이들을 통해 나타난 강점을 인정해 주는 것이다. 대부분의 내담자들은 자신의 문제에 짓눌려 있기 때문에 자신이 바라는 것, 자신에게 도움이 되는 것을 이미 하고 있으면서도 인정받을 것이라는 기대를 하지 않는다. 오히려 과거의 선택과 미래에 대해 절망하고 있는 경우가 있다.

메시지를 전달하는 데 있어서 칭찬으로 시작하는 것은 희망을 불러일으킬 뿐만 아니라 해결책은 내담자의 목표를 중심으로 내담자의 성공과 강점을 동원함으로써 구축된다는 것을 암시하게 된다. 칭찬을 하면서 치료사는 칭찬에 대한 내담자의 반응을 살펴서 그에게 의미 있게 느껴지는지 아닌지를 알 수 있는 단서를 파악해야 한다.

2 연결문

연결문은 처음의 칭찬과 뒤따라 제시될 제안이나 과제를 연결해 주는 메시지의 한 부분이다. 칭찬과 제안이나 과제 모두 내담자에게 의미 있게 느껴지도록 하기 위해 연결문은 치료사의 제안에 대한 근거를 제공하게 된다.

연결문은 내담자의 목표, 예외, 강점 또는 지각으로부터 이끌어 내어 "나는 당신이 말한 ~에 동감합니다."라고 하면서 시작하며, 가능하다면 내담자가 사용한 단어나 어구를 사용하는 것도 좋다.

3 과 제

일반적으로 해결중심적 접근에서는 과제가 주어지게 되는데, 과제는 관찰과제와 행동과제로 분류된다. 관찰과제는 면접을 통해 수집한 자료에 근거하여 치료사가 생각하기에 해결책을 구축하는 과정에 도움이 될 것이라고 생각되는 특별한 부분에 내담자가 주의를 기울일 것을 제안한다. 관찰과제를 통해 잘 추적하여 다음 면접시에는 이전과 어떻게 다른지 차이점을 얘기할 수 있도록 제안하게 된다.

행동과제는 치료사가 해결책의 구축에 있어서 내담자에게 도움이 될만한 어떤 일을 내담자가 실제로 하도록 제시하는 것을 말한다. 관찰과제와 마찬가지로 면접에서 얻은 정보에 기초하기 때문에 내담자의 준거틀에서 볼 때 의미 있는 것이 되어야 한다.

이러한 과제를 제시하는 목적은 첫째, 잘 형성된 목표를 발전시키도록 돕고, 둘째, 그의 목표와 관련된 예외상황에 주의를 집중시키고, 셋째, 예외가 일어나도록 하기 위해 누가 무엇을 하고 있는지 특히 자신이 무엇을 하고 있는지에 주목하도록 격려하는 데 있다. 이에 따라 과제를 작성하고 전달하는 데 있어서 몇 가지 지침이 있다.

- 최종선을 찾는다.
  면접에서 얻은 정보에 근거하여 어떤 과제를 주는 것이 적절한가를 찾아내는 것이다.
- 치료사와 내담자의 관계유형, 목표가 잘 구성된 정도, 예외가 있는지의 여부와 그 유형을 평가하여 과제를 제시한다.

- 최종선이 불분명할 경우 가장 보수적인 선택을 한다.
- 내담자가 원하고 중요하게 생각하는 것에 동의하여 과제를 제시한다.
- 내담자가 하고 있는 행동 중 해결구축에 도움이 되는 내담자의 행동을 칭찬해 준다.
- 과제가 타당한 것으로 수용될 수 있는 연결문을 제시한다.
- 내담자의 단어, 문장을 사용함으로써 내담자의 준거틀 안에서 행하도록 한다.
- 단순하고 분명한 메시지를 신중하고 진실되게 전달함으로써 신뢰감을 전달하며, 내담자의 반응을 관찰하도록 한다.

앞서 지침에서 제시한 바에 따르면 치료사와 내담자와의 관계, 목표가 잘 구성되었는지의 정도 및 예외상황에 대한 존재여부와 형태에 따라 과제를 다르게 제시해야 한다고 하고 있다. 이에 대해 살펴보면 다음과 같다.

① 방문형 관계에 있는 내담자

방문형 관계에 있는 내담자는 목표라든가 그와 관계된 예외는 말할 것도 없고 문제가 무엇인지도 함께 정의하지 못하였기 때문에 함께 작업할 것이 없다. 이런 경우 최종선은 내담자에게 칭찬을 해주고 다음에 다시 만났으면 좋겠다는 것을 말하는 것뿐이다. 이러한 접근은 내담자의 재방문의 기회를 증가시키며 그들을 불평형 또는 고객형의 관계로 발전시키는 데 도움이 된다.

② 불평형 관계에 있는 내담자

불평형 관계에 있는 내담자가 예외도 없고 목표도 없을 경우에는 관찰과제를 제시함으로써 내담자로 하여금 이 문제가 자신의 생활에 미치는 영향을 얼마나 주의 깊게 관찰했는가, 그리고 그것에 대해 얼마나 열심히 생각했는가에 대해 내담자를 진심으로 칭찬해 주면서 긍정적이고 존중하는 분위기를 조성한다. 그리고는 자신이 무엇을 원하고 있는지 모르는 내담자로 하여금 방향의식을 제공할 만한 경험과 상황의 어떤 부분에 집중하도록 하는 과제를 제시한다. 즉, 내담자로 하여금 문제로 여기는 부분에 내담자의 초점을 집중시키고 괴롭고 문제되는 것 대신 매력적인 것이 무엇인가를 찾아보도록 제안한다.

불평형 관계에 있는 내담자 중에 예외는 있지만 목표가 없을 경우에는 확인된 예외를 중심으로 관찰과제를 제시한다. 이 관찰과제는 예외가 다시 일어나리라는 것을 암시하는 의미가 있으며, 주로 내담자 자신의 경험 속에 유익한 정보가 있다는 것을 시사하는 의미를 가지게 된다. 우연적 예외를 인지할 수 있는 내담자에게는 기본적 관찰과제에 예측을 포함시킨 과제를 줄 수도 있다. 예측과제의 효용성은 그 과제가 갖는 암시의 힘에 있는 것으로서 내담자는 예외가 일어날 것이라는 것을 이미 인정하게 되는 것이다. 즉 예측과제는 자기실현적 예측을 실행에 옮길 가능성을 높이는 요소들을 가지고 있다고 하는 것이다. 그러나 중요한 것은 관찰과제를 예측과제의 형태로 할 것인지의 여부는 내담자가 우연적 예외가 실제로 있었다는 것을 얼마나 확신하고 있는지에 달려 있다.

③ 고객형 관계에 있는 내담자

고객형 관계에 있는 내담자 중에서 기적에 대해서는 명확하지만 예외가 없을 경우가 있다. 이는 내담자가 자신을 해결책의 일부로 지각하고 노력할 마음이 있으며 자신의 역할이 포함된 구체적인 기적을 묘사할 수 있는 경우이다. 이때의 과제는 기적에 대해 명확한 것을 칭찬해 주고, 기적이 일어난 것처럼 해보라고 요청하는 행동과제를 제시함으로써 내담자가 만들어 낼 수 있었던 다양한 가능성들을 시도하도록 허락해 주는 과제를 제시한다. 이는 내담자에게 무언가 다른 일을 하라고 요구하는 것으로서 관찰과제보다 더 많은 것을 요구하고 실패의 가능성도 높다. 하지만 성공하면 보다 더 기분 좋을 수 있으므로 이 과제를 주기 전에는 치료자는 내담자가 그 과제를 수행할 동기가 있다는 것에 대한 확신을 가지고 있어야 한다.

고객형 내담자 중에 높은 동기를 가지고 있으나 잘 형성된 목표가 없는 경우에는 내담자 자신의 자원에 대한 인식과 무엇이 도움이 될 것이라는 내담자의 직관을 믿는 것이 더 좋을 수 있다. 그래서 내담자와 자신의 자원에 초점을 맞추도록 해줄 과제, 즉 '무언가 다른 것을 해보는 과제'를 제시하게 된다. 이 과제는 내담자로 하여금 가장 필요한 순간에 즉흥적이고 창의적이게끔 해준다. 이 과제를 성공적으로 사용하는 내담자들은 그들 자신을 놀라게 하는, 그리고 치료사가 이전에 전혀 예기치 못했던 방법을 생각해 낸다.

고객형 내담자 중에 잘 형성된 목표와 의도적 예외가 있을 경우의 내담자는 면접을 시작할 때보다는 휴식시간에 이르렀을 때보다 더 희망적이고 자신있어 보이는 모습을 보이기도 한다. 이 경우에 과제는 '같은 것을 더 많이 하는 과제'를 제시한다. 이는 내담자가 자신이 깨닫고 있는 것 이상으로 많은 좋은 것들을 하고 있으며, 이런 이외의 전략에 계속 관심을 기울일 것을 제안하는 관찰과제와 함께 주어진다. 이러한 과제는 내담자의 성공경험을 칭찬하고 더 많은 성공을 구축하도록 권유하는 구체적이고도 의미있는 방법이다. 그러나 주의할 점은 의도적인 예외를 인지하는 내담자에게 있어 그가 예외를 만들어 내기 위해서 한 행동이 그가 받아들일 수 있는 잠재적 해결책의 일부분을 나타낸다는 점을 분명히 하는 것이 중요하다. 왜냐하면 의도적 예외는 비록 그것이 내담자가 바라는 변화와 관련된 것이라고 할지라도 내담자에게는 해결책이 되지 않을 수 있기 때문이다.

3) 첫 상담 이후의 치료적 개입

첫 상담 이후의 모든 상담에서는 예외와 그 예외가 해결 구축에 미치는 영향에 초점이 맞추어지게 된다. 다시 말해서, 목표에 역점을 두어 다루게 된다. 그 이유는 내담자의 문제와 가능한 해결책에 대한 인식이 변화하듯이 내담자의 목표에 대한 인식도 변화할 수 있기 때문이다.

(1) 치료효과의 유지, 강화, 확대

첫 상담 이후에는 지난 상담 이후 일상생활에서 있었던 긍정적 변화에 관한 질문을 하기 시작한다. 이러한 질문은 어떤 변화라도 있었다고 하는 것을 전제로 하고, 변화가 없었다고 답변한다면 아주 작은 변화를 발견하기 위해 하루하루 그리고 오전과 오후를 구분하여 추적해 간다.

1 지난번 치료 이후 변화한 것을 이끌어 내는 질문

- 지난 치료 이후 아주 작은 것이라도 나아진 것은 무엇인가?
- 배우자는 당신에게서 무엇이 좋아졌다고 말할 것 같은가?

2 긍정적 변화에 대한 자세한 질문

긍정적 변화에 대하여 자세하게 묻는 질문은 내담자에게 일어난 변화에 대해 확대하는 효과를 가져오게 된다.

- 언제 : 변화가 언제 발생했는가? 또 다른 것은 어떤 것이 있었나? 그 다음에 어떠했나?
- 누가 : 누가 변화한 것을 알았나? 그들은 어떻게 다르게 반응했나? 당신은 그들에게 어떻게 말했나?
- 어디에서 : 학교/직장/집에서 어떻게 다르게 행동했나?
- 어떻게 : 어떻게 그렇게 하였는가? 그렇게 하면 된다는 것을 어떻게 알았나? 그렇게 한 것이 도움이 되었는가? 어떻게 도움이 되는 것을 설명할 수 있나?

3 내담자가 긍정적으로 변화한 것에 대한 인정과 가치 확인

내담자가 긍정적으로 변화했다고 하는 것에 대해서 관심을 가지고 칭찬하게 될 때 그 행동과 변화는 더욱 강화된다.

- 비언어적인 반응 : 몸을 앞으로 기울이고, 눈을 치켜뜨고, 펜을 집어 들고, 기록하고, 집중하고, 놀라는 표정을 한다.
- 당황스럽고 놀란 반응 : 이야기를 중단하고 "다시 말해 줄래요?", "무엇을 했다구요?", "실시한 것에 대해 무엇이라고 했죠?" 등의 다시 확인하는 질

문을 한다.

–칭찬 : 개입으로서 긍정적인 변화에 관해 칭찬을 한다.

④ 척도질문

보고된 변화 이외에 또 다른 좋아진 것에 대해 질문을 하며, 확신, 동기, 과정, 희망 등에 대해 척도로 질문을 하는 것을 말한다. 다시 말해, 얼마나 진전했는가에 대해 척도질문을 할 수 있는데, 이는 자신이 변화와 진전에 대해 충분히 이야기한 후에 실시함으로써 면접과정에서 제공한 정보와 일치하는 점수를 선택하는지를 살펴볼 수 있다. 이러한 탐색은 종종 중요한 새로운 정보를 제공하게 된다. 또한 자신감의 정도를 척도로 질문하게 된다.

–일단 멈추고 다시 시작 : 내담자가 긍정적인 변화에 대해 충분하게 말했다고 판단할 때까지 “또 좋아진 것은 없을까요?”라고 질문한다.

–척도질문 : 확신, 동기, 과정, 희망 등이 척도의 어느 지점에 있는지 질문하고, 실현 가능한지에 대해 질문한다. 그리고 평안하게 유지할 수 있는 상태의 수준에 관해 질문한다.

첫 상담 이후에서는 목표를 설정하는 데 있어서 기적질문을 반복하지 않는다. 첫 상담 이후의 상담에서 목표설정 작업으로 전환할 때 활용할 수 있는 것은 내담자에게 의미 있는 것은 진척 정도를 묻는 척도질문에 대한 내담자의 응답을 가지고 시작하는 것이다. 척도질문을 통해 한 단계씩 점진적으로 올라가게 함으로써 보다 작고, 보다 현실적인 목표를 향해 나아갈 수 있도록 격려하게 된다.

(2) 후퇴와 악화(재발), 나아진 것이 없을 때

내담자에게 지난 이후 무엇이 나아졌느냐고 물었을 때 내담자가 상황이 어떻게 더 나빠졌는지에 대한 설명으로 응답하는 경우를 예상하고 있어야 한다. 이러한 이야기를 들으면 특히 내담자와 해결책 구축을 위해 열심히 노력을 해 온 경우 치료사가 낙심하게 될 수 있으며 내담자 역시 실망할 것이다. 어쩌면 내담자들은 무척 당황스러워하거나, 후퇴와 재발에 대해 보고해야 하는 자체를 수치스러워할 것이다.

그러나 후퇴와 재발을 다른 각도에서 바라보아야 한다. 변화 없이 어떻게 안정을 인지할 수 있겠는가. 동전의 양면이다. 대부분의 사람들은 동전의 한 면에만 초점을 맞추려고 한다. 그 반대쪽이 있다는 것을 잊는다.

내담자가 오로지 자신의 실패에 대해서만 말하려고 하고, 더 나아진 것을 탐색하려는 시도에 반응하지 않을 때에는 정중하게 이야기를 들어주고, 그의 실망감을 수용하고 정상화시켜 주는 것이 중요하다. 내담자가 충분히 경청되었다고 느낀 다음에 치료사는 어떻게 싸움이 멈추었는지, 술을 마시지 않을 수 있었는지 등에 대해서 묻는다. 내담자 스스로 멈추게 할 수 있는 능력에 대해 깨닫게 되면, 그는 자신의 일상적인 패턴을 따르는 대신 자신이 멈추었던 그 상황을 예외이자 해결책을 구축할 수 있는 기초로 인식하게 된다.

드물게도 내담자가 무엇이 나아졌느냐는 질문에 계속해서 나아진 것이 하나도 없고 더 나빠지고 있다고 하면서 깊이 낙담하여 하루일과를 마치는 것도 어려워하고 있다면 대처질문을 활용할 수 있다. 대처질문이란 내담자의 관심을 두려움, 외로움, 불행으로부터 끌어내어 고통스러운 상황 속에서 생존하기 위해 자신이 하고 있는 일이 무엇인지에 다시 초점을 맞추게 하는 질문이다. 다시 말해서 압도되어 있는 내담자에게 의미를 부여하기 위해 만들어진 대화의 한 형태인 것이다. 이러한 질문은 내담자가 자신이 빠져 있는 곤경에서 헤쳐 나오기 위해 노력해 왔던 시간들과 방법을 내담자와 치료사가 함께 찾아내게 하는 데 도움이 된다. 경험이 축적되면 대처질문이 예외를 탐색하는 또 하나의 특별한 경우처럼 느껴지는 것을 발견할 수 있다. 대처질문은 다음과 같이 사용될 수 있다.

-오늘 아침 어떻게 일어나셨습니까?
-당신은 어떻게 여기에 올 수 있을 정도로 문제를 견딜 수 있었습니까?
-그런 생각을 얼마나 자주 하십니까?

–어떻게 그렇게 오랫동안 대처해 올 수 있었습니까?

–어떻게 상황이 더 나쁘지 않을 수 있습니까?

4) 비자발적인 내담자와의 면접

비자발적인 내담자는 종종 온정, 진심, 그리고 공감적 이해에도 반응하지 않을 뿐만 아니라, 자신의 문제를 인정하지 않는 경향이 있다. 결과적으로 이런 내담자와의 작업은 흔히 시작하기도 전에 중단되고 만다. 치료사는 종종 외부 압력에 의해 치료사를 만나는 내담자와 효과적으로 작업하는 방법에 대해서 혼란을 겪게 된다.

최근에 많은 연구들에서 어디서든 가능하면 내담자의 선택을 강조하며, 치료 중 일어날 일과 담당할 부분이 무엇인지에 대한 정보를 제공하고, 목표와 치료 절차와 관련한 계약을 맺으며 치료과정 중 줄곧 내담자의 참여를 촉진시킨다는 전략을 제시한다.

윤리적 차원에서나 삶의 질의 관점에서 내담자의 결과에 깊은 관심을 가지지만, 우리가 잊어서는 안 되는 전문적 실천의 과제는 어떻게 하면 내담자에게 가장 도움이 될 수 있는지에 관한 것이다. 역설적으로 들리겠지만 치료사가 결과에 신경을 쓰면 쓸수록 면접에서 이루어진 질문들이 내담자의 변화에 대한 자신의 생각들에 의해 유발되었다는 점이고, 이는 내담자 스스로 삶의 대안들을 탐색하고 마음대로 선택할 수 있는 자유를 축소시킨다는 것을 직감적으로 감지한 내담자들은 결과적으로 변화를 위한 노력에 관심을 덜 갖게 된다. 그래서 치료사가 자신을 변화 매개인이라고 보기보다는 알고 싶어 하는 자세로 정중하게 질문하는 사람으로 생각할 때 가장 효과적으로 일할 수 있으며, 내담자로 하여금 자신이 원하는 것이 무엇이고, 자신이 처한 상황에서 어떤 것이 가능하고 그러한 것이 일어나기 위해서는 어떻게 해야 할지에 대해 치료사에게 정보를 제공하는 위치에 설 수 있도록 해야 한다. 이는 자발적이나 비자발적인 내담자 둘 다에게 똑같이 적용되기 때문에 내담자와 해결책을 구축하기 위해 사용하는 절차도 동일하다.

단지 비자발적 내담자와 면접을 하는 경우에는 다음의 점들에 대해서 좀더 관심을 가질 필요가 있다.

1 방문형 관계를 가정하라.

비자발적인 내담자는 방문형의 관계로 면접에 임한다는 것이다. 이는 치료사의 관점에서 본 문제를 인정하고 그에 대한 개입방법에 순응하도록 만들지 않고, 오히려 내담자와의 작업에 있어서 천천히 진행하는 올바른 마음자세를 가질 수 있게 되고, 내담자들이 과거에 경험한 상담에 대한 불평을 들을 준비를 할 수 있게 한다.

2 분노와 부정적 반응에 대한 대처방법

비자발적 내담자는 면접을 시작할 때 냉담한 태도, 무관심한 반응, 쏘아붙이는 말투 등을 보이기도 한다. 그러나 그런 모든 반응을 사적인 것으로 받아들이지 말아야 하며, 내담자의 모든 반응의 배후에는 나름대로의 사정이 있기 때문에 다음 기회에 그것에 대해 물어보는 것이 바람직하다. 내담자의 인식을 수용하고 그것에 대해 보다 많이 물어본다.

3 누구와 무엇이 중요한지에 대해 경청한다.

내담자가 자신이 처한 상황에 대해 어떻게 이해하고 있는지에 대해 이야기하기 시작하면 그에게 누가 그리고 무엇이 중요한지에 대하여 들을 수 있게 된다. 비자발적인 내담자의 분노에 찬 이야기 배후에는 종종 그에게 무엇이 중요한지에 대한 내용이 담겨져 있기 때문에 이를 경청할 수 있도록 귀를 열어야 한다.

4 내담자가 처한 상황에 관해 다루기 위해서는 관계성 질문을 사용한다.

내담자가 처한 상황 속에 있는 중요한 사람 및 기관의 사실과 요구를 제시하면서 도전하거나 직면하기 보다는 관계성 질문을 함으로써 스스로 상황 속에서 해결책을 구축해 나가도록 권유할 수 있다. 다시 말해, 관계성 질문을 통해 자신이 처한 상황 속에서의 목표를 형성해 나가도록 이끌게 된다는 것이다. 이러한 관계성 질문에 대한 대답은 내담자와 치료사에게 드러나고 있는 목표와 해결책이 유용하고 현실 가능한 것인지에 대해 알려주게 된다.

⑤ 협상의 여지가 없는 요구조건을 반영하는 방법

치료사는 내담자를 의뢰한 사람이나 상담명령을 내린 정부 직원이 고집하는 특정 요구조건이 있기 때문에 내담자에게 이를 직면시켜야 하는가에 대해 의문을 가질 수 있다. 그러나 내담자를 직면시킬 필요가 없으며, 정중하게 명확한 정보를 제공하고 알고 싶어 하는 자세로 관련된 질문을 해야 한다.

⑥ 내담자로 하여금 통제하게 하는 방법

해결중심적 질문을 사용하는 경우 통제권과 책임은 항상 내담자에게 있기 때문에 해결구축 작업은 효과적이 된다. 자신의 상황에 대해서 어떻게 이야기할지, 자신들에 대해 어떻게 이야기할지, 무엇에 대해 이야기할지, 어떤 대안이 유용할지에 대해 통제할 수 있는 권리는 내담자가 갖게 된다는 것이다. 해결중심적 접근에서는 내담자가 자신이 원하는 것, 그것이 가능하기 위해서 어떻게 해야 하는지에 대해 안전하고 자유롭게 탐색할 수 있다는 것을 알게 된다.

5. 평가 및 효과

해결중심 단기 가족치료가 효과적인 접근방법으로서 평가받을 수 있는 근거를 정리해 보고자 한다.

1) 전제 가치와 철학

해결중심 단기 가족치료는 인간에 대한 긍정적인 철학을 가지고 있으며, 근본적으로 모든 내담자는 자신의 문제를 해결할 수 있는 능력을 갖고 있다는 신념을 가지고 있다. 이러한 인간에 대한 믿음이 해결중심적 단기 가족치료의 중심 철학이 되고 있다.

2) 특징적 측면과 강점인 측면

진단과정 없이 5개의 해결지향적 질문을 처음 치료 상황부터 반복적으로 사용함으로써 내담자는 문제중심적인 진술보다는 과거에 어려움을 극복하였던 경험과 성공적인 경험에 관해 진술하게 된다. 즉, 내담자는 자신의 성공담을 계속해서 언급할수록 자신이 이미 해왔던 해결책이 바로 성공적이었던 것을 확인하게 되고, 해결방안을 스스로 형성해 나가는 적극적인 참여자가 되고, 독립적이며, 성공적으로 문제를 해결해 나가는 경험을 치료의 초기부터 할 수 있게 된다. 따라서 치료기간을 단축할 수 있으며 효과를 최대화할 수 있게 된다.

3) 내담자와 치료사의 책임한계

해결중심적 단기 가족치료는 내담자가 이미 가지고 있는 잠재력과 자원을 활용하도록 돕는 것이므로, 결과적으로 내담자는 자신의 문제에 대하여 책임을 지게 되는 것이다. 따라서 치료사가 느끼는 책임감과 부담감이 상대적으로 적을 수 있고, 내담자가 후퇴하거나 악화되어도 노력 부족으로 생각하고 좀더 노력하거나 다른 방법을 시도하도록 돕기 때문에 치료사와 내담자가 다시 노력할 가능성이 많아진다.

4) 내담자 변화에 대한 평가 측정

모든 가족치료사와 내담자의 관심은 치료결과를 확인하려는 데 있다. 해결중심 단기 가족치료의 척도질문은 치료전략임과 동시에 치료목표를 내담자 스스로가 설정하고 그 결과를 내담자 스스로가 측정하도록 함으로써 기존의 치료사 중심의 효과 측정과는 차이를 갖는다.

구체적으로 치료 초기에 내담자는 척도상 수치로 표현한 자신의 문제상태가 치료과정에서 스스로 목표로 설정한 좀더 높은 수치를 달성하기 위해 구체적인 행동을 제시하고 노력하여 성취하게 된다. 이때 상담의 단계별로 수치로써 변화를 측정할 수 있고, 구체적인 변화를 내담자의 진술을 근거로 제시할 수 있다.

6. 적용사례

상담 개요

- 의뢰과정 : 방과후 교사
- 의뢰된 IP : 8세(F) / 총명, 적극적(+) 긴장, 불안, 울음(−)
- 부모의 양육태도 : 아버지의 폭력과 음주, 어머니의 엄격한 양육태도
- 부모의 결혼 : 이혼
- 상담목표 : IP의 긴장과 불안 감소/ 모녀관계 개선
- 어머니의 목표 : 이혼한 남편의 가정폭력의 피해를 최소화

가족관계

- 아버지 : 이혼한 상태와 무관하게 집에 드나들면서 힘을 행사
  언어적, 신체적 폭력/ 경제적 무책임/ 외도로 인한 이혼
- 어머니 : 36세/ 장애 5급/ 남매(8세 딸, 6세 아들)
- 생활의 터전 : 기초생활수급자/ 시간제 노동/ 이웃의 지원
- IP : 건강. 별명 : 똑순이/ 책임감↑/ 동생 보살핌
- 아들 : 건강, 공격적

상담과정

아동상담

집 그림 : 혼자 웃고 있는 아이의 모습 → 귀찮게 하는 사람이 없어 좋다

동적 가족화 : 술 마시며 웃는 아빠/ 힘들다고 짜증내는 엄마/
장난감 때문에 다투는 남매 → 가족생활의 긴장감

놀이 : 침대에 누워 자는 여자아이 구성 반복/ '시시하다'는 말 중얼거림

모녀상담 4회

목표설정

IP : 엄마가 화 안 내는 것/ 엄마의 동의

IP가 엄마의 화를 '화돌이'로 의인화

→ 화돌이가 언제 오는지,

좋아하는 것은 무엇인지,

가족에게 어떤 영향을 주는지 탐색

치료사 : 그래? 그럼 화를 한 번 그려 볼까?
IP : 머뭇거리다 결심한 듯 검은색으로 뿔난 도깨비 모양을 그린다.
치 : 흠, 바로 그렸네? 그럼 이름을 붙여 볼까? 이름을 위에 써 봐.
IP : 화돌이!('화돌이'라고 쓰면서 피식 웃는다.) 문제를 외재화하여 명명함

어머니 : 딸을 보며 '이름도 잘 붙인다'면서 웃는다.
치 : 아, 화돌이구나! 이 화돌이는 언제 어디에서 나오지?
IP : 엄마 머리에서 나와 자기한테 오는 모양을 그린다.
〈과제 : 화돌이가 언제 나오고 무엇을 좋아하는지 관찰해 보기〉

- 화돌이가 좋아하는 것 : 화내는 것
- 화돌이가 싫어하는 것 : 웃는 것. 웃음이 오면 화돌이는 다른 집으로 가버린다.
('우리들'이 말 잘들을 때, 거짓말 안 하고, 아빠가 시비 안 걸 때 웃음이 옴)
- 화돌이 친구 : 화순이(둘 다 일곱 살)
- 웃는 날이 많아지면 : 아빠가 시비 안 걸고, 엄마가 안아주고, 뭐도 사주고, 관심 있게 봐주고, IP가 웃고, 동생과 놀아주고, 식구끼리 대화를 많이 하고, 밤에 잘 자고 아침에 잘 일어나고, 학교에 가서 졸리지 않고, 수영을 재미있게 하고.
〈목록 만들기 → 어린이들이 경험하는 세계를 다루는 데 유익한 방법〉
〈화돌이 대신 '웃돌이' 등장 → 정서적 안정, 모녀관계 개선〉

치 : 얼굴이 정말 밝아졌는데, 뭐가 달라졌지요?
어 : (웃으며) 제가 노력을 해요. 그동안은 나 힘든 것만 생각했는데, 여기 와서 우리 애를 처음으로 제대로 본 것 같아요. 선생님하고 이야기하는 것을 옆에서 보고 있는데 아이 같지 않게 너무나 굳어있는 것을 보고 마음이 아팠어요. 애들이 그동안 힘들었을 것이라고 생각했어요.
IP : (신나는 목소리로 웃으면서) 화돌이는 두 번밖에 안 왔어요!
치 : 정말 놀라운데 어떻게 그렇게 되었지요?
어 : 제가 칭찬을 많이 해주었어요. 그리고 IP가 동생을 어린이집에서 데려오는 것이 힘들다는 이야기 들어주고 했는데 표정이 밝아지고, 말도 많아지고, 자꾸 기대고……. 아이가 달라졌어요. 먼 미래를 걱정하지 않고 오늘에 충실하기로 했어요.
〈어머니 변화가 'IP의 변화로 이어졌다'〉

치 : IP야, 화돌이 대신에 뭐가 오면 좋을까?
IP : (금새 자신있는 목소리로) 웃돌이! (모녀 웃음)
〈IP의 소망을 구체화하고 재확인함으로써 강화해 주기 위한 질문〉

치 : 웃돌이가 오면 뭐가 달라질 것 같애?
IP : 웃음천국이 돼요.

치 : 웃음천국? 그럼 어떻게 되는데?
IP : 엄마랑 동생이 많이 웃고, 장난도 치고, 학교 가면 친구들이랑 잘 지내고…….
어 : 그러면 엄마가 칭찬도 많이 하고
치 : 그래? 그럼 웃돌이 한번 그려 볼래?
〈IP가 웃으면서 웃돌이 그림〉
〈어머니는 '내가 긍정적인 편'이라면서 웃음〉 → 힘이 있는 발언
→ 어린 시절의 사랑과 따뜻한 기억 속에 묻혀 있던 성공경험/강점, 능력 재인식

치 : 화돌이가 몇 번이나 왔어?
IP : 4번.
어 : 화돌이가 오긴 하지만 달라요. 전에는 화돌이가 오면 IP가 화내고, 짜증내고, 동생을 때리는데, 지금은 화가 나도 짜증도 덜 내고, 동생 때리는 횟수도 줄었고, 둘째도 싸우기는 하지만 횟수가 줄어 물건을 던지거나 하지는 않더라구요.
치 : 그래요? 그렇게 달라진 데에 무엇이 도움이 된 것 같으세요?
어 : 전에는 그냥 하지 말라고 했는데, 이제는 차분하게 먼저 이야기해요. 확실히 표정도 밝아지고, 짜증도 덜 내고, 웃는 횟수도 많아져서 한 80%는 좋아진 것 같아요.
IP : 웃돌이랑 같이 와!
치 : 그래? IP가 웃돌이에게 에너지를 주었어?
IP : 웃으면 와요.
치 : 또?
IP : 엄마가 뽀뽀해 주고, 안아주면 와요.
〈변화 : 폭력상황 대처 변화 → 남편이 술에 취해 시비 걸면 무반응으로 반응〉

어머니상담 7회

새로운 목표 설정 : 어머니가 아직도 폭력문제와 음주문제로 괴롭히는 남편과의 문제를 포함하여 자신의 변화된 행동이 중요하다고 판단

어머니만 상담하기로 합의 → 남편의 폭력 최소화가 목표

남편이 오지 않을 때 자녀들 표정 밝음 → 폭력의 영향력 확인

남편의 폭력에 IP 대처 → 싸우지 마세요.

어 : 남편을 집에 안 오게 할 수 있는 방법은 '없다'
문제는 오는데 어떻게 할 것인가를 찾아야겠다.
불우한 어린 시절에 머물고 있는 남편의 슬프고, 외롭고, 불안한 아이의 모습을 본다.

치 : 그 아이가 원하는 것이 무엇일까요?

어 : 달래주고 품어주는 것이지만 그러고 싶지는 않아요.
<아이들 : 엄마가 재미있다. 그전에는 '무섭다'고 했다.
남편이 처음으로 술 안 먹고 집에 왔다. 애들이 술 안 먹은 것 처음 보았다고 했다.>

＊변화 유지하기

–남편에게 유연하고 일관성 있게 대처했더니 폭력 감소
아이들이 아빠와 함께 있어도 편안해 한다.
애 아빠가 둘째 자는 모습을 보면서 장난을 치더라.
이를 보고 웃었더니 애 아빠가 "너네 엄마가 웃을 줄도 안다."고 딸에게 이야기하니 딸도 웃으면서 처음으로 부모 사이를 막아서지 않았다.

–남매 : 아빠 좋고 엄마는 너무너무 좋다.
아이 아빠가 지난 명절 때 결혼하고 처음으로 참치 상자 들고 찾아와 아이들과 조용히 잘 지냈다.

–직장 동료들이 내담자가 예뻐졌다고들 한다.

치 : 그렇게 변화하는 데 뭐가 도움이 되었다고 생각하세요?

어 : 애들 아빠를 아이처럼 생각하니까 쉽네요.
그렇게 하니 큰 싸움이 없고, 아이들도 편해졌어요.

치 : 그렇게 하는 게 어떠세요?

어 : 사실은 너무나 억울해요. 눈물이 나지만 참아야지요.
그래도 아이들 앞에서 싸우는 모습을 안 보여주는 것이 좋으니까 싸움을 피하는 쪽으로 하고 싶어요.

〈변화의 척도 : 20점 → 40점 : 마음의 여유 때문에!〉

〈관찰하는 것을 숙제처럼 하게 된다.〉

후퇴, 그러나 변화는 계속된다

남편과의 화목한 시간은 그리 오래가지 못하였다.

꽝! 됐다. : 남편이 형 친구를 데려와 행패 → 경찰 신고 → 남편 구류

그러나 이제 포기하지 않는다. 아이들은 돌보아야지 하는 마음이었다.

'중심잡기'하는 마음이다. → 애들에게 큰 언덕이다.

치 : 그렇게 할 수 있는 데는 무엇이 도움이 되었나요?

어 : 아이들이에요. 집안일을 해주고, 엄마가 힘든 것을 알아주더라구요.

치 : 재빨리 중심을 잡고 아이들 돌보는 모습이 대단하네요. <강력한 칭찬>

어 : 나 하나 중심 잡으면 아이들이 밝게 살 수 있잖아요.

〈검사의 권유도 있고 하여 고소를 취하했다.〉

아이 아빠가 집에 오게 해달라고 사정하기에 언제든지 오고 싶으면 오되 술을 먹고 오지는 말라.

돈도 안 바라니 아이들에게 좋은 모습을 보여주자.

아이들을 당신처럼 만들지는 말자.

나는 아이들을 지키는 기둥, 나무가 되고 싶다.

수요일에는 엄마 아빠가 책 읽는 모습을 보여주자고 제안했어요.

치 : 이번 제안이 이전과 다른 게 뭐지요?

어 : 전에는 '애원'하거나 '명령'했는데,

이번에는 '마음을 비우고,' '최대한 편하게' 해준 거죠.

〈내담자의 중심잡기는 계속 되었다.〉

참는 능력이 생긴 것 같아요. 무조건 못 들어오게 하는 것은 효과가 없으니, 차라리 밥도 차려주고 마음 상하지 않게 하려구요.

감당할 수 있는 힘이 생긴 것 같아요.

치 : 그렇게 할 수 있는 자신감이 몇 점이나 될까요?

어 : 60점이요. 아이들을 중심에 두려고 해요.

애들은 아빠가 그래도 좋은지 "술 안 먹을 때는 싫지 않아." 하더라구요.

이제 애들이 애들 같아서 좋아요.

〈현재 상황이나 앞으로 방향에 대해 자신감에 대한 확신 증가〉

＊ 어머니의 초점 변화

남편의 폭력 → IP의 어려움과 소망에 초점

아이들의 기둥이 되어야겠다는 결심 강화

남편의 폭력에 대해 유연성, 일관성 확보 → 폭력 감소

＊ 어머니의 존재가치 변화 : 자신감과 여유, 선택의 변화

상담 결과

- 내담자는 스스로 문제를 해결할 능력이 있다.
- 내담자가 스스로에게 중요한 목표 또는 방향을 세우는 것이 효과적이다.
- 작은 변화를 확인하고 구체적으로 질문하는 것이 효과적이다.
- 가정폭력 피해 어린이가 참여하는 가족상담을 통하여 어린이의 변화가 가능하다.
- 자녀와 어른이 공동 세션에서 문제를 외재화시키고, 명명하는 작업이 유용하다.
- 폭력문제에 대해서 보다 현실적으로 접근할 필요가 있다.

Chapter 7

동양적 접근에서의 道 가족치료

1. 기원 및 주요 인물
2. 수도와 정신치료의 과정
3. 동서문화 핵심의 비교
4. 적용사례

1. 기원 및 주요 인물

이 장에서 다루는 道 치료접근은 소암(素巖) 이동식 선생님(1920~2014)으로부터 연원함을 밝힌다. 이동식은 1920년 경북 왜관에서 태어났다. 수도(修道)와 정신치료(精神治療)에 대한 관심은 초등학교 입학 전후로 거슬러 올라간다. 사람이 울고불고 싸우는 것을 보고 인생의 행(幸) 불행(不幸)은 감정처리가 잘 되느냐 못 되느냐에 달려 있음을 깨달아 사람들을 이해하려고 하고, 나쁜 사람도 반드시 그렇게 되지 않으면 안 될 원인이 있을 것으로 믿고, 사람들이 불쌍하다고 생각하면서 출발했다고 한다. 이때 이웃 어른들이 선생을 가리켜 "인생을 훤히 아는 스님 같다."고 평했다 한다. 한편 우리나라 사람들이 우리나라 사람이나 우리나라에 관한 모든 것을 비하(卑下) 멸시하고 일본이나 중국, 서양을 숭상(崇尙)하는 데 대하여 납득이 되지 않고 오히려 이선생의 눈에는 그 반대로 보였다고 한다. 그리고 한국의 지식인들이 이와 같은 열등의식에 사로잡혀 있는 것을 안타깝게 생각하고 우리의 五千年 역사가 가치가 없을 리가 없다고 생각해서 단지 서양의 과학적인 용어로 번역만 하면 된다고 믿었다. 이러한 배경에서 서양의 정신의학, 정신분석, 정신치료를 공부를 하면서 동양사상의 도(道)가 정신치료의 궁극적인 형태라는 것을 확신하게 되었다. 도(道)와 서양의 정신분석이 공통점이 있으면서 차이점이 있고, 차이점이 있으면서 점차로 도에 가까워지고 있다는 것을 발견하고 도와 정신치료를 융합한 도정신치료를 부르짖게 되었다. 즉 한국과 동양의 전통적인 유불선(儒, 佛, 仙)의 道와 서양의 정신치료의 융합을 이룬 정신치료의 형태를 지칭한다.

Alan Watts는 동양의 유교, 불교, 노장(老莊), 힌두교 등은 서양적인 개념으로서는 종교도 철학도 아니고 바로 정신치료라고 말했다. 하이데거와 더불어 그가 죽을 때까지 20여 년간 등산, 여행, 세미나를 계속했던 현존재분석(現存在

分析)의 최고 거장인 Medard Boss는 최선의 정신분석 수련도 정심(淨心)의 입장에서 볼 때는 입문에 지나지 않는다고 강조한다.

2. 수도와 정신치료의 과정

서양의 정신분석은 이론과 기법을 중심으로 발전해 왔으나, 이론도 사변적인 초심리학(metapsychology)에서 임상적인 이론으로, 임상적인 이론에서 경험에 가까운 것을 강조하게 되고, 상호주체성이론, 맥락주의(contextualism), 관계이론, 현재에 살아 있는 과거에 눈을 뜨고 있다.

환자를 이해하는 데 있어서도 기술 → 설명 → 해석 → 이해라는, 객관적 관찰자의 입장에서 공감이라는 주객일치를 강조하고 있다. 즉 치유인자로서 치료사의 환자에 대한 사랑, 환자를 돕고 싶은 마음, 치료적인 에로스(eros)가 강조되고 동양에서 수천 년 전부터 내려오는 인, 자비로 접근해 오고 있다. 정서장애의 원인은 공감의 결여이며, 치료는 공감적 응답이라는 것이 밝혀지고 50여 년간의 정신치료 연구를 통하여 치료사의 인격이 환자의 치료를 좌우한다는 것이 밝혀지고 있는데, 이것이 바로 道를 지향하는 접근이다. 즉 치료는 공감적 응답이고, 공감이 되려면 치료사의 마음에 걸리는 것 없이 비워져 자비심으로 차 있어야 한다.

1) 완전한 공감능력

한자의 '聖' 字는 耳(귀), 口(입), 맑다(壬)의 석 자로 구성되어 있다. 귀와 입이 맑고 밝다는 뜻이다. 의사소통이 잘 된다. 대화의 왕이라는 뜻이다. 사전의 풀이를 보면 聖無所不通 所謂聖人者 知通乎大道 應變而不窮 能測萬物之情性者也로 되어 있다. 이것이 완전한 공감이다.

인간 성숙의 이러한 단계에 도달한 사람을 유교에서는 성인(聖人)이라 하고, 불교에서는 부처, 노장에서는 진인(眞人), 지인(至人)이라고 한다. 이 세 가지 교에 있어서 마음을 정화하는 기술에서 가장 자세하고 정확한 것은 불교이기 때문에 여기에서는 불교의 기술을 빌려서 설명하기로 한다.

불교에서는 주객일치(主客一致), 즉 완전한 공감에 도달하려면 나와 대상 또는 현실과 사이에 놓여 있는 세 가지 장막을 걷어치워야 한다(그림 7-1).

첫째 장막은 별업망견(別業妄見)이다. 이것은 경험이 다른 데서 생기는 착각(인지적 왜곡)이다. 두 번째 장막은 동분망견(同分妄見)이다. 이것은 문화적 차이에서 오는 착각이다. 마지막은 생사지심(生死之心)이다. 이것은 죽음에 대한 공포이다. 처음 두 가지 장막을 걷어치우고 불안 없이 죽음을 직면함으로써, 즉 육체의 질곡을 벗어남으로써 착각(인지적 왜곡)으로부터 완전히 벗어난다. 이것이 진여, 주객일치, 착각(투사, 왜곡) 없는 완전한 공감이다.

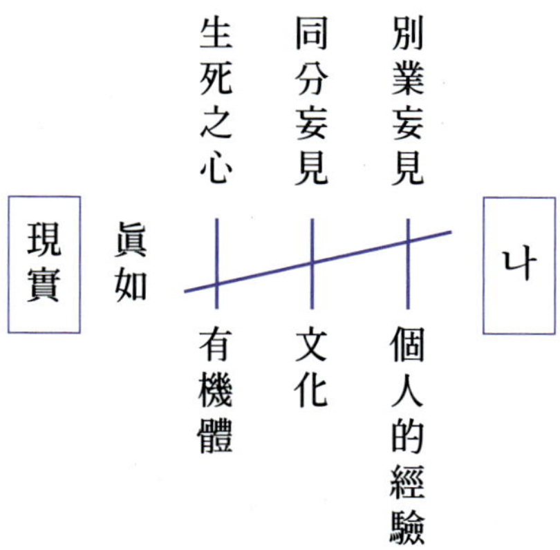

[그림 7-1]

선(禪)에서는 진면목(眞面目)에 도달하려면 360도를 돌아야 한다. 영점에서는 산이 산이고 물은 물이다. 180도 경계에서는 산은 산이 아니고 물은 물이 아니다. 환자에게 무엇이든지 마음에 떠오르는 대로 보고하라고 하면 환자는 과거에 직면하기가 어려워 억압해 두었던 부정적인 감정을 보고한다. 이 단계에서는 부정적인 감정이 부분적으로 억압되어 있고 동시에 긍정적인 감정도 억압되어 있다. 그러나 환자가 과거에 억압할 수밖에 없었던 부정적인 감정을 쏟아 놓게 되면 어머니를 죽이고 싶은 정도까지의 적개심을 자각하게 된다. 180도 경계에서는 어머니를 죽이고 싶다고 한다. 이것이 산이 산이 아니고 물이 물이 아닌 경계다. 가치의 완전한 전도이다. 사랑이 미움으로 둔갑한다.

어머니에 대한 모든 부정적인 감정을 쏟아내고 미움의 이유를 이해하면 어머니로부터 받은 사랑을 느끼기(깨닫기) 시작한다. 위장 없는 사랑과 미움을 받아들이고 이유를 이해하면 사랑도 미움도 없다. 이것이 부정과 긍정의 감정을 완전히 받아들이는 것이고 산이 산이고 물이 물인 경계다. 360도 전환이고 위장이나 투사가 없는 현실(내외의)이다(그림 7-2).

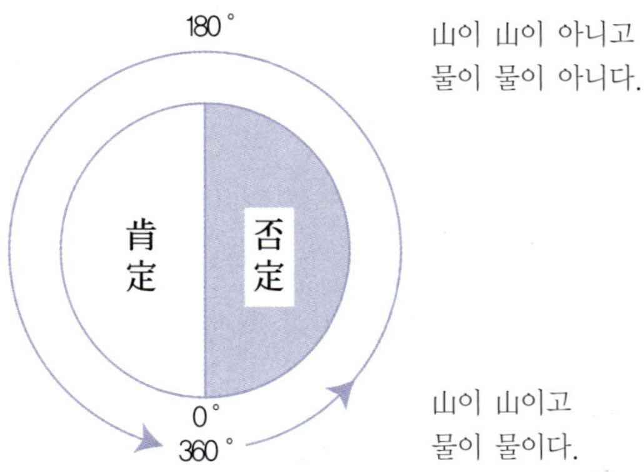

[그림 7-2]

보조국사는 수도의 성과를 검증하는 방법을 다음과 같이 말하고 있다. 도가 익었다는 것은 과거의 사랑과 미움의 대상을 눈앞에 가져와도 사랑과 미움이 일어나지 않는다. 그러나 새로운 사랑과 미움의 대상을 눈앞에 가져오면 사랑과 미움이 일어난다. 걸림이 없는 무애(無碍)의 경지에서는 새로운 대상(사랑과 미움의)을 눈앞에 가져와도 사랑과 미움이 일어나지 않는다. 이 단계에서는 어떤 특정한 대상에 대한 사랑과 미움이 없이 '차별이 없는 자비가 있을 뿐이다.' 보조는 참선의 열 가지 병을 대치하는 삼현문(三玄門)을 말하고 있다. 첫째의 체중현(體中玄)은 불교의 최고 이론을 지식으로서 이해하는 것이다. 다음 문은 구중현(句中玄)이다. 이것은 선문답으로서 개념적인 지식, 생각을 떨쳐버리고 눈앞의 현실(外的)을 가리킨다. 생각은 떨어졌으나 말이 붙어 있다. 세 번째는 현중현(玄中玄)으로 최고의 문이다. 영규(良久), 묵연(默然), 봉(棒), 할(喝), 격선상(擊禪床) 등이다. 이것은 내적 현실을 깨닫게 하는 것이다.

여기서 정심(淨心)의 과정을 심우도(尋牛圖)(그림 7-3)로써 보는 것이 적절하겠다. 소를 찾아 나선다(尋牛). 다음은 소의 발자국을 본다(見跡). 다음은 소를 본다(見牛). 다음은 소를 얻는다(得牛). 소를 먹인다(牧牛). 다음은 소를 타고 집으로 돌아간다(騎牛歸家). 다음은 소는 잊어버리고 사람만 남아있다(忘牛存人). 다음 단계는 사람도 소도 다 잊어버린다(人牛俱忘). 다음은 본래면목으로 돌아간다(返本還源). 마지막으로 시중으로 들어가서 중생을 제도한다(入廛垂手).

이 수도의 과정을 정신치료로 치료가 되어 가는 과정과 비교해 보면 심우, 견적, 견우는 환자의 핵심감정, 핵심역동을 이해하는 것에 해당된다고 볼 수 있다. Rogers의 치료과정에서 말하는 부정적 감정이다. 득우는 이러한 감정을 억압을 하지 않고 느끼고 자각하고 있는 것에 해당한다. 목우는 감정(소)을 놓치지 않고 부리면서 갈등을 해결하기 시작하는 것이고 긍정적인 감정이 나타나서 자라고 커지는 것을 말한다. 기우귀가는 문제와 현실을 받아들이고 해결하는 것이다. 처음의 소가 검은 것은 부정적인 감정이다. 흰점이 생겨서 확대가 되어 흰 소가 된다. 이 상태가 정심(淨心)으로 사랑과 미움이 없는 것이다. 망우존인은 갈등은 해결되었지만 무아가 되지 못한 상태다. 이것이 서양 정신분석의 한계다. 인우구망은 집착이 없는 공(空)이다. 완전한 해방이고 무아다. 반본환원은 본래면목이요, 자신이나 현실을 투사 없이 있는 그대로 보는 것이다. 입전수수는 자기문제를 해결하고 무아의 경지에서 보살(성숙된 치료사)이 되어서 중생제도(타인을 위한 봉사)를 하는 것을 뜻한다.

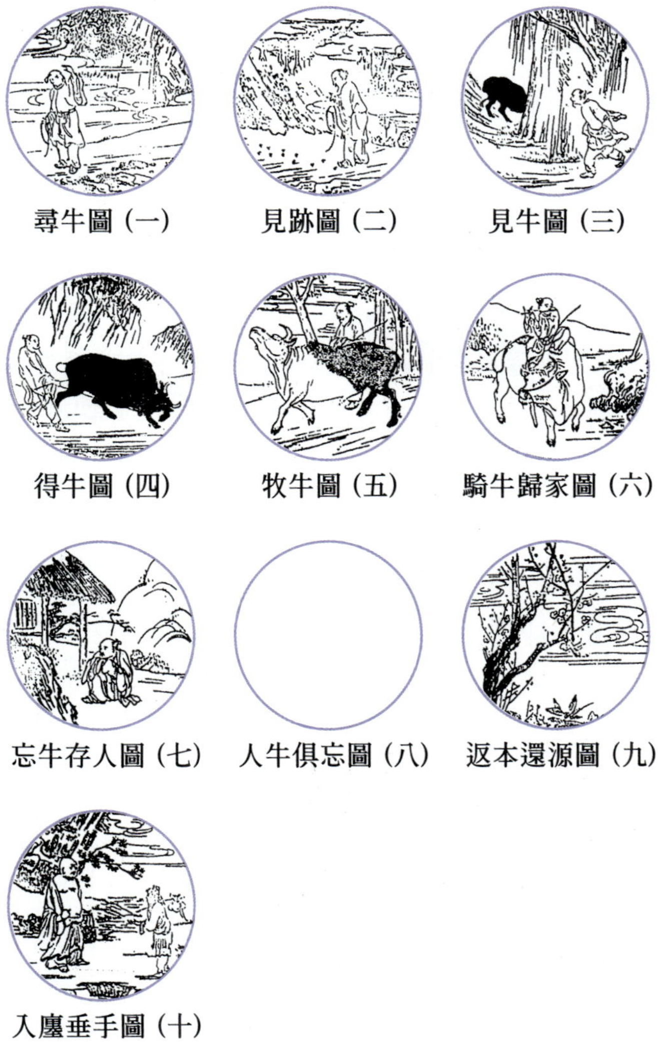

[그림 7-3]

2) 무의식의 정화

대승기신론(大乘起信論)에서는 무의식과 무의식적 투사의 기제를 분명하게 기술하고 있다. 업식(業識)은 과거의 긍정적·부정적 경험의 저장고다. 장식(藏識)이라고도 한다(그림 7-4).

무의식적인 투사의 과정과 기제는 다음과 같다. 업식(業識)이 전식(轉識)이 되어 현식(現識)이 된다. 여기까지는 무의식이다. 이것이 투사의 과정이고 기제다. 다음이 지식(智識), 상속식(相續識)이다. 이것은 의식이고 투사의 산물이다. 이것은 철학이고 지식이고 그의 파생물이다. 모든 것이 무의식의 투사고 망상이다.

전식, 현식, 지식, 상속식이 정화되었고 업식의 흔적만 남아 있으면 보살이다. 이 흔적마저 완전히 정화되면 부처다.

부처는 투사가 없고 무의식이 없고 항상 깨어 있으며 무념, 무상이다. 석가모니의 가르침의 핵심은 불취외상 자심반조(不取外相 自心返照)이다. 마음을 정화함으로써 착각을 없앤다는 뜻이다. 선(禪)의 요체는 교외별전 불립문자 직지인심 견성성불(敎外別傳 不立文字 直指人心 見性成佛)이다. 공자는 술이부작(述而不作)이라 했고 도(道)에 있어서는 말, 개념, 이론은 현실을 가리키는 수단에 지나지 않는다. 불교에서는 지월(指月)이라고 한다. 離言絕慮. 得意忘言 道易親. 老子는 爲學日益 爲道日損 損之又損 而至于無爲 …… 無爲而 無不爲.

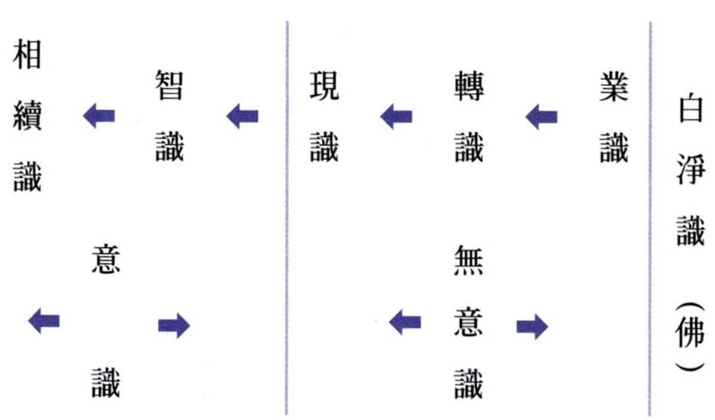

[그림 7-4]

3) 개념의 이해

Jung은 정신치료에서는 인격이 인격을 치료하기 때문에 치료사의 인격이 결정적이라고 하였다. Rogers도 상담의 기술은 상담자의 인격을 떠나서 존재할 수 없으며, 기술이 인격의 유기적인 부분이 되어 있어야 한다고 하였고, 치료적으로 효과 있는 태도를 치료사의 일치 또는 성실성(congruence, genuineness), 무조건적이고 긍정적인 존중(unconditional positive regard), 정확한 공감적 이해(accurate empathic understanding)로 고찰하고 있다. 그 중에서 성실성을 가장 기초적인 것이라 말하고 있는데 이것은 유교에 성모자기(誠母自欺(無自己))를 근본으로 삼는 것과 일치한다. 서양의 정신치료나 상담이 내담자에게 자기 내부세계를 은폐하지 말고 성실하게 보고하기를 요구한다. 참선을 지도하는 선사도 제자에게 마음을 가져오라고 한다(將心來). 정신분석치료에서만 사용되는 해석(interpretation)은 선(禪)에서 직지인심(直指人心)해서 견성성불(見性成佛)한다는 것과 근본적으로 통한다. 선사는 제자가 의식하지 못하는 그 사람의 마음을 바로 가르쳐주고 제자는 자기의 마음을 깨달음으로써 부처가 된다는 것이다. 서양의 정신치료가 반사(reflection), 명료화(clarification), 해석(interpretation)을 하는 것도 직지인심하는 것과 같다(한국인의 주체성과 도).

(1) 주체성

주체성이란 한마디로 내가 나의 주인공이라는 자각을 하고 있는 마음의 상태를 말한다. 그 극치는 석가모니가 외쳤다는 '천상천하유아독존(天上天下唯我獨尊)'의 경지이다. 나에게 있어서는 내가 우주에서 가장 존귀한 존재라는 자각이다. 나는 객체(客體)가 될 수 없다는 것이 주체성이다. 일체 남에게 의존하지 않는 것을 뜻하며, 독립과 자유를 뜻한다. 정심(正心), 정심(淨心), 각(覺)이고 부처, 성인, 진인(solid self, true self)이 최고의 주체성이다.

(2) 주체성의 형성과 침해

주체성은 주인의식이며 독립과 해방, 선택이기에 부림을 당하는 것이 아니고 부리는 것이다. 그러므로 주체성의 형성과정은 의존에서 독립으로, 노예에서 주인으로, 예속에서 해방으로, 강요함이 아니고 자유로운 선택으로 넘어가는 과정이다.

주체성의 상실은 이러한 과정에서 당시의 상태에서는 극복할 수 없는 장애에 부딪히게 되어 자기성장을 저해당할 때 이루어진다. 건강한 인격은 주체성이 어느 정도 순조롭게 길러진 사람이요, 정신이 불건강한 정신증이나 정신병적 성격은 주체성의 상실자라고 할 수 있다. 인격의 성숙이나 완성이 주체성의 확립인 것이며, 최고의 경지는 도(道)를 깨친 각(覺)의 경지다.

주체성의 침해나 상실은 주체성의 순조로운 형성에 필요한 외부의 도움이 있어야 할 때 없거나, 없어야 할 때 강압되거나 간섭과 방해가 심할 때 이것을 이겨내지 못하면 일어난다.

정화되지 못한 기억들, 만족시키지 못한 욕망들, 해방되지 못한 공포, 이루어지지 못한 관계들, 유화할 수 없는 양심의 요구들, 사용되지 못한 능력들, 불완전한 동일성, 억압된 영적 요구들, 이러한 것들이 앞을 가로막고 전진을 방해하고 주체성을 발휘하지 못하게 한다. 한마디로 말하면 주체성이 약화되고 길러지지 않게 되는 것이다. 이것은 개인이나 가족, 민족, 인종, 기타 어떤 집단이든 마찬가지이다.

(3) 주체성의 회복과정

주체성이 심히 약화된 신경증이나 정신병의 경우를 보면 신경증의 증상이나 정신병의 증상은 외부로부터 침해해 들어오는 주체성을 말살하려는 힘을 이겨내지 못하고 주체성을 바로 잡으려는 나, 즉 자아의 힘이 외부의 힘에 억압되어 나의 절실하고 진정한 감정이 무의식 속으로 깊이 들어가 버렸을 때에 나타난다. 진정한 자기가 자라지 못한 상태다.

따라서 주체성의 회복은 자각으로써만 이루어지는 것이고, 선(禪)에서 말하는 애응지물(碍膺之物)을 제거함으로써 이루어진다. 애응지물이 생기기 전의 나의 참다운 모습, 즉 본래면목(本來面目) 또는 진면목(眞面目)을 되찾음으로써 이루어진다.

3. 동서문화 핵심의 비교

플라톤의 대화 파이돈에서 소크라테스는 '죽음은 영혼과 육체의 분리'라고 했다. 육체는 감각, 쾌락, 감정이고 이것은 착각을 일으키는 육체의 족쇄다. 진리(지혜, 현실, 실상)에 이르려면 죽어야 한다. 죽음으로써 진리에 도달할 수 있기 때문에 기꺼이 죽는다. 그러나 그가 죽고 나서 플라톤 이후 서양의 전통은 마음의 정화(catharsis)를 지적인 추구(이론구성)로 하려고 했고, 동양에서는 도를 닦음으로써 마음을 정심(淨心)하려고 노력해 왔다. 여기서 동과 서가 완전히 갈라서게 된 것이다. 불교에서 열반(Nirvana)은 육체가 살아 있으면서 착각을 일으키는 육체의 족쇄인 감정을 벗어나는 것이다. 소크라테스는 죽기 전에는 감정의 족쇄를 벗어날 수 없다고 믿었다. 이 점이 동서의 근본적인 차이다. 서양의 정신치료에서는 많은 유능한 치료사들의 경험과 연구의 결과로써 치료사와 환자의 관계가 정신치료에 있어서 결정적인 요인이라는 것이 판명되었다. 이 관계는 환자를 공감하는 치료사의 인격에 의해서 만들어진다는 것이다. 치료사의 공감적인 지각과 응답이 환자가 해방되고 안전하게 느껴서 불안이나 위협이 없이 성장을 다시 시작할 수 있는 분위기를 만들어 준다. Rogers(1980)는 공감이 치유적이라고 했고, 반면에 Kohut(Goldberg, A. ed. 1980)는 공감의 중요성을 영양적이고 치유적이라고 했다. 그러나 Kohut는 공감을 타인의 인정을 받기 위해서 자료수집과 이론구성의 도구로 삼는다는 오류를 범했다.

서양문화에서는 새로운 말, 새로운 개념, 새로운 이론을 만들어야 인정을 받는다. 인정을 받고자 하는 것은 신경증적인 동기다. 서양인은 진리(현실, 실상)를 보는 순간 개념의 감옥으로 돌아가려고 한다. 동서문화의 핵심 내지 강조점을 비교하면 다음과 같다(표 7-1, 7-2).

[표 7-1] 동서문화의 비교

西	東
有爲 (所有)	無爲 (存在)
否定的	肯定的
疎外	關係
言語的	非言語的
概念	知覺
理論	實踐-現實
技術	人格
人爲	自然, 自發
實存的 不安 除去 不能	죽음을 不安 없이 直面함으로써 實存的 不安 克服
契約	信
自己	無我
共感, 사랑, 神의 恩寵	慈悲, 仁
說明	理解(共感)

투사를 그만두고 당신의 내면을 밝혀라(不取外相 自心返照).

[표 7-2] 목표의 비교

구 분	病	健康
儒敎	慾	無慾 (聖)
佛敎	執着	空 (佛)
道家	有爲	無爲 (至人, 眞人)
精神分析	主 動機	眞正한 自己, 自己實現, 個人化
人間主義	缺乏動機	成長, 存在, 生成, 自己現實化 動機
無我心理學	自己	無我

정신치료 또는 수도의 최종적, 궁극적인 목표는 착각, 즉 갈등을 일으키는 투사를 없애는 것이다. 불교에서는 수도의 핵심은 지관이다. 즉 不取外相 自心返照이다. 유교에서는 勿求於外 求諸己다. Husserl의 현상학에서는 이 도적인 '止(멈춤)'이 판단중지인 epoche에 해당되고, 내담자의 자유연상, 분석자의 골고루 가는(evenly hovering) 주의에 해당된다고 본다. 무아심리학은 자기를 초월하려고 함으로써 이론적으로는 도의 목표와 같다. 실존정신치료와 현존재분석은 동양의 도에 접근하고 있다. 결론적으로 말하면 치료사는 자기의 인격으로써 동토(凍土)에서 떨고 있는 환자에게 봄을 가져다주어야 한다. 지고한 치료사의 핵심은 불교의 자비(慈悲), 유교의 인(仁), 기독교의 하느님 은총(恩寵)을 가져다주는 것이다.

4. 적용사례

1) 임신을 원하는 여성 사례

(1) 사례적용에 앞선 치료사의 입장

道란 길이다. 따라서 어디로 가는지, 어떻게 가는지를 잘 아는 것이 중요하다. 우리가 '어머니'라고 한마디 하면 그 말을 듣는 사람들은 모두 다른 '어머니'를 연상한다. 그것은 '어머니'라는 단어를 말하는 사람과 듣는 사람이 연상하는 어머니가 똑같은 어머니가 아니기 때문이다. 그래서 정확한 의사소통을 위해서는 서로가 연상하는 이미지와 경험한 배경으로 인해 전제가 다르다는 것을 고려해야 한다.

道를 '길'이라는 의미로 바꾸어 본다면(물론 여러 깊은 뜻을 담고 있는 것이지만) 가는 길, 오는 길, 돌아가는 길, 서울 가는 길, 부산 가는 길, 큰 길, 작은 길, 막힌 길, 통하는 길. 우리 곁에 있는 수많은 길의 모습들은 모두 어느 곳으론가 사람들을 데려다 주는 것이며 그 위를 걸어가는 사람들의 걷는 행위와 연결되어 있다. 그래서 우리가 어떤 목적을 추구하느냐에 따라 수많은 道가 있을 수 있다. 정치의 道가 있고, 학문의 道가 있으며, 부모의 道가 있고, 가족치료의 道가 있다.

인간은 어떤 목적을 추구하며 살아간다. 그렇다면 그 목적에 도달하기 위해서 길을 찾게 마련이니 결국 모든 인간은 '道를 닦고 있다'고 말할 수 있을 것이다. 다만 道를 잘 닦고 있는지 잘못 닦고 있는지가 문제가 될 수 있을 것이다. 우리가 가는 길이 지름길인지 아니면 꽉 막힌 길인지도 모르고 앞을 향해서만 치닫고 있는지, 목표는 홍지문인데 숭례문을 향해 가고 있는 것은 아닌지 짚어 볼 수만 있다면 올바른 길을 향해 나아갈 수 있을 것이다.

그러므로 가족성원들 각각의 정신이 건강한 상태를 유지할 수 있도록 정신 내적 기능을 강화하고 지지하기 위하여 가족을 만남에 있어서 道를 접목함은 우리 민족의 전통의식과 행동방식을 오늘에 되살려 우리 고유의 주체성을 확립하는 것이라고 전제한다.

내담자 개요

내담자 : 여성 31세, 넷째 딸, 대졸, 개신교

내담경위 : 결혼 3년째 불임 (병원에서는 원인 없음), 친구 권유

결혼형태 : 중매결혼

남편 : 행정직 사무관　　시아버지 : 퇴직 공무원　　시어머니 : 전업주부

친정아버지 : 교육 공무원　　친정어머니 : 전업주부

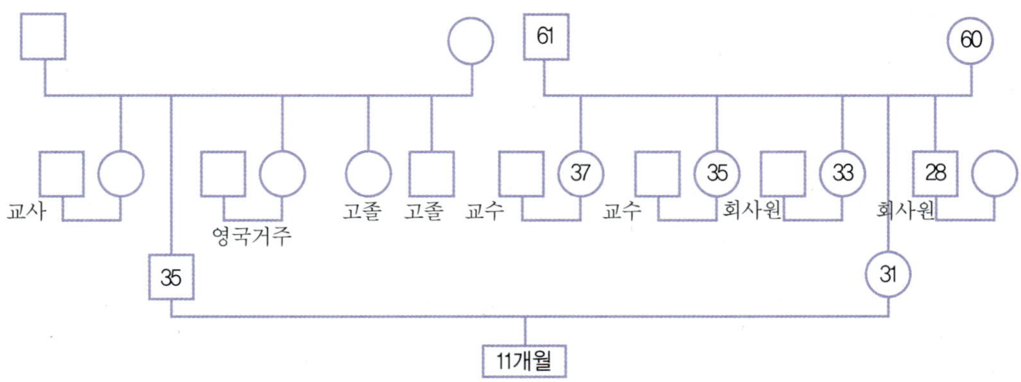

상담과정

1회

- 경험 나누기에서 내 문제는 남이 풀어주는 게 아니라는 것 발견했다.
- 고교 때 우수반이었으나 형편 때문에 지방대(둘째 형부가 교수로 재직 중인 대학) 다니면서 노동운동에 적극적이었다.

- 시민 단체 활동을 관계갈등으로 정리하고 휴식하는 동안 무기력감에 빠져 있었다.
- 남편과는 동지 같은 느낌 : 서로 좋아하는 사람 생기면 헤어질 수 있다는 이야기를 나누었다.
- 첫 기억
  - 5세 때 기억으로서 시골 겨울 허허벌판 추운 느낌이 들고, 담벼락 밑에서 언니를 기다렸다.
  - 길 저편 꽃상여 지나가는 데 따라가면 맛있는 떡이랑, 음식 준다기에 전혀 모르는 상여 따라가 백설기 얻어서 돌아왔다(10~5시).
  - 집에서는 잃어버렸다고 난리 났는데 "엄마 떡이야."하며 내밀면서 코피를 주루룩 흘렸다.

    연상 : 먹는 게 굉장히 중요했다. 백설기 그대로 조그만 조각하나 안 떼어 먹고 엄마에게 보여주려고 안고 왔다는 것을 생각하니 지금 눈물이 난다.
- 어린 시절
  - 할머니에게 양가감정(고부갈등이 심해 엄마가 외가로 간 적이 있음 / 추운 겨울 논바닥에 떨어져 무릎 바스라졌는데 할머니가 40리길을 업고 뛴 적이 있음)이 있다.
  - 엄마 말씀 : 할머니 없었으면 너 '다리병신' 되었을 거다.
- 초등학교 시절 기억 : 먹는 것과 연결되어 충족되지 않은 느낌이 있다.
- 지방대 졸업 후 서울로 학사 편입(3개 사립대학 합격)한 후 치열하게 공부를 했고, 만족감 높다.
  - 고시 1차 합격 후 어머니 권유로 중매결혼을 했다.

    나중에 안 사실 아파트를 친정에서 마련했다는 것 알고 두 부부의 상처가 컸다.

    (ct : 내가 무엇이 모자라는가, 친정 모 : 며느리 입장 고생스러울까봐)

• 시부모 태도—우린 할 만큼 했으니 너희들대로 살아라.

〈독서과제 : 한국인의 주체성과 道, 현대인의 정신건강, 현대인과 스트레스〉

• 치료사의 느낌 : 넷째 딸 서러움 녹아야 임신 가능할 것 같다.

▣ 십우도의 첫 번째 그림—소를 찾아 나선다(尋牛).

2회

• 어린 시절 기억 의외로 현재까지 이어지는 느낌이다.
• 서울 진학 좌절했을 때 희망이 없었다. 지방대에서 미팅 한 번 안 하고 수준이하라 생각되는 그들과 하나로 묶여진다는 것 끔찍했으나 노동운동 참여하며 인간적인 만남, 동질성을 발견했다.
  —잠자는 시간도 아까워 이념서적 읽으며 환희 느낌을 가졌다.
  —이데올로기로 부녀간 첨예한 대립을 경험했다.
  —노동운동관계 정리한 후 부녀관계를 6개월 간 산책길 동행하며 풀었다.
  어머니 모르는 아버지 연애 이야기까지 들었다.
• 서울 학사 편입으로 상경할 때 내담자를 담당했던 경찰 책임자 방문했을 때 아버지가 "의협심 강한 딸입니다"—눈물이 났다. (아, 인정하고 있었구나—기쁨)
• 좋은 딸이고 싶어 부모에게 살뜰한 편지 많이 보냈다.
• 서울생활—공부 죽어라 해보고 싶었다. (서울의 대학생 느낌 : rugged individualist)
• 시민단체 생활 인정받으면서 근무했는데 관계갈등으로 정리했다.

▣ 십우도의 첫 번째 그림—소를 찾아 나선다(尋牛).

3회

• 시민단체에 대한 분노 힘들다—거절당하는 느낌
• 적개심이 표출되었다.

4회

- 늘 죽어지냈다는 느낌과 외롭게 보냈던 기억이다.
- 내담자 출생시 초상집이었다가, 남동생에게 터 팔았다고 할아버지께서 "유학까지 보내주어라." 하셨다.
- 두 언니들은 엄마가 끼고 앉아 공부시켰고 셋째와 내담자는 방학 때만 보살폈다.
  - 나는 왜 돌보아 주지 않을까.
  - 중학교에 가서야 공부로 승부 걸자. 첫 성적표 1등이었는데 엄마가 너무 좋아하시며 상으로 빨간 치마 사 주신 것 고교 때까지 간직했다.
- 엄마의 태도 : "애들이 못나서요. 그러나 성실은 해요." 자신이 못난 줄 알았다.

▣ 십우도의 두 번째 그림-소의 발자국을 본다(見跡).

5회

내담자 : 대체로 편안하다. 엄마께 전화 "나 가졌을 때 어땠어요?" 했더니 "너 무척 심심한가 보구나." 웃고 넘기려 했다. 그러나 너 임신하고 낳고 나서까지 울면서 지냈다. 할아버지도 울었고, 온 집안이 남동생 날 때까지 3년간 우울 그 자체였다.

상담자 : 느낌은?

내 : 평소에 침착했다고 생각했는데, 별일 없어도 우울상태에 빠졌던 것이 이해가 되었다. 엄마가 미안할까봐 웃으면서 이야기했지만 자신이 불쌍하고 지나온 역사 보면서 왜 나는 이래야 했던가 원망했다.
그러면서도 넷째 딸 낳은 엄마의 심정 떠올리면 가슴이 아파서 눈물이 막 나고 슬프다.

상 : 자신에 대한 느낌은.

내 : 등골이 오싹해요. 내 뿌리가 ……. (침묵)
그래서 불고기 실컷 해서 상치에 싸서 먹었어요. 예쁘게 상 차려서. 내가 나를 대우해야지 하면서.(침묵) 어머니가 "그래도 너 복(福)강이라고 이름 붙였어. 복이 많은 아이라 생각했어……." 엄마랑 이야기하고 나니 정리가 되는 것 같은 느낌이 들었어요.

상 : 어떤 변화였나.
내 : 손바닥 뒤집는 것 같은 다른 인식의 차이를 느낀다.
남동생 혼자 있는 아파트 청소 등 관리를 마땅히 제가 해야 하는 것으로 되어 있었는데 왜 내가 이것을 해야 하나 파출부 불러서 하라고 해야겠다.
'음식도 영양가 있는 것으로 나를 돌봐야지.' 내가 중요해요.
상 : 힘이 올라오는구나.
▣ 십우도의 세 번째 그림–소를 본다(見牛).

6회

• 꿈
–천사, 귀신 계속 보았다. 가위 눌리며 죽은 가족과 이야기했다.
–강도, 도둑이 든 꿈으로 소리쳤다.
–여행지에서 낯선 남자와 외도하는 꿈 너무 좋았다.
• 연상 : 결혼 전 엄마 친구 아들(의사)과 데이트. 그 사람에게 느낀 감정은 존중받는다는 것이었다.
공주에게 왕자가 구애하듯 했는데 그 사람 건강이 나빠져서 결혼 이야기가 무산되었다.
• 남편의 반응 : 나에게 만족 못하나보다.
• 내담자의 느낌 : 언니들 다 잘사는데(형부들은 외국 프로젝트 맡아서 넉넉하다.)
친구 남편들은 의사, 변호사들인데 남편과 비교 위축된다.
친구모임이나 가족모임에 참가비가 부담이 된다. (너무 울었다. 그러면서도 정당화)

내 : 테이프 듣고 별 문제 아니었던 것 끄집어내었다가 다시 자리 잡아 가는 마음.
그러나 피해의식 크다. 남편도 "처남은 황제고 나는 무엇이냐?"
상 : 인생의 의미는 내가 만드는 것.
내 : 친정에 가면 엄마가 뭐 준다 해도 "됐어요." 하면서 거절. 너무 필요한데도…….

상 : 눈치 보네요. 주고받는 것은 예술인데, 감정을 안 다치게 하면서 주고받을 수 있는 관계중심 문화는 의미가 있지요.

내 : 기대감, 의존심이 함께 간다. 엄마가 서울에 와서 이것저것 사주는데 마음이 좀 녹는다는 느낌이 든다.

상 : 어릴 적부터 이어져 오는 감정이 뿌리에서부터 녹아야지.

내 : 있는 그대로 인정한다는 것이 슬프고, 안쓰럽고 한 감정들이 어둡고, 힘들었던 것만 생각나더니 언니들과 즐거움도 생각나고 근접할 수 없는 엄마의 성역이 헐거워지고 부담이 덜어지는 느낌이 든다.

상 : 엄마에게서 느낀 것은?

내 : 손에 쥐고 있구나. 청결함, 고귀함, 전통적 여인상을 언제나 …….

상 : 거리감이 있구나.

내 : 나를 터놓고 드러낼 수가 없어요. 그렇지만 누구나 그런 것 아닌가요.

상 : 그러한 거리감이 냉랭하게 몸으로 나타날 수 있다. 한약 권유. 약값은 엄마께 받아라.

▣ 십우도의 세 번째 그림–소를 본다(見牛).

7회

내 : 조정기간이 필요하다는 느낌이다. 현실과 조화 이루기 위해서는.

상 : 자기감정의 주인이 되어야 한다.

내 : 친정 다녀왔는데 변화 느꼈다. 조카들하고 피곤해 쓰러질 때까지 몸 바쳐 놀아주곤 했는데 이번에 간략히 놀았다.

상 : 무엇을 느꼈나?

내 : 나를 챙기는구나 …….

상 : 무엇을 하고 싶은가?

내 : 마음껏, 기껍게 선택한 공부를 하고 싶다.

▣ 십우도의 네 번째 그림–소를 잡아 고삐를 단다(得牛).

8회

내 : 아버지가 결혼할 때 "나는 한 번도 너를 사랑해 본 적이 없었다."하셨는데 정 떼려는 말씀인가 싶으면서도 엄청나게 울었다.

상 : 존재 자체가 거부당했다는 느낌이었나.

내: 엄마가 "무슨 그런 말을" 경악하셨는데 "아, 그랬구나. 나는 아무것도 아니었구나."

상: 기대했던 것은.

내: 정말 사랑받고 싶었는데 …….

그래서 지금도 내가 받는 것에 서툴고 주는 것을 더 많이 하는구나 하는 것을 깨달았다.

▣ 십우도의 세 번째 그림-소를 본다(見牛).

9회

내: 계속 울고 지냈어요. 통곡했는데, 끊임없이 통곡이 흘러내리는데, 한편 시원하기도 하고 선생님 때문에 너무 힘들다고 원망이 들기도 했어요.

남편은 속도 모르고 시댁 때문에 힘든 줄 알았는지 "네 앞에서 사라져 줄까?"

상: 시댁과 힘들다는 것은?

내: 독일에서 시누이네가 왔는데 온통 휘젓고 있다는 느낌.

-분해서 울었고 서러워서 울었고 그냥 눈물이 흐르더라-섞이기가 힘들다.

(사위-왕자노릇, 며느리-가정부노릇)

여자가 여자에게 적대적인 관계. 시댁가족과 섞일 수가 없다.

시아버지는 며느리 편들어 주신다. 시아버지랑 팔짱끼고 걷는다.

그러한 다정한 모습이 시누이에게 눈에 가시처럼 보이는 것 같다.

▣ 십우도의 세 번째 그림-소를 본다(見牛).

10회

상: 임신 확인해 보라.

내: 대학 포기한 이후 <선택>은 사라졌는데 …….

책임 안 지려고 부정적 흐름(flow)에 맡겨 버렸었는데 …….

결혼까지도 부모가 선택해 준 것인데 ……. (셋째 언니가 결혼 직전 파경 선택)

상: 꽁무니 빼던 모습 아무도 나를 지지해주지 않으니까, 책임져 주겠다는 오기로 살았구나.

▣ 십우도의 세 번째 그림-소를 본다(見牛).

11회

• 임신 기쁘다. 잘 먹는다. 특히 매운 것을 먹고 싶다. 안정된 느낌. 기대도 있고…….
• 한편 출렁이는 분노, 불안이 올라온다.
• 남편에 대한 연민이 있다.
• 꿈
  – 졸업 2등상 받았는데 집에 와서 1등을 못 데리고 왔지만 내가 너를 1등으로 만들리라.
  – 붕어 2마리 잡다가 고래 같은 큰 것이 낚시에 걸렸다.
• 남편도 상담 원한다.

▣ 십우도의 네 번째 그림–소를 잡아 고삐를 단다(得牛).
▣ 십우도의 다섯 번째 그림–소를 먹인다(牧牛).

12회

• 여기저기서 염려해 주고 "쉬어라."고들 한다.
• 마음 가는 대로 한다–청소, 설거지도 미룰 수 있다.
• 신기한 느낌을 체험했다.
• 친정에 내려 간다.
• 이웃 과일가게 아주머니가 "두 사람 연애하는 것 같아. 화사해."하시더라.

▣ 십우도의 다섯 번째 그림–소를 먹인다(牧牛).

남편 1회

• 초등학교 6년 때 서울로 전학했다. 서울 애들 텃세 부리면서 많이 맞았다. 사투리 때문에, 식생활의 차이 때문이었는데 아무도 구원자가 없었다.

또래집단에서 항상 주변인이었다. 대학도 생각 없이 진학했고 행시 합격했을 때 보람을 느꼈다.

결혼 1년 동안 부부에게 치열한 격전 기간이었다.

• 첫 기억
  – 6세 때 외할아버지가 칼 들고 장난한다고 매 들고 쫓아오셔 도망간 기억이 있다.
  – 친할아버지랑 친하고, 수염 잡고 장난도 하고, 낚시했던 기억이 있으며 지금도 낚시 즐긴다.
• 초등 4년 때 : 크레파스 사 달라 했더니 돈도 없는데 조른다고 아버지가 나를 벽에다 집어던졌다.
  – 그때 결심 : 크레파스도 못 얻고 맞기만 했구나. 경찰이 되어 아버지를 가만히 안 둘 거야.
• 대학 시절
  – 친구 없고, 술 먹고, 당구치고, 실패를 두려워했다.
  – 스스로 주변인 선택한 것 같다.
  – 부딪쳐 나가기보다는 완벽함을 위해 안 깨지려고 머물러 버린다.
  – all or nothing

남편 2회

내 : 붕붕 떠있는 것 같은 느낌이다. 아들 얻고 싶다. 어릴 적 웃어 본 적이 없다.
상 : 믿고 의지할 수 있는 사람은?
내 : 없다. 아버지는 꽉 막히고, 어머니와는 대충 나누는데 어머니는 기대가 크다.
아버지는 사전계획 철저하고, 어머니는 완벽주의.
사람들은 내게 급한 게 없다고들 하지만 사실은 '독한 모습'이 있다.
상 : 억울함 있는가.
내 : 부모님께 의심받으면 살인 혹은 자살하고 싶을 만큼 감정이 치받치더라.
<예 아버지 보는 책이 안 보이면 아들이 봤을 것이다 >

책이 다른 곳에서 발견되었을 때 사과 받았으면 풀렸을텐데.
<㉮ 고시 공부하다가 잠깐 TV 보며 쉬려 하는데, 저놈의 새끼는 하라는 공부는 안 하고 맨 날 TV만 보냐! >
내방에 돌아와서 바둑판 던지며 폭발했으나 모른 척 하더라.

상: 지금은 어떤가.

내: 직장 동료들 관계에서도 '일'보다는 '관계'에 의해 평가될 때가 많고 조직 생활이라는 게 상사에게 식사라도 대접해야 하는 것 같다고 느낀다.

남편 3회

내: 내 지나온 세월 어영부영이었구나. 외롭고 힘들었구나.
성취욕구 강한데 안 될 것 같으면 없는 척 하곤 했다.
장자, 노자 – 유장한 삶을 권하려 했다.

상: 인간관계 패턴의 3형태 설명: 투쟁 – 도피 – 억압

내: 지고 싶지 않았다. 최선, 최고 추구하면서도 자신 없으니까 아닌 척 감추고 기죽어서 지냈다. 이제 세 식구 되니까 열심히 살아야지. 의욕이 생긴다.
여직원이 내담자 같은 사람 있으면 시집갈 거예요 하더라.

상: 웃음이 많아졌네.

내: 처가에 내려가 있는 아내랑 아침저녁으로 전화한다.
따뜻한 느낌이 좋아서 주말마다 간다.

부부면담 1회

아내: 남편은 잡초처럼 살아왔다는 느낌이었는데…….
문화적 맥락이 더불어 가는 듯한 느낌이 든다.
느낌이 좋다. 서로에게 요구도 많이 하고…….

남편: 새로운 세계가 열리는 느낌. 마음을 비움으로써 가능하다는 것
어머니가 아내를 순수한 보살핌으로 대하는 듯해서 기분이 좋다.

상: 두 사람 사이 공감이 이루어지는 모습이 편안해 보이네요.

▣ 십우도의 여섯 번째 그림–소를 타고 집으로 돌아온다(騎牛歸家).

부부면담 2회

남편: 대인관계에서 거절을 못한다.
몸이 부르는 소리는 쉬라고 하는데 사회는 술을 많이 권한다.

아내: 건강 때문에 "일찍 죽을 거야." 하면 남편이 화낸다.

남편: 아내에게 인정받으면 장관하고도 남을 것이다.

아내: 원하는 부서 찾아 정착되었으면, 공부는 때가 있는데 유학 준비했으면 좋겠다.
갈등과 분쟁 해결방안 미국 워크숍에 참가할 예정이다.
-3년 이내에 남편이 미국으로 떠나게 되었으면 하는 소망이다.

▣ 십우도의 여섯 번째 그림-소를 타고 집으로 돌아온다(騎牛歸家).

부부면담 3회

남편: (큰 웃음 웃으며) 아내가 임신 위세한대요.

아내: 이전에는 동료, 절친한 친구 같은 우정으로 살았는데 부부사진 보면서 뿌듯하고 애틋한 기분이 들어요.

상: 화사한 봄이 찾아 왔구나.

▣ 십우도의 일곱 번째 그림-소를 잊고 사람만 있다(忘牛存人).

부부면담 4회

아내: 남편 아파트 열쇠 잃어버렸다니까 참을 수 없더라. 내 것 지켜주었으면 기대하는데…….

남편: 이사 문제로 마음이 상했다. 기대하지 말라는데도 아내는 부모님께 기대를 한다.

아내: 대우받지 못한다는 느낌 때문에

↗ 자기: 자살, 자해

상: 의존적 사랑의 욕구 → 좌절 → 적개심 → 타인: 공격의 악순환이다.

↘ 통찰: 죄책감

▣ 십우도의 세 번째 그림-소를 본다(見牛). → 훈습(working through)의 어려움

부부면담 5회 아들 출산 후 6개월

남편: 집에 들어가기 싫다. 아내가 애기 낳고 담배 탁 물고 나오는데 "아, 옛날로 돌아가는구나!"하는 절망을 느꼈다.

아내: 아무도 없는 것 같은 느낌이다. 모두 축하해 주는데도…….
애기를 잘 키우고 싶은데 너무 힘이 든다. 애기가 시댁에만 가면 돌아올 때까지 운다. 시부모님이 애기를 안아주지도 못한다. 낯선 곳에 가면 항상 울기만 하니까.
그런데 왜 애가 안 울지요. 너무 이상하네요. (방긋방긋 웃는 애기)

상: 시댁에 갈 때 어떤 마음이었는가를 보아라.
애기는 엄마의 마음 그대로를 대신 표현하는 것임을 보아야지.

아내: 어머! 시부모님도 서운하시겠네요..

▣ 십우도의 세 번째 그림-소를 본다(見牛).

13회

내: 애기만 빼고 모든 게 불만이다. 남편에게 내가 생각해도 심하게 군다.
남편은 뭘 도와줄까 묻기만 하고 오히려 더 힘들게 어지러 놓는다.
묻기 전에 알아서 좀 도와 달라 하는 마음. 참아야지 하면서도.
남편의 자기 물건 챙기지 못하는 것 (H.P 세 번 분실) 보면 화가 난다.
우리 엄마가 사준 건데 ……. (공치사)
시댁에 가면 수건이 걸레보다 더러운 것 보면 미치겠다.
우리 집은 수건, 행주, 걸레 모두 깨끗한데 …….

상: 마음이 편치가 않구나. 성관계는 어떤가.

내: (머뭇거리면서) 그게 중요한 건 아니잖아요. 임신 후반기 이후부터 없었다.
다른 방을 쓴다.

상: 기대가 채워지지 않는구나.

내: 차라리 고아랑 결혼했으면 나았을 거다. 해준 게 도대체 뭐가 있나. 애기 백일에도 마음 상해서 울었다. 시어머니가 시누이들만 챙겨요.
애는 빽빽 울고 엉망이 되어버렸다.

상: 분노의 뿌리를 보아라. 자신 스스로로 해서 행복한 때가 없다.

내: 그래서 걸리기만 해라 하는 식으로 건수 잡으려는 것 같다.

상: 화나면 화났다 이야기해야 풀릴 것 아닌가. 방심하지 말라.
조용필은 절대음감을 어떤 순간에도 놓치지 않기 위해서 열심히 노래 연습한다.

받으려 하지 말고, 기대하지 말고……,
내 아이로 가족들과 기쁨을 나누기 보다는 아들 낳은 위세하고 있다.

내 : 제가 부처예요? (흥분)

상 : 누구를 위해서 아이를 낳았나.
화해의 상징이 되어야 하는데 아이로 해서 갈등이 심화되고 있구나.

내 : 맞아요.

상 : 애기를 주말에 시댁에 맡기고 부부가 함께 시간을 보내는 경험을 시도할 수 있다면?

내 : 어려울 것 같아요. 근데 정말 신기해요. 애가 왜 이리 좋아하는지.

상 : 전투하러 온 게 아니고 엄마 마음 청소하러 온 것을 애기가 안다.
꽁무니 빼지 말고 철저하게 청소하라. 네 마음의 소리를 잘 듣고……,
좋은 엄마가 되려면 道를 닦고 하느님처럼 되어야지.
시댁 식구가 어찌 대하더라도 괘념치 말고 자기를 지키라.

- 꿈 : 신랑이 정신증인데 직장동료들이 "몰랐느냐." 하면서 신랑의 무덤을 만들고 있었다.
친정엄마가 목에 깁스하고 있는데 어딘가에 가면 해결할 수 있을 거야.
- 연상 : 스트레스, 책임감 느낀다. 신랑이 안쓰럽다. 그런데 딱 보면 화가 난다.

▣ 책 다시 숙독하라.

▣ 십우도의 세 번째 그림–소를 본다(見牛).

14회

상 : 어떻게 지내나.

내 : 책을 반복해서 읽는다.
'나는 뭐예요'하던 마음이 '내가 나를 대우하는 것이 최선이다!'라는 것을 발견.

상 : 알았으면 실천하는 것만 남았네.

내 : 남편에게 바라는 것 줄이고 나를 다지는 작업. 그러나 渴愛를 느낀다.
남편이 "넌, 애기 중독(mania)인 것 같아."하더라.

상 : 일거수일투족에 묻어있는 핵심을 보아야지.

내: 우리 집에서는 공부 못하면 인정 못 받는 처지. 완벽해야 한다. 대우받으려면 ……

친정에 가서도 더 피곤해져서 오는 자신의 모습을 보면 한숨이 나온다.

상: 넷째 딸 신드롬. 한 존재로서의 인정이 없었기에 가마솥에 누룽지.

이제 아들의 존재를 통해 자신의 존재를 확인하려는가.

남편과 함께 가정을 가꾸는 노력을 해야지.

사랑과 정성으로 애기를 키우지만 처음으로 갖게 된 '힘'이라는 느낌.

내: 애기한테 빠져서 자신을 잃어버릴 것 같은 두려움.

건강한 거리를 어찌 지켜나가야 할지. 애기랑 분리될 수 없을 것 같은 불안.

상: 어린 시절 억울함을 녹여야 ……. 좋은 엄마로 정당화하지 말고 내 존재 확인한 후 잘 키우고 싶다는 소망을 키워야 한다.

▣ 십우도의 네 번째 그림–소를 잡아 고삐를 단다(得牛).

15회

상: 어떻게 살았나.

내: 지옥에도 갔다 오고, 연옥에도 있었고, 그냥 평안하게도 살았고.

상: 그 원인이 어디에 뿌리가 있는가를 보라.

내: 애기에 집착하면서 외부세계 거의 단절. 건강 상하는 것 같다.

요즈음은 조금 떨어질 수 있다.

상: 처음으로 가져본 권력이다. 손 내밀면 잡아줄 수 있는 거리감이 최선.

내: 막 보살펴야 잘 큰다고 잘못 생각했던 것 알았다. 시어머니가 "애기가 왜 이리 우냐?"하시면 '또 나를 잡으려 하는 거지.'하며 꼬였는데 이제 이야기한다. "애기를 자랑하고 싶은 마음도 있겠지."하고 이해하고 ……. 애기 마음을 따라가려고 해요.

상: 마음이 자랐구나. 큰일 했구나.

내: 네 맞아요. 정말 큰일 했어요. 그런데도 시어머니가 그런 이야기 반복할 때마다 흥분은 안 할 수 있는데 한방 날리고 싶은 마음이 올라온다.

상: 봄이 아직 멀었다. 부부관계 이전에 내 人生에 봄이 와야 한다는 것을 방심하지 말라.

▣ 십우도의 네 번째 그림–소를 잡아 고삐를 단다(得牛).

▣ 십우도의 다섯 번째 그림–소를 먹인다(牧牛).

16회

내 : 친정 엄마가 절대로 自己를 포기하지 않는 분이라는 것 발견했다.
친정에 가도 나를 챙겨 주기 보다는 엄마 일 보러 가는데 이제야 이야기할 수 있다.
"엄마 내가 친정에 왔는데 나 혼자 두고 나가시면 서운하잖아요."
-"아이구, 미안해. 금방 갔다 올게." 어려서부터 항상 엄마를 그리워했다.
"엄마 심심해." 했었던 기억이 있는데 책을 보니까 '엄마 애정이 부족해서'라는 이야기에 정말 공감이 되더라.
친정아버지 생신에 갔는데 큰언니가 시댁에 갔다가 늦게 온다는 전화 받고 "언니가 와서 진두지휘해야 되잖아." 했더니 큰언니 씩씩거리며 뛰어와서 진짜 싸우듯이 하고 서로 울었다.
둘째 언니가 진정시킨 뒤 "우리 각자 사는 방식 존중해야 하잖니."
그 후 묘한 자유 느꼈다. 각자 독립된 영역을 지키자. 이해할 수 있다.

상 : 마음을 다지라.

내 : 애기가 그렇게 울었다. 서울 오기 전 둘째 언니가 저녁 내는데 애기가 우니까 부모는 "어떻게 하니 애기가 울어서 ……." 집에 있기를 바라더라.
사실은 "우리 다 한 번씩 안아주면 될 거야. 같이 가야지." 말씀해 주기를 바랐지만…… 둘째 언니가 데리러 와서 가긴 갔는데, 식당에서 애기가 너무 우니까 달랜다고 나왔다가 울면서 그냥 오게 되었다. 얼마나 초라하고 서러웠던지…….
모두들 애기 울음을 "힘들다"는 의사표현으로 받아줄 생각을 왜 안하는지…….
내 존재가 그렇구나 …….

상 : 상대방 행동을 보면서 서러움, 노여움이 올라오면 해결되지 않은 내 문제를 보아야 한다.

내 : 엄청난 통곡.

▣ 십우도의 세 번째 그림-소를 본다(見牛).

17회

내: 남편에게 화가 난다. 서로 사랑이 없는 것 같다.
출근하고 나서 11시경에 꼭 전화해서 "뭐 하니?" 왕짜증.
상: 기대가 채워지지 않는다.
내: 남편에 대한 불평 힘껏 토로. 처가에 대한 열등감 …….
남편의 허약함을 내가 왜 책임져야 하는가. 나도 힘들어 죽겠는데 (통곡) …….
상: 눈치 보는 남편 …….
▣ 십우도의 두 번째 그림-소의 발자국을 본다(見跡).

남편 4회

내: 아내에 대한 불만이 많다. 말을 막하게 된다.
위세하는 것 같은 태도에 질린다. 밤 12시까지 집안일 하고 있는 것 보면 신경질 나고 화나고 '네 마음대로 마음껏 혼자 일이나 해라.'하는 마음이 되고 그래서 자버린다. 6시 30분에는 집에서 나가야 하는데 이 사람은 내다보지도 않는다.
'나는 도대체 이 집에서 뭔가 싶다.'
상: 서로 마음놓고 존재하지 못하는 부부다.
내: 우리말로 우리말 거는 것인데 서로 딴 나라에서 사는 것 같다.

18회

상: 꽁무니 빼지 말라.
내: 꽁무니 빼지 않으려면 ……. 사실은 이혼하고 싶은 것 같다.
아들 때문에 이혼은 못하겠지만 ……. 존중받지 못할 남편이라 생각된다.
지난 4년 엄청난 투쟁을 한 것인데 이런 것인가.
상: 관계는 관계로 녹여라.
받고 싶은 게 안 채워지니까 적개심이 가득 차 올라오는 것.
우선 파출부라도 불러서 휴식을 취하도록 하라. (소진 burn out 상태)
너는 자신에게 너무 너그럽다. 부부관계에서 맡기로 한 역할은 반드시 수행할 것.
아침 배웅하는 것 등등
▣ 십우도의 두 번째 그림-소의 발자국을 본다(見跡).

19회

내: 마음을 다지고, 아침 챙겨 주면서 관계가 풀리는 듯하다.
친정 부모 오셨는데 애기가 웃고 좋아하니까 부모님도 안심하시는 듯 …….
시어머니 오셨을 때도 애기 편하게 지냈다.
사실은 "녀는 녀에게 녀무 녀그러워."하는 지적에 화들짝 놀란 심정이었다.

상: 남편의 반응은?

내: 대화가 가능하다. 그러다가도 남편이 내 마음 헤아려 주지 않으면 꼭지가 돈다.
'어차'하면 '아차'하고 서로 통하면 좋겠는데.
남편이 "녀 무슨 이야기했니?" 상담에 대해 묻는 것이 싫더라.

상: 서로 이야기를 잘 들으려면 말하는 사람의 입장에서 들어라.
부부의 상황 차이 받아들여야 할 것이다.

▣ 십우도의 네 번째 그림-소를 잡아 고삐를 단다(得牛).

20회

내: 파출부 불렀더니 한결 쉴 수 있게 되었다. 남편을 쉬게 해주려고 한다.
추석 주변 시댁 이야기, 여유 느낌, 영국에서 시누이 신랑 와서 또 휘두르고 있다.

상: 느낌은?

내: 웃긴다. 돈 많다고 저리 폼을 재나 …….
그러나 큰시누이가 남편 생일에 이것저것 반찬 챙겨서 택배로 보내주었는데 나누는 기쁨을 처음 알았다.

상: 이제 깨달아 가는구나.

▣ 십우도의 다섯 번째 그림-소를 먹인다(牧牛).

21회

상: 남편과의 관계는.

내: 존중하려고 노력. 내 채워지지 않는 것을 남편에게 집요하게 바랐구나 발견. 아들 생각하면 편안함이 휘돌아 가는데, 시댁 생각하면 신경질 나는 마음이 휘돌아 가는 느낌 때문에 ……. 시댁 식구들은 마치 접착제로 붙여 놓은 것 같다.

상: 한마디만 하라.

내: 좀 도와주면 좋겠는데, 조금 있다 하면서 늑장부리면 '정말 너 심하다. 너 나를 사랑하지 않지.'하는 마음이 올라오고 속상하다.

상: 탁 올라오는 감정을 보아라. 감정을 꽉 잡을 수 있어야 할 것.
방심하지 말라. 자신을 챙겨라. 내 불안 해결 못하니 공치사 하면서 기대한다.
내 인생은 내가 떠맡아야 한다.

▣ 십우도의 네 번째 그림-소를 잡아 고삐를 단다(得牛).

> 상담과정에서는 십우도의 여섯 번째 그림인 기우귀가(문제와 현실을 받아들이고 해결하는 것)와 망우존인(갈등은 해결되었으나 무아에는 이르지 못한 상태 → 정신분석의 한계)까지 이르렀으나 내담자의 훈습과정은 원효대사의 '究竟覺心無初像'을 생각하게 한다.
>
> 이후 남편의 미국 유학으로 함께 떠났고 한 달에 한번 정도 전화로 도움 요청이 있기는 하지만 물리적으로 시댁과 거리를 가지게 된 이후 핵가족만의 정서적인 친밀감이 건강하게 자리잡아 가고 있어 처음으로 자유와 행복감을 경험하고 있다는 보고를 하였다.

치료사의 자세에 대한 통찰

道는 말로써 할 수 없기 때문에 道를 깨친 사람이 깨치지 못한 사람에게 아무리 깨친 소리를 해도 알아들을 수가 없다. 우리가 경험하는 것은 우리와 현실 사이에 현실을 흐리게 하는 세 가지 베일이 있다는 것이다. 개인의 정서적인 경험과, 개인의 사회적·문화적 배경, 그리고 유기체, 즉 신체의 제한성이다. 그래서 유기체의 베일을 없앰으로써 현실과 자신을 직결시켜 참 나에 이르게 하는 것이 치료의 목표다.

성(聖)과 청(聽)을 생각해 봄직하다. 성인은 만물의 성정(性情)에 통하며 주객일치가 되고 무소불통(無所不通)한 대화의 왕인 것이다. 치료사와 내담자의 관계, 인간과 인간 사이의 관계, 보다 인간적인 만남은 단단히 뿌리 박은 사랑 안에서 지속적인 성장을 할 수 있는 것이라 한다면 그것은 어쩌면 좋은 치료사의 존재 안에서 이루어질 수 있을 것이다.

우리의 가족주의와 관련지어 요즘 흔히 접하게 되는 노이로제의 경우를 짚어보면 그것은 관계의 단절 즉 소외, 고립, 또는 대화의 단절에서 생기는 것임을 발견하게 된다. 그러므로 치료사 자신과의 관계와 내담자의 근기에 따라 내담자가 가지고 온 증상을 이해하고, 토해내는 감정을 격화시키지 않고, 단지 자각하도록 돕기 위하여 표현시켜야 한다. 동·서양 인식의 차이가 doing과 being에 대한 관심의 정도가 다르다고 한다면 치료사의 접근 또한 그러해야 할 것이다. 이것을 장자의 인간세(人間世)편의 한 구절로 대신하고자 한다. "남을 교화시키려면 남의 말을 귀로 듣지 말고 마음으로 들어라. 마음으로도 듣지 말고 氣로써 들어라. 氣로써 들으려면 심제(心)를 해야 한다. 심제는 마음을 비우는 것이다."

서구문화에서도 피타고라스의 3P로 알려져 있는 예비(preparation), 정화(purification), 완성(perfection)의 과정은 가족치료 전문직에서 일하려는 우리들에게 시사하는 바가 크다고 생각된다. 특히 가족사례를 접함에 앞서 피타고라스의 강조점을 떠올려 보곤 한다. 좋은 자녀, 공정한 형제자매, 다정한 배우자, 훌륭한 부모가 되어라.

2) 외도 관련 사례

(1) 사례적용에 앞선 치료사의 입장

도정신치료(道精神治療)에서는 일생에 걸쳐 매 순간마다 마음과 행동의 일거수일투족(一擧手一投足)을 지배하고 있는 내담자의 핵심감정을 파악하고 극복하는 것이 가장 중요하다고 강조하고 있다. 상담자는 무엇보다도 내담자에게 공감적 응답이 요구된다고 파악하였으므로, 도정신치료를 적용하여 심리적 변화 과정과 결과를 보고자 하였다. 통제 못한 감정, 그 감정의 뿌리를 파악해 바로잡아 가는 과정은 1회에 90분씩, 8회 면담을 통해 이루어졌다. 궁극적으로 자신을 지배해 왔던 핵심감정이 현실을 착각하게 하고 갈등을 일으키는 원인이었다는 것을 자각하면서 현실을 수용하려는 변화가 나타났다. 상담과정에 부부면담도 진행되었으나, 아내의 외도가 어린 시절 성추행 사건을 경험한 후 내면화했던 인생각본(life script)과 연관되어 있었으므로 여성에게만 초점을 맞추었다.

도정신치료(道精神治療)는 동양의 道와 서양의 정신치료를 융합한 정신치료 모델로, 道는 道教로 오인되기도 하는데, 道는 '객관적으로는 현실(reality)이고, 주관적으로는 정심(淨心), purification mind'를 뜻하는 것이며, 도정신치료는 현실을 보게 하는 치료라 정의한다.

감정 중시

가장 중요하게 여기는 것 중의 하나가 내담자의 감정에 공감하는 것이다. 감정을 중시하는 이유는 모든 종류의 정신장애는 뇌 기질상의 문제라기보다는 내담자의 주관적인 감정을 주의 깊게 다루지 못했기 때문이라고 보기 때문이다. 바꾸어 말하면 아무리 심한 정신병 내담자라도 자신의 감정을 표현하고 그 감정을 자각하는 순간 그 증상이 사라진다고 한다.

정신장애 내담자(patient)는 동토(凍土)에서 불안과 공포에 떨며 감정을 자유롭게 표현하거나 느끼지 못하고 얼어붙어서 존재의 위협을 받고 있는 것을 뜻한다. 즉 인간의 불행이란 감정처리를 잘 못하는 데서 오고, 감정처리를 잘 하는 데서 행복이 온다는 것이다.

핵심감정

감정 중에서도 핵심감정(nuclear feeling)은 마음속에 꺼리는 애응지물(碍膺之物)과 같은 것으로 내담자의 一擧手一投足에 영향을 미치는 감정이다. 치료자가 주객일치(主客一致) 상태에서 완벽한 공감을 통하여 내담자의 주관적인 감정을 느낄 때 정신치료는 빠르게 진행된다. 따라서 내담자의 핵심감정을 빨리 파악하고 공감하여 문제를 해결한다. 핵심감정을 치료하는 과정을 참선 수행의 깨달음의 과정인 십우도에 대비하여 설명한다.

치료자의 공감과 공감적 응답

중요한 과제는 '상담자가 어떻게 내담자의 핵심감정을 공감할 수 있는가?'이다. 치료과정에서 공감(empathy)은 내담자의 주관적인 고통과 슬픔, 비탄과 함께하는 것을 뜻하며, 공감적 응답(empathic responsiveness)은 공감한 상태에서 나타나는 치료자의 응답을 뜻한다. 그러므로 치료자의 감정이 내담자의 감정을 치료한다. 치료자가 내담자 곁에 존재함으로써 마음이 편해지고 든든한 힘이 생기는 치료적 동맹, 즉 어린 시절에 형성되어 현재까지 영향을 미치고 있는 핵심감정의 공감적 응답에 더 초점을 둔다.

치료자의 자비심

내담자에 대한 무조건적 공감을 위해 치료자는 마음이 비어 있어야(心齋, 無爲)한다. 淨心을 통하여 자신의 핵심감정을 해결해야 하며 그 바탕 위에서 도달하게 되는 모든 존재에 대한 보살핌–자비심으로 내담자가 치유된다는 것에 방점을 둔다. 인격의 성숙 및 자기 마음보기(觀), 통찰, 훈습(working through = 돈오점수頓悟漸修)을 강조한다.

주체성 회복

치료의 목적은 내담자의 주체성 회복이다. 주체성이란 내가 나의 주인공이라고 자각하는 마음의 상태이다. 나는 객체(客體)가 될 수 없는, 우주에서 가장 존귀한 존재라는 자각이다. 주체성은 주인의식이며 독립과 해방, 자율적인 선택이기에 부림을 당하는 것이 아니고 부리는 것이다.

사례 개요

내담자는 40대 전문직 여성으로 동갑내기 친구에게 적극적으로 요구하여 결혼을 했다. 슬하에 남매를 두었으며, 둘째 출산 후 휴직 기간 중 첫 사랑의 남성과 재회하여 깊은 관계에 돌입하였다. 중요한 시험을 한 달 앞두고 있었던 남편에게 흥분된 자신의 상황을 스스로 밝힘으로써 부부관계에 엄청난 소용돌이가 일어났다. 일생을 걸었던 마지막 관문에서 좌절된 남편의 분노 표출과 이혼을 둘러싼 논쟁으로 갈등이 지속되는 가운데 남편이 먼저 상담실을 방문하였다.

예정된 면담이 진행되는 동안에도 남편의 분노 표출은 빈번하게 일어나고 있었으므로 법적인 부부관계는 지속하되 정서적인 소용돌이를 진정시키는 시간의 필요성에 동의한 부부는 각각의 생활 공간에서 자녀양육을 공동으로 담당하기로 결정했다.

내담자(아내)에 대한 면담은 8회 동안 지속되었으며, 내담자를 지배해 왔던 핵심감정이 무엇인지 찾아내고, 이 핵심감정이 현실을 착각하게 하고 갈등을 일으키는 원인이었다는 것을 자각하고 수용하는 것을 목표로 세션은 진행되었다.

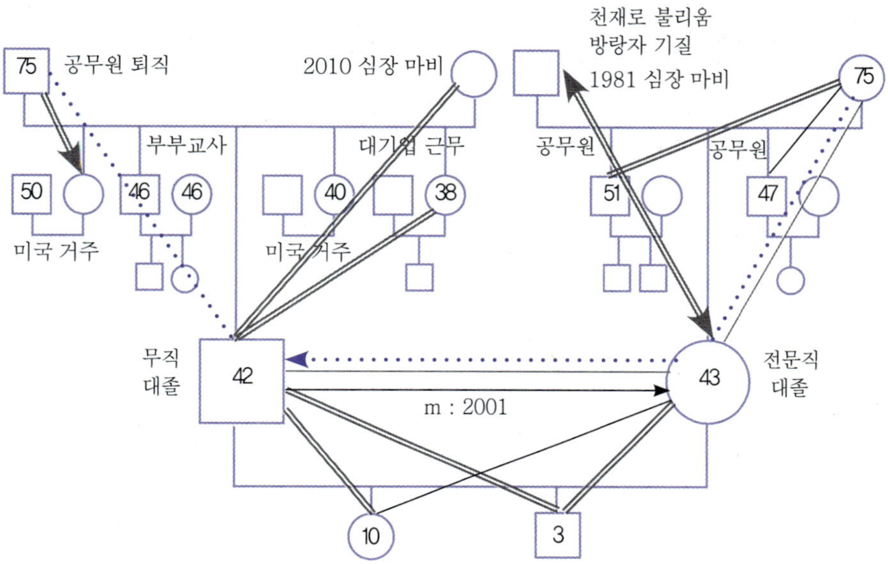

● 가족관계

내담자 : 2남 1녀의 막내, 대졸, 전문직

남편 : 2남 3녀의 셋째, 대졸, 무직

자녀 : 딸(초등 3년), 아들(3세)

친정아버지 : 내담자 중 1 때 사망

친정어머니 : 아버지에 대한 지극한 사랑, 경제적인 현실 감각 없음

친정 오빠 2명 : 현재 둘 다 공무원

아버지 사망 후 큰 오빠가 실질적 가장 역할

시아버지 : 공무원 은퇴, 외도관계 경험

시어머니 : 젊은 시절 부부관계에서 깊은 상처받음, 그러나 남편 존경

시아주버니 : 부부가 교사로 안정된 생활

시누이 : 2명은 결혼하여 외국 거주,

막내는 전문직 남편과 안정된 결혼생활

● 개인력 요약

내담자는 아버지께 사랑받았던 어린 시절을 인생의 황금기로 기억하였다. 아버지를 흠모하시던 어머니는 늘 사랑을 갈망하면서 아버지 무릎 위에 앉아 밥 먹고 있던 딸을 부러워하였다. 그러나 아버지가 돌아가신 후 끈 떨어진 연 신세가 되었고, 어머니는 큰오빠와 밀착관계로 발전하였으며, 이후 내담자는 혼자 컸다고 생각한다. 아버지를 닮아 형제들이 모두들 수재 소리를 들었고 학교 선생님들께 귀여움 받았으나 성추행을 당한 이후 소름끼치도록 남자들을 싫어했다.

독립적으로 살아야 한다는 일념으로 서울의 국립대를 가고 싶었으나 담임 선생님이 모든 장학금이 약속되어 있는 학교를 권유해 입학하였고 지금도 이것을 후회하고 있다. 그 후 폭넓은 동호회활동에 참여하면서 대인관계를 확장했고, 그때의 인연들이 사회생활에 많은 도움을 주었다.

결혼한 남편은 절대 본인은 동의하지 않지만 시어머니의 보호자 역할을 담당하면서 정작 내담자에게는 자신을 보호해 달라는 몸짓들을 보내고 있다. 내담자는 남편을 사랑하지 않았고, 결혼하는 것이 사회생활에 도움이 될 것이라고 판단하여 결혼을 하였다. 시댁은 경제적으로 여유가 있었고, 결혼이야 그냥 사는 것이라고 생각했기 때문이다.

치료과정

치료기간은 총 14회(매회 90분)로 진행되었다. 남편과 부인 개별상담, 부부상담 전 과정이 녹음되었으며, 녹음 내용을 듣고 오는 것이 매 회 과제로 제시되었다. 본 사례에서는 아동기 성추행 외상경험을 다룬 부인 상담 8회기로 제한한다. 치료과정은 핵심감정을 중심으로 3단계로 나누어 핵심감정 파악, 핵심감정 구체화, 핵심감정 수용으로 살펴보았다.

1 1단계 : 핵심감정 알아차리기(1~2회)

남편 상담 이후 내담자(아내) 상담을 시작하였다. 1회 상담에서 내담자는 엄청난 양의 자기 보고서를 작성해 왔다. 내용은 첫 사랑의 남자와 재회하면서부터 내면에서 끓어오르는 감정을 소설 형식으로 기록한 것이다. 신춘문예에 내볼까 할 정도로 진솔한 사랑 이야기라며 들떠 있는 내담자의 얼굴은 사춘기 소녀의 모습 그 자체이다.

그 남자는 대학 1년 선배이다. 대학 다니는 내내 혼자 좋아했다. 그 사람도 내담자를 좋아하는 마음이 있었다는 것을 알았으나 가까이 가지 못했다.

내담자 : 선배가 '도서관에서 부딪쳤는데 널 보니까 심장이 멎는 것 같았어!' 그런 표현을 했어요.

상담자 : 아! 그런데 사귀자는 이야기는 없었다!

내 : 저한테서 찬바람이 쌩쌩 났었다고 해요.

상 : 문제는 내가 원하는 것하고는 반대로 나갔다는 거네요.

내 : (침묵) 그때 그 감정을 한 번쯤 나누고 싶었던 것인데.. 그 사람도 나를 좋아했었다는 말에 정신줄을 다 놓아버리고 몸이, 마음이 가는대로.. (울먹임) 남편한테 이번에 처음 이야기했어요. 사실은 9살 때 학교 끝나고 집에 오는 길에 어떤 남자에게 끌려갔었어요. 성폭행, 오랄 섹스... 주먹 쥐고 사정할 때까지 위협하면서. 집에 돌아와서 내내 구역질을 했었는데도 엄마는 왜 그러니? 하며 모르시더라구요. 일주일 내내 몸살을 앓고 학교도 못 갔는데도.. 그때 아버지가 집에 안 계셨던 것 같아요. 아무에게도 이야기를 안 했으니까.. 그런데 그 사람 만났던 그 날 문득 그 생각이 났어요. 아무에게도 이야기 못하고 묻어 버렸던..

상 : 그 일들이 두 사람과의 관계에 영향을 주었다고 생각되시는군요.

내 : 그렇죠. 버스에서 남자들의 손길이 몸에 닿아도 오싹 소름이 끼쳤으니까요. 오랫동안.. 그 일만 없었어도 좋아하는 사람에게 거리낌이 없었겠죠.

상 : 그런데 남편과의 관계에서는 별 문제가 되지 않았다?

내 : 나이가 들면서 정작 섹스가 궁금해서.. 남편은 만만했으니까 같이 자자 그랬어요.

또 이미 잤으니까 결혼해야 한다고 생각 했고요.

1회 상담에서 드러난 내담자의 핵심감정은 성추행 피해의 고통에도 불구하고 누구와도 고통을 나눌 수 없다는 외로움이었다. 이러한 외로움 때문에 자신에 대한 관심이나 사랑을 있는 그대로 받아들이지 못했던 것이다.

상담과정에서 내담자는 자신이 어떤 사람이며, 어떻게 살아왔나에 대해 파악하면서 '싸울 것인가? 도망칠 것인가?(fight-flight pattern)'에서 도망치기를 선택한 자신을 발견하였다. 어린 나이에 감당하기 힘든 깊은 상처를 안고 살아온 피해자로서의 내담자는 결국 그 사건으로 인해 잃어버린 연애의 환상에 대한 애도작업을 하고 마음잡기를 하였다.

내담자의 핵심감정 탐색은 2회 상담에도 계속 이어졌다.

내 : 연애감정에 휩싸여서…….

상 : 연애감정이라는 것은 동서고금을 막론하고 똑같은 이야기들이 나오죠. 내가 보고 싶은 것만 보게 되는 것이 연애감정이듯이. 그래서 연애 결혼했던 부부들도 사느니 못사느니 그런 것 아니겠어요. 있는 그대로의 상대를 본 것이 아니라 그 사람의 좋은 점만 보았다가 결혼 후 상대방의 실체를 보게 되면서 속았다! 사실은 상대방이 속인 게 아니라 내가 내 자신에게 속았다.

내 : 연애하는 친구들을 보며 '쟤들은 왜 저리 유치할까?' 그랬거든요. 그런데 밀물처럼 밀려들었던 감정이 썰물처럼 밀려 나가는 거예요.

상 : 어떤 변화가 있었나요.

내 : 호텔에서 나올 때 솔직히 후련했어요. 그 선배는 피터 팬 같은 사람이거든요. 내 젊은 날의 사랑을 만나 이렇게 튜닝이 될 수 있다는 것, 온통 내 삶에 웃음꽃이 피었다는 느낌. 연속해서 5번 만났거든요.
그런데 '난 와이프한테 이야기 못해!' 그 이야기를 듣는 순간 선배도 머리만 큰 어린애였구나! 사회적인 통념을 깨부술 정도로 나는 심각하고 진지했는데. 그 사람을 만나러 갈 때마다 잘 보이고 싶어서 거울을 보고 또 보고 그랬는데..
이제는 신경 쓸 필요 없다는 생각이 들면서 거부당했다, 배척당했다 싶기도 했지만 슬프지 않았어요.. 환상이 깨진 것 같은.. 내 마음에 만들어 세워 놓았던 허수아비, 허상같은 것. 그래도 남편과는 이혼하고 싶어요. 그 사람과 상관없이.

상 : 선배에 대한 감정이 허상이었다?

내 : 어릴 때 낭만을 아주 부풀리고 키워서 갖다 퍼부었던 것 아닌가. 이미 관계는 끝났는데 깨진 환상이 아련해 물고 늘어졌던 것은 아닐까..

상: 남편에 대한 감정은?
내: 사랑은 안 하지만 남자로서는 무난한 편이죠. 지금은 적개심 덩어리가 되어 지랄발광하고 있지만, 남편이 이 상황을 수용하겠다 해도 제가 힘들 것 같아요. 이혼하고 새로운 사랑을 찾고 싶어요.
상: 이혼한다 해도 자기를 알고 해야지요. 자기 마음을 깨달아야. 핵심을 파악해야 자기와 만날 수 있는 것이니, 이혼문제는 그 후에 다루었으면 하거든요.

내담자는 선배에 대한 감정이 자신의 외로움을 덜어줄 것이라는 기대감이었지만 상대는 그럴 만한 사람이 아니어서 그 기대감이 자기만의 환상이라는 것을 알아차리게 되었다고 이야기하였다. 치료자는 이러한 외로움과 실망감을 공감해 주면서 허전한 것이 없으면 부처다, 자신의 핵심감정, 외로움의 원인을 파악하고 고통을 받는 원인을 깨닫게 되면 자기에게 알맞은 자리를 지키게 될 것이라고 하였다.

2 2단계 : 핵심감정의 구체화(3~6회)

2단계에서는 1단계에서 나타난 외로움이라는 핵심감정을 가족관계, 특히 아동기를 중심으로 자세하게 탐색하였다. 내담자는 자신의 깊은 외로움이 아동기 가족관계에서 배태된 것을 통찰하게 되었다. 자신을 무척 사랑하였던 아버지에 대한 사랑과 그리움, 아버지가 돌아가시고 나서 가족 속에서 혼자라는 외로움을 돌아보면서 이러한 감정이 외도와 연관된다는 것을 알아차리게 되었다.

상: 부모님에 대한 감정은?
내: 아버지는 큰 산이었죠. 어머니에게 아버지는 온 우주였대요. 저녁이면 술 한잔 하시면서 두 분이 호호거리던 모습이 지금도 선해요. 그럴 때 두 분 사이에 저는 끼어들 수 없었어요. 미스 코리아 뺨칠 정도의 미모이신 어머니께 콤플렉스를 느꼈어요. 어렸을 때부터 저는 어머니에게 사랑을 구걸하지 않았어요. 내 생애에서 '어머니' 그 한 마디를 들으며 눈물이 핑 돈 적이 단 한 번도 없었으니까요. 지금까지. 아버지를 두고 어머니는 저의 경쟁 상대였던 것 같아요. 어머니의 잔소리 때문에 거슬리거나 화가 나거나 한 적이 없었으니까.
어머니에게 아버지가 온 우주였듯이 큰 바위 얼굴처럼 든든한 아버지가 좋아하

는 똑똑한 아이가 되고 싶었어요. 6살 때였던가, 사다 주신 그림책을 다 읽었는데 아버지가 물어보신 모든 질문에 완벽한 답을 했던 것 같아요. 대견해 하시던 아버지의 모습은 내 모든 것을 받아 주던 유일한 분이셨죠.

그런 아버지가 돌아가셨을 때부터 나는 철저히 혼자가 되었어요. 오빠들은 엄마의 영역이었고 갑자기 우리 집은 가난해졌기 때문에 내가 힘을 키워 세상에 알려지면 아버지도 좋아하시겠지. 그 마음이 늘 강렬하게 작용해 삶의 추진력이 되었다고 생각해요.

내담자는 아버지와 동일시했고 일체감을 느끼려 했고 아버지의 눈으로 세상을 바라보며 만족스러웠으나 아버지 사후에 가족들과의 따뜻함도 사랑도 경험하지 못하여 자아정체감이 결여돼 있었다. 아버지에 대한 기억이 생생하며 의미 있는 유일한 기억으로 여겨지는 이유이다.

상: 어렸을 때 기억 떠오르는 대로 이야기해 보시겠어요?

내: 수줍음 잘 타고, 귀엽기만 하고, 여리고 착했다고 해요. 예쁜 장난감 같았다고나 할까. 무릎에 앉혀 놓고 생선을 발라 주시던 아버지의 모습이 늘 떠올라요. 늘 누군가 나를 그렇게 예뻐해 주었으면 좋겠다, 그랬어요.

지난 상담이 끝나고 하염없이 울었어요. 눈물이 샘물 솟아오르듯이 흐르더라구요. 돌아가는 차 안에서 내내 울었어요. 그 선배가 아버지의 외모와 비슷한 것을 발견했죠. 아버지의 포근한 느낌을 만들어 가졌던 것 같아요. 내 안에서 함께 살아온 아버지, 아버지 사랑을 그리워하고 아쉬워하는.. 그래서 늘 서글픔과 그리움의 정서로 외로웠던 어린 꼬마. 달래 주는 사람 없는 황량함..

상: 그런 느낌이 올라오면 어떻게 대처하세요?

내: 누구에게 들키지 않으려고 헛웃음 웃고.. 아버지 돌아가시고 나서 아버지께 드리고 싶었던 그 큰 사랑을 위해 용감해져야 했고 부지런해져야 했고, 치열하게 공부했죠. 선생님이 성서 읽으시는 것 보고 지난 주 동안에 성서를 샀어요. 하느님 아버지를 내 사랑으로 모시면 의지가 될까 싶기도 해서..

상: 평생 연극하고 살았다.. 그런 마음이네요..

어머니에 대한 감정은?

내: 유치원 졸업식에도 오지 않았던 어머니예요. 그때부터 서운한 감정을 이해하기로 했던 것 같아요. 아버지의 눈으로 어머니를 보기 시작했으니까. 아버지 돌아가신 후 어머니에게 큰 오빠는 말 그대로 little husband였을 거예요. 저는 온

자서 늘 아버지 손을 그렸어요. 아버지가 손을 잡아 주신다고 생각하면서.. 아름다운 세상을 가슴 밭에 키우셨던 아버지의 손을 잡고 있으면 내게도 환상처럼 그런 세상이 올 것이라고 믿었을까?(눈물).

상 : 아직도 아버지가 중요한 존재시군요. 부모님이 함께 계실 때 아버지가 중요한 존재였다 해도 보통은 아버지 존재가 사라진 후에는 어머니가 중요한 존재가 될 수 있는데 어머니께는 양가감정도 갖지 않았다는 것이군요.

내 : 어머니와 긴 이야기를 한 것은 이번이 처음일 거예요. 미쳤다고 욕만 먹었지만..

상 : 나를 받쳐주는 기둥이 오직 아버지 한 분 뿐이었다는 것이네요.

내 : 그래서 완벽해야 했을 거예요.

치료자는 상담과정에서 계속 내담자가 핵심과정을 명료하게 알아차리도록 이에 초점을 두어 치료적 면담을 진행하였다. 또한 이혼하게 되면 자녀들은 당연히 남편이 양육하게 될 것이라며 아이들과의 헤어짐을 받아들이는 것은 내담자의 어머니에 대한 결핍감과 부합된다는 것에 대한 통찰작업을 시도하였다.

3 3단계 : 핵심감정의 수용(7~8회)

3단계에서 내담자는 당면한 현실 속에서 핵심감정을 있는 그대로 보고, 받아들이게 되었다. 내담자는 성추행 당한 정서적 외상으로 좋아하는 사람의 관심을 받아들일 수 없었고 억눌렸던 감정이 소용돌이치면서 발산되다가 그것이 허상임을 알고 한 풀 꺾이게 된 순간 아이들을 보게 되었다. 내담자는 아이들에게 적절한 보살핌을 주는 보호자로서의 엄마이고 싶다는 자기성찰을 시도하면서 환상에서 벗어나 현실에서 책임지려는 몸짓을 보였다.

상 : 애들에 대한 감정은?

내 : 한 마디로 미숙한 엄마죠. 다른 엄마들처럼 확 어떤 애정을 보이는 그런 애정으로 키운 게 아니니까. 엄마니까. 그냥 내가 낳은 아이들이니까. 돌봐 왔다는 거죠. 좀 냉정한 엄마라고나 할까. 내 자신의 자아실현이 먼저였으니까. 만일 이혼하면 애들은 당연히 남편이 맡을 거니까. 아이들은 아이들의 운명이 있는 거고, 스스로 커나가겠죠.

내담자는 아이들과 정서적으로 거리감이 있으며, 이는 어머니로부터 밀려난 어린 시절 경험들과 연관되어 있다고 할 수 있다. 내담자의 '자아실현에 대한 강한 욕구'가 아동기의 핵심감정과 맞물려 있다고 볼 수 있다.

이러한 자녀에 대한 '애정 결여'는 자신의 외로움에 대한 충분한 애도를 요구하였다. 8회 상담에서 내담자는 궁극적인 자신의 문제가 사랑을 목마르게 기다리는 渴愛였다는 것, 또 그 정도가 도저히 현실적으로 충족될 수 없다는 좌절로 자학하고, 사랑과 미움 사이에 갇혀서 치열한 만남으로 표출되었다는 자신의 진실과 담대히 만나게 되었다.

내: 날마다 울고 지내요.

상: 눈물이 모든 것을 녹일 수도 있지요. 자기 마음을 알게 되었다.. 왜 그랬을까? 아하! 그랬었구나? 그렇게 깨닫게 되면 세상이 달라지죠.

내: (한숨 속에서) 제 모습이 드러나네요. 제 마음에 거리낌 없었더라면 과감했었겠지요. 거절당하고 싶지 않아서 미리 도망갔던 것인데, 막상 결혼하고 나니 그렇게 죽을 죄 지은 것도 아니고 내가 그런 것도 아니고 나는 피해자였을 뿐인데.. 어차피 너도 결혼했고 나도 결혼했으니 순결 같은 것은 별 의미가 없었으니까 기존 질서에 꼭 안주해야 하나 뭐! 이런 저항의식도 있었고, 그런 합리화도 있었고. 그렇지만 아무리 엉터리 엄마라고 해도 아이들에게 고통을 주는 엄마가 된다는 죄책감, 이혼할 생각 없는 그 사람, 사색이 된 내 남편.. 바로 고지가 저 앞에 있었는데 그것을 내가 망쳐버렸다는 것, 다시 시험도 준비할 수 없을 것 같은데.. 저 사람의 평생을 내가 책임져야 도리겠지, 남편이 근본적으로 선한 사람이니까 어여삐 보고 마음 다지면 살아지겠지. 그런 생각하다 보니 눈물이 하염없이 나오네요.

상: 마음 깊은 곳으로 들어갔네. 그러나 내가 왜 그 사람을 좋아했나? 분명히 깨달아야 현실에서 대처해 나갈 수 있는 것 아니겠어요? 남아 있는 뿌리를 뽑아야 한다! 마음을 청소하고 다지는 작업이 필요해요.

내: 남편이 그때 사건 이야기를 듣고 굉장히 미안해하더라고요. 부부관계하기 싫다고 하면 오랄 섹스를 요구했었거든요. 싫었는데 싫다! 라는 이야기를 못했어요. 그런 일과 연결되어 더 싫었을지 몰라요.. 남편이 그러네요. '네가 원하는 대로 해줄게. 진짜 원한다면 둘이서 외국에 연수 간다 생각하고 6개월이라도 살아 보고 오라고' 진심인지 어쩐지..

상: 마치 어린애 달랠 때 포화의 원리를 쓰는 것하고 같네요. 남편의 해법이.. 내가 강조하는 것은 그 사람이 좋았던 것이 무엇이냐를 분명히 깨달아야 현실에서 어떤 결정을 할 수 있다는 것이죠.

내: 아버지와 같은 편안함, 자유스러움, 고급스러운 문화 수준에 대한 선망, 우리 집은 가난했는데.. 늘 생존의 문제로 헉헉거렸는데.. 여유로운 분위기 같은 것들..

상: 아버지는 아닌데 아버지에 대한 그리움이 아버지로 보게 했다.
아버지에 대한 감정이 투사됐다는 것이네요.

내: 그랬었나 봐요.. 막상 어리더라고요.. 어쩌면 어머니 역할을 해야 했을지도 모르죠..
그래도 감정은 남아 있죠.

상담 결과

내담자는 8회 상담을 통해서 핵심감정에 대한 통찰이 어느 정도 이루어졌다. 가족치료에서 부부 각자의 원가족이 현재까지 영향을 미쳐 개별 회기에서 부부 각자의 원가족을 포함시켜 가족체계의 변화를 시도하는 등 다소 미진함이 남아 있으나 핵심감정은 성공적으로 해소되었음을 확인하였다. 마치 비련의 여주인공이 되어 하루 온종일 술 마시고 감상에 취해 흐느적거리던 내담자는 마음을 주었던 선배가 실체가 아니라 허상이었다는 것, 자신이 원했던 사랑받는 여자이고 싶었던 마음이 그리운 아버지에 대한 감정을 투사했었다는 것에 대한 인식, 동시에 아버지의 똑똑한 딸로서의 존재 확인만이 아닌 자기 자신의 주인이 되는 세상에 대한 구체적인 목표를 발견하는 지점에서 아이들에 대한 재발견, 가정에 대한 의미를 챙기기 시작하였다. 내 안의 허전함은 내 안에서 샅샅이 찾아내어 청소하겠다고 다짐함으로서 나아가고자 하는 길이 어딘지 스스로 주체성을 회복하고 있었다.

내담자는 아동기 외상경험으로 인한 철저한 고립 속에서 자신과도 단절되어 있었기 때문에 자신의 핵심감정을 깨닫게 되면서 자신 및 자신의 가족과 새로운 관계를 맺을 수 있게 되었다.

특별히 주목하고자 했던 것은 외도의 배후에 있는 내담자의 핵심감정의 변화였다. 내담자는 아버지의 극진한 사랑과 보살핌을 받다가 아버지가 세상을 뜬 이후 어머니에게 사랑을 받지 못하고 가족 간에 친밀감 없이 외로움을 속으로만 간직하였다. 이렇게 '더 이상 아무도 날 사랑해 주지 않는다'는 핵심감정을 가지고 살면서 겪은 어린 시절 성추행 사건이란 큰 위기를 아무에게도 털어놓을 수가 없게 하였다. 그 결과 형성된 '나는 사랑받지 못할 것이다'라는 인생각본(life script)은 '남자관계에서 나는 사랑을 고백할 자격이 없다'는 인생각본으로 발전하였다. 그 결과 '나는 결혼 못 할 거야!'가 '나는 결혼 안 할 거야!'로 남자관계를 구조화하였다. 이렇게 사랑의 감정을 억압했던 내담자는 다른 한 편에서는 결혼은 필요한 것이라는 사회적 가치 기준을 받아들여 만만하게 생각되던 사람을 선택하여 결혼하였고, 이후 자발적으로 저질러진 사건을 정당화하고 있었다. 사랑하는 사람에게 고백조차 못했던 자기 학대적이었던 내담자는 성적인 억압을 결벽증으로 나타내다가 오히려 스프링 튀듯 외도로 표출하였다.

이후 6회의 추수상담에서는 자신의 문제점들과 상처의 경험 사이 인과관계에 대한 통찰력을 더욱 분명하게 하는 작업과 아울러 이제까지의 치료 효과를 인정하고 앞으로 성장과 변화를 위해 어떤 노력들이 이루어져야 하는 지에 대한 지원자의 역할로 접근하였다.

내담자들을 치료하면서 모든 인간은 따뜻한 어머니 가슴에 포근히 안기고 싶어 하는 마음이 있다는 것을 알 수 있었다. 이 마음이 채워지지 않으면 어른이나 아이나 외도를 하게 되고, 외도는 엄두도 못 낼 정도로 모범생으로만 살아야 하는 경우 정신병이나 노이로제, 기타의 몸에 여러 가지 병이 발생한다는 것을 경험으로 확인할 수 있었다.

Chapter 8

가족치료의 단계

1. 초기단계의 과업
   : 계약과 사정
2. 가족사정
3. 개입단계
4. 종결단계

가족치료에서 치료사가 어떤 이론으로 가족들의 문제해결에 개입할 것인가는 매우 중요하다. 가족들의 문제나 증상에 대한 사정과 평가는 치료 모델마다 가족에 대한 독특한 관점을 가지고 있지만 그렇다고 '진리'는 아닐 것이다.

가족치료사의 인간관에 결합시켜 자신만의 독특한 치료법을 발전시켜 나가기 위해서는 다양한 모델을 확실하게 파악하고 있어야 하며 모든 접근법에서 아이디어를 얻겠다는 개방된 마음을 가져야 한다. 내담자 가족의 삶을 변화시키고 도움을 주려는 자세와 더불어 적용하려는 여러 가지 개념이나 기법들이 치료사 자신에게 이미 경험된 작업일 때 치료과정은 더욱 촉진될 수 있다. 가족치료의 궁극적 의미 중의 하나는 결국 치료사의 자기 가치를 확장하는 것이라 할 수 있다.

1. 초기단계의 과업 : 계약과 사정

계약은 치료사와 가족이 치료적 동맹을 형성하는 것이다. 사정은 가족을 둘러 싼 사회환경뿐만 아니라 직접적으로 문제와 연관된 가족 내의 이슈와 상호작용을 규정하는 것으로 구성된다.

1 계약과 사정을 위한 과업

- 가족성원 모두와 계약을 맺는다: 변화와 성장을 위해 최선을 다하겠다는 확인을 한다.
- 문제를 정의할 때 가족성원들의 문제에 대한 지각을 고려한다.
- 목표를 설정하고 개입과정을 명확히 한다.
- 가족과 계약을 한다: 시간약속, 치료 횟수와 간격, 치료과정의 참석자, 치료비 책정, 비밀보장에 대해 안내한다.

2 치료사가 갖추어야 할 소양들

- 공감능력, 지속적인 온화함, 진실함, 전문성
- 가족과 연결하고, 상호성을 형성하고, 안전함을 제공할 수 있는 능력

3 피해야 할 역기능적 행동들

- 가족성원 개개인의 편을 들어 주는 것
- 부적절한 동의 또는 거짓으로 보장하는 것
- 객관적인 자료나 가족들의 주관적인 경험에 관한 단서를 무시하는 것
- 판단하는 것처럼 반응하는 것
- 부적절한 유머나 반응들을 사용하는 것
- 미성숙한 문제해결
- 가족성원을 비난, 무시하거나 거짓된 겸손함을 보이는 것
- 지나치게 잡담하는 것
- 명백한 정보를 무시하고 가족성원을 지나치게 보호하는 것

4 첫 상담에서의 탐색과정

- 가족과 동맹을 맺어 제시된 문제에 대한 치료사의 가설 확인
- 가족성원들의 변화(신체적 변화를 포함해서)와 언어적 피드백
  : 가족들의 변화 가능성, 변화정착 가능성
- 가족들의 삶과 관계되는 사람들의 지각과 경험을 통한 피드백
- 제시된 문제에 대한 가족성원 각각의 해결접근법
- 순환적 질문을 활용한 가족들의 상호작용
- 가족의 자원 및 강점(긍정적인 것, 희망, 회복력)과 관점
- 문제의 변화를 실행해 볼 수 있는 과제부여
- 변화와 성장을 보여주는 공식적인 평가
- 치료과정에 대한 치료사 자신의 평가

2. 가족사정

다양한 가족치료 모델들처럼 가족치료사의 사정절차 또한 다양할 것이나, 대부분 치료를 시작하기 전에 구체적인 가계도를 완성한다. 물론 해결중심, 이야기치료에서는 형식적인 평가를 거의 하지 않지만 치료를 시작하기 전에 고려해야 할 쟁점들은 다음과 같다.

- 제시된 문제 : 가족성원들 각자의 언어로 표현된 관점 및 해결을 위하여 시도했었던 접근에 대한 탐색
- 의뢰 경로에 대한 파악 : 가족의 참여가 자발적인가 강제적인가, 이전에 치료 경험이 있는가
- 체계적 환경 확인 : 환경 속에 존재하는 가족에 대한 접근이라는 관점
- 가족발달주기의 단계 : 대부분의 가족은 생활주기 전환에 고착된 상태일 가능성이 높음
- 가족구조 : 하위체계의 기능과 특성, 삼각관계, 경계선의 성격
- 의사소통 문제
- 약물과 알코올 중독 / 가정폭력과 성학대 / 혼외관계 / 성별(gender) / 문화적 요인

3. 개입단계

가족치료는 합의된 목표를 달성하기 위하여 가족과 치료사가 함께 작업해 나가는 협력관계이다. 일단 치료사가 가족을 만나 치료받고자 하는 문제를 알게 되었고, 가족의 상황을 이해하려고 노력하였으며, 문제를 해결하기 위해 무엇이 필요한지에 대해 가설을 세웠다면 보다 효과적인 개입을 통해 가족성원들의 통찰력과 변화하려는 의지에 의하여 상호작용이 재구조화되어 증상이 해결될 수 있도록 도움을 제공할 수 있어야 한다.

1) 효과적인 치료에 관계되는 중요한 개념

- 치료사의 주된 역할은 치료가 진행되는 동안 가족들과 함께 머무는 것이다.
- 치료사는 진실한 행동을 보여주는 모델이 됨으로써 가족들이 본받게 한다.
- 치료사는 지식이나 기법의 활용보다 삶에 대한 진솔한 태도와 건전한 가치관을 가지고 있어야 한다.
- 최선의 치료를 위해 가족과 좋은 관계를 맺어야 하고 관계의 중심에 가족이 있어야 한다.
- 치료사가 기법에 과도하게 치중하면 내담자의 반응을 민감하게 알아채지 못할 수 있다.
- 치료계약은 가족들의 경험세계를 일깨우고 자각을 증진하는데 도움이 된다.
- 가족들에게 안전감을 갖게 하는 중요한 전제는 소유하거나 지배하지 않는 치료사의 태도이다.
- 치료사와 가족이 가식 없이 만나는 환경에서 가족들은 내면에 대한 자각을 얻게 된다.

- 치료의 성공여부는 결국 가족에게 달려 있다.
  : 치료사의 임무는 가족들이 새로운 생활방식을 시험할 수 있게 환경을 조성하는 것

2) 체계적 개입

가족치료는 가족을 하나의 단위로 보고 체계적인 개입을 한다. 대부분의 가족치료 모델들이 교육적인 기능들을 가지고 있고, 가족치료사는 가족들에게 건강한 가족 상호작용을 통하여 자신들의 문제를 해결하도록 가르침으로써 촉진자의 역할을 담당한다.

- 문제해결 기술
- 의사소통 방법 : 반영적 경청, 나 전달법
- 경계선 확립
- 새로운 가족규칙 수립 지원
- 의사소통 방법 : 적극적 경청, 긍정적인 나 전달법, 비판적인 판단 보류
- 과제 부여
  : 가족성원들의 변화된 행동 기대 / 가족성원들에 대한 정보 수집 / 변화에 대한 자원 발견 / 변화에 대한 책임감 강조

3) 가족에 대한 신념

- 가족은 건강하기를 원한다.
- 가족은 함께 있으면서 자신들의 어려움을 극복하기를 원한다.
- 부모는 관계를 유지하고 자녀를 양육하는 일로 인한 도전을 이해하고 지지받을 필요가 있다.
- 부모가 지지, 지식, 기술을 제공받는다면 그들 자녀에 대한 긍정적이고 효과적인 반응양식을 배울 수 있다.

- 부모는 기본적인 자신의 욕구를 충족하고 난 후에 자녀의 욕구에 효과적이고 긍정적으로 반응할 수 있다.
- 모든 가족원들은 보살핌을 필요로 한다.
- 가족원은 성(gender)이나 연령에 상관없이 서로에게 존경받을 만한 가치가 있다.
- 아동의 정서적, 행동적 어려움은 가족상황 밖에서는 보이지 않을 수 있다.
- 모든 사람들은 가족을 필요로 한다.
- 가족 내 대부분의 문제들은 하룻밤 사이에 갑자기 나타난 것이 아니다.
  해를 거듭하면서 점차 증폭되어 온 것이다.
- 양육에 있어 사고와 행동 간에 차이가 존재한다.
  부모는 자녀를 다룰 때 압도당할 정도로 좌절감을 느낄 수 있다.
- 완벽한 부모가 되는 것과 '충분히 좋은' 부모가 되는 것과는 차이가 있다.
- 가족은 환경체계로부터 공정하고 공평한 대우를 받고자 한다.

4. 종결단계

단기 치료사들은 제시된 문제가 해결되자마자 치료를 종결한다. 가족치료사들이 대부분 종결할 시기가 되었다는 것을 알 수 있는 단서 중 한 가지는 가족이 갈등을 회피하는 것이 아니라고 가정된 상태에서 일상적인 이야기 외에는 더 할 말이 없다고 느껴지는 때이다.

가족치료에서의 초점은 가족들이 실행해 왔지만 효과적이지 않았던 것에 맞추어져 있다. 그들이 치료과정에서 배워 온 바를 재검토하면서 긍정적인 상호작용을 통한 재구조화가 뿌리내리게 되면 앞으로 가족에게 닥쳐올 변화와 도전이 있다 할지라도 부딪쳐 나갈 수 있다는 확신에 대한 지지와 함께 종결에 대한 카운트다운을 시작해야 한다. 가족들은 종결단계에서 많은 이슈들을 겪게 되는데 부인(denial), 분노(anger), 슬픔(sadness), 떠나보내기(letting go) 등이 그것이다. 이때 치료사는 가족들의 강점과 대처기술에 대한 지지를 표현하는 것이 최선일 것이다.

치료 종결 후 전화, 이메일, 짧은 추후 상담 또한 치료사의 일상 업무라는 것을 설명해야 한다. 가족치료 과정에서 일어난 변화를 강화하는 것과 마찬가지로 명확하고 특정한 목적을 염두에 두고 사후지도를 하는 것 또한 중요하기 때문이다.

종결 체크리스트

- 현재 나타난 문제가 해결되었거나 상당 부분 개선되었는가?
- 가족 구성원들은 자신들이 목적으로 했던 바를 얻어 만족하는가, 혹은 자신들에 대해 더 배우고 계속 관계 개선을 하는 데 관심이 있는가?
- 가족 구성원들은 자신들이 해왔으나 도움이 되지 않았던 것이 무엇이며, 미래에 비슷한 문제가 재발할 때 피할 수 있는 방법을 알고 있는가?
- 사소한 문제의 재발은 일부 역동성의 문제해결능력의 부족을 보여주는 것인가, 아니면 단순히 치료사 없이 가족이 기능상 재적응해야 한다는 것을 보여주는가?
- 가족 구성원이 가족 내 그리고 가족 외의 관계를 발전시키고 개선하여 왔는가?

참고 사항

부부관계에 대한 이해

성공적인 결혼생활을 만드는 비결이 무엇이냐고 묻는 신혼부부를 만난 적이 별로 없다. 그때는 모든 것이 아름다웠고 그 꿈에서 깨어나지 않을 것 같았다고들 이야기한다. 그러나 오랜 결혼생활을 유지하는 일은 힘든 과정이다. 결혼이라는 남녀결합에서 어떤 부부의 결혼생활은 왜 때때로 고통이 되기도 하고, 어떤 부부는 검은 머리 파뿌리될 때까지 질 높은 결혼생활을 보내고 있을까에 대한 답을 찾아낸다면 태어나는 새로운 생명에게 줄 수 있는 최고의 선물-부부간의 사랑을 통해 우리 사회는 좀 더 평화로워질 것이다. 결국 결혼생활의 핵심은 부부 각자의 자율적인 자기실현(autonomous self-fulfillment)과 배우자에 대한 배려와 부부관계를 촉진하는 것에 대한 요구라는 반대적인 개념사이의 균형유지가 필수적인 것이라고 하겠다. 부부는 가족형성의 모든 단계에서 중추적이며 실질적인 역할을 하는 하위 행정체계이므로 가족치료사는 먼저 부부에 대한 고찰을 한 후에 가족체계들을 살펴보게 된다. 이 때 다루게 되는 대상의 가족관계가 확대되고 복잡해질수록 부부에게 부가되는 책임이 증가하고, 가족체계에 변화가 생기면서 초기 관계적 과업들이 서로 다른 방식으로 되풀이되는 것을 보게 된다. 부부는 공동의 삶을 이끌어가기 위한 방식들을 개발해야 하면서도 여전히 각자의 개성과 선호하는 원칙들을 고수하고 싶어 하기 때문이다. 결혼 전에는 개인적이던 문제들이 이제 서로에게 영향을 미친다. 이 장에서는 변화무쌍한 인생여정에서 가족의 안정된 관계기반을 구축해야 할 사명을 가진 부부가 서로의 욕구를 조화시키기 위하여 필요한 것들이 무엇인지 살펴보고자 한다.

1. 부부관계

1) 부부관계(marital relationship)

:환류고리를 통해 시작도 끝도 없이 지속되는, 선형이 아닌 원형의 관계

:한 배우자가 긍정적, 혹은 부정적 강화물이 되는 과정에서 상대방의 변화 뿐만 아니라 자신도 변화하게 되는 관계

2) 부부 2인관계

:주위 환경과 평형을 이루고 있는 개방체계 → 자녀출생과 더불어 확대

:부부갈등 있을 때 부부 각자의 부정적 갈등 행동 표출이 너무 많거나 적은 경우, 더 나쁜 결과를 가져오는 왜곡된 관계(curvilinear relationship)를 갖는다.

3) 갈등 행동(conflict behavior)의 의미와 기능의 다양성

:부부 간 문제에 대한 몰입(engagement)

:부부 간 문제로부터의 철회(withdrawal)

:관계를 유지하려는 의미

:관계를 포기하고자 하는 의미

→ 갈등의 특성을 파악하는 것이 유용

→ 갈등 행동이 부부관계 악화보다 관계증진을 가져오게 한 여건들이 있는지 확인

→ 갈등이 발생하게 되는 과정을 파악하여 현재 갈등 상황이 반복적으로 악순환되지 않도록 예방

2. 부부관계의 정신역동 : 부부관계의 3범주

1) 권력(Power) – 주도권이 누구에게 있는가

예 복종적, 연약한, 아픈 파트너가 얼마나 자주 지배하는가,
의사결정하는 배우자를 넘어서서 힘과 통제력을 발휘하는지를 파악

(1) 균형잡힌 관계(The symmetrical relationship)

–행동유형이 동일한 부부관계
–두 사람 간의 다른 점을 최소화시키는 관계 유형
–둘 다 서로에게 주고받기를 기대하고 서로에게 명령하고 그것을 따름
–서로 동등하고도 유사한 역할 범위 가짐 → 서로의 행동에 대한 거울역할(mirroring)
–문제점 : 경쟁(competition)

(2) 상보적인 관계(The complementary relationship)

–각기 다른 행동 유형의 상호교환이 이루어지는 부부관계
–전통적 부부관계 유형
–유리(one–up) & 불리(one–down)/돕는 자(helper) & 도움받는 자(helpee)
–서로 간의 다른 점을 최대화시키는 관계유형
→ 서로 간 유사성은 없으나 상대방의 욕구를 충족시키려는 행동을 상호교환
–다른 관계유형에 비해 경쟁이 적음
–문제점 : 불리한 위치에 있는 사람은 나쁘고 다소 열등하다는 함축적 의미
→ 많은 사람들을 화나게 함

(3) 평행적 관계(The parallel relationship)

–상황변화에 따라 균형잡힌 관계와 상보적인 관계를 교대로 보이는 부부관계
–지지적, 두려움 없는 경쟁관계 가능
–평등주의적 문화에서 가장 바람직한 관계유형

2) 친밀감(Intimacy) – 얼마나 가까운가, 얼마나 먼가

–정서적, 물리적 거리의 정도

㉎ 부부가 가까워지는 것에 대한 두려움과 가까워지고 싶은 욕구 사이에서 다투는 것

–가까워지는 것과 분리의 반복: 인생의 변증법적인 양상

◈ 부부 적응의 유형(Cuber & Harroff)

① 습관적으로 싸우는 결혼생활 (The conflict-habituated marriage)

심한 긴장과 피할 수 없는 갈등을 가지고 있는 유형으로 이들의 갈등은 사소한 일상생활의 견해 차이에서부터 도덕률, 종교, 정치문제 등에까지 이르며, 단지 함께 있는 것 자체만으로도 싸움이 일어날 충분한 이유가 된다. 그러나 싸움이 결혼을 해체시킬 만한 이유가 되지는 않으며 따라서 불안정한 결혼이라고는 할 수 없다. 이들은 싸우면서 살아가는 관계이다.

–심한 통제, 긴장과 갈등 존재
–혼자라는 것에 대한 두려움에 집착
–상대방을 화나게 하면서 통제하는 것에 대한 거짓 성숙(pseudo–mastery) 경험 지속

② 활기를 잃어버린 결혼생활 (The devitalized marriage)

신혼초기에는 열정적 사랑과 친밀감으로 강력한 감정으로 활기찬 결혼생활을 시작하다가 시간을 경과에 따라 부부관계가 생기를 잃고 피상적인 관계에 머무르고 있다.

이 부부유형은 같이 지내는 대부분의 시간은 의무적으로 계획하고 즐기며 가족과 같이 지내는 것이 자발적이기보다는 책임감에 따라 행동하게 된다.

그러면서도 여전히 그럭저럭 서로 간의 관계를 유지하며 살아가면서 결혼상태에 머물러 있기를 바라는 관계이다.

–불만족의 표현이 드물다 ← 활동과 관심거리가 분리되어 있는 경우
–무감각(numbness), 냉담(apathy)이 특징
–드러나는 갈등은 없으나 열정도 없음
–법적, 도덕적 구속력과 자녀들에 의해 유지되는 동맹관계

③ 수동적, 자족적 결혼생활 (The passive–congenial marriage)

처음부터 상대방에 대하여 높은 정서를 품은 일이 없다는 점에서 활기가 약화된 부부와 구분된다. 이 유형의 특징은 정서적인 친밀성보다는 경제적 안정, 재산확대, 명예, 출세, 전문성의 성취, 자녀에 대한 희망 등에 초점을 두는 것이다. 결혼에 대하여 높은 기대보다는 편하고 안락한 삶의 한 방편으로 생각한다. 자신의 직업생활이나 사회생활에 몰두하기를 원하며 상대방의 배우자에게 개입하기보다는 체념한 상태로 만족감도 없으며 그렇다고 그것으로 인해 갈등이 발생하지도 않는다.

–유쾌한 결혼
–서로가 편안하게 잘 맞는다고 느낌
–관심거리의 공유는 있으나 부부 간 상호작용과는 크게 관련되지 않는 유형
–사회적 지지는 결혼생활 외부에서 획득
–'모든 결혼생활이 그런 것 같다'고 느끼는 경향

④ 활기찬 결혼생활 (The vital marriage)

근본적으로 서로의 개인적 감정으로 결합된 유형으로 부부 간 많은 시간을 함께 보내며 즐기는 것이다. 이들 부부는 부부가 서로 심리적인 만족감에서 관심을 갖게 되며, 각자가 독자성을 가지면서 솔직하고 개방적인 의사소통을 한다. 부부관계 자체가 각자에게 중요하다고 느끼며 가정생활을 중심으로 자신들의 생활에 만족하며 직업활동과 사회활동 등에서도 성공적이다.

부부 간의 갈등이 발생하더라도 실제적인 문제의 핵심을 파악하고 가능한 빨리 갈등을 해결하려고 노력함으로써 관계를 유지하고 발전시켜 나가게 된다.

–적어도 한 가지 이상의 영역(예 자녀양육, 일)에서 열정적인 태도와 서로에게 보상을 주는 것이 매우 중요한 관계유형
–부부가 함께 열정적인 방식으로 일함
–개개인은 활동의 즐거움이 없어서는 안 될 사람으로 보임
–드러나는 갈등이 있을 수 있으나, 안정화시키는 힘과 정서적으로 서로를 보상해 주는 구속력이 바탕에 깔려 있음

⑤ 완전한 결혼생활 (The total marriage)

부부가 생활의 보다 많은 측면에 걸쳐서 함께 참여한다는 점에서 4번째 유형과 구별된다. 부부가 비슷한 직업, 같은 직장, 부부가 공동으로 운영하는 사업등과 같이 일을 함께 하며 생활한다. 갈등을 최소화시키고 하나로 통합하려고 노력하고 모든 생활이 부부중심이므로 자녀들에게 때로 소외감을 줄 수 도 있다.

위 4가지 결혼생활의 유형은 한 유형만으로 평생을 살아가는 것은 아니며 주기에 따라 가족 내에서 발생하는 사건에 따라 5가지 유형이 지속적으로 다양하게 나타날 수 있다.

–부부 간 관여(involvement)의 정도가 다양
–모든 강화 활동의 공유
–서로를 없어서는 안 될 존재로 여김
–드물지만 있을 수 있는 관계유형
–다면적인 관여가 존재하므로 상대방의 뜻에 따르게 되는 관계유형
→ 힘 겨루기(power struggle)를 일으킬 수 있음
:어느 범위까지 부부관계 일부로 생각할 수 있는가.

3. 포함과 배제(Inclusion-exclusion)

–경계, 부모와의 관계
–인척들이나 확대가족
–친구들, 직업경력, 여가활동, 사회활동, 애완동물

4. 성격특성과 부부관계

1) 강박성향의 남편과 히스테리 아내
(The obsessive-compulsive husband & the hysterical wife)

−이탈하려는 남편(detached : 냉정함)과 함께 있고자 하는 아내(상사병)

−남편 : 다소 의존적, 강박적, 감정표현 어렵고 조용한 유형, 종종 강해 보이기도 함
배우자로서의 여성 선택은 전형적인 전통적 유형 선호

−부인 : 수동적, 유혹적, 극적인 자기표현 경향
남편에게서 안정성(stability), 안전성(security)을 지닌 좋은 부모상 기대

−결혼 초기
: 부인이 감정을 표현하고 남편의 감정도 이끌어냄으로써 남편의 인생에 활력을 줌
: 남편은 자신의 감정방출로 인하여 활력을 얻게 되고 이것은 부인에 대한 만족감을 증진시킴

−로맨스가 끝나면 갈등 시작

−남편 : 부인의 직관적이고 감정적인 면을 매우 불쾌하게 인식

−부인 : 남편의 정서반응의 거리감에 대해 매우 불쾌하게 인식

−중심 주제 : 친밀감(intimacy)의 갈등

2) 수동 의존적 남편과 지배적인 아내
(The passive-dependent H & The dominant W)

−남편 : 자신을 신뢰하는 아내의 능력에 함입(incorporation)되고자 함
: 자기−확신의 부족으로 부적절함을 느낌 → 알코올릭 혹은 비만

:자신을 돌보아 줄 배우자를 선택하여 남성성에 대한 불확실성을 조정하려 함

:여성역할에 대한 심한 갈등이 있고 의존적 위치는 견디지 못하여 조절이 가능한 상대를 고르는 여성을 배우자로 선택

–갈등 존재 시 부인의 과잉조절 시도에 반하여 남편의 수동–공격적인 행동과 우울 증가

–부인은 남편을 지배, 조절할 수 없다는 것과 무의식적 의존욕구의 좌절을 경험하면서 화가 나게 되고 적대적 태도를 보이기도 함

–중심 주제:가족권력의 갈등

3) 편집증적 남편(아내)과 우울경향의 아내(남편)
(The paranoid H & The depression–prone W)

–가학, 피학적인 요소 존재

–남편:질투심, 의심 많고 적대적, 자아붕괴에 대한 공포
→ 낮은 자존심, 비난을 쉽게 수용하는 배우자 선택

–부인:병적으로 낮은 자존심 소유
→ 지나치게 질책했던 부모의 거절태도와 심리적으로 닮은꼴의 남편을 선택하여 이상적인 부모로부터도 얻을 수 없는 인정을 받고자 함

–부부 둘 다 부적절한 적응능력과 방어기제 소유, 취약하고 낮은 자존심
→ 격정적인 결혼생활 예상

–다양한 측면의 갈등 발생

4) 의존적 관계
(The oral–dependent relationship)

–부부 둘 다 수동적, 의존적, 미성숙
→ 애정에 대한 강한 갈망 소유. 받는 것보다는 주는 게 더 많다고 느낌

–분노 발작

:유치한 수준의 만족에 대한 욕구 표현

:상대방의 행복에 대한 관심표현 불가능 → 격정적인 결혼생활 예상

5) 신경증적 아내와 전지전능한 남편 (The neurotic W & the omnipotent H)

–무력하고 만성적으로 아픈 부인

:전지전능한 남편이 자신의 고통을 덜어주기를 기대

:우울과 증상의 악화를 통해 무의식적인 혐오를 표현해 냄

–남편:돕고자 하는 욕구

:자신보다 약한 사람을 돕는다는 생각에 의해 강화되나 지속적인 실패를 경험하게 되면 자신감을 상실하게 됨

:무능함에 대하여 극도로 민감

–중심 주제:가족권력에 대한 갈등

5. 역기능적 부부의 특성

- 갈등을 회피하는 태도
- 사소하고 중요하지 않은 문제로 논쟁하는 것

–비난, 흠잡기(Criticism):부인 〉 남편

–모욕, 경멸(Contempt):가장 강력한 단일 예측 요인(부인의 경멸)

–자기방어(Defensiveness)

–무반응, 상호작용으로부터의 철회(Stonewalling):남편 〉 부인

- 인지적 특성 : 배우자의 부정적인 행동
  → 배우자의 내적인 문제로 인식
  → 이미 고정되어 변화 불가능하다고 생각
  : 배우자의 긍정적인 행동 → 한시적이고 상황에 따른 행동으로 인식
  : 배우자 행동의 원인을 어딘가에 귀속시키는 것에 더 몰두
  : 사건이 유발하는 부정적인 영향을 먼저 생각하고 그 원인을 어딘가에 귀속시키는 사고과정에 익숙
  : 상대방 행동의 긍정적인 측면을 축소시키고, 부정적인 측면의 영향을 최대화시켜서 불행이 지속되는 귀속의 방향으로 생각하고 행복한 부부는 관계를 향상시키는 귀속의 방향으로 생각함

6. 안정적인 부부유형 (Gottman)

1) 폭발적이고 말다툼하는 부부(volatile, bickering couple)

- 설득을 가장 많이 시도
- 상대방에게 거의 즉각적으로 반응
- 가장 높은 수준의 감정반응 보임

2) 갈등 회피 부부(Conflict avoiding couple)

- 설득을 시도하지도 않음
- 감정표현도 가장 낮은 수준

3) 적절한 관계(Validators)

–대화가 일정수준에 도달할 때까지 기다린 후에 설득을 시도
–중간정도의 감정표현

7. 행복한 결혼생활을 유지하는 비결

–실제적인 내적 갈등이나 부부갈등이 있음에도 불구하고 각자의 요구, 소망, 기대감에서 딱 맞는 것을 찾아내고, 그러한 것을 그 무엇으로도 대신할 수 없는 것으로 여긴다.
–상대방의 관점을 그대로 인정하고 수용하는 태도와 만족스런 부부 성생활을 유지한다.
–성공적인 결혼생활은 수많은 심리적 과제를 해결하고자 지속적으로 노력하여 얻어내는 성공에 기반을 둔다.

참고 문헌

고미영 (2004). 이야기 치료와 이야기 세계. 서울 : 청목출판사.

김성태 (1976). 성숙인격론. 서울 : 법문사.

김영애 외 공역 (2002). 가족치료 개념과 방법. 서울 : 시그마프레스.

김용태 (2000). 가족치료이론. 서울 : 학지사.

김혜숙 (2003). 가족치료이론과 기법. 서울 : 학지사.

道 精神治療 (2002). 2002년 한국정신치료학회 학술연찬회 자료집.

송성자 (2002). 가족과 가족치료. 서울 : 법문사.

양옥경 외 공역 (2002). 가족과 레질리언스. 서울 : 나남출판.

엄예선 외 공역 (1995). 빵과 영혼. 서울 : 하나의학사.

오쇼 라즈니쉬의 명상록.

이동식 (1974). 노이로제의 이해와 치료. 서울 : 일지사.

_____ (1974). 한국인의 주체성과 도. 서울 : 일지사.

_____ (1990). 현대인과 노이로제. 서울 : 한강수.

_____ (1990). 현대인의 정신건강. 서울 : 한강수.

_____ (1991). 현대인과 스트레스. 서울 : 한강수.

_____ (2002). 道에 대하여. 2002년 한국정신치료학회 추계 학술대회 자료.

이영분 외 공역 (2005). 가계도. 서울 : 학지사.

이화여대사회사업학과편 (1995). 가족치료총론. 서울 : 동인.

이화여자대학교 사회복지연구회 역 (2001). 가족복지실천론. 서울 : 나눔의 집.

정문자 역 (2000). 가족생활주기와 치료적 개입. 서울 : 중앙적성출판사.

정신세계원 (2002). 돈과 도. 정신세계 20호.

한국 버지니아 사티어 연구회 역 (2000). 사티어모델. 서울 : 김영애가족치료연구소.

황영훈 외 공역 (2005). 보웬의 가족치료이론. 서울 : 학지사.

Ackerman, N. W. (1966a). *Treating the troubled family.* New York: Basic Books.

Aponte, J. & VanDeusen, M. (1981). *Structural Family Therapy in Handbook of Family Therapy,* Vol

1Ed. by Alans S. Gurman and David P. Kniskern. New York: Brunner/Mazel. Publishers.

Baker, R. L. (1995). *Social work dictionary* (3rd ed.). Washington, DC: NASW Press.

Bateson, G., Jackson D. D., Haley, J., & Weakland, H. (1981). *Toward A Theory of Schizophrenia in Family Therapy*: Major Contributions Ed. by Robert Jay Green and James L. Framo. Madison and Connecticut: International University Press, Inc.

Berg, I. K. & de Shazer, S. (1993). *Making numbers talk: Language in therapy.* In S. Friedman (Ed.), The new language of change: Constructive collaboration in psychotherapy. New York: Guilford.

Berg, I. K. & Kelly, S. (2000). *Building solution in child protective services.* New York: Norton.

Berg, I. K. & Miller, S. D.(1992). *Working with the problem drinker: A solution-focused approach.* New York: Norton.

Berne, E. (1964). *Games people play.* New York: Grove Press, Other editions include: Harmondsworth: Penguin, 1968.

________ (1966). *Transactional analysis in psychotherapy.* New York: Grove Press.

________ (1972). *What do you say after you say hello?* New York: Grove Press, Other editions: London: Corgi, 1975.

________ (1966). *Principle of Group Treatment.* New York: Grove Press.

________ (1977). *Intuition and ego states.* (McCormick, P., ed.) San Francisco: TA Press.

Boss, M. (1976). *Indianfahrt eines Psychiaters.* Verg Hars Huber. Bern Welwood John. 1979. ed, *The Meeting of the Ways, Exploration in East West Psychology,* Schocken Books Inc., New York.

Boszormenyi-Nagy, I. & Krasner, B. R. (1986). *Between Give and Take: A Clinical Guide to Contextual Therapy.* New York: Brunner/ Mazel. Publishers.

Boszormenyi-Nagy, I. (1981). *Contextual Therapy: Therapeutic Leverages in Mobilizing Trust in Family Therapy*: Major Contributions Ed. by Robert Jay Green and James L, Framo. Madison and Connecticut: International Universities Press, INC.

Bowen, M. (1978). *Family Therapy in Clinical Practice.* New York: Jason Aronson.

________ (1981). *The Use of Family Theory in Clinical Practice in Family Therapy* : Major Contributions Ed. by Robert Jay Green and James L. Framo. Madison and Connecticut: International Universities Press, INC.

Braverman, L. (1986). Social casework and Strategic therapy. *Social Casework.* April, 234-239.

Carter, E. A. (1978). *Transgenerational scripts and nuclear family stress: Theory and clinical implications.* In R. R. Sager(Ed.), Georgetown family symposium (Vol. Ⅲ, 1975-77). Washington, DC: Georgetown University.

Carter, E. & McGoldrick, M. (Eds.) (1998a). *The expended family life cycle; Individual, family and social perspectives* (3rd ed.). Boston: Allyn & Bacon.

Center For Family Consultation (1996). *"Post-Graduate Training Program in Bowen Family Systems Theory"* Workshop 자료집. Chicago.

Combs. G. & Freedman. J. (1996). *Narrative intentions.* In M. Hoyt Constructive therapies Ⅰ. New York : Guilford.

Cowley. G. & Springen. K. (1995). Rewriting life stories. *Newsweek, 125*(16) : 70-74

de Shazer, S. (1985). Clues : *Investigating. solutions in brief therapy.* New York: Norton.

__________ (1985). *Keys to solution in brief therapy.* New York: Norton.

Dolan, Y. M. (1991). *Resolving sexual abuse: Solution-focused therapy and Ericksonian hypnosis for adult survivors.* New York: Norton.

Dusay, J. (1977). *Egograms.* New York: Harper and Row.

Edwards, R. L. (Ed. -in-Chief). (1995). *Encyclopedia of social work* (19th ed., Vol. 1-3). Washington, DC: NASW Press.

English, F. (1971). 'Strokes in the credit bank for David Kupfer'. TAJ, 1, 3.

_________ (1971). 'The substitution factor: rackets and real feelings'. TAJ, 1, 4.

_________ (1976). 'Racketeering'. TAJ, 6, 1.

_________ (1972). 'What shall I do tomorrow? Reconceptualizing transactional analysis?' In: Barnes (ed.), *Transactional analysis after Eric Berne,* chapter 15

Ernst, F. (1973). 'Psychological rackets in the OK corral?', TAJ, 3, 2.

Ernst, K. (1972). *Games students play.* Millbrae: Celestial Arts.

Foley, V. D. (1984). *Family Therapy in Current Psychotherapies,* Third Edition Ed. by Raymond J. Corsini. Itasca: F. E. Peacock Publishers, Inc.

Friedman, E. H. (1991). *Bowen Theory and Therapy in Handbook of Family Therapy, Vol. II* Ed. by Alan S. Gurman and David P. Kniskern. New York Brunner/Mazel, INC.

German. C. B. & Gitterman, A. (1996). *The life model of social work practice: Advances in theory and practice* (2nd ed.). New York: Columbia University Press.

Gilligan, C. (1982). *In a different voice.* Cambridge, MA: Harvard University Press.

Gitterman, A. (1991). Social work practice with vulnerable populations. In A. Gitterman(Ed.), *Handbook of social work practice with vulnerable populations* (pp. 1032). New York : Columbia University Press.

Goldberg, A. (ed.) (1980). *In advances in self psychology.* International Universities Press, New York

Goldenberg, I., & Goldenberg, H. (1983), *'Historical roots of contemporary family therapy',* In B. B. Wolman & G. Stricker (Eds.), *Handbook of family and marital therapy.* New York: Plenum.

Goode, W. J. (1964). *The Family.* Englewood Cliffs N. J.: Prentice Hall.

Goulding M. & Goulding, R. (1978). *The power is in the patient.* San Francisco: TA Press.

________________________ (1979). *Changing lives through redecision therapy.* New York: Brunner/ Mazel, publishers.

Guerin, P. (1975). Family Therapy: The first twenty-five years, in P. Guerin (Ed.) *Family therapy*: Theory and practice. NY: Gardner Press.

________ (1976). *Family therapy*: Theory and Practice. NY: Gardner Press.

Guttman, H. A. (1991). *Systems Theory, Cybernetics, and Epistemology in Handbook of Family Therapy, Vol. II* Ed. by Alan S. Gurman and David P. Kniskern. New York Brunner/Mazel, publishers.

Haley, J. (1976). *Problem Solving Therapy: New Strategies for Effective Family Therapy.* New York and San Francisco: Harper & Row, Publishers.

Harris, T. A. (1973). *I'm OK-you're OK.* New York: Avon books.

Heidegger. M. (1963). *Being and time.* New York: Harper & Row.

Hellinger, B., Weber, G., & Beaumont, H. (1998). *Love's Hidden Symmetry. What Makes Love Work in Relationships,* Carl-Auer-System Verlag and Zeig, Tucker & Theisen, Inc.

__________________________________ (1998). *Love's Own Truths. Bonding and Balancing in Close Relationships,* English edition of "Ordnungen der Liebe", Carl-Auer-Systeme Verlag and Zeig, Tucker & Theisen, Inc.

Hellinger, B. & Hovel, G. (1999). *Acknowledging What Is.* Conversations with Bert Hellinger, English edition of "Anerkennen, was ist", Zeig, Tucker & Theisen, Inc.

Hellinger, B. (2002). *Farewell Family Constellations with Descendants of Victims and Perpetrators,* Translated by Colleen Beaumont. English edition of "Der Abschied". Paperback, appr.

Carl-Auer-Systeme Verlag.

_________ (2003). *Insights, Lectures and Stories,* Translated by Jutta ten Herkel, English edition of "Die Mitte fu¨hlt sich leicht an", Paperback. appr. Carl-Auer-Systeme Verlag.

_________ (2003). *The Art and Practice of Family Constellations.* Leading Family Constellations as Developed by Bert Hellinger, Ulsamer, Bertold, Translated by Colleen Beaumont. English edition of "Handwerk des Familien-Stellens", Paperback, appr. Carl-Auer-Systeme Verlag.

Hoffman L. (1981). *Foundations of Family Therapy: A Conceptual Framework for Systems Change.* New York: Basic Books.

James, M. (1985). *It's never too late be happy.* Reading: Addison-Wesley.

James, M. & Contributors (1977). *Techniques in Transactional Analysis for Psychotherapists and Counselors.* Reading, Massachusetts: Addison-Wesley Publishing Co.

James, M. & Jongeward, D. (1973). *Born to Win: Transactional Analysis with Gestalt Experiments.* Reading, Massachusetts: Addison-Wesley Publishing Co.

Karpman, S. (1968). 'Fairy tales and script drama analysis'. *TAB, 7,* 26.

Kerr. M. E. & Bowen, M. (1988). *Family Evaluation : An Approach Based on Bowen Theory.* New York : W. W. Norton & Company.

Klein, M. (1980). *Lives People Live: A Textbook of Transactional Analysis.* New York: John Willey & Sons.

Koestler, A. (1979). *Janus: A Summing Up.* New York : Random House.

Lewis, M. & Haviland, J. M. (1993). *Handbook of Emotions.* New York : The Guilford Press.

Lidz, T. (1981). *The Influence of Family Studies on The Treatment of Schizophrenia in Family Therapy*: Major Contributions Ed. by Robert Jay Green and James L. Fromo Madison and Connecticut: International Universities Press, Inc.

MacLean, P. (1990). *The Truine Brain in Evolution.* New York: Plenum Press.

Madanes, C. (1991). *Strategic Family Therapy in Handbook of Family Therapy, Vol. II* Ed. by Alan S. Gurman and David P. Kniskern. New York: Brunner/Mazel, Publishers.

McCubbin, H. I. & Patterson, J. M. (1983). The family stress process: The double ABCX model of family adjustment and adaptation, *Marriage and Family Review, 6,* 7-37.

McKenna, J. (1974). Stroking profile. *TAJ, 4,* 4.

McGoldrick, M. & Walsh, F. (2005). 보웬가족치료 : 가족갈등의 이해와 치유. workshop 자료집.

한국가족치료학회.

Minuchin, S. (1974). *Families and Family Therapy.* Cambridge: Harvard University Press.

National Association of Social Workers. (1999). Code of ethics(rev. ed.). Washington, DC: NASW Press.

Nicols, M. P. & Schwartz, R. C. (1998). *Family Therapy: Concepts and Methods Fourth Edition.* Boston and London: Allyn and Bacon.

Noone, R. (1994). "Inter-generational Attachment and The Family." *Family Systems: Vol. 1. No.2* : 114-126

Papero D. V. (1990). *Bowen Family Systems Theory.* Boston and London: Allyn and Bacon.

Rogers, C. R. (1980). *A way of Being.* Houghton Mifflin. Boston.

Rutter, M. (1985). Resilience in the face of adversity :Protective factors and resistance to psychiatric disorder. *British Journal of Psychiatry, 147,* 589-611.

Saleebey, D. (1996). *The strengths perspective in social work practice* (2nd ed.) New York : Longman.

__________ (1997). Is it feasible to teach HBSE from a strengths perspective, in contrast to one emphasizing limitations and weakness? Yes. In M. Bloom & W. C. Klein (Eds.), *Controversial issues in human behavior in the social environment* (pp. 33-48). Boston: Allyn & Bacon.

Satir, V. (1983). *Third Conjoint Family Therapy, Third Edition.* Palo Alto: Science and Behavior Books, Inc.

_______ (1988). *The New People Making.* Mountain View: Science and Behavior Books, Inc.

Smith & Nylund. (1997). *Narrative therapies with children and adolescents.* New York : Guilford.

Smith, C. & Carlson, B. E. (1997). Stress, coping, and resilience in children and youth, *Social Service Review, 71,* 231-256.

Steiner. C. M. (1975). *Scripts People Live.* New York: Bntam Books, Inc

Stephanie, F. (1995). "Morality, Neutrality, and Differentiation of Self". *Family Systems: Vol. 2. No.1* : 48-61.

Stewart, I. & Joines, V. (1987). *TA Today.* North Carolina: Nottingham and Chapel Hill.

Toman, W. (1994). *Family Constellation*: Its Effects on Personality and Social Behavior: Fourth Edition. Northvale and London: Jason Aronson Inc.

Walsh, F. (1998). *Strengthening family resilience.* New York : Guilford Press.

Watts, A. (1964). *Psychotherapy.* East and West.

Watzlawick, Paul, Beavers, Janet B., & Jackson, Don D. (1967). *Pragmatics of Human Communication: A Study of International Patterns, Pathologies and Paradoxes.* New York and London: W.W. Norton & Company.

White M. (1991). *Deconstruction and therapy.* Dulwich Centre Newsletter, 3. Reprinted in Epston. D. & White. M. 1992. Experience, contradiction, narrative 7 imagination. Adelaide : Dulwich Centre Publications.

________ (1989). The externalizing of the problem and the re-authoring of lives and relationships : *Dulwich Centre Newsletter,* Summer, 3-21.

_________ (1993). Deconstruction and therapy. In S. Gilligan & R. Price(EDs.), Therapeutic conversations (pp. 22-61). New York : W. W. Norton.

White. M. & Epston, D. (1990). *Narrative means to therapeutic ends.* New York : Norton.

Wolin, S. J. & Wolin, S. (1993). *The resilient self: How survivors of troubled families rise above adversity.* New York : Villard.

Woollams, S. & Brown, M. (1978). *Transactional analysis.* Dexter: Huron Valley Institute.

Wynne, L. C., Ryckoff, Irving M., Day, Juliana, & Hirsch, Stanley I. (1981). *Pseudo-Mutuality in the Family Relations of Schizophrenics in Family Therapy: Major Contributions* Ed. by Robert Jay Green and James L. Froma. Madison and Connecticut: International University Press, Inc.

Zuk, G. H. (1981). *Family Therapy: A triadic based approach* (rev. ed.), New York : Human Services Press.

www.bert-hellinger.com

www.daopsychotherapy.org

SUPPLEMENT

부록

부록 1 : 용어 해설

부록 2 : 내담자 현재 상황 탐색을 위한 자료

부록 3 : 표준화된 겉마음 이고그램 점검표

부록 4 : MBTI 기초 자료

부록 5 : 가계도(Family Genogram) 탐색

부록 6 : 환경사정(Situational Assessment)

부록 7 : 음양의 일반적 개념

부록 1 용어 해설

가계도(genogram) 가족체계를 나타내는 도식적 그림으로서 남자는 사각형, 여자는 원으로 표시하고, 수평선은 부부관계, 수직선은 부모-자녀관계를 나타낸다.

거짓친밀성(pseudomutuality) 정신분열적 가정의 특징으로서, 겉으로 가족 간에 조화를 이루고 있는 듯한 관계에 대한 Wynne의 용어

거짓적대성(pseudohostility) 조현증적 가정에서 병리적 관계를 가리려는 표면적인 갈등에 대한 Wynne의 용어

가장기법(Pretend technique) 가족들로 하여금 증상이 나타났을 때처럼 행동하게 하는 Madanes의 역설적 치료기법, 증상을 나타내고 있는 것처럼 가장하면 그 증상이 실제적인 것이 될 수 없다는 역설

가족구조(family structure) 가족들의 상호작용을 결정하는 기능적 조직

가족규칙(family rule) 조직화되고 반복적인 행동유형을 가리키는 용어

가족생활주기(family life cycle) 부모를 떠나 결혼하고, 자녀를 낳고, 나이가 들어 은퇴하여 결국 사망하는 가족생활의 단계

가족신화(family myth) 역사적 현실에 대한 왜곡을 토대로 한 일단의 신념들로서, 모든 가족이 공유하고 있으며, 가족기능을 규제하는 규칙을 만들어 냄

가족의식(family ritual) Selvini Palazzoli와 그녀의 Milan그룹에서 사용하는 것으로서, 체제의 규칙을 변화시키기 위해 가족들에게 구체적인 행동을 하도록 지시하는 기법

가족조각(family sculpting) 가족들의 지각과 감정의 주요한 측면을 드러내게 하기 위해 가족들의 위치를 배열시키는 비언어적인 경험적 기법

가족집단치료(family group therapy) 집단치료 모델을 토대로 한 가족치료

가족투사과정(family projection process) Bowen 이론에서 부모의 갈등을 자녀나 배우자에게 투사하는 기제

가족항상성(family homeostasis) 가족들이 기존의 상태를 유지하기 위해 변화에 저항하는 경향

가족화(family drawing) 가족이 어떻게 조직화되어 있는지 가족 각자의 생각을 그리게 하는 경험적 치료의 기법

강화(reinforcement) 특정 행동의 발생 비율을 높이는 사건, 행동 또는 사물. 긍정적인 강화물은 반응 비율을 높이는 사건이고, 부정적인 강화물은 반응 비율을 낮추는 사건이 됨

강화교환(reinforcement reciprocity) 가족들 간에 보수를 주는 행동을 교환하는 것

개방체계(open system) 폐쇄체계와 반대개념으로, 환경과 정보나 자료를 교환하는 체계. 생물체가 바로 개방체제임

격화(intensity) 강한 정서, 반복적 개입 또는 압력을 사용하여 부적응적인 교류를 변화시키려는 Minuchin의 용어

경계(boundary) 개인, 하위체계, 가족의 통합성을 보호하고 강화하는 정서적인 벽을 기술하는 구조적 가족치료의 개념

고객(customer) 문제에 대해 불평할 뿐만 아니라 이를 해결하려는 동기를 가진 내담자를 가리키는 de Shazer의 용어

고무 담장(rubber fence) 많은 조현증적 가정의 경직된 경계를 가리키는 Wynne의 용어. 이러한 가정은 주위 환경과의 접촉을 최대한 적게 한다.

고전적 조건형성(classical conditioning) 음식과 같은 무조건적인 자극(UCS)을 제시하면 침과 같은 무조건적인 반응(UCR)이 일어난다. 벨소리와 같은 조건적 자극(CS)를 무조건적인 자극과 짝지워 제시하다 보면, 조건자극만 제시해도 동일한 반응을 나타낸다는 학습의 한 형태. 불안장애를 치료할 때 사용함.

공동치료(concurrent therapy) 동일한 내담자를 두고 두 사람 또는 그 이상의 서로 다른 치료자들이 따로따로 치료하는 방법

과정/내용(process/content) 가족이나 집단이 관계를 맺는 방법과 말하는 것과의 구별

관리 의료(managed care) 제삼의 회사가 비용을 부담하고 치료기간을 결정하는 체계. 관리의료 회사에서 치료받을 내담자를 보내주고, 치료비를 결정하고, 치료받을 회기 수를 결정함

구성주의(constructivism) 실재의 주관적 구성을 강조하는 상대적인 관점. 가정 내에서 우리가 보는 것은 사실에 입각해서라기보다 우리의 선입관의 영향을 많이 받는다는 사실을 시사함

구조(structure) 관계의 유형을 정의하고 안정화시키는 반복적인 상호작용 유형

긍정적 내포(positive connotation) 가족의 응집력을 촉진하고 치료에 대한 저항을 회피하기 위해, 가족행동에 긍정적인 동기가 있다는 것을 인정하려는 Selvini Palazzoli의 기법

기본가정이론(basic assumption theory) 집단성원들이 싸움-싸움, 의존성, 또는 짝짓기 등의 무의식적 유형을 추구하기 위해 집단 과제로부터 관심을 돌린다는 Bion의 개념

기적질문(miracle question) 내담자가 아침에 일어났을 때 문제가 말끔히 다 해결되어 있다면 어떻겠느냐고 상상해 보게 하는 질문. 해결중심 치료자들은 내담자가 목표와 가능한 해결책을 찾는데 돕기 위해 기적질문을 사용함

귓 쁘로 꼬(quid pro quo) 직역하면 '무엇을 위한 무엇' 즉 동등한 교환 또는 대치

나르시시즘(narcissism) 자기애. 대부분의 사람들이 나르시시즘과 동일하게 보는 과장된 자기애는 병리적 나르시시즘이다.

내적 가족체계(internal family system) 정신 내적 과정을 이해하고 변화시키기 위해 체계적 원리와 기법을 사용하는 마음의 모델. Richard Schwartz에 의해 발달

내사(introjection) 원시적인 동일시의 한 형태로서 자아상의 한 부분이 됨

네트워크 치료(network therapy) 환자의 문제를 해결하기 위해 많은 수의 가족과 친구들을 모아 치료하는 Ross Speck의 치료기법

단일 모델(monadic model) 한 사람 또는 한 대상의 특성을 토대로 한 설명. J군은 반항적이기 때문에 훔친다.

대상관계(object relations) 초기 부모-자녀 관계에 바탕을 둔 자신과 타인에 대한 내면화된 이미지. 이것이 타인과의 관계 양식을 결정한다고 본다.

대상관계이론(object relation theory) Melanie Klein이 시작하여 영국 학파(Bion, Fairbairn, Guntrip, Winnicott)가 발달시킨 정신분석이론으로서, 리비도나 공격적 충동보다 관계와 애착을 더 강조한다.

대칭적(symmetrical) 동등한 형태의 관계

도구적 역할(instrumental role) 의사결정 및 과제기능. 전통적인 가정에서는 남편의 역할

도식(schemas) 인지적 구성이나 핵심 신념. 사람들은 도식을 통해 자신의 지각을 여과시키고 경험을 구조화시킨다.

동일시(identification) 존경하는 사람을 단순히 모방하는 것에 그치는 것이 아니라 그의 특성을 자신의 것으로 삼는다는 정신분석학 이론

메타커뮤니케이션(metacommunication) 모든 메시지는 보고와 명령이라는 두 가지 수준을 가지고 있다. 메타커뮤니케이션은 명령 또는 제한을 가하는 메시지를 의미한다.

모델링(modeling) 관찰학습

무의식(unconscious) 사람들이 깨닫지 못하고 있는 기억, 감정, 충동을 가리키는 정신분석 용어. 명사로 사용되는 경우가 자주 있지만 형용사로 국한시켜 사용하는 것이 더욱 적절하다.

미분화된 가족자아 집합체(undifferentiated family egomass) 가정 내에서 가족이 정서적으로 하나로 융합되어 있는 상태를 가리키는 Bowen의 초기 용어. 조현증 환자의 가정에서 두드러진 현상이다.

반영(mirroring) 다른 사람의 감정을 이해하고 수용하는 표현

반영 팀(reflecting team) Tom Anderson의 기법으로서, 일면경실을 통해 치료장면을 관찰한 뒤 치료자와 환자와 함께 자신들의 인상과 반응을 토의하는 집단

부모화된 어린이(parental child) 동생을 돌볼 권력을 위임받은 어린이. 대가족이나 한부모 밑에서 이러한 권한을 부여받았으면 환경에 적응한 현상이나, 부모가 자신의 책임을 포기하여 일어난 현상일 때에는 잘못 적응한 것이다.

부부분열(marital schism) 바깥으로 공공연하게 드러나는 병리적 부부 갈등을 가리키는 Litz의 용어

부부왜곡(marital skew) 부부 중 한 사라미 상대방을 지배하는 병리적 부부관계를 지칭하는 Litz의 용어

분리/개성화(separation–individuation) 유아가 두 달쯤 되어 어머니와의 공생적 관계에서 벗어나 자주적 기능을 시작하는 과정.

블랙박스 비유(black box metaphor) 정신은 복잡하기 때문에 정신 내에서 무엇이 진행되고 있는 가 연구하기보다 입력과 출력(행동, 커뮤니케이션)을 연구하는 것이 더 낫다는 생각

비가시적 충성(invisible loyalties) 어린이가 가족을 돕기 위해 무의식적으로 취하는 헌신을 가리키는 Boszomenyi–Nagy의 용어.

사이버네틱스(cybernetics) 체계 내의 통제과정 연구. 특히 폐쇄체계 내에서의 정보의 흐름을 분석한다.

사회적 구성주의(social constructionism) 구성주의와 마찬가지로, 지식의 객관적 토대에 대한 개념에 도전한다. 지식과 의미는 문화적으로 공유된 가정에 의해 구성된다.

사회학습이론(social learning theory) 학습이론과 마찬가지로 사회 및 발달심리학의 원리를 사용하여 행동을 이해하고 다루는 것.

삼각관계(triangle) 세 사람을 토대로 한 체계. Bowen에 의하면 삼각관계가 인간관계에서 가장 적은 안정단위를 이룬다고 한다.

삼각화(triangulation) 제 삼자를 끌어들임으로써 두 사람간의 갈등을 우회시키고, 원래 두 사람간의 관계를 안정화시킨다.

삼자 모델(triadic model) 세 사람 또는 세 가지 사물간의 상호작용을 토대로 한 설명. J군은 어머니에게 반항하도록 아버지가 부추겨서 훔친다.

상호보완적(complementary) 차이가 있어도 서로 맞추려는 관계. 한 사람에게서 부족한 것을 상대방이 보충해 주기도 하고, 한 사람이 우위의 자세를 취하면 한 사람은 저자세를 취한다.

세대간 연합(cross-generational coalition) 가족 중의 제 삼자를 대상으로 한 부모와 자녀간의 부적절한 동맹

소거(extinction) 강화를 하지 않음으로써 행동을 제거하는 것

속박(enmeshment) 모호한 심리적 경계에 의한 자주성의 상실을 가리키는 Minuchin의 용어

순응(accommodation) 자신의 기능을 조절하여 자동적으로 적응하는 체계적인 요소들

순환적 인과관계(circular causality) 사건들이 일련의 상호작용 고리 또는 반복적인 주기를 통해 서로 관련을 맺고 있다는 개념

순환적 질문(circular questioning) Milan 그룹에서 개발한 면담기법으로서, 가족들 간의 차이를 부각시키기 위해 묻는 질문

시련(ordeals) 내담자가 가진 증상보다 더 힘든 일을 시키는 역설적인 치료의 한 기법

신경성 식욕부진증(anorexia nervous) 체중의 25% 또는 그 이상이 감퇴할 정도로 굶는다. 과잉활동, 체온저하, (여자의 경우) 무월경이 따른다.

실연(enactment) 가족구조를 형성하는 교류를 관찰하고 변화시키기 위해 구조적 가족치료에서 사용하는 상호작용

심리교육(psychoeducation) 조현증 환자에 대한 치료의 한 방법으로서, 가족들이 서로 이해하고 심각한 장애를 가진 사람에게 대처해 나가는 법을 교육시켜야 한다고 강조한다.

다세대 전수과정(multigenerational transmission process) 다양한 미성숙을 동일한 가정 내의 다른 자녀에게 투사한다는 Bowen의 개념. 가족 정서과정에 가장 깊이 연루된 어린이는 분화수준이 가장 낮으며 또 문제를 다음 대에 전달한다.

역설적 지시(paradoxical directive) 치료자가 가족들에게 증상 행동을 계속하도록 지시하는 전략적 치료의 한 기법. 가족들이 동조하면, 통제를 받아들이고 이차적인 득을 노출하고, 반항하면 증상을 포기하는 것이다.

역전이(countertransference) 치료할 때 치료자가 환자 또는 그 가족에게 보통 무의식적이요 왜곡된 형태로 나타내는 정서적 반응

역할연기(role-playing) 감정을 극화하고 관계를 맺는 새로운 방법을 연습시키기 위해 주요한 성격을 실연하게 하는 것

연합(coalition) 제 삼자에 맞서 개인 또는 사회적 단위가 맺는 동맹

예외(except) 내담자가 일시적으로나마 문제를 나타내지 않고 있는 시기를 가리키는 de Shazer의 용어. 해결중심 치료자들은 내담자의 성공적인 문제해결 기술을 토대로 삼게 하기 위해 이러한 예외에 초점을 맞춘다.

외재화(externalization) 문제가 외부에서 영향을 미치는 것처럼 생각하는 Michael White의 의인화기법

위계구조(hierarchical structure) 세대간의 분명한 경계를 토대로 한 가족기능. 이러한 구조 내에서는 통제와 권위가 유지된다.

위장(mystification) 많은 가족들이 부정 또는 재명명을 통해 어린이의 경험을 왜곡시킨다는Laing의 개념

유관계약(contingency contracting) 가족끼리 바람직한 행동을 할 때 서로 보상을 주겠다고 약속하는 행동치료기법

유리(disengagement) 가정 내에서 개인 및 하위체계들 간의 경계가 지나치게 경직되었을 때 일어나는 심리적 고립을 가리키는 Minuchin의 용어

융합(fusion) 자신과 타인 간의 모호한 심리적 경계. 그리고 정서적 기능과 지적 기능의 혼합. 분화의 반대 개념

이자 모델(dyadic model) 두 사람 또는 두 사물 간의 상호작용을 토대로 한 설명. J군은 어머니의 관심을 끌기 위해 훔친다.

이중구속(double bind) 주요한 타인으로부터 추상화 수준이 다른 상호 모순적인 메시지를 받고 이를 피하거나 의견을 제시할 수도 없을 때 일어나는 갈등

인식론(epistemology) 지식을 연구하는 철학의 한 분야. Bateson은 세계관 또는 신념체계를 나타내기 위해 이 말을 사용했다.

일반체계이론(general systems theory) Ludwig von Bertalanffy에 의해 발달된 이론으로서, 환경으로부터의 지속적인 입력과 출력을 통해 자신을 유지해 나가려는 생물체의 생물학적 모델

원가족(family origin) 한 사람의 부모와 그 형제들. 보통 결혼하기 전에 소속되어 있던 원래의 핵가족을 가리킨다.

자아대상(selfobject) 분리된 개인으로서 관계를 맺지 않고 자아의 확장으로 생각하는 사람에 대한 Kohut의 용어

자아분화(differentiation of self) 지성과 정서간의 심리적 분리, 타인으로부터 자신의 독립. 융합의 반대

재구성(reframing) 치료적 변화를 보다 용이하게 하기 위해 특정 행동에 대한 가족의 기술을 재명명하는 것. 예를 들어 '우울하다'라는 말을 '게으르다'는 말로 재명명한다.

저지(restraining) 가족이 변화되지 않을 것이라고 암시함으로써 저항을 극복하려는 전략적 기법

저항(resistance) 환자나 가족이 치료의 과정을 반대하거나 늦추려고 하는 것

전이(transference) 초기 가족관계에서 해결하지 못한 문제 때문에, 현재의 관계에서 일어나는 왜곡된 정서적 반응을 가리키는 정신분석 용어

점화 행동(unique outcome) 내담자 자신이 모르고 하는 행동이라 하더라도, 내담자가 자신의 문제로부터 영향을 받지 않고 행동하는 기간을 가리키는 Michael White의 용어. 이야기 치료자들은 내담자로 하여금 자신에 대한 부정적인 관점을 극복하도록 돕기 위해 이러한 점화 행동을 찾는다.

정서적 단절(emotional cutoff) 해결되지 못한 정서적 애착으로부터의 도피를 가리키는 Bowen의 용어

조현증의 삼대 가설(three-generational hypothesis of schizophrenia) 미분화의 수준이 다음대로 전달되어 삼대에 가서 조현증이 발생하게 된다는 Bowen의 개념

조현증적 어머니(schizophrenogenic mother) 자녀에게 조현증을 낳는다고 생각되는 공격적이고 지배적인 어머니를 가리키는 Fromm-Reichmann의 용어

이차수준의 변화(second-order change) 체계의 구조와 기능의 기본적 변화

일차수준의 변화(first-order change) 체계 자체는 변화되지 않는 체계 내의 피상적 변화

조작적 조건형성(operant conditioning) 사람이나 동물이 특정 행동을 나타낼 때 보수를 주는 학습의 한 형태. 행동치료의 주요한 기법 중의 하나이다.

조형(shaping) 사소한 변화로부터 강화시키는 것

중립성(neutrality) 균형을 잃지 않고 가족을 수용하는 Selvini Palazzoli의 용어

증상처방(prescribing the symptom) 환자로 하여금 증상을 포기하거나 증상이 자기 통제하에 놓여 있다는 것을 인정하게 하는 일종의 역설적 기법

지목된 환자(identified patient) 가족들이 환자로 지목한 증상의 소유자 또는 공식적 환자

직선적 인과관계(linear causality) 한 사건은 원인이 되고 나머지는 그 결과라는 생각. 행동에 있어서 한 행동은 자극이고 또 한 행동은 반응이라는 생각

집단가족치료(multiple family therapy) 여러 가정의가족들을 집단치료 형식으로 동시에 치료하는 방법. Peter Laqueur와 Murray Bowen이 선구자이다.

집단역동(group dynamics) 집단이 가진 특성을 통해 일어나는 집단성원들 간의 상호작용

체계의 기능(function of system) 증상은 위협적인 갈등을 분산시키거나 위협적인 갈등으로부터 가족을 보호하기 위해 발생한다는 생각

체계이론(systems theory) 하나의 전체로서 상호작용하는 서로 관련된 요소들의 집단에 대한 연구를 가리키는 용어. 일반체계이론과 사이버네틱스가 포함된다.

커뮤니케이션이론(communication theory) 언어적 및 비언어적 메시지의 교환을 통한 관계연구

타임아웃(time-out) 특정행동에 대한 강화를 주지 않음으로써 바람직하지 못한 행동을 소거시키는 행동치료기법. 보통 아이를 구석에 앉게 하거나 자기 방으로 보내는 것도 여기에 속한다.

탈구성(deconstruction) 당연시하고 있는 범주와 가정을 분해하여 검토함으로써 새롭고 건전한 의미를 구성하려는 포스트모던 접근방법

탈삼각화(detriangling) 두 사람의 정서적인 장에서 자신을 빼내는 과정

퇴행(regression) 스트레스에 직면할 때 미성숙했던 기능수준으로 돌아가는 것

투사적 동일시(projective identification) 무의식적으로 작용하는 방어기제 중 하나. 자신의 부정적인 측면을 다른 사람에게 돌려 그가 투사한 태도와 감정에 따라 행동하게 된다.

폐쇄체계(closed system) 기능적으로 상호 관련된 요소들의 집단으로 주위 환경과 상호작용을 하지 않고 현상을 유지하려고 한다.

포스트모던(postmodern) 지식을 상대적이요 맥락에 의존하는 것으로 보는 현대의 반실증주의로서, 현대과학의 객관성이라는 가정에 회의를 표시한다. 가족치료에서 과학적 확실성이라는 생각에 도전하고, 탈구성의 방법과 연결된다.

표현역할(expressive role) 봉사하는 사회적 정서적 기능. 전통적인 가정에서는 아내의 역할이 여기에 속한다.

프리맥 원리(Premack principle) 확률이 높은 행동(선호하는 행동)을 사용하여 확률이 낮은 행동(선호하지 않는 행동)을 강화하는 것

하위체계(subsystem) 가족의 하위 단위로서 세대, 성, 또는 기능에 의해 결정된다.

합동치료(conjoint therapy) 한 회기에 두 사람 또는 그 이상의 치료자들이 함께 치료하는 방법

합류(joining) 가족의 신뢰를 얻고 저항을 피하기 위해 가족을 수용하고 적응해 들어가는 구조적 가족치료의 용어

해결중심 치료(solution-focused therapy) 가족들이 이미 발달시켜온 문제 해결책의 중요성을 강조하는 치료양식에 대한 de Shazer의 용어

핵가족(nuclear family) 부모와 그들의 자녀들

행동교환이론(behavior exchange theory) 대인관계에서 비용을 최대로 줄이면서 보상을 최대로 얻으려는 행동에 대한 설명

행동기능분석(functional analysis of behavior) 조작적 행동치료에서유발하고 강화시켜 나갈 특정 행동에 대한 연구

혐오통제(aversive control) 벌과 비판을 사용하여 바람직하지 못한 행동을 제거하는 방법. 보통 역기능적인 가족에게서 많이 사용한다.

형태발생(morphogenesis) 체계가 새로운 맥락에 적응하기 위해 자기 구조를 변화시키는 과정

혼합가족(blended family) 재혼을 하여 다시 형성하게 된 가족

확대가족(extended family) 조부모를 필두로 한 전체 후손

희생양(scapegoat) 갈등이나 비판을 대치시킨 대상으로서 보통 지목된 환자이다.

부록 2 내담자 현재 상황 탐색을 위한 자료

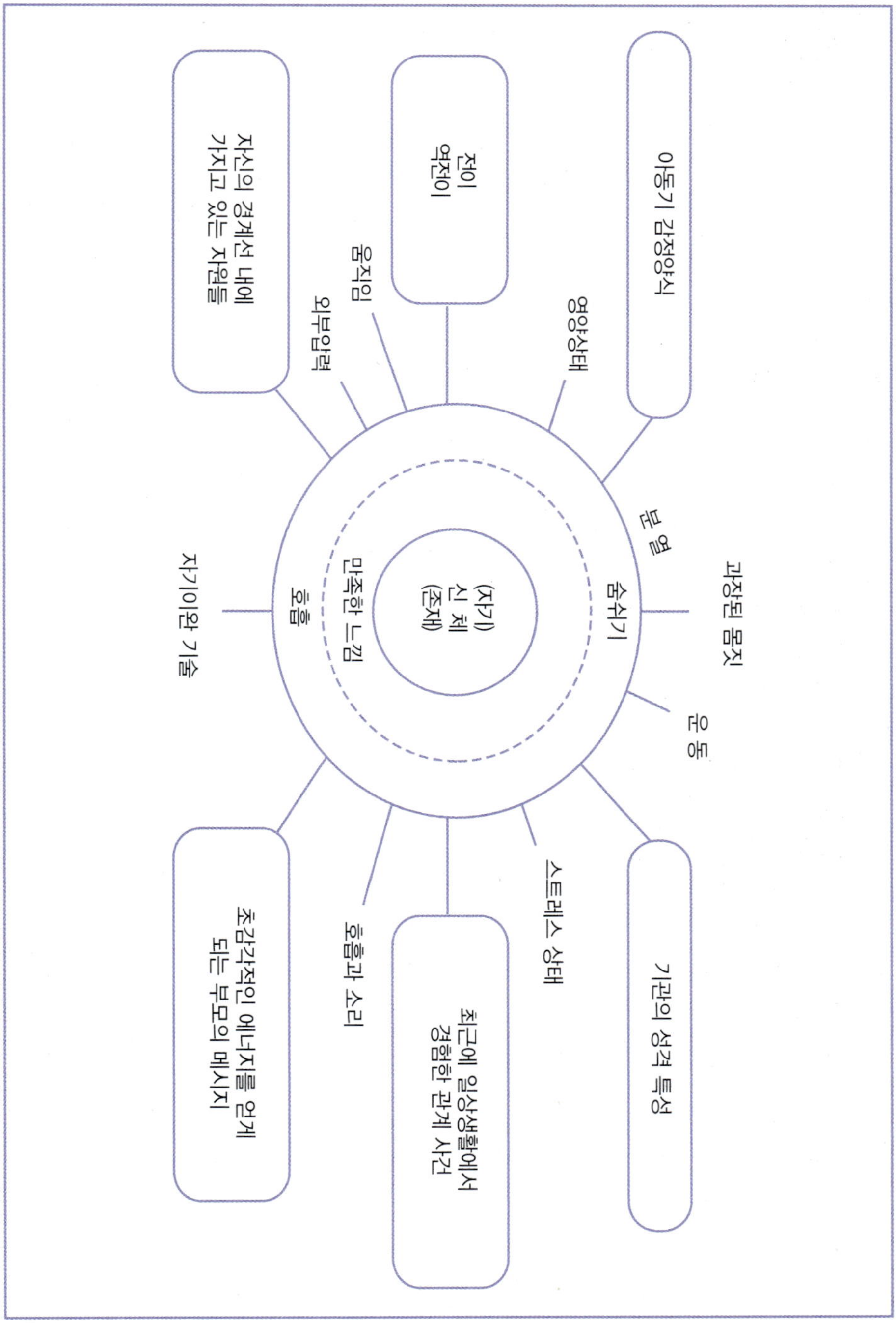

부록 3 표준화된 겉마음 이고그램 점검표

언제나 그렇다 5	자주 그렇다 4	보통이다 3	가끔 그렇다 2	전혀 그렇지 않다 1

※ 다음 항목에 대한 답을 보기에서 골라 공란 □에 점수를 기입하세요.
단, 현재 하고 있는 그대로를 체크하세요.

1. 다른 사람을 헐뜯기보다 칭찬을 한다.	■ □ ■ ■ ■
2. 사태의 흑백을 명백히 가리지 않으면 마음이 편치 않다.	□ ■ ■ ■ ■
3. 무슨 일을 할 때 좀처럼 결심을 할 수 없다.	■ ■ ■ ■ □
4. 나는 명랑하게 행동하고 장난을 잘 친다.	■ ■ ■ □ ■
5. 말이나 행동을 냉정하고 침착하게 한다.	■ ■ □ ■ ■
6. 성미가 급하고 화를 잘 낸다.	□ ■ ■ ■ ■
7. 인정(人情)을 중요시한다.	■ □ ■ ■ ■
8. 호기심이 강하고 창의적인 착상을 잘한다.	■ ■ ■ □ ■
9. 사물의 정돈을 잘한다.	■ ■ □ ■ ■
10. 농담을 하거나 익살부리기를 잘한다.	■ ■ ■ □ ■
11. 의존심이 강하다.	■ ■ ■ ■ □
12. 상대의 이야기를 경청하고 공감하기를 잘한다.	■ □ ■ ■ ■
13. 상대의 부정(不正)이나 실패에 대해 엄격하다.	□ ■ ■ ■ ■
14. 어려움에 처해있는 사람을 보면 도와주고 싶어한다.	■ □ ■ ■ ■
15. 숫자나 자료(data)를 사용해서 이야기를 한다.	■ ■ □ ■ ■
16. 제멋대로 말하거나 행동한다.	■ ■ ■ □ ■
17. 후회(後悔)의 생각에 사로잡힌다.	■ ■ ■ ■ □
18. 좌절감을 맛보는 경우가 많다.	■ ■ ■ ■ □
19. 6하원칙(언제, 어디서, 누가 등)에 따라 사리를 따지거나 설명한다.	■ ■ □ ■ ■
20. 일을 능률적으로 수행한다.	■ ■ □ ■ ■
21. 요령이 없고 주저주저한다.(머뭇거린다.)	■ ■ ■ ■ □
22. 무슨 일이나 사실에 입각해서 객관적으로 판단한다.	■ ■ □ ■ ■
23. 다른 사람으로부터 부탁을 받으면 거절하지 못한다.	■ □ ■ ■ ■
24. 주변 사람에게 긴장감을 준다.	□ ■ ■ ■ ■
25. 봉사활동에 즐겨 참여한다.	■ □ ■ ■ ■
26. 배려나 동정심이 강하다.	■ □ ■ ■ ■

27. 신이 나면 도가 지나쳐서 실수를 한다. ■ ■ ■ □ ■
28. 타인의 장점보다 결점이 눈에 띈다. □ ■ ■ ■ ■
29. 타인의 반대에 부딪치면 자신의 생각을 바꾸고 만다. ■ ■ ■ ■ □
30. 다른 사람에 대해 온화하고 관대하다. ■ □ ■ ■ ■
31. 상대방의 말을 가로막고 자신의 생각을 말한다. □ ■ ■ ■ ■
32. 오락이나 술·음식물 등을 만족할 때까지 취한다. ■ ■ ■ □ ■
33. 계획을 세우고 나서 실천한다. ■ ■ □ ■ ■
34. 완고하고 융통성이 전혀 없다. □ ■ ■ ■ ■
35. 타인의 안색을 살핀다. ■ ■ ■ ■ □
36. 스포츠나 노래를 즐길 수 있다. ■ ■ ■ □ ■
37. 현상을 관찰·분석하고 합리적으로 의사결정을 한다. ■ ■ □ ■ ■
38. 욕심나는 것을 가지지 않고는 못 배긴다. ■ ■ ■ □ ■
39. 열등감이 심하고 자신의 감정을 참고 억제한다. ■ ■ ■ ■ □
40. 상냥하고 부드러우며 애정이 깃들어 있는 대화나 태도를 취한다. ■ □ ■ ■ ■
41. 일을 빨리 처리하는 것이 장기이다. ■ ■ □ ■ ■
42. 하고 싶은 말을 할 수가 없다. ■ ■ ■ ■ □
43. 상대를 바보 취급하거나 멸시한다. □ ■ ■ ■ ■
44. 노는 분위기(놀이)에 저항 없이 어울린다. ■ ■ ■ □ ■
45. 눈물에 약하다. ■ □ ■ ■ ■
46. 대화에서 감정적으로 되지 않고 이성적으로 풀어 간다. ■ ■ □ ■ ■
47. 부모나 상사가 시키는 대로 한다. ■ ■ ■ ■ □
48. '당연히 ~해야 한다' '~하지 않으면 안 된다'는 식의 말투를 잘 쓴다. □ ■ ■ ■ ■
49. '와- 멋있다!' '굉장하군' '아하!' 등의 감탄사를 잘 쓴다. ■ ■ ■ □ ■
50. 매사에 비판적이다. □ ■ ■ ■ ■

합 계 □ □ □ □ □
CP NP A FC AC

이 이고그램은 나의 자아상태(성격)을 (　　　　) % 맞히고 있다.
이 오케이그램은 나의 속마음을 (　　　　) % 맞히고 있다.

◘ 마음의 窓 ◘

느끼지 못하는 窓	열려 있는 窓
2. 타인은 알지만 자신은 모르는 면.. ㉵ 냉정하다... 어린애같다.. ① ② ③ ④ ⑤ ⑥ ⑦	1. 자신과 타인에게 열려진 窓 ㉵ 성급하다. 성실하다. 자상하다.. ① ② ③ ④ ⑤ ⑥ ⑦
숨겨진 窓	**닫혀진 窓**
4. 자신과 타인에게 전혀 알려지지 않은 窓 ① ② ③ ④ ⑤ ⑥ ⑦	3. 자신만이 알고 있는 면 ㉵ 질투하기 쉽다.. 적개심이 있다.. ① ② ③ ④ ⑤ ⑥ ⑦

부록 4 MBTI 기초 자료

각 지표는 인식, 판단기능과 연관된 4 가지 근본적 선호중 하나를 대표한다.

이 선호성은 주어진 상황에서 사람들이 무엇에 주의를 기울이는가와, 그들이 인식한 것에 대하여 어떻게 결론을 내리는가에 영향을 미친다. 여기서 말하는 심리적 선호경향(Preference)이란 내가 더 지속적이고 일관성 있게 활용하는 것, 더 자주, 많이 쓰는 것, 선택적으로 더 좋아하는 것, 상대적으로 편하고 쉬운 것, 상대적으로 더 쉽게 끌리는 것을 의미한다.

E
말하게 해 주세요
활동할 시간을 주세요
생동감 있게 보조를 맞춰 주세요

I
물어보고 들어 주세요
생각할 시간을 주세요
인내심을 가져 주세요

S
사실 그대로를 제시하세요
실제 경험을 인용하세요
실질적인 방법을 제시하세요

N
가능성에 대해 말하세요
비전과 의미를 말하세요
혁신적인 방법을 제시하세요

T
논리적인 자세를 취하세요
객관적인 기준을 제시하세요
공정하게 대해 주세요

F
협조적인 자세를 취하세요
주관적인 가치를 제시하세요
칭찬하고 배려해 주세요

J
준비된 자세를 보여 주세요
시간 내 마무리를 해 주세요
계획성을 가져 주세요

P
여유있는 자세를 보여 주세요
융통성을 가져 주세요
결론을 강요하지 마세요

ISTJ 세상의 소금형	ISFJ 임금 뒷편의 권력형	INFJ 예언자형	INTJ 과학자형
ISTP 백과사전형	ISFP 성인군자형	INFP 잔다르크형	INTP 아이디어 뱅크형
ESTP 수완좋은 활동가형	ESFP 사교적인유형	ENFP 스파크형	ENTP 발명가형
ESTJ 사업가형	ESFJ 친선도모형	ENFJ 언변능숙형	ENTJ 지도자형

MBTI의 4가지 선호성

외향성 (E)	내향성 (I)
주의집중 – 자기외부 외부활동과 적극성 폭넓은 대인관계(다수) 말로 표현 소모에 의한 에너지 충전 사교성 인사 여러 사람과 동시 대화 정열적, 활동적 경험한 다음 이해 쉽게 알려짐	주의집중 – 자기내부 내부활동과 집중력 깊이있는 인간관계(소수) 글로 표현 비축에 의한 에너지 충전 자기공간 이름과 얼굴을 기억 못함 1:1의 대화 조용하고 신중 이해한 다음 경험 서서히 알려짐

감각형 (S)	직관형 (N)
오감 주의촛점 – 지금, 현재 실제의 경험 사실적이고 구체적 실태파악 에너지 충전 정확철저(일처리) 일관성과 일상성 사실적 사건 묘사 관례에 따르는 경향 나무를 보려는 경향	육감 주의촛점 – 미래, 가능성 아이디어 상상적이고 영감적 가능성과 의미파악 신속비약(일처리) 변화와 다양성 비유적, 암시적 묘사 새로운 시도 경향 숲을 보려는 경향

사고형 (T)	감정형 (F)
관심의 주제 – 진실, 사실 객관적 진실, 원리와 원칙 논리적, 분석적 간단명료한 설명, 지적 논평 객관적 판단/원인과 결과 맞다, 틀리다 규범, 기준 중시	관심의 주제 – 사람, 관계 보편적인 선, 의미와 영향 상황적, 포괄적 정상참조한 설명, 우호적 협조 주관적 판단/상황적 좋다, 나쁘다 나에게 주는 의미 중시

판단형 (J)	인식형 (P)
체계적, 정리 정돈과 계획 의지적 추진/신속한 결론 통제와 조종 분명한 목적의식 분명한 방향감각 뚜렷한 기준과 자기의사	자율적, 상황에 맞추는 개방성 이해로 수용/유유자적한 과정 융통과 적응 목적과 방향은 변화할 수 있다는 개방성 재량에 따라 처리될 수 있는 포용성

* 여기서 판단이란 외부세계에 대해서 구조화된 접근을 선호한다는 의미이며, 비판적–판단적이라는 뜻이 아니다.

MBTI의 4가지 선호경향

태 도	외향성 (E) 폭넓은 활동력	에너지의 방향, 주의 초점 ←-------→	내향성 (I) 깊이와 집중력
비합리적 기능	감각 (S) 실용성과 현실감각	정보수집 ←-------→	직관 (N) 비전과 통찰력
합리적 기능	사고 (T) 논리와 분석력	판단과 결정 ←-------→	감정 (F) 인화력
판 단	판단 (J) 조직과 추진력	이행양식/생활양식 ←-------→	인식 (P) 수용과 적응력

출처: 김정택, 심혜숙 (1993). 한국심리유형학회.

부록 5 가계도(Family Genogram) 탐색

자신에 대한 이해를 증진하기 위한 노력의 일환으로, 자신의 가족에 대한 3대 가계표를 작성하시오. 만일 자녀가 있다면 그들을 제4세대에 포함시키시오.

이 연습을 위하여 주로 자신의 기억만을 이용하시오.(다른 가족성원에 대한 정보를 구하기보다는) 출생, 사망, 결혼, 이혼, 별거, 졸업, 군 입대, 입원, 주거이전, 상처 및 정신적 상처의 경험들과 같은 주요한 사건들에 대한 날짜와 종류를 포함시키시오.

자세한 기억을 할 수 없는 경우, 사실(건) 대신 의문부호(?)를 사용하시오.

자신의 경험에 가장 주요한 가족성원에 대한 각자의 개인적 특성을 간결히 요약하시오.

그리고 가족 내의 여러 관계의 내용을 간략히 묘사하시오.

가계도를 완성한 다음 자신의 아동기와 가족경험들을 다음 질문에 따라 반영시키시오.

1. 귀하의 가족 성원 각자는 어떠한 역할을 맡고 있는가.
   : 가족의 중심인물, 속죄양, 평화론자, 구조자, 부모역할자 등
   현재 귀하는 가정에서 또는 가정(족)과 같은 관계상황하에서 어떠한 역할을 하고 있는가.
2. 귀하의 가족성원들은 각자 어떻게 애정을 표현하는가.
   현재 귀하는 어떻게 애정을 표현하는 경향이 있는가.
3. 귀하의 가족들은 어떻게 도움을 구하고 서로 지지하는가? 누구로부터?
   오늘 귀하가 도움과 지지가 필요할 때 이를 어떻게 구하는가? 누구로부터?
4. 귀하의 가족들은 분노를 어떻게 표출하는가.
   다른 감정들은 어떻게 표현하는가. 슬픔, 두려움 등
   귀하의 현 생활에서 어떻게 이러한 감정들을 표현하는가.
5. 귀하의 가정에서는 어린이들은 어떻게 교육되어지고, 인도되며, 훈련되어지는가.
   누가 이와 같은 사회화기능을 수행하는가.
   오늘 귀하는 어떻게 다른 사람들에게 영향을 주려고 시도하는가.
6. 귀하가 가족으로부터 경험한 중요한 다섯 가지(긍정적 혹은 부정적) 일들.
   그 경험들이 오늘 귀하에게 어떠한 영향을 주는가.
   이들 중 어느 것이(만일 있다면) 귀하가 배우고 싶지 않은 것들인가.
   어떠한 새로운 것들로 이를 대체하고 싶은가.
7. 귀하의 이상적인 가족의 개념은 무엇인가. 실제 귀하의 가족과 비교한다면 어떠한가.
8. 귀하의 아동기와 가족경험들이 가족치료사 기능에 어떤 영향을 미친다고 생각하는가.

부록 6 환경사정(Situational Assessment)

사람들은 그들 가족의 경험에 첨가하여 그들이 살고 있는 더 광범위한 사회상황에 의하여 역시 영향을 받는다. 사회환경은 사람들의 신념, 느낌 및 행위에 영향을 준다. 가족치료사로서 귀하 역시 과거와 현재의 상황에 영향을 받는다. 이들은 귀하의 개인생활의 여러 양상들뿐만 아니라 가족치료사로서 귀하의 경험과 직무에도 영향을 준다.

생태도는 사회적 배경을 묘사하는 데 아주 유용한 도구이다. 왜냐하면 이는 한 개인의 사회적 체계를 도식으로 표현하기 때문이다. 개인, 가족 도표는 세대의 배경에 대한 개관의 표현에 첨가하여 이는 주요 사회체계(가족과 세대)의 성원들과 외부사람들과의 관계에 대한 에너지 증진과 감퇴를 쉽게 확인케 한다. 도해식 성격의 생태도는 사회적 관계의 강·약을 강조하고 갈등과 조화의 영역을 확인케 한다. 이는 가끔 변화가 필요한 부분을 지적한다. 생태도는 가계도에 대한 자연스러운 부가물이다.

생태도 (The Eco-Map)

- 큰 종이에 귀하의 현재 사회적 상황에 대한 생태도를 준비하시오. 앞에서 기술한 지침부호를 사용하여 귀하가 상호관계하는 주요한 사회체계를 밝히고 그들의 특성을 묘사하시오.
- 스트레스나 갈등의 근원분만 아니라 지지와 영향의 근원도 표시하시오.
- 귀하 자신과 타인들과 다른 체계들 간의 에너지 또는 자원의 흐름방향을 지적하시오.
- 에너지 사용에는 긍정적(+) 부정적(−) 또는 ±의 기호를 사용하시오.
- 생태도 작성을 끝마쳤을 때, 귀하의 최근 사회적 상황을 반영시키고 다음의 질문을 설명하시오.

1. 귀하의 현재 상황에서 어떠한 상호적 관계가 귀하의 에너지를 증진시키며, 어떤 상황이 고갈시키는가.
2. 귀하의 사회적 상황이 귀하의 가족치료과업, 내담자를 돕는 업무, 그리고 가족치료사 역할의 투자에 사용 가능한 귀하의 에너지에 어떠한 영향을 미치는가.
3. 귀하가 생각하는 이상적인 사회적 상황은 어떠한 것인가.
   귀하의 현 상황과 이를 비교한다면 어떠한가.
4. 주어진 귀하의 현 사회적 상황에서 어떤 유형의 내담자가 강한 정서적 반응을 한다고 생각하는가. 어떤 유형의 문제들이 이와 같은 경우일 것이라고 생각하는가.
5. 귀하의 현재 사회적 상황에서 어떠한 변화가 이루어져야 귀하가 내담자에게 전문적이고 능력 있는 서비스를 제공하는 데 필요한 심리적, 정서적, 문화적, 정신적 및 사회적 자원들을 증진시킬 수 있다고 생각하는가.

부록 7 음양의 일반적 개념

自然界							五行	人體						
五音	五味	五色	五化	五氣	五方	五季		五臟	六腑	五官	五體	五志	五聲	變動
角(라)	酸	靑	生	風	東	春	木	肝	膽	目	筋	怒	呼	握
徵(도)	苦	赤	長	暑	南	夏	火	心	小腸	舌	脈	喜	笑	憂
宮(파)	甘	黃	化, 成	濕	中	환절기	土	脾	胃	口,脣	肉	思	歌(탁음)	噦
商(솔)	辛	白	收, 消	燥	西	秋	金	肺	大腸	鼻	皮	悲	哭(경음)	咳
羽(레)	鹹	黑	藏, 滅	寒	北	冬	水	腎	膀胱	耳	骨	恐	呻(청음)	栗

인생	모음	자음	속성	五行	성질	학습	직업	자동차
아동기	ㄱ, ㅋ	ㅏ, 하하	仁, 興仁之門	木	의욕적, 도전 <욕심>	국어(칭찬)	교육, 출판, 의료(내과)	시동
청년기	ㄴ, ㄷ, ㄹ ㅌ, ㅎ	ㅗ, 호호	禮, 崇禮門	火	열정, 강인 용기<흥분>	외국어,미술 (자율적)	영화, 디자인 entertainer	엑셀레 이터
변화	ㅁ, ㅂ, ㅍ	ㅡ, ㅣ, 흐, 히	信, 普信閣	土	사색, 포용	사회, 산수	회계사, 정치	운전
중년기	ㅅ, ㅈ, ㅊ	ㅓ, 허허	義, 敦義門	金	치밀, 정확 <소심>	과학(채찍)	엔지니어, 공학, 외과의	브레 이크
노년기	ㅇ	ㅜ, 후후	智, 肅靖門	水	침착 <우울>	수학, 음악 (이해後 수용)	심리학, 상담	오일 저장

국가	관심분야	감각	음질	종교	五行	성격	十干	十二支	性	四象	스포츠
한국, 일본	건강, 장수	시각	알토	불교	木	창조성,확장	甲 乙	寅 卯	曲直	太陽	야구
인도, 태국	변화(스피드)	취각	소프라노		火	순발력,화려	丙 丁	巳 午	炎上	少陽	농구
중국, 러시아	통합(총무)	미각	테너	천주교	土	사교적,완성	戊 己	戌, 丑 未, 辰	稼穡		
독일, 불란서	manual	촉각	바리톤	개신교	金	현실적	庚 辛	申, 酉	從革	太陰	축구
미국, 영국	유통(flow)	청각	베이스		水	추상적	壬 癸	亥, 子	潤下	少陰	골프

빛 ↘(지상), 열과 수분 ⬇ (지하)

1월(丑) : ① 0⑥ 2월(寅) : ②①⑤
3월(卯) : ③②④ 4월(辰) : ④③③
5월(巳) : ⑤④② 6월(午) : ⑥⑤①
7월(未) : ⑤⑥0 8월(申) : ④⑤①
9월(酉) : ③④② 10월(戌) : ②③③
11월(亥) : ①②④ 12월(子) : 0①⑤

춘	하	추	동
입춘	입하	입추	입동
우수	소만	처서	소설
경칩	망종	백로	대설
춘분	하지	추분	동지
청명	소서	한로	소한
곡우	대서	상강	대한

저자 소개

정 은

- 성균관대학교 불어불문학과 (문학사)
- 이화여자대학교 여성학과 (문학석사)
- 숭실대학교 사회사업학과 (문학석사)
- 숭실대학교 사회사업학과 (문학박사)
- Post-Graduate Training Program in Bowen Family Systems Theory 수료
- 서울특별시립청소년수련관 상담실장 역임
- 꽃동네대학교 교수 역임
- 고려사이버대학교 교수 정년퇴임
- 가족치료학회 슈퍼바이저 제17호
- 가족상담학회 수련감독자 제141호
- 사티어부부 · 가족상담 전문가(슈퍼바이저)
- **현재** 정은부부가족상담연구소장(www.tafamily.net)

개정

가족상담 – 모델과 사례 –

초　판 1쇄 발행 2009년 2월 20일
초　판 4쇄 발행 2015년 7월 10일
개정판 1쇄 발행 2019년 4월 26일

지 은 이 | 정은
펴 낸 이 | 김기섭
편 집 인 | 이윤희
펴 낸 곳 | 창지사 www.changjisa.com
08589 서울시 금천구 가산디지털 1로 83 파트너스타워 1차 9층
전화 (02)719-2211~3
팩스 (02)701-9386
등　록 | 1977년 4월 28일 · 제1-421호

ISBN 978-89-426-1169-0 (93330)

값 23,000원

이 도서의 국립중앙도서관 출판예정도서목록(CIP)은 서지정보유통지원시스템 홈페이지(http://seoji.nl.go.kr)와 국가자료공동목록시스템(http://www.nl.go.kr/kolisnet)에서 이용하실 수 있습니다(CIP제어번호: CIP 2019016073).